中美文化交流与比较研究

陈志章 著

中国社会科学出版社

图书在版编目(CIP)数据

中美文化交流与比较研究/陈志章著. —北京：中国社会科学出版社，2018.11
ISBN 978-7-5203-3633-8

Ⅰ.①中… Ⅱ.①陈… Ⅲ.①中美关系—文化交流—研究 Ⅳ.①G125②G171.25

中国版本图书馆 CIP 数据核字（2018）第 259942 号

出 版 人	赵剑英
责任编辑	陈肖静
责任校对	李 剑
责任印制	戴 宽

出　版	中国社会科学出版社
社　址	北京鼓楼西大街甲158号
邮　编	100720
网　址	http://www.csspw.cn
发行部	010-84083685
门市部	010-84029450
经　销	新华书店及其他书店
印　刷	北京明恒达印务有限公司
装　订	廊坊市广阳区广增装订厂
版　次	2018年11月第1版
印　次	2018年11月第1次印刷
开　本	710×1000 1/16
印　张	26.25
插　页	2
字　数	365千字
定　价	108.00元

凡购买中国社会科学出版社图书，如有质量问题请与本社营销中心联系调换
电话：010-84083683
版权所有　侵权必究

目 录

前言　揽略美国文化，弘扬中国文化 …………………………… （1）

上篇　中美文化的差异 …………………………………………… （11）
　第一节　中外之间的刻板印象 ………………………………… （11）
　第二节　中美文化之间的误解与差异 ………………………… （27）

中篇　美国文化的启迪 …………………………………………… （58）
　第一节　大学生的T恤衫文化 ………………………………… （58）
　第二节　美国的硬纸币文化 …………………………………… （99）

下篇　中美文化的交流 …………………………………………… （193）
　第一节　中美两国官方与民间的交流 ………………………… （193）
　第二节　21世纪的中美关系与交流 …………………………… （363）
　第三节　从导师奥利弗教授看美国人 ………………………… （396）
　第四节　潍坊文艺作品落户美国德州农工大学 ……………… （400）
　第五节　古黟楹联中的传统文化与对外传播 ………………… （405）

参考文献 …………………………………………………………… （410）
后记 ………………………………………………………………… （414）

前言　揽略美国文化，弘扬中国文化

　　中国优秀的传统文化博大精深，是每一位华人值得为之自豪的。文化传承是民族发展的基础。当代中国发展迅速，作为世界的重要一员，中国的形象越来越深入人心，中国的话语权软实力越来越强，中国智慧、中国方案越来越广泛地得以认可和实施。

　　中外媒体及时报道了中国改革开放以来的成绩和奇迹，是中国走出去的重要平台，而每一位中国人都要充满自信，做一个优秀的民间交流大使，让世界各国更好地认识中国人，了解中国，为今后中国的发展奠定基础。

一　回顾改革开放后的发展与成就，提高民族自信心

　　自信是成功的关键。道路自信、理论自信、制度自信和文化自信是实现民族复兴的根本保障。

　　每一位中国人必须要自信。

　　首先，中国悠久的历史，博大精深的文化，是每个中国人值得为之自豪的，包括语言文字、思维方式、民居文化、风俗人情、社交礼仪、伦理宗教、审美情趣、文学作品、书法音乐、古玩文物、家居器具等，这些都是中国优秀的文化经典。

　　其次，从国家发展和经济繁荣来看，中国虽然是一个发展中国家，但短短40年的改革开放让中国彻底改头换面了，人们的生活质量提高

了，中国在世界舞台上的形象更加伟岸。财富总量与发达国家的水平靠近了，是自豪自信的基础。国家强大了，科技发达了，人们富裕了，老百姓的信心更足了，民族复兴就更有保障了。中国与美国经济的差距进一步缩小，2017年，中国国内生产总值达到82.7万亿元人民币（合12.6万亿美元）。俗话说："大河里有水，小河里咣当。"老百姓有更多的可支配收入，就更容易走出国门，走得更远，更自信地弘扬中国优秀的传统文化，让世界各国更全面地认识中国、认识中国文化。

2018年是中国改革开放40周年，中国取得了巨大的发展和进步，积累了大量的经验，也有一定的教训。最近的电影《厉害了，我的国》把中国发展的诸多方面进行了梳理，主要是党的十八大以来的成就，让每一位中国人充满自豪自信。我在阅读清末民国时期的各种历史事件时，深感国弱无外交的耻辱，也为新时代中国的发展倍感骄傲，中华民族伟大复兴的理想一定能实现。

2018年2月联合国贸易和发展会议资深经济事务官员梁国勇在演讲中指出，中国的发展经验具有世界意义，是对世界的巨大贡献。他从发展模式、经济体系、多重转型三个角度解读了中国经济取得的成就。制造业、房地产、基础设施领域的大规模投资和超常规发展是"中国模式"的重要组成部分。国有企业、民营企业、外资企业共存共生。

改革开放给中国带来了生机，中国创造了许多奇迹和世界第一，如人类历史上最大的射电望远镜FAST、全球最大的海上钻井平台"蓝鲸2号"等，这些不仅凸显了我国的实力，也体现了中国人不畏艰险、开拓进取的精神。简单列举如下。

FAST：500米口径球面射电望远镜（Five-hundred-meter Aperture Spherical radio Telescope），小写英文意思是"飞快地、迅速地"。它位于贵州省，是世界最大射电望远镜，理论上说，FAST能接收137亿光年以外的信号，简单地说就是宇宙边缘的信号。截至2017年底，已经发现9颗脉冲星。

航天研究：航天进展如日中天。一箭多星、载人航天、登月等技术成熟。2017年1月，世界首颗量子科学实验卫星交付使用。

高等教育：高等教育正迈向普及化阶段，可以说已经大众化，录取比例有了明显提高。2016年，中国高等教育毛入学率已达42.7%。

中国路：总里程已居世界第一。1988年，中国第一条高速公路建成通车。在开始的11年里，总里程才突破1万公里。2013年突破10万公里（美国为9.2万公里），2016年突破13万公里。另外，高铁发展迅速，2016年突破了2万公里。

京广高铁共计2294公里的旅程，游客可以在八个小时内到达目的地，体验南北四季的变换。

中国桥：跨海大桥和跨江大桥让"天堑变通途"。中国自主建造了目前世界上最长的跨海大桥——港珠澳大桥，全长55公里，由桥梁和隧道组成。还有许多世界级的大桥，如杭州湾跨海大桥、厦漳跨海大桥、平潭海峡大桥、青岛（胶州湾）跨海大桥，都是中国自主建造的。

跨江大桥已突破了100座，长江两岸的交通更加便捷。

从兰州到重庆850公里，要翻越海拔3000米的秦岭，地质状况非常复杂，堪称中国铁路建设史之最。被视为"鬼门关"的胡麻岭隧道二号洞，不到14公里的隧道施工用时达到八年。

中国港：全世界排名前十的港口中有7个位于中国，大型装卸吊车、全自动运输车等，都走在世界的前列。2013年奥巴马在美国迈阿密一港口做演讲时，美国人用国旗遮挡了中国企业上海振华ZPMC的名字，而一阵风刮走国旗，揭去了美国人的虚伪和娇羞。

中国楼：大楼是经济繁荣的标准，高楼大厦如雨后春笋，拔地而起。截至2017年6月，中国已建成200米以上摩天大楼847座。世界前十名已建成的摩天大楼中，中国就有6座。

500强企业：中国的500强企业逐年增加。2017年，中国（含港澳台）共有115家企业上榜，其中，80家是国企，58家是央企。（铁路总公司、烟草总公司等没参与）

上市公司：上市公司越来越多。截止到2017年12月11日，3470

家国内企业在A股上市，市值规模近57万亿元，而股民的人数达1.33亿人，其中，97%为个人投资者。

中国首富：首富名字不断改变，也见证了中国经济的发展。1999—2000年，荣毅仁家族蝉联中国首富。随后是乡镇企业崛起，2001年、2002年东方希望集团的刘永行、刘永好兄弟成为首富。2003年，网易的丁磊成为首富，2004—2005年，零售业代表国美电器的黄光裕为首富。随后是制造业突出，玖龙造纸的张茵家族、三一重工的梁稳根、比亚迪公司的王传福为首富。2012—2017年，互联网三巨头BAT（百度、阿里巴巴、腾讯首字母缩写）为首富。

世界工厂：中国是名副其实的"世界工厂"，从以下行业在全球生产的比例可以看出：

笔记本电脑	空调	手机	冰箱	水泥	猪肉	玻璃	钢铁	船舶	鞋子	汽车
90%	80%	70%	65%	60%	50%	50%	45%	40%	40%	25%

游戏行业：速度发展惊人。在14亿中国人中游戏玩家约有5.6亿人，大致相当于"80后""90后""00后"的数量（当然玩家并非仅是这些年轻群体），其中，游戏付费玩家约2亿人。腾讯最赚钱的部门是游戏，2018年马化腾亚洲首富的地位有一半归功于它。（当然，游戏对年轻人的发展是否有利，值得探讨。我个人的看法是游戏误人）

消费观念：人们的消费观念有了很大的变化，有的消费者一个手机搞定一切。人们利用支付宝、微信等第三方支付平台，消费观念发生根本的改变。

中国40年的发展取得了重大成就，并为今后的发展提供了宝贵经验。

经济发展过快，一切向钱看，带来了许多问题。国家正在进行调整，出台了一系列的改革方案和战略措施。值得强调的是要做到科学发展，保障生态文明。

发展经济、旅游业必须注重生态环保。习近平主席说"绿水青山就是金山银山"，在发展旅游、注重经济的时候，往往忽略了环保。我国政府正采取坚决的措施，进行生态建设。让外国游客对中国的景点刮目相看，不能产生"不去遗憾，去了更遗憾"的印象。

二 要看到美国的特长，积极吸纳其优点以提高自己

要建成富强民主文明和谐美丽的社会主义现代化强国，中国必须学习美国的先进经验。不管称呼它是帝国主义也好，"月亮更圆"也好，我们必须既看到它的优点，也要看到它的缺点和不足，关键是要把先进的东西学过来。

美国文化和中国文化有许多相似之处，有许多励志的故事、名人传记供我们学习借鉴。通过人物，我们看到他们的"变"，也就是创新精神和开拓精神，比如，美国开发西部时，出现淘金热（Gold Rush），人们纷纷到加州去淘金。一个叫史密斯的人发现向淘金的人卖水更好，于是去卖水，并由此大发一笔，成了富翁；另一个是杰克·伦敦，他把自己的经历写下来，成了作家，闻名世界。

毛泽东在少年时期也读过华盛顿、林肯等人事迹的书，并为他们的事迹所感动。

重复别人，只能步人后尘，发展创新，才能出人头地。正确认识自己的不足，通过客观地比较美国的实际情况，努力借鉴吸收。

在大目标不冲突的前提下，承认差异，尊重差异，包容差异，化解矛盾，共存共荣。

著名社会学家费孝通（1910—2005）先生在八十寿辰时，意味深长地讲了一句十六字箴言："各美其美，美人之美，美美与共，天下大同"。这是对"君子和而不同"的极好阐释。

三 要积极弘扬中国传统文化

吸收西方先进经验的同时，我们要积极弘扬中国的优秀文化，让世界真正认识中国。西方文化扩张了多年，它时刻在以自己为中心的基础上对外宣扬，其不足是没有看到中国文化的精髓。中国文化博大精深，

我们身处其中，对于其中的好坏有时浑然不觉。我们不要光听表扬，惧怕批评。从西方的批评中，我们从另外一个角度，寻找自己的不足，及时纠正完善，也发现自己的优势。

弘扬中国文化应注意以下几点。

1. 要大力弘扬中国优秀的传统文化

不忘初心，不忘根本，才能开创未来。

习近平主席指出，要认真汲取中华优秀传统文化的思想精华和道德精髓，加强对中华优秀传统文化的挖掘和阐发，使中华民族最基本的文化基因与当代文化相适应、与现代社会相协调。

中国文化历史悠久，不同朝代特色各异，形成了博大精深的文化。

钱穆先生在其最后一篇文章《中国文化对人类未来可有的贡献》中提到，中国文化过去最伟大的贡献，是"天人合一"论，也是对人类最大的贡献。"天即是人，人即是天，一切人生尽是天命的天人合一观。"

中国传统文化中有一些具有历史的特殊性，从当前看具有消极因素，这些文化要坚决摒弃。

对中国传统文化要扬弃，对西方文化也要扬弃，好的用，糟的弃。

2. 要把马克思主义融入中国传统文化

马克思主义进入中国，扎根发芽，茁壮成长，并与中国的发展息息相关、与时俱进。中国的发展离不开马克思主义，这已经为近代中国历史所证明，照搬西方或者某个主义都不符合中国的实际。

中华优秀传统文化为马克思主义中国化提供了肥沃的文化土壤，同时，马克思主义又为传统文化注入了新的生机和活力，这股新生力量使中华文化沿着民族的、科学的、大众的文化方向发展。

3. 要积极讲好中国故事、中美友谊的故事

越来越多的国家喜欢中国故事、中国智慧、中国方案。古为今用、洋为中用、辩证取舍、推陈出新。

媒体和电影要积极传播中国文化，讲好中国故事。

电影首当其冲，其影响力巨大。一些欧美人士还以为中国女人至今

仍是三寸金莲一扭一拐地行走呢？

电影《战狼2》于2017年7月28日上映，上映5天票房突破12亿元人民币（最终票房近60亿元人民币），唤起了中国人的爱国热情。面对强大的对手，即使脱了军装，冷锋（主角）也要承担这份责任，保护同胞和外国人。在电影中出现了许多在华语电影里首次亮相的重型装备，同时"犯我中华者，虽远必诛！"这句话，传遍世界的每一个角落。

电影《黄河绝恋》表现美国飞行员参加中国抗日，飞机失事后，八路军和老百姓积极营救护送他回到根据地的故事，深受观众欢迎。

真实事件如实外宣，让世界真正认识中国。比如，2008年北京夏季奥运会让世界更好地了解了中国；2022年张家口冬奥会将会更好地展示中国。

没有故事就没有吸引力。各个景点以故事传承文化。赵州桥有鲁班、张果老等故事；晋商大院和徽州古村落有名人历史故事；柳毅山、董永等爱情传说，数不胜数。

"中国形象大使"赵启正于2010年说：传播中国文化，我们缺的是什么？一缺作者，二缺培养。特别是长期在美国生活的美籍华人，要进入我们的作者队伍中来。

4. 要增强文化敏感性，处理好语言与文化的关系，求同存异

巴里·托马林（Barry Tomalin）称文化是语言的第五种技能，另外四种技能是听说读写。

在学习语言的同时，培养文化敏感性和文化技能（cultural sensitivity and cultural skill），要利用语言的优势比较中美文化之间的差异，同时应接受文化差异，对异国文化采取包容与灵活对待的方式。

以英语为例，英语中有许多术语典故，不能只看字面意思，要了解它的来源。比如，Beware of Greeks Bearing Gifts，意思是"警惕希腊人（带着）的礼物"，来自特洛伊战争攻城的木马计。另外一个是Don't look a gift horse in the mouth，字面意思是"馈赠之马，别看牙口""赠马不看牙"，引申为："别揣测、挑剔礼物的价值。"

另外一个例子也可以看出文化差异。例如，美国人对宠物狗特别重视。美国宠物狗的数量在世界排名第 1 位，宠物狗的数量超过了 6100 万只，第 2 位是巴西，不过其数量还不到美国的一半。英语谚语 love me, Love my dog. 我们翻译成"爱屋及乌"。倒不如说"爱我就爱我的狗吧。"

他们称呼狗，如果不称呼是 buddy（朋友、兄弟），也要昵称它为 doggie（狗狗）。在美国，宠物是家庭成员之一，他们把狗当人看，主人都用代词他（he）、她（she）称呼它们。我问过一位美国高中男生：家里有几口人？他首先问我包括他家的宠物吗？结果是一大群"人"，他连姐姐的男朋友也算上了，我略有惊异。当说到猫狗时，我第一次感到宠物在他们心目中的地位。有的广告宣传消防队员的英勇事迹时，你会看到那位消防员怀抱一只猫。

宠物商店和医院也非常普遍。宠物店内有各种洗浴油膏（shampoo），价格在 6.79—13.99 美元，和人用的物品无异；狗食多种多样，一位刚到美国的在读博士说：我真想吃点狗食。

他们为狗设立了各种比赛，甚至有所谓的"世界最丑狗"（the World's Ugliest Dog Competition）比赛。

在美国，吃狗肉是禁忌的。在中国，我们无所不吃。一位嘴馋的中国人跟我说，他们给外国人吃狗肉时，把狗肉说成"牛肉"，这种善意的谎言满足国人肚子的同时，也不让美国人惊异，不失为一个好办法。

中国的爱狗养狗人士越来越多，不过中国文化对狗的爱戴还有很长的路。2011 年 4 月中旬，在京哈高速上，一辆载有 520 只狗的卡车被拦截。这些狗本来是被送去屠杀的，拦截者是动物保护志愿者。然而，车主持有真实有效的检疫运载证明，手续齐全，因此志愿者的行为违反法律，影响了车主正常的经营，也影响了交通。最终，志愿者筹集资金购买了整车的狗。

不同的文化之间都存在差异，这是客观存在的，没有什么可惧怕的，关键是要在异质文化中寻求适合自己的因素；在两种或多种文化中寻求相似之处,"求同存异",更要以平等的态度进行合作对话。

5. 出国旅游或留学时,要树立正面形象

到中国的外国游客,任职者越来越多,我们和外国友人接触交流时,要不卑不亢,热情积极地传播中国文化,让他们更好地了解中国。这是民间外交,是官方外交的补充,民间外交的影响会更加深远。1949年周恩来总理就提出了人民外交,政府以外的包括半官方、群众团体都是人民外交,要对外国表达中国。(遗憾的是,"人民外交"这个词没有推广)

目前,出国的中国人越来越多,到了国外,个人形象代表着国家,因此应注意自己的国际形象。注意言谈举止,是爱国的具体体现。作为旅行社要积极开展落实国家旅游局颁布的《游客不文明行为记录管理暂行办法》,有关部门要把不良行为纳入记录并建立档案。

入乡随俗,入国问禁(When in Rome, do as the Romans do)。"观风俗,知得失"是自古至今的祖训。了解了差异,可使自己在各种场合免得做出不合宜的举动而使自己或对方难堪。比如,在餐馆吃饭,对服务员要礼貌,说话时用"请"(Please)。克服一些外国人常说的华人恶习:大声喧哗。不愿排队。随地吐痰。

国外的行为艺术较多,和他们合照应该给小费。如果光拍照,不付费,就会让人家瞧不起。记得在意大利,站在那里的一个艺人高声喊"Chinese"(中国人),应该是在责骂从他身边经过的国人抠门,光拍照不给钱。听不懂英文自然没有感觉,无所谓,我却感到面红耳赤。

6. 要摒弃"崇洋媚外"的想法和做法

中国的各行各业都在蒸蒸日上,虽则有些方面目前和发达国家有些差距,但是只有自己的祖国能够让老百姓真正幸福。从历史上看,列强国家财富的积累是建立在对发展中国家的剥削和掠夺基础上的。发展中国家和发达国家真正的合作是很难的,他们不会无缘无故地帮助我们。正如前面所言,中国的科技发展、制造能力、基建实力、创新驱动力等方面,都是值得每个华人自豪的。

7. 发挥国外孔子学院的作用

孔子学院以及课堂（中心）在世界各地开花结果。到 2017 年年底，中国已在 146 个国家和地区建立 526 所孔子学院和 1113 个中小学孔子课堂。

孔子学院不仅"走出去"，还要"引进来"。各种计划和比赛吸引了国外学生来华学习。比如"孔子新汉学计划"提供经费让外国学生学者来华读博士。"汉语桥"世界大学生中文比赛提供给优秀外国学生奖学金来华留学。

2017 年 12 月 12 日，第十二届全球孔子学院大会在西安举行，来自 140 多个国家和地区的大学校长、孔子学院代表近 2500 人出席大会。

美国伍德罗·威尔逊中心基辛格中美关系研究所主任戴博于 2014 年年底发表的看法也是很有参考价值的，他说最近宾州大学、芝加哥大学、多伦多学校关掉了孔子学院。他认为中央在国外运用国内的这些宣传手段，是没有说服力的。因此，如何发挥孔子学院的作用值得探讨。

习近平主席在党的十九大报告中指出了两个"屹立"：中华民族正以崭新姿态屹立于世界的东方；中华民族将以更加昂扬的姿态屹立于世界民族之林。

我们每一个中国人都要充满信心，撸起袖子，勤奋工作，不忘初心，努力前行！

上篇　中美文化的差异

第一节　中外之间的刻板印象

我们对各不同种族、国家一般的理解是什么？

许多人看非洲，认为非洲就一个字"穷"。非洲有许多国家，索马里比较穷，南非却很富。

许多人看美国，认为美国人和美国社会崇尚个人主义、实用主义，富于侵略性和残酷性，是"世界警察"。美国人都是大胖子、持有枪支、喜欢战争、金发碧眼、对美国之外的世界一无所知。

许多人认为犹太人小气、吝啬，也许是因为《威尼斯商人》一磅肉的故事给人印象深刻。

许多人觉得黑人狂野、爱打架，法国人很浪漫，德国人很守法（其精确性也非常突出，比如汽车制造），意大利人很热情，等等。

简言之，我们看世界的角度不同，认识就不同，因为距离遥远，加上认识的局限性，得出的结论容易以偏概全，就像是戴着有色眼镜看人，或者说戴着墨镜看风景，看到的并不是真实的世界。这就是人人都有的"刻板印象"（stereotype）。

本节主要包括以下内容：一、文化刻板研究；二、犹太人之印象；三、黑人之印象；四、法国人之印象；五、我们对自己的看法；六、避免文化刻板的方式。

一 文化刻板研究

1. 文化刻板定义

"刻板"（stereotype）或译为：铅板。Stereotype 是捆绑起来的字模，是一种成见或偏见。

文化刻板（Culture stereotype）或译为：文化定型、文化偏见，在社会科学研究中一般指"以选择及建构未经发展的、概括化的符号，将社会族群或某群体中的个别成员予以类别化的做法"。①

2. 理论研究举隅

1977 年，英国、德国、匈牙利、加拿大四国研究自己国家对其他国家的看法。

英国青少年认为苏联的观点是："苏联人爱好战争，对武器很感兴趣"，"苏联人想进攻美国"，"苏联人喜欢占领其他国家"。②

匈牙利青少年认为中国："中国人要发动战争"，"中国人爱打仗"，"如果中国人来了，我们就逃跑"。

3. 学者看刻板文化的视角

（1）萨义德的观点

爱德华·萨义德（Edward Said，1935—2003）

以色列人，从小就接受西方教育，获得普林斯顿大学学士学位以及哈佛大学硕士和博士学位，会说流利的英语、阿拉伯语和法语。此外，他还是一名出色的钢琴演奏家，音乐的造诣很高。

他在 1978 年完成了《东方学》，他认为，19 世纪西方看东方是凭空想象出来的，西方知识分子对于中东和印度的理解存在偏颇，在很大程度上肯定自身权威，简而言之就是高高在上地俯视其他群体。

---

① 王维佳：《媒介再现与刻板印象》，http://news.sina.com.cn/o/2005-02-16/09395115073s.shtml。

② 《新闻报道中大学生媒介形象论文》，https://www.taodocs.com/p-13246675-3.html。

（2）葛兰西的观点

意大利共产党安东尼奥·葛兰西（1891—1937）奠定了意大利马克思主义文艺理论的基础，他提出，在一定的历史阶段，占据统治地位的阶级为确保自己在社会和文化上的领导地位，利用霸权作为手段劝诱被统治阶级接受它的道德、政治、文化价值。

这往往是美国的一贯做法，"大棒和金钱"，以和平演变的方式潜移默化地影响其他国家。这种霸权观念逐渐隐性化，也就是不强迫你违背自己的意愿而屈从，却是让你心甘情愿融入参与，被同化到他们的世界观或者霸权中来。

4. 刻板印象的优缺点

刻板印象往往是不准确的，甚至是有害的。比如"竹子天花板"（bamboo ceiling）、玻璃天花板（glass ceiling），公司的高层职位因为刻板印象让女性或少数族裔无法真正接近。因为"天花板"的阻挡，你能看得见却很难逾越，因为刻板印象在美国亚裔很难成为高管、领导。

刻板印象也有积极性。比如，许多美国人认为亚洲学生聪明，作为华人的你就会朝着这个目标奋斗。相比之下，墨西哥裔的学生被认为是低能，因此，墨西哥移民就不太重视教育，其子女的教育水平在所有少数族裔中最低，仅有17%的人从专业院校毕业。

二　犹太人之印象

朗朗上口的英语习语，会让学生产生片面的认识。比如，美国人的钱在哪里？美国人的智慧在哪里？一句话解答了：美国人的钱在犹太人的钱包里，智慧在中国人的大脑里。这个说法，给犹太人和中国人套上了一个框架，让人产生片面认识。

从众多事实中可以看出犹太人的确会赚钱，因为他们从小重视教育，重视生存。

以美联储主席为例，近期的几届都是犹太人。

1. 艾伦·格林斯潘（Alan Greenspan，1926— ）

1987—2006年任职美联储主席，共19年，他是奥匈裔犹太人。

美联储与美国经济密切相关，可以说操纵着美国政府，影响世界金融。克林顿跺跺脚，白宫打哆嗦，而格林斯潘打喷嚏，全世界都下雨，是说美联储的重要性。比如，前总统小布什在2001年实行减税措施，格林斯潘给予了极大的支持，减税有助于刺激经济复苏。而批评家认为，减税的后果是给联邦政府带来了庞大的赤字。

美联储的政策非常关键。美联储降低抵押贷款的标准，有些信用不佳的贷款人就可低成本通过贷款购买房屋，而在房产泡沫破灭时，这些人最终因无法偿还贷款而破产，给美国经济和社会带来巨大不安。

2. 本杰明·伯南克（Ben Bernanke，1953— ）

2006—2014年任美联储主席，犹太人。伯南克当选《时代》周刊2009年年度（风云）人物。（2010年是扎克伯格；2011年是示威者；2012年是总统奥巴马；2013年是天主教皇方济各；2014年是埃博拉医护人员；2015年是德国总理默克尔；2016年是总统特朗普；2017年是"性骚扰"打破沉默者）

伯南克非常聪明，从高考SAT看，当年他的成绩是加州最高分，也就是"高考状元"，成绩达到1590分，离满分仅差10分。

伯南克在普林斯顿大学任教17年，任经济学系主任。

3. 珍妮特·耶伦（Janet Louise Yellen，1946— ）

2014—2018年任美联储主席。

她出生于犹太家庭，父亲是物理学家。

耶伦的丈夫乔治为2001年诺贝尔经济学奖得主、柏克莱加州大学教授。儿子罗伯特也是经济学家，在英国沃维克大学任教授。

乔治·阿克洛夫（George Akerlof，1940— ）的母亲是德国裔犹太人，父亲是瑞典裔化学家、发明家。乔治引入信息经济学研究中的一个著名模型"柠檬市场"（the "lemons" market，"柠檬"在美国俚语中表示"次品"或"不中用的东西"），意思是当产品的卖方对产品质量比买方有更多的信息时，低质量产品将会驱逐高质量商品，导致市场产品质量持续下降。从北京到南京，买的不如卖的精。

2012年，他们拥有价值约480万—1320万美元的股票、债券基金和银行账户等资产。

当时特朗普竞选总统时，大家对耶伦是否连任感到担忧。第一任期是奥巴马提名的，她应于2018年到期。总统换了，特朗普是否提名任用她，大家不能判断，因为特朗普是共和党，她是民主党，提名人员成为猜测。

2018年2月初，特朗普提名鲍威尔出任美联储主席。

4. 杰罗姆·鲍威尔（Jerome Powell, 1940—　）

杰罗姆·鲍威尔为共和党人，妻子是民主党人。他获得普林斯顿大学学士学位和乔治敦大学法学博士学位。其个人净资产超过1亿美元。

他不是经济学的教育背景，被许多人看好。因为聪明的经济学家或者以前的犹太人主席等智囊人物，会把美联储的声明搞得非常复杂，普通人看不懂。有研究表明，早年的美国中央银行月度声明需要九年级的阅读水平，而现在的声明需要硕士水平才能理解。因此，鲍威尔的教育背景被看好。当然，也有人质疑他的能力。

三　黑人之印象

美国的黑人，在篮球、田径方面尤为突出，奥运会的梦之队自2008年以来连续三次获得奥运会冠军。从队员的种族来看，许多是黑人。

另外一名黑人是世界短跑冠军博尔特（1986—　），牙买加人。牙买加人有90%以上是非洲黑人。

四　法国人之印象

说到法国人，"浪漫"是描述法国人的核心词语。

有一则笑话：

客机迫降坠落海面，空姐让乘客从滑梯上跳下去，乘客不敢，空姐求助于机长，机长迅速解决难题：他对美国人说这是冒险（你入保险了），对英国人说这是荣誉，对法国人说这很浪漫，对德国人说这是规定；对中国人说这是免费的。

浪漫，意为纵情、烂漫、富有诗意、充满幻想。又略带贬义：行为放荡，不拘小节（常指男女关系而言）。

法国的首都是巴黎（Paris），《荷马史诗》中有一个王子叫帕里斯（Paris），英文相同，不知是否有关联，不过帕里斯的做法也是非常浪漫的。

帕里斯是特洛伊王子、金苹果的评判者，是世界上最潇洒的男士，当时三位美女维纳斯、雅典娜、赫拉争抢金苹果，纷纷以诺言贿赂帕里斯。但最终，他把金苹果给了维纳斯，也就是爱和美女神。维纳斯把希腊王妃海伦偷来，帕里斯和这位世界上最漂亮的女士结为连理。为此，特洛伊战争爆发，金苹果被指是引起矛盾纷争的源头。

巴黎成为艺术之都、浪漫之都、花都，总统府"爱丽舍宫"，充满浪漫色彩。达·芬奇、米开朗琪罗、梵·高、海明威、菲茨杰拉德等，为巴黎增添了几多浪漫。

有许多奢侈品品牌源自法国：路易威登（Louis Vuitton）、皮尔卡丹（Pierre Cardin）、爱马仕（Hermes）、兰蔻（Lancome）、迪奥（Dior）、香奈儿（Chanel）、梦特娇（Montagut）、鳄鱼（Lacoste）、都彭（Dupont，1872年生产皮具，20世纪初开始制造打火机）等。

个人生活体现了法国人的浪漫。2005年，一项针对全球对性趋向的调查显示，全球每人一年平均性行为次数是103次。法国人居冠，高达137次。

法国的总统，个个都有浪漫的爱情故事。

1. 总统埃马纽埃尔·马克龙（Emmanuel Macron，1977— ）

2017年5月40岁时，他任法国总统，是世界上最年轻的总统。（特朗普：1946年生，71岁任总统；奥巴马：1961生，48岁任总统；克林顿：1946年生，47岁任总统；约翰·肯尼迪：1917生，当年成为

美国历史上最年轻的总统,时年 44 岁。1963 年 11 月 22 日被枪杀)

其爱情经历可谓浪漫,妻子比他大 24 岁。

1995 年,他疯狂地爱上了自己的法语老师布丽吉特·特罗尼厄。(马克龙父亲是大学老师,持反对态度)

他转学到巴黎;女友老师也到巴黎任教。

12 年后的 2007 年,两人结婚,当年马克龙 30 岁,妻子 54 岁。在众多丈夫大妻子小的文化中,他们的做法实在出人意料。

马克龙现在已当上了爷爷,他太太与前夫的孩子已有了孙子辈。

2. 总统奥朗德(1954—)

2012—2017 年任总统,他一直没有妻子,只有三任女友。

(1)1978—2007 年,他与女友塞戈莱纳同居约 30 年,育有 4 个孩子,2007 年总统大选后分手。

(2)2007 年,奥朗德宣布与资深政治记者女友瓦莱丽开始交往,2012 年瓦莱丽在奥朗德当选总统后成为实际上的第一夫人。(一说,两人从 2005 年开始秘密交往。用奥朗德自己的话,和瓦莱丽交往 7 年,正所谓七年之痒)

瓦莱丽此前结过两次婚,与前夫生下 3 个孩子,但两次婚姻均以失败告终。目前一个人抚养 3 个十多岁的孩子。

(3)2015 年 6 月 18 日,奥朗德和新女友、演员朱莉·葛耶(加耶)出席戴高乐将军 6·18 宣言纪念活动,这是朱莉·葛耶作为奥朗德的女友首次公开亮相官方活动。

3. 萨科齐(1955—)

2007—2012 年任总统。

2007 年,他与第二任妻子塞西莉亚离婚,2008 年与布鲁尼结婚。

萨科齐就任法国总统创了三项纪录,任期内离婚、任期内结婚、任期内当父亲当祖父。一是 2007 年他与前妻结束 11 年的婚姻,成为法国史上第一位任期内离婚的总统。二是 2008 年与卡拉·布鲁尼结婚,成为法国史上第一位任期内结婚的总统。萨科齐与女友认识不到三个月就结婚，萨科齐离婚也还不满四个月。三是43岁的布鲁尼给他生了一个女儿，之前萨科齐有三个儿子。因此，萨科齐的第三个纪录是，他成为法国历史上第一位在任期内荣升父亲和祖父的总统。

4. 希拉克（1932— ）

1995—2007年任总统，共计12年。其间是中法关系很好的10年。

希拉克一生以风流倜傥著称，关于他的绯闻很多。

19岁时，他爱上大学同学，现在的妻子。

21岁他在哈佛读书时，他爱上美国女子，是他新的恋情。

个人生活不输克林顿，希拉克高大俊朗，在任总统期间曾与多名女性成员有过"激情"。

5. 密特朗（1916—1996）

1981—1995年任总统。

密特朗的兴趣是文学。他每天在繁忙的活动后总要读两个小时的书，然后再睡觉休息。他还挤出时间进行创作，他的著作等身，文笔优美，语言流畅，结构严谨，内容丰富，令一些专业作家都自愧不如。

除夫人外，密特朗还有一名半公开的情人安妮，并跟她育有一女。

司机说，密特朗精力旺盛，有时一晚上接连跟三个情人幽会，使司机疲于奔命。

在密特朗的葬礼上，他的妻子、情人和私生女全部出席了哀悼仪式。法国媒体对此不以为然。

从法国总统们的浪漫可窥见法国人的浪漫，其浪漫不影响自己的政治前途，这在美国是绝对不允许的。除了浪漫，法国人还比较高傲，他们认为法语是世界上最美的语言，法国人瞧不起"土包子"英国人，也不屑说英语。在英语文学作品中，贵妇人以会说法语为骄傲，就像我们刚刚开放时有些国人以汉语中夹杂英语为荣一样。因此，跟法国人交流，你问他"说英语吗？"他不搭理你。高晓松的建议是问他说汉语吗，因为他不会汉语，感到理亏对不住你，就用英语和你交流。

有一次国内乘机，我身边就是一个法国女士，一路上一句话也没有，她下机后，我从她扔掉的杂志上看出是法语杂志。如果是美国人，大多会跟邻座搭讪几句。

我在法国机场海关退税时，感觉到法国人的冷淡、不热情，也许是我的黄种人肤色，也许是中国式英语，法国人绝对不友好，让我到北京退税。导游提前就说过，法国人通过关税剥削中国游客，大多数中国游客不懂维权，觉得已经购买了便宜物品，无所谓退税了。重要的是，语言无法交流沟通。我认为法国人相比美国人实在是天壤之别，美国人的热情和不歧视外国人远远居上。

然而，《经济学人》曾经报道说，法国是全球第三大援助国，仅次于美国和日本，这样的国家怎么能叫自大呢？

五 我们对自己的看法

1. 代沟

代沟是自然存在的，成年人看青年人的眼光是自上而下含有傲气的。我们按照出生把人划分几零后，相比"60后""70后"，许多人认为"80后""90后""00后"责任感差，自我意识强，关注自我，为手机一族，消费意识强，品牌观念重，啃老现象严重，一代不如一代，等等。这是给他们贴的标签，有的是有道理的，有的是片面的，有的是错误的。

2. 职业与性别

对男女和职业之间的对应也是刻板印象。大家往往认为女性适合从事秘书、公关人员、饭店服务员、护士等职业，而领导、经理、律师、厨师、医生、侦探、工程师都是男性为主流，总统、省长等高官是男性的特权，这是男权社会遗留下来的问题。

3. 少数民族

我们对回族等一些少数民族有偏见，大多数汉族人认为回族人霸气、动不动就拿刀，而国际上穆斯林与恐怖组织画了等号，主要是由于美国人看穆斯林的偏见所致。曾经遍布中国各地的新疆人，因为年糕的价格问题引发冲突，降低了他们的形象，再加上某个重大事件往往引发人们的恐惧。比如，2009年新疆发生的暴乱事件让国人对维吾尔族及地方安全产生极大的恐惧心理。2017年我去新疆前，打心底感到不安全，到了乌鲁木齐市，一种恐怖的气氛围绕着我，我感觉非常压抑：宾馆入口要安检，每次进入都要安检。路上大车、小车必须经过安检通道。

离开乌鲁木齐那天，一名维吾尔族小伙操着新疆口味的普通话向我们推销"玉石珠宝"，我有一种如果不买他马上就翻脸的感觉。我们在吃大盘鸡时，那个人还远远地站在那里，等我们出去。我感到特别恐惧，是一种被盯上了跑不掉的阴冷恐惧感。我询问服务员和老板，他们宽慰我"一点事儿都没有"，他们坦然的样子，使我的心有些平静下来，但总归还是不放心，我让他们打开后门，我们拖着行李箱匆匆离开，还不时地回头张望。到了路边打了一个出租车，立马赶向火车站。

在出租车上，我问司机师傅，他的说法和饭店的一样，他们说，现在的新疆安全多了。市内岗亭设在每个路口，警察遍地五步一哨十步一岗，社会治安相当得力。也许，我误解了那位维吾尔族小伙。

4. 北方人与南方人

我们北方人会认为上海人比较小气会算计，"精明小气爱算计，螺蛳壳里做道场"，从巩汉林的表演可以看到上海人的娇气。有人说，上海人精细，一个螃蟹，吃到北京，而上海人引以为豪，如果上海人对你说，"我还以为你是上海人"，那么他是在赞美你。

山东人是粗犷豪放型，煎饼卷大葱、大葱蘸酱，是特色饮食，也凸显山东人的豪气，而生葱南方人是不直接吃的，在他们眼里吃生葱就像吃生肉的感觉，特别野蛮。我在美国佛州迈阿密时，买了一些花生以便返程车上共享。同行的河南小伙子很吃惊，他问我："你们山东人也吃花生？"他以为山东人不吃花生呢？我笑着说："你应该问我山东人也吃饭吗？"而我们许多人认为河南人骗子多，坏人多，跟河南人一起吃饭时，朋友介绍说，这位河南人不是河南人。这些例子足以证明，各省之间的偏见不仅客观存在，而且非常严重。

曾经一段时间，东北人给人的印象也不好。央视新闻揭秘"我是东北黑社会"电话诈骗案，被排查出来的近500个重点嫌疑人都是来自河北的几个村，他们声称自己是东北人。一个嫌疑人说："外边不都说东北人狠吗？河北人没有东北人狠，说河北人也不怕。"实际上，这都是刻板印象，以偏概全。

说到老潍县（今天潍坊市），是"精明"的代名词，潍县鬼子、潍县的丈母娘（难伺候、精明）都是一定时期的看法，不能一网打尽式地评价所有人。

5. 饮食、风俗

关于饮食、风俗，各个地方都形成了自己的特色，不过不能以偏概全。山东人能喝酒，每个人都是这样吗？

普遍认为，广东人擅长饮食，蛇狗猫猴，无所不吃。广州的一些餐厅，以老鼠为特色的菜多达15种，菜名诱人，如七彩鼠肉丝。有的酒楼餐厅给老鼠起了个雅名，叫"嘉鹿""天鹿"。许多人认为，广州人没有不吃的。炸着吃的有金蝉、蚂蚱、蚕蛹、蝎子，还有蜈蚣、蜘蛛。最后这两种非常可怕，北方人一般是不吃的。

四川人不怕辣，湖南人怕不辣，贵州人辣不怕。吃辣是他们的特色，湖南人每年人均食用辣椒10公斤，"辣"也是湖南人性格的主调，仿佛天生就有革命精神。

六 避免文化刻板的方式

文化刻板印象客观存在，解决办法有多种，我认为主要是从认识上拓展自己。

1. 培养独立思考、辩证思维的能力（critical thinking，CT），摆脱旧的思维习惯

不要盲目接受媒体信息，要带着审视批判的眼光、辩证性的思维观察问题。时刻提醒自己不要让刻板印象影响了自己做出错误的判断。

2015年9月的一篇文章《华侨告诉你：在美国人眼中已将中国看

成天堂》，① 你觉得这个题目很过瘾，是吧？不过看完整篇文章，我觉得倒是在赞美美国和美国人，看不出中国的美好。

就以第一段为例，读完这一段感到美国快要完蛋了："美国2009年失业率为14%，找工作很困难，加之美国人习惯了大手大脚花钱，很多人入不敷出，债台高筑，平均每人每个月会收到一份银行催账单。整个美国笼罩在经济危机的阴影下，很少见到国内车水马龙、机器轰鸣的忙活景象。一座又一座城市都陷入财政困难，有些地方的政府人员甚至会'上访'闹事，街上随处可见抗议的标语和流浪的贫民。整个帝国呈现一幅山雨欲来风满楼气象，根本看不出世界领袖的风范与霸气。"

这一段中我质疑以下三点。

（1）"美国2009年的失业率为14%"

这个14%值得思索质疑，可以从以下几个数据批判性地质疑这个数据。首先，在2016年的另外一篇文章"美国失业率跌破5%　奥巴马的经济政策初见成效？"② 中提到："在2009年的时候，美国失业率达到了惊人的10%。最新数据显示，失业率已经下降至4.9%，表明美国从1930年以来最严重的经济危机中恢复过来。"2009年10%已经是惊人的了，14%不就更加震撼？

其次，东方财富网上公布了自2008年1月到2018年2月历年的美国失业率，最高的2009年也不到10%。③

可见，14%是不对的，至少不准确。在美国，失业率每月的第一个周五公布。2018年1月美国的失业率为4.1%，美国员工的时薪为26.74美元。

大家知道2013年上半年，中国失业率为4.1%，和美国的14%相比，明显地可以说明美国的民不聊生。不过应该注意，中国的失业率不

---

① 《华侨告诉你：在美国人眼中已将中国看成天堂》，http：//www.sohu.com/a/32597368_110095。
② 《美国失业率跌破5%　奥巴马的经济政策初见成效？》，http：//www.cnforex.com/comment/html/2016/9/12/c270c6e588392547593fd25f21ad1342.html。
③ 《美国失业率》，http：//data.eastmoney.com/cjsj/foreign_0_4.html。

是调查失业率。中国是"登记失业率",不到5%,中国官方公布的统计数据中,失业率使用的是城镇登记失业率,是指城镇登记失业人数占城镇从业+失业人数总和的比率,这个比例相对要低,而国际上通用的是调查失业率。

总之,14%的失业率显然是夸大了实际情况,让读者对美国的现状产生错误的判断。

(2)"很多人入不敷出,债台高筑,平均每人每个月会收到一份银行催账单"

债台高筑到底是什么程度?由于美国和中国的文化差异,一般不谈论收入等,作为外国人即便生活在他们社区,也很难了解他们的经济状况。

不过2009年我到达美国德克萨斯州,看到那里的普通老百姓生活得非常正常,如果想省钱有99分店和1美元店,里面所有的产品都是1美元,非常实惠。感恩节期间,美国人购物非常疯狂,因为便宜,可以集中采购,再有相当于"过大年",购物是必定的。

经济危机影响最大的是证券和银行等华尔街大财团,金融危机对美林银行、雷曼兄弟(为投资银行)等影响巨大。雷曼兄弟总部在时代广场中心位置,曾经显赫一时,其股票价格在2007年初涨至每股86.18美元的最高点,而在2008年7月跌到每股3.65美元。[①] 他的员工拥有银行的股权,自然是损失巨大。美林员工6万人,雷曼员工2.5万。2009年雷曼兄弟破产。

催账单:美国是市场经济,有钱没钱,水、电等的账单每月都会寄到家里。这是正常的,并没有大惊小怪的,贷款买房子的人自然也要收到银行的账单。

账单有纸质的,有电子的,用来提醒用户。我们也有手机短信提醒还款,甚至电话催问,这些都是正常现象,不必小题大做。

---

① 《雷曼兄弟倒闭概况》,http://blog.sina.com.cn/s/blog_148db8d140102xpgf.html。

倒是错误的信息让人如鲠在喉。我到意大利某大学访问时，晚上接到两个电话，原来是潍坊自来水公司提醒我交费，我的银行卡是自动扣款的，他们的系统出现问题给我打来了这个不该打的电话，白白浪费了我几块钱的电话费。

（3）街上随处可见抗议的标语和流浪的贫民

奥巴马总统到德州农工大学时，警戒线之外有举牌子抗议者，也有支持者。80岁老头老太太更是集会中的活跃者。在美国，抗议、游行是每个人的政治权利，也是自己的政治任务，不发声，上层就不能更好地为自己服务。

经济危机影响了人们的利益，抗议是自然的。不过抗议的标语也不是随处可见。其实美国各地标语并不常见，仅是在游行或者抗议活动时，各种牌子、口号、横幅是很寻常的。我觉得，上面这篇文章没有提到美国政府的解决办法和社会的慈善活动，我认为这个很关键，应让读者搞清楚美国政府的做法，更能全面地了解一个事实。

关于流浪汉，平时就有很多，他们的存在并不能说明什么，如果说他们懒惰好吃，有些不公允，不过的确有一些是因为精神、残疾、喜欢酗酒、吸毒等个人原因不得不四处流浪，或者在街头乞讨的。有许多美国人评价这些流浪汉，他们不是穷，而是懒。不过这些流浪汉，能够从政府那里领取食品券或困难补贴，不会饥不择食，加上各种慈善团体的活动，他们正常生活应该没有问题。

过大的夸大问题及严重性，而不提及相应的措施，是不完善的文章，也是误导读者的文章。

文章随后的几段谈起美国人。

（1）"自信的美国人：不说 no，而是'Let me try'"

这是第二段的内容，说到美国人的自信。"自大的美国人却非常热情地招待每一位国际友人，并且会很友好地将你请进家中，参观花园（美国居室大部分都带花园），然后和你忽悠、说起自己国家的大小事，以及批评该死的政府和谈论美女与美酒。"

破产了美国人还这么"自信、自大",为什么?美国人的自信是有原因的,主要是保障比较好,即便是失业,他们也有政府以及社会的保障。

评价政府、谈论总统是美国人的权利,是美国人言论自由的体现。我在美国一普通老百姓家吃饭,男主人是一个木匠,边做饭边大谈特谈奥巴马的"不好",俨然是一个政治家。

接着文章谈及自信、叛逆的美国人、清廉的官员,"如果一个官员出现一次贪污行为,即宣告他政治生涯结束"。这不是在贬低美国,而是在赞扬美国,和题目"把中国看成天堂"关系不大。

相对于美国人的自信,我们中国人还弱一些。美国人不会或者不能时,他也要说"我试一试",而不像我们直接放弃。

(2) 低能的官员

这只是美国人口中的评价而已,是言论自由的体现。美国的官员应该是学历、经历、奉献精神、演讲能力等都是比较出色的。美国从政的人都是老百姓选出来的,华人华裔参政的人也越来越多,赵美心等都是非常优秀的人才。

如果官员真的那么低能,你选他干什么?那不是你的错?当然,你能把他选上去,你也能把他选下来。

美国小城镇或者小市的市长,只负责选区内的选民,不必为更高级别的市长、州长服务。

(3) 谈起中国很 Ok

文章说"美国人羡慕中国经济飞速发展,知道中国龙和长城,甚至不少人还知道昆明、香格里拉。向往原始古朴的村落,还有熊猫"。

列举的这几点,我认为恰恰说明美国人对中国了解得太少了。泱泱大国、历史悠久、文化底蕴丰厚,中国是世界最大的发展中国家,GDP总量仅次于美国,难道长城、龙就代表了中国?知道香格里拉有什么大不了的?他们应该知道中国车、中国路、中国桥、中国港、中国模式,应该知道徽派建筑、苏州园林、晋商大院、故宫、天安门,他们应该知道中国京剧、地方戏剧、古四大发明、新四大发明,他们应该知道中国神州飞天、蛟龙入海，中国梦、民族复兴，汶川地震发生后，政府人民齐心协力援建四川，速度之快令世界瞩目，等等。

OK 绝不是用来形容"天堂"的好词语，OK 应该是"一般或者一般以上"。爱好表扬他人的美国人，通常都是用夸张的词语，比如"wonderful、excellent、perfect"（很妙、优秀、完美）等。我说我来自风筝都潍坊，他们会惊异地说"wow"，赞美之情溢于言表。连国人看不上的凤姐在美国也没有受到歧视。到 2018 年的 10 年里，她拿到了绿卡，办理了结婚证。

我大学里的美国老师说我们"good"，我们都觉得是一般，因为不管我们回答得怎样，她都是说"good"。作为表扬，Good 还在 ok 之上，OK 就更一般般了。

2. 亲身体验异国文化

如果有机会，一定走出去看看，真正深入他们的生活中，不能走马观花地看风景。只有参与他们的活动，与他们深入地进行交谈，做他们的朋友，你才能更好地了解异国文化。

马克·吐温曾经说："旅行是偏见、固执和狭隘的最大杀手。人的一生如果永远蜷缩在一个偏僻的角落中将无法取得广阔、健康、富有爱心的世界观。"①

总之，刻板印象是客观存在的，要尽量做到辩证思维，多问几个为什么，形成自己独特的观点和认识，不要盲目相信，不要随意追风，不要崇洋媚外。

作为身居国外的华裔，受到西方的偏见不止一日。他们应该从自身做起，从观念的转变做起，树立"我能领导"（I can lead）的形象，充满信心，提高沟通和社交能力，努力融入主流社会，加强社会社区服务意识和团体意识等，改变别人对华人的刻板印象和偏见看法。

---

① 《从美国大选辩论，看美国教育特点》，https://www.toutiao.com/i6339332963431350785/。

第二节　中美文化之间的误解与差异

"打工皇帝"唐骏讲过一个自己的体会，奥运会之前，他问美国人一个问题，他们知道或者熟悉的三个中国城市的名字，美国人的答案是新加坡、中国香港和北京。2008 年奥运会后，美国对中国的了解可以说是突飞猛进，从上至下"遍地开花"，小布什总统带队来北京，夸大了中国在美国人心目中的印象，唐骏再问美国人上面这个同样的问题时，答案是北京、上海和鸟巢。通过这个故事，你有什么看法？

本文主要内容包括：一、中美人民之间的了解状况；二、美国人看自己、看世界；三、美国人看中国、中国人；四、美国媒体对中国报道不实案例；五、中国人对美国基督文化的误解；六、中国人对特朗普竞选总统的看法；七、增强中美了解的途径。

一　中美人民之间的了解状况

2009 年亲历美国时，我发现有些美国人对中国的了解特别少，甚至是错误的认识，也许张艺谋导演的电影太出名了，许多人看中国仿佛都是通过"大红灯笼"的。华盛顿的一位电视台总裁访问中国，他的行李中带了大量的方便食品，他十分担心在中国吃饭会发生困难。由此可见，美国公众对中国的误解会有多么严重。比如，有个大学生问我"用不用电脑、北京有没有地铁"等问题，开始我有些生气，看他们那么认真，我明白了他们就是不了解中国。

一个小学五年级学生在我给他们讲完潍坊文化之后，问我在中国生了双胞胎是不是杀掉一个，可见他们对中国的"计划生育"是多么地误解。

在美国访学时，好多华人问我对美国的印象是什么？我回答说，我们不能仅仅用城市中的高楼或者马路来评价一个城市，应该看它的软环境。

那么我问你一个问题，你对印度、墨西哥的了解有多少？你对其他发展中国家有多少了解？你对美国的认识呢？

一般讲来，普通大众非专业人士，对于印度、拉美与埃及等国家的了解主要是来自电视新闻。中国主流媒体的新闻报道，对国内报道较多的是正面报道，侧重于报喜不报忧愁，对国外报道以负面因素为主，经常是铁路中断、洪水泛滥、沉船车翻、恐怖暴乱，给人的深刻印象是这些国家贫穷落后，民不聊生。加上一些美国的新闻媒体对发展中国家持有较强的刻板印象，一时难以改变，同时他们的话语权很强，影响很大。中国的一些新闻传媒善于"复制"美国的新闻资源，因此，读者对发展中国家的看法也倾向于"落后"，自然而然地看到的是发展中国家的"悲惨"景象。

中国媒体对美国的报道曾经是经济危机、购物排队、枪杀犯罪。2009年8月初，我出发时，正是H1N1（猪流感）暴发，发源地就是和德州一河之隔的墨西哥，有人劝我放弃出国。我到达后，发现那里风平浪静，并不是我们报道的那样。

申请大学时，我以为美国的经济危机已经让老百姓食不果腹、衣不蔽体了，我去那里花钱是帮助他们，到了美国才知道，自己是真正的"穷人"。后来体验了感恩节后"黑色星期五"（Black Friday）的抢购，才感到自己囊中羞涩，而美国老百姓的生活才是衣食无忧。

二 美国人看自己、看世界

美国的国土面积广大，地区发展先从东北部然后到西部，各个区域存在一定差异，特别是大城市和西南部边远小镇有较大的差别。

但是总体说来，由于信教比例较大，影响较深，从小就受到基督的影响，其价值观具有很强的稳定性，几代人的观点大同小异。你只是看到楼房差别很大，而美国人差别不大。

美国看世界他国的角度是高高在上，许多人误解伊斯兰国家，把他们和恐怖极大地联系起来，仿佛他们是恐怖的源头。美国电影《逃离德黑兰》引起了伊朗的不满，电影讽刺了伊朗人的愚蠢，凸显了美国人的智慧。

然而，美国人对待其他国家的人，还是很友好的。不论你来自哪个国家，即使两个国家是宿敌，甚至在打仗，他们一般也不会歧视你，至少在表面上看起来他们非常热情，问寒问暖。

美国人看政府的观点常常是贬的多，首先两党执政的体系，让执政党受到很大的监督与批评，其次是老百姓的参政意识很强，他们认为，政府应该是人民的公仆，人民选择政府来保护自己的利益。公民是纳税人，当然有权利评价政府。他们评价政府时，如果你不是政府的代言人，自然不必大惊小怪。不过，他们对国家是非常忠诚的。

美国的媒体具有独立性，如果想在市场上具有竞争力，必须具有独特性，因此他们喜欢创新，好找茬、找问题，是抑不是扬、是报忧不报喜。

许多美国人不了解中国，也不太有好奇心去了解中国几十年来的巨大发展，因此，他们对中国的了解固守在多年之前，到达中国的美国人会感叹实际的中国要比美国传媒中的中国要好得多。

三 美国人看中国、中国人

1. 从 19 世纪 40 年代开始的 100 年中，美国人眼中的中国人地位低下

从较早到美国的中国人看，华人的地位不高，留着大辫子、穿着马褂。19 世纪 40 年代美国发现黄金，到美国去的中国人主要是劳工，90% 的华人都是男子。19 世纪 60 年代到美国的华人主要是去修建铁路。在电影中出现的华人形象都是苦力，coolie 这个单词的拼写和发音来自汉语。

铁路修完后，他们就地分散，为了自我保护，他们主要集中在唐人街。唐人街是华人集中居住的地方，堂所、同乡会、协会众多，说汉语、过中国传统节日，秉承华人习俗。

不过 1872—1875 年中国最早的一批 120 名留美幼童，给美国人留

下了很好的印象。

早期移民受到很大的排挤和不公待遇。中国人吃苦耐劳，经营餐馆、洗衣店、杂货店，为了生计，什么体力活都能干。白人无端地指责中国人抢了他们的饭碗，骚乱事件频发。1870—1880年的10年间，美国人杀害了2800多名华人，但是只有25名美国人被判罪。[①] 从1873年开始，美国发生经济危机，大批白人失业，也把责任推到华人身上。1882年之前的10多年里，加州就通过了各种限制措施，华人被迫向东部迁移。1882年美国国会通过了《排华法案》，法案规定10年内不准华人入境、不允许华人归化为美国公民。

早期移民的状况和处境从电影中可以了解一下，比如1997年上映的电影《黄飞鸿之西域雄狮》。

因为男女比例失调，各种犯罪事件时有发生，也影响了白人和华人的关系。旧金山的唐人街出现过"中国玛丽"（1906年去世），一如英国女王玛丽，大小事情由她过目，开设过红灯区、鸦片馆等。

"二战"前后，唐人街上的男女比例高达100∶1，是典型的光棍聚集地。因为战争，因为共同抗击法西斯，中美成为同盟。美国实施《战时新娘法案》，参军的华人可以回国结婚，把妻子带到美国，女性才逐渐多了起来。

"二战"后，中美断绝往来，直到1972年美国总统尼克松访华。之后，中美关系发展良好，后来中国改革开放、中美建交等一系列合作，中美关系日臻完善，美国人看中国人的观点有了变化。

2. 当今美国人眼中的中国和中国人仍然是片面的

美国人眼中的中国人，与我们看美国人一样，大多是管中窥豹，以偏概全，不过从他们的看法可以让我们更加了解自己。下面列举一些美国人对中国人和中国的看法，以及我的看法。

政界人物的看法自然带有很大的敌意，主要因为两种不同的社会制

---

① 《美国对中国干的十五件恶事》，http://blog.sina.com.cn/s/blog_131717b460102y6nv.html。

度。美国共和党成员、参众议员中有许多所谓的"鹰派"，对外非常强硬。比如，特朗普的亚洲政策智囊人物是加州大学经济学教授彼得·纳瓦罗（Peter Navarro），他是特朗普的贸易顾问，被提名为外贸委员会主席，研究对华贸易，具有强烈的反华心理，曾提出"逼退中国扩张主义"的思想，这类似于当年里根总统对付苏联的思路（见后）。

然而，普通美国人对华的态度还是比较友好的，自然他们也有许多正确看法、偏见与刻板印象。下面是美国人对中国、中国人的一些看法。

（1）中国人多，世界各地都有

我认为，不仅仅是定居异国的华人越来越多，华人旅游者也遍布世界各地。

（2）中国是世界工厂

许多产品出自中国，合资、独资促进了中国的发展，增加了就业机会，也造成了一定程度上的资源流失、环境破坏和污染。

（3）中国人矮小瘦弱

我想，最初到达美国的第一代移民大多是南方人，因为苦力和营养不良造成身材瘦小。当代中国人，因为应试教育，到美国留学的学生，相对于美国学生体质较弱。美国人吃肉喝奶，中国人是吃菜喝水。在美国德州，姚明的名字非常熟悉，他或许改变了美国人的刻板印象。我们许多人认为"小日本"个头矮小，其实不然。

（4）中国人个个都会功夫

得出这个错误看法是因为中国功夫太出名了，也许是因为李小龙、成龙、李连杰、甄子丹等武术演员的出色表现。比如你到了太极故乡，你认为那里的每一个人都会几下子，都会耍几个招式，其实不然。

（5）个个都是乒乓球高手

我以我们的国球乒乓球为自豪，觉得美国人不会打乒乓球，2009年，我带着乒乓球球拍到美国，发现会打的人也很多，许多人能打败我。中国人认为美国人不会打乒乓球和美国人认为中国人个个会打乒乓球是一样的错误。

（6）中国女人是单眼皮、小眼睛

得出这个结论也许出自电影《面纱》(*the Painted veil*) 中吕燕给人的印象。吕燕，1981年生于江西省。2000年，她代表中国参加世界超级模特大赛，获得亚军，声名大噪。当然，许多国人认为她并不美。2007年她出演中美合拍的爱情电影《面纱》。吕燕嫁给了法国人，育有一子。

单眼皮小眼睛是美国人对华人的刻板印象，这不一定是贬义，美国人的审美观和中国有差异。中国人侧重外在美；而美国人注重内在因素，比如良好的教养、优雅的举止。美国人以黝黑的皮肤为美，以健康的肌肉为美，也以小巧玲珑为美。我们认为"一白遮百丑"。

（7）中国人聪明，数学好

中国小学、中学数学内容比美国同等年级的要难，因此，中国小学生去美国上学如鱼得水，可能得益于中国的口诀或者教育方式等。美国学生是玩中学，后劲足，创造力强。

（8）汉语很诡异

汉语的神秘性，让美国人叹为观止。妈嘛马骂，四个声调，让他们难以掌握。杯子、被子对他们来说非常绕口。我的名字"志章"，在美国人口中怎么听都像"智障"，而且"章"的发音模糊不清，因此，我只给他们我的姓"chen"，这个发音对他们来说比较容易，我的感觉也好一点。

（9）中国女人的心难以捉摸

这个刻板说法有道理。中国人非常复杂，中国女人更复杂，不如美国人坦诚直接。女人心，七月天，变化多端。相比美国女人，中国女人的确难以捉摸。《甄嬛传》也许会让美国人如读天书。中美跨国婚姻，也有许多经典例子，默多克的婚姻不就是一个？

（10）中国人喜欢开餐馆

移民到美国去的华人，许多以开餐馆为业，最初是被逼无奈，相比美国的饮食，中国饮食的确丰富多彩，逐渐地中国饮食深受欢迎，在饮食文化中把中国的优秀文化传播出去。当前的中国餐馆已经非常西化或者美国化，以适应不同的顾客群体。

刷盘子、当服务员不也是许多留学生容易考虑到的工作吗？

(11) 中国人吃自助，不按照西餐吃法，随意性强

西餐的程序规范，上菜顺序依次是头盘前菜、汤、鱼、肉类（主菜）、蔬菜、甜点、咖啡，还有餐前酒和餐酒。而我们中国人就不太按照西餐吃法，随意性强。

国内许多人喝酒也是如此，红酒当啤酒喝。

(12) 中国人什么都吃，还不胖

在美国人心目中，中国人喜欢吃。天上飞的不吃飞机，地上跑的不吃汽车，水里游的不吃轮船，四条腿的不吃板凳，两条腿的不吃人。脑子、内脏、猪脚、鸡爪、鸭掌、鱼头、鸡头、牛蛙等。中国人在吃上可是下了功夫，尤其是广东人特别擅长吃，相比之下，美国人根本就不会吃，他们惊讶中国人怎么能吃狗肉呢？

(13) 中国人喝热水、热牛奶

美国人喜欢喝凉水，加冰的水。在餐馆吃饭，如果不特别说明，服务员给你的水一般是加冰的凉水。我们吃药，绝对是热水或温水。喝茶绝对是热茶，美国人不太会喝茶。我给对门邻居的两名运动员泡了一壶热茶，其中一人的感冒随即减轻了很多，他竖起大拇指称赞中国茶厉害。我大谈特谈中国茶的神奇，正儿八经地忽悠了他们一番，实际上就是绿茶而已。

(14) 中国人习惯接受廉价和免费的东西

穷日子过得太久了，时常梦想奇迹或中彩，不想付出只想获取，或者想少付出、多获得，这是许多人的做法，不仅仅是中国人。

(15) 中国人喜欢买房、买豪华车、买奢侈品

中国的外汇储备数量已经超过 3 万亿美元，持有大量的美国国债，美国人认为中国人有钱，最有钱的是"中国大妈"。2013 年 4 月 12 日和 4 月 15 日，国际黄金价格经历了一次暴跌，从每盎司 1550 美元（约合人

民币 307 元/克）下降到了 1321 美元（约合人民币 261 元/克）①。到五一，国际金价起死回生。有人归因于"中国大妈"的作用，因为 28 日有 12 万大陆人到香港抢购黄金；29 日有 16.2 万人抢购黄金。

（16）中国人随身带大量现金

美国人习惯刷信用卡，很少使用现金。你的钱包里有 1000 美元，美国人绝对会大惊小怪地说你是百万富翁（millionaire）。

（17）中国人好面子

人要脸树要皮。脸面非常重要，但是过度的伪装面子，就得不偿失了。

（18）中国人喜欢挑选数字

车牌是第二身份，9999、8888 等联号车牌，能卖几百万元人民币，是身份的象征，因此有钱人特别喜欢吉祥数字，手机号码、车牌、门牌等，结婚等大事挑个日子是必定的。

（19）中国人喜欢打听隐私

的确，有许多人喜欢谈论他人，茶余饭后仿佛依靠别人的隐私度日，主要是由于他们无所事事、无所追求的缘故。

（20）中国人喜欢沉默

沉默是交流中的大忌，美国人不喜欢沉默。中国人不善于交流、提问题，也许是英语不好不能更好地交流，也许是不愿出人头地、谦虚的表现。

（21）中国人喜欢玩微信

手机族非常壮大，凡事拍一拍，发到网上。喜欢自拍，修图后秀出图片，是许多年轻人的做法。

（22）中国人喜欢拉关系、靠关系

中国人看重关系，认为关系网非常关键。美国朋友 Luke 问我："有关系（networking），没关系（it doesn't matter）。没关系，有关系"是什

---

① 《"中国大妈"来圈钱　黄金的春天还会远吗?》，http://www.cngold.org/huati/banana.html。

么意思？他对中国的这个特点非常好奇，也非常惊讶。

喜欢找老乡、喜群居。怕受人欺负，抱团取暖。

（23）中国人早上不洗澡

美国人喜欢早上洗澡，我们许多中国人甚至晚上也不洗澡，或许只洗脚，更不用说早上了。

（24）中国人喜欢大声说话

美国的地铁非常安静，相当于图书馆，大声说话的乘客，必定是外国人。

（25）在阳台晾晒衣裤

烘干机在中国人家庭中很少用，洗了衣服后，主要是在阳台晾晒衣服。在美国大多数区域禁止阳台晾晒衣物，特别是内衣更是禁止晾晒。

（26）崇洋心理重

许多中国人很容易接受西方的阴暗面，甚至盲目接受。对西方的技术、产品狂热追求，而忽视人家的优秀品质，如诚实、率直、守信、责任、胆量、勇气等。

（27）精神追求低

许多中国人的思想达不到精神通灵的层面，对生命意义并不关心，思想停留在动物本能，追求物欲。

（28）缺乏责任感和诚信

多数中国人对家庭、朋友的责任感强，然而对社会和他人的责任感弱，对陌生人的责任感更弱，甚至是冷淡，这或许是经济发展和教育所致。大多数美国人从小就随家庭、学校参与社会活动，有较强的公益服务观念，成人后，很多人都在自己所属的教堂、市政厅、社区从事志愿者活动，花费时间和精力奉献社区。美国各地的市政厅里，有许多义工，如果没有他们的义务帮忙，每年的市政税收就会增长很多。

（29）没有勇气去追求他们认为正确的事情

许多中国人或许是缺乏正确判断的能力，或许是贪婪，或许是缺乏勇气把真理化为实践，在正义和非正义之间往往犹豫不定，不知所措。

中国不是真正法制社会的做法，中国的潜规则非常盛行，也很有特色。

(30) 中国人隆重地过洋节

以前许多人过圣诞，只不过不履行其中的宗教部分。目前，有关部门不主张过洋节。

四 美国媒体对中国报道不实案例

美国媒体对中国的报道有些不准确，有些有偏见，导致许多美国人对中国存在误解。在大多数美国平民百姓心目中，中国充满了消极或阴暗面。美国对中国的报道"只报忧不报喜"，虽然这种情况近来有所变化。

1. 历史上出现的问题

1879 年加州某日报社论把华人形容为"半人半魔，吃老鼠，衣着破烂，不懂法律，憎恨基督文化，吸鸦片，廉价劳工，吮吸内脏的亚洲人"。

1882 年，美国政府实施《排华法案》。随后的 3 年中，死亡和因遭受迫害而被迫离开加州的华人高达 50000 多人。

到 1943 年，美国国会才废除了这一法案。

20 世纪 50 年代，麦卡锡主义盛行，许多华人科学家遭到调查或迫害，钱学森先生就是一例。2000 年的"李文和案"也是歧视华裔和亚裔的案例，不过华人力量和凝聚力已非当年，百人会等 14 个著名亚裔团体联合发表声明，要求政府保证李文和的公民权利。

2. 21 世纪出现的问题

(1) 哥伦比亚广播公司辱华言论

哥伦比亚广播公司"狗窝恶作剧电话秀"(Dog House Prank Calls) 于 2007 年 4 月 5 日和 19 日两次播出侮辱华人的节目。节目中，两名主持人打电话到一家中餐馆，长达 6 分钟的订餐中，他们对 3 名华裔（1 名女服务员，2 名华裔男性工作人员）使用大量侮辱词语和性骚扰语言，包括"蠢驴""狗娘养的""去看你的裸体"等。两人故意发音不准，把"虾炒饭"（shrimp fried rice）说成"虾盖虱子饭"（shrimp flied lice），fly "飞行"，还有一个意思是：苍蝇。

侮辱性的语言包括：

1）Chinese man, tell me about your tiny egg roll...your tiny egg roll in your pants.① "中国人，告诉我你的小蛋卷……你裤子里的小蛋卷。"

Chinese Man，是对中国人略带贬义的称呼，产生于第一批中国移民，更严重的是 Chinaman 和 chink（中国佬），具有很强的歧视和贬义。

2）Should I come to your restaurant so that I can see you naked...that way I can see your hot Asian spicy ass.② "我是不是该到你的餐厅去看看你的裸体……这样我就能看到你那性感的亚洲辣屁股了。"

3）You are a very nice Chinese man...probably can't drive for shit, but who cares.③ "你是一个很好的中国人……也许笨蛋到不会开车，但谁在乎呢。" shit 是骂人的话，"TMD、蠢驴、狗屎"。

两名主持人是杰夫·万德格里夫特（Jeff Vandergrift）和艾尔维斯·丹·雷（Elvis Dan Lay），杰夫公开道过歉，但是艾尔维斯没有道歉。纽约等四个美华协会分会联合声明，要求公司立即解雇两名主持人及其制作人。开始时公司让两人停职，随后节目停止。

（2）美国有线电视新闻网（CNN）辱华言论

2008 年 3 月 14 日，西藏拉萨发生打砸抢事件。CNN 等西方媒体进行了不实的报道，社会上出现了一个说法，做人不能像 CNN！

4 月 9 日下午，北京奥运圣火在旧金山传递时，CNN 进行全程追踪报道，其主持人卡弗蒂在谈论中美关系时使用侮辱性的语言，他说"所以，我想，我们与中国的关系真的是改变了。我想，他们基本上还是那群过去 50 年间一直没有什么改变的暴徒和恶棍（呆子和暴徒）。"

---

① "The Dog house (Talk show)", https://en.wikipedia.org/wiki/The_Dog_House_(talk_show).

② Ibid..

③ Ibid..

(So I think our relationship with China has certainly changed, I think they're basically the same bunch of goons and thugs they've been for the last 50 years.①)

卡弗蒂（Jack Cafferty, 1942— ）的言论引起强烈抗议（outcry），广大华人华侨、中国企业、律师、外交部等对此事件高度关注，及时采取措施，体现了华人的凝聚力，维护了中国的形象。

4月14日，卡弗蒂在其网站辩解，称其言论是指向"中国政府而非中国人民或者美籍华人"（Chinese people or Chinese Americans）。

外交部新闻司司长刘建超16日晚召见CNN驻京分社负责人，提出严正交涉。

外交部发言人姜瑜于4月17日声明，CNN在15日的声明不仅没有真诚道歉，而且把矛头转向中国政府，企图挑拨中国人民和政府的关系，对此我们完全不能接受。

4月18日，香港民生党主席萧思江向法院起诉，控告CNN及主持人卡弗蒂。

4月18日，上海振华港口机械（集团）股份有限公司成为第一个向CNN公开抗议的中国企业。

4月21日，陕西一名律师向法院起诉，并称如果中国法院不能受理，将赴美起诉。

4月22日，北京市某律师事务所的14名律师联名提起诉讼。

4月22日，纽约市华人委托当地6名律师对CNN和卡弗蒂提起了诉讼，要求赔偿每位中国人1美元，共13亿美元。

4月26日，几千华人在亚特兰大总部前抗议；几千华人在旧金山CNN办公楼前抗议示威。

CNN发表声明称：不论是卡弗蒂先生本人，还是CNN，都无意冒犯中国民众；在这里，我们愿向受到此言论影响的人们道歉。

---

① 《杰克·卡弗蒂》，https：//baike.so.com/doc/9630971-9976718.html。

CNN 总裁华顿 5 月 15 日写信给中国驻美大使周文重，表达 CNN 对中国人的歉意，坦承卡弗蒂言论辱华。

风波过后，卡弗蒂并没有被解雇。四年之后的 2012 年 11 月 15 日他离开 CNN。

因为华人的齐心协力，让美国媒体对中国刮目相看。2008 年 5 月汶川地震发生之后，中国政府、中国人民解放军和人民群众马上组织自救和营救。美联社、CNN、《洛杉矶时报》、《华盛顿邮报》、美国公用媒体等媒体都进行了公正的报道，赞扬了救援人员、总理以及中国的媒体。

CNN 报道时赞扬灾民的忍耐和坚强。《华盛顿邮报》积极肯定了中国政府派出大量军队和武警抢救幸存者。

五 中国人对美国基督文化的误解

我第一次大规模接触美国人是他们到中国来培训我们的中学老师。多年前，南京爱德基金会每年分配许多美国的志愿者到各个大学从事英语教学，深受学生喜欢。

爱德基金会（The Amity Foundation）于 1985 年成立，是由中国基督徒发起，致力于促进中国的医疗卫生、教育、社会福利和农村发展工作。

从支教做义工的美国人身上，我们看不出他们是基督徒。鉴于两种文化交流时，忌讳谈及宗教信仰和政治等敏感的问题，我们很难了解他信仰什么。不过，他们的奉献精神和扎实工作的实干行为令人佩服。一个暑假的时间，他们非常认真，受训的学生不是一般人，而是中学的教学管理骨干教师，他们都大加称赞，想必对中国基础英语教学是一个极大的促进。中美之间建立了良好的友谊，为了配合教学，我们外国语学院（当时是英语系）拿出部分资金购买蛋糕等，以帮助学生了解西方的一些节日习俗。为了教学，我院教师自愿担任每个班级的教学助手，以便于更好地交流和教学，我院的教师也受到很大启发。

在美国的团契活动中，教友们不仅一起吃饭，进行一般的交流，而且一起学习《圣经》进行深度交流，生活工作中互相帮助，更重要的是他们的活动定期规范、持之以恒，也不定时举行各种野餐活动加强联系。他们的活动也得到社会各界的支持和赞助。

1. 基督教徒做慈善是为了收买中国人心

在中国曾有一个错误的看法，多一个基督徒，少一个中国人。这与19世纪中叶帝国列强侵华有着很大关系，洋枪洋炮的震慑下，中国人哪有自由？许多人把基督教和帝国主义混为一体，拿枪的是洋人，拿《圣经》的也是洋人，国人把他们看成一丘之貉，增加了人们的恐惧。

我认为，虽然都是白人，教徒和其他群体是不一样的。从电影《面纱》中可以看到20世纪20年代中国的状况，我们看到大城市上海洋人的聚会，他们观看中国传统戏剧；国内工人举行罢工；在偏僻小镇法国人开设修道院，修女怀抱婴儿，孤儿们安静地学习生活，而主线是英国医生帮助地方治理霍乱的扩散，最终长眠于此，他和妻子的爱情从危机到达融合，爱情得以升华延绵。因为丈夫的付出与奉献，让妻子更加理解他，更加爱他，更加忠心于他，好好抚养他们爱情的结晶。

电影的最后，是妈妈和儿子在花店的场面。妈妈说漂亮的鲜花不久就萎缩了，不值这个钱，问儿子的看法，儿子说玫瑰很漂亮。这是"赠人玫瑰，手有余香"的含义，是美丽爱情的体现，是丈夫奉献精神永存的体现。她再偶遇曾经影响自己婚姻生活的男人时，彬彬有礼但一个"再见"，把他拒之门外，可见其对逝去丈夫的坚贞爱情。

2. 基督教是洋教，腐蚀人民的传统信念和信仰

新中国建立后，中国的基督教会发表声明，与帝国主义划清界限。在那个年代受美国等帝国主义的影响，基督教和帝国画了等号。国内也在清理外国人，一切"洋人"仿佛都是敌人。但是，我认为基督教并不因为推翻"三座大山"就一下子和以前隔离决裂了。虽然人们把它与帝国主义挂钩，正如人们把恐怖和伊斯兰教挂钩一样也是片面的看法，基督教的精华是普世的，不以国家为界限。

不过当年中国基督教会提出的"三自宣言"或者"三自运动"是很有进步意义的。1950 年，提出中国基督教以"自治、自养、自传"为原则，反对帝国主义、封建主义和官僚资本主义对宗教事务施加影响。这种中国特色的基督教是中国教徒的目标和做法，逐渐形成了其政治、思想、社会、文化和神学特色。

从目前基督教发展来看，基督教受众群体非常广泛，自然有它的合理性和存在的道理，对于里面的营养，老百姓可以采纳，不必害怕。糖衣炮弹、和平演变已经不是一天两天，最关键的问题是你自己的本色要保持。不怕你喝可乐、吃汉堡，你还是中国人。你思想上的阵地如何牢固，用什么武装它，保持你的本色，是从出生就开始的，是春燕筑巢一点一点慢慢建起来的，是家庭、学校和社会长久的熏陶和不断的打造之结果。道路自信、理论自信、制度自信、文化自信非常关键，充满自信、诚信勤奋的中国人，绝对不怕接触新事物，不怕腐蚀，辩证性的思维和锐利的眼光会让你百毒不侵。

信仰决定着美国学生的择偶和婚姻观。你看到一个传统的美国学生发型可能很特别很有创意，头发染成红色，但是做起课堂报告来认真扎实毫不含糊。他们谈起男女朋友也非常认真，不是我们所说的门当户对，而是注重信仰的一致性，关注是不是同属一个教会。多种信仰让他们寻求共性。因为爱，可以改变信仰，没有什么大不了的。特朗普女儿伊万卡可以说是"80 后"的榜样，创造品牌、积极工作、到处奔波、支持父亲、夫妻和睦，然而她从基督教改信成犹太教，因为丈夫库什纳是正统犹太教信徒。三个孩子自然信仰犹太教。

因为信仰一致，爱情婚姻更加稳固，也能共同解决问题，沟通更加和谐，对孩子的教育更加温和。库什纳和伊万卡不管多么忙碌，每周五晚上到周六晚上都会关闭手机。原因之一是宗教信仰的规范，正统犹太教要求教徒到了周末禁止使用电器，更重要的是这样可以更好地跟孩子交流，更好地进行夫妻交流。一起看书、聊天、做饭，让自己平静下来，放慢脚步，仔细品味人生，陪伴家人，这是人生的真谛，回归到最简单最自然的生活，彼此关系也就更加亲密。

美国的一个社区叫"阿米什人"社区，他们至今还过着没有电的简朴生活，交通工具用马车，衣服手洗晾晒，不用电话，不用电灯。看看我们有多少人在读书？有多少人在为自己的生命生活而努力？

2000年美国总统大选时，民主党候选人戈尔挑选了犹太裔的参议员、犹太教正统派教徒利伯曼（Joe Lieberman）作为自己的竞选拍档，利伯曼到了周末不动电器，不动机器。戈尔和利伯曼是好朋友，到周末戈尔把灯给关上再离开。①

我们不信仰犹太教，我们就学习他们处理家庭关系这一点不也很好吗？

基督教不是美国的，是世界的。其教义对于人的塑造与传统中国经典文化和其他宗教有异曲同工之处，对人的教育作用非常有效。

马尔科姆X在入狱期间，认真读书，皈依伊斯兰教，出狱后彻底改变自己以前的恶习，成为和马丁·路德·金一样出名的黑人领袖。

3. 基督教是阶级压迫的帮凶

中国的民族主义者对基督教采取强烈的排斥性，认为它是侵略和压迫的工具，在文学作品中都有体现。

从文学作品中，可以看出基督教与中国的文学作品也密切相关，不过都在中国传统文化的博大旋流中被溶解被吸收，不能成为主流。另外，有些文学作品以明确的观点阐述基督教的帝国性，是当时某一历史阶段或特殊时期的体现。例如，1934年，臧克家发表长诗《罪恶的黑手》，该诗音调铿锵，语言精练。它以修建教堂为题材，将基督教描绘成阶级压迫的帮凶，号召工人起来反抗。进城的农民摆脱不掉被压迫、被剥削、被奴役的困境。当时在青岛的臧克家目睹了日本帝国的跋扈，帝国列强的铁蹄。在反帝反封建的大潮中，他揭露帝国主义的本质，呼唤人们的觉醒，具有很强大的号召力，鼓舞人心，改革创新（恕我在

---

① 杨教：《利伯曼开创历史先河》，http://www.people.com.cn/GB/channel2/18/20000809/179830.html。

网上没有找到原文）。

王蒙小说《青春万岁》可以说具有相当浓厚的反宗教情绪。他说，新中国成立以后，我们学习唯物主义、马列主义，带着强烈的无神论倾向和一种对宗教的相当严峻的批判。

而冰心的作品突出了基督的大爱，冰心的文学可以说是基督教文学，她以文学方式来表现基督教信仰，传扬福音。徐雉的许多作品也堪称基督教文学。端木蕻良的《复活》独树一帜地表现基督信仰的真实性。

我认为，不论反对基督教也好，赞同也好，基督教文化和中国主流文化一碰撞，就会被融入主流。基督教在中国文化中被道德化，一个道德高尚的人和一个基督徒没有太大差别。信不信耶稣基督无关紧要，重要的是道德行为。我们不要太敌视基督教把基督文化与阶级压迫、帝国主义关联，也不能太盲目接受，信奉《圣经》里的一切，这是基督教右派的做法。在当前形式下，基督教应与时俱进，与中国的实际结合起来，把其精华融入中国文化。

作为一名普通的老百姓，有宗教信仰的自由。信仰什么宗教，并不重要，关键是心里存在一个"神"，不无好处，能够有敬畏感，原则性就强，对于当前道德滑坡、文化自信不足、经济发展快教育滞后等不良现象都有很大的辅助作用。

但是，坚定信念的中国共产党人已经拥有自己的信仰，是不能信教的。

4. 基督教都是一样的，教徒坚信《圣经》里的一切

实际上，基督教分支很多，发展传播过程中有了很大变动，各个分支有差异也有共性。美国的基督教也是美国特色的基督教，从英国的新教发展成美国的清教，分支多种多样，有浸信会、长老会、路德会、城市会等，连我们认为是邪教的摩门教也有众多的信徒（在美国，摩门教不是邪教）。

天主教可以说是基督教的右派，反对女权主义，它根据《圣经》中关于家庭结构的规定和对放荡妇女在哈米吉多顿（Armageddon，世界

善恶决战场）中的描述，坚决反对男女平等、同性恋、堕胎等，是共和党人的主要观点。

摩门教也是基督教的一个分支，特别强调一夫多妻制，子孙成群。从法律层面，男主人只有一个妻子，其他的"妻子"只是宗教意义的妻子，相当于旧中国的"妾"。

基督新教基要派，也译作原教旨基督教，主张以字面理解《圣经》，他们坚信《圣经》里的每一句话，自由派、福音派和基要派有较大差别。

如果你不相信基督，只是把《圣经》当成故事来看，许多故事也能够给予启迪。

六　中国人对特朗普竞选总统的看法

1. 特朗普给人印象不好，却竞选成功

正式结果出来之前，希拉里和特朗普谁胜谁负仿佛已经非常明显，特朗普给人的印象都是负面的，为"三无"人物：无从政经验、无任何公职、无任何外交政策经历，纯粹是一个商人、地产商；说话不把门，经常口无遮拦；对中国非常敌对；即使是同属共和党的小布什总统、杰布·布什等也不支持他。

从第一次电视演讲来看，希拉里始终面带笑容，言语条理清晰，表现镇定自若，而且整场都没有喝水。而特朗普紧张不安，不断地喝水，舔嘴唇，摇晃身体，多次插嘴或打断希拉里发言，讲话还指指点点。

给我的感觉是特朗普不如希拉里，大家都认为他成功的概率很小。

然而，结果出人意料，他成功当选，成为年龄最大的总统，时年70岁。

2. 选举人跑票，历史空前

参众议员共538人，代表选民投票。一般情况下，他们必须代表选民，把全部票数给予在该州获胜的候选人。有29个州和哥伦比亚特区明确规定选举人必须尊重民意来投票，即把票投给获得本州最多普选票数的候选人。

然而，2016年选举人投票时，没有完全投给获胜者，也就是所说的"反水、跑票"，说明该选举人对于结果非常不满，共有4人反水希拉里，2人反水特朗普。

德克萨斯州共有选举人票38票，特朗普赢得了该州，应该38票全部投给他，然而只有36名选举人投给特朗普，2名选举人跑票（1人投给现任俄亥俄州州长凯西克，1人投给前众议员保罗）。这两票相当于弃权或者作废，投给那两人毫无意义。

希拉里获胜的华盛顿州共有12名选举人，却有4人跑票，这是华盛顿州40年来首次出现失信选举人。3人投给前国务卿鲍威尔，1人投给美国环保活动家Faith Spotted Eagle，她是印第安人，"信念斑点的老鹰"。

这6名失信选举人的做法，给希拉里、特朗普敲响了警钟，也给今后选举提出警示。

3. 特朗普竞选成功的原因

BBC分析了特朗普成功的原因，网络上也有各种分析，我个人认为有以下几点原因。

（1）特朗普个人奋斗史是美国梦的体现

1964年他登上《纽约时报》头版，而且图文并茂，大幅的写真照片，英俊潇洒，当时他才18岁。

特朗普很有经济头脑。美国经济疲软时，他在纽约曼哈顿购买地盘，建设住宅，经济复苏后，地产价格倍增，收入颇丰。

除了房地产，他的经营范围很广，努力把企业做大做强，解决了上万人的就业，以自己的名字命名了许多品牌：特朗普山泉、冰激凌、酒吧、杂志、男装等，女儿伊万卡也是值得骄傲的，"80后"的她创业成功，家庭幸福，创办自己的品牌，产品销往世界各地。

媒体助他成为家喻户晓的名人，众多的观众是他的人力资本。他曾担任真人秀《飞黄腾达》的主持人，在洛杉矶星光大道上留有自己的手印和名字。1987年，特朗普花巨资在《纽约时报》和《华盛顿邮报》

上刊登整版广告，批评美国的外交和国防政策，并提出解决方案，立马出名。

他曾负责环球小姐、美国小姐的选美项目。

他也不是一帆风顺，投资也有失败的时候，但是不经历风雨，怎能见彩虹？1988年，特朗普收购一家航空公司，业务在美国东北部的波士顿、纽约和华盛顿特区之间运行。该公司已经运营了27年，然而特朗普将这家航空公司装饰成豪华航班，比如金黄的洗手间，1992年，公司就不行了。

（2）特朗普代表变革，适合求变的美国人

初选中，共和党那么多的候选人，特朗普脱颖而出，说明他有水平，说明美国有支持他的选民，这是民意。

美国人喜欢变革，他们想找到一个与前任不同的总统。特朗普挑战整个既有体制，质问希拉里多年的从政到底给美国带来多少改进。

许多共和党人认为，深思熟虑就是犹豫不决，错失良机；耐心十足是软弱无能的表现。奥巴马呼吁人们宽容和热情，迎接面对美国的多样化，这让很多共和党人感到不满和愤怒。

奥巴马的演讲非常有激情，能煽动选民，非常奏效，希拉里也是如此。然而长期以来，许多人认为奥巴马并没有明确的方针政策，改革实效不明显，选民有些失望。

特朗普不是圈内人物，不是体制内的政客，美国人相信他能带来大胆的革新和变化，他能给自己带来更好的生活，他能给浑浊僵化的污水池带来活水，他能给生命带来新鲜血液。最终摇摆的各州都倾向了特朗普，大量的蓝领白人、中间人士积极地转向支持特朗普。

商人的做法不一定是政治家认同的，但是商人的规则有效，能立竿见影。

1）对内实施减税法案

特朗普政府的《国家安全战略报告》里，美国外交政策的重点排序变成了先经济再军事，然后才是政治。经济和政治的排序倒换过来，跟以往不同。

他提出减税法案，2017年4月提出，到12月终于通过。试图把企业税从35%降到20%，个税从七档减至四档，分别为12%、25%、35%和39.6%，未来10年政府将减税15000亿美元。①

减税会让企业的利润更高，能够促进经济复苏，能够推动经济增长，能给中等收入的家庭或者说中产阶级带来更多的收入和就业机会。

这是自里根政府以来规模最大的减税计划，是共和党的首个成功。

共和党的成功实在是不容易，投票结果非常接近。参议员的投票结果是51∶49，52名共和党员有1名投了反对票，所有民主党员都投了反对票。众议员的投票结果是227∶205，13名共和党投了反对票，民主党则全部投了反对票。

他在对外政策上的原则是少介入他国事务，对外战略还有一个原则，即不受国际承诺限制，随时放弃国际承诺。他的气候变化政策的原则是保证能源工业得以发展。总之，他的原则是以美国的利益为核心。

2）对外增加关税。

2018年3月23日，他签署备忘录，有可能对从中国进口的600亿美元商品加征关税，并限制中国企业对美投资并购。美国将对航空航天、信息通信技术、机械等产品加收25%的关税。

这严重影响中国的利益。党的十九大召开后，特朗普成为第一位访华的总统，中国对他进行了最高规格的接待，直接先到故宫去，而且签订了2000多亿美元的合同，大家对他高度评价，也乐观地展望中美关系的新格局。

然而，特朗普神出鬼没，飘忽不定。特朗普签署了《台湾旅行法》（简称《台旅法》），美国和中国台湾官员互访，违反一个中国的原则，该法于2018年3月16日开始"生效"。

---

① 《美国减税了为什么很多中国人非常激动？》，https://zhidao.baidu.com/question/686592684556173252.html。

3）放宽枪支购买政策

2017年9月，特朗普政府准备放宽美国轻武器的出口限制，放宽购买枪支的一些限制，精神有问题的也可以购买，各州正准备放宽政策。司法部将为"合格"的学校员工提供"严格的枪支培训"。

步枪协会表示支持，然而反对拥有枪支者于2018年3月24日在全国范围内举行"为生命抗争游行"（March for our lives），以抵抗枪支暴力。

4）进行教育改革

在教育方面，他认为美国是在每个学生身上平均投入最高的国家，但是美国的教育水平排在全球的第26位，他要取消全国统一的教学大纲（common cores），后来他提名的教育部部长贝齐·德沃斯在参议院投票非常艰难。最终结果是51∶50通过，仅仅一票之差，这一赞成票是副总统彭斯投的，在历史上副总统投票是第一次。

贝齐是密歇根州的富豪慈善家，主张推行"教育券"制度，也就是把部分支持公立学校的财政资金转向支持私立学校。可以让更多低收入家庭的孩子有机会上私立学校。她的丈夫迪克是安利集团的总裁，哥哥埃里克·普林斯是美国安保企业"黑水公司"的创始人。

（3）参选总统的经历让他积累了大量人脉

2000年他正式参与改革党总统候选人竞选，不过很快退出。

2012年大选时，他的呼声很高，紧逼奥巴马，他质疑奥巴马的身份问题，也派人到夏威夷调查，最终白宫公布了奥巴马的出生证。后来，特朗普宣布不参加竞选。

（4）竞选口号简洁明了，性格鲜明突出，讲话直率坦诚

他借鉴了罗纳德·里根总统的做法，提出的竞选口号是"让美国变得重新伟大"（Make America Great Again）。里根的口号是"你比四年前过得更好吗？"（Are you better off than you were four years ago？）

他说话直接直率，甚至是口无遮拦，给人深刻的印象，也成为媒体批评的把柄。有人指责他口无遮拦，就有人认为这是他的优势，他敢说

别人不敢说的话,是对当时体制的挑战和抗争。

美国人的表达能力都比较好,表达能力和逻辑思维能力是成为总统的必要条件。

特朗普说了很多尖刻的话,然而非常奏效。他说,我们的制度就是个破烂。墨西哥政府正在把强奸犯送到美国来。他对杰布·布什说"你哥扯的谎一个接一个把我们骗去打伊拉克"。杰布曾经是佛罗里达州的州长、前总统小布什的弟弟、前总统老布什的次子。特朗普如此傲慢,自然得不到布什家族的认可,虽然都是共和党人。特朗普还讽刺说,杰布把母亲搬出来以提高自己,恰恰是他无能的体现。倒是母亲芭芭拉很明智,他告诫儿子美国不会让你一家人轮流当总统的,应该放弃竞选。5%的支持率让杰布很快退出竞选。

特朗普批评共和党候选人卢比奥和克鲁兹两人是办不成任何事的。他自豪地说在边境建墙,他知道怎么能花钱最少而且效率最高。

克鲁兹攻击特朗普曾经给民主党捐款,特朗普说我还给你捐过款呢!

关于多年前特朗普说女人脏话,共和党反驳说当时特朗普是民主党,这样狡辩来抹黑民主党。希拉里想通过特朗普对女性的侮辱而获得广大妇女或者女权主义者的支持,然而伊万卡说父亲并不歧视女性,而是同工同酬一视同仁,努力提高妇女地位。特朗普的脏活,只是针对某一个人的特例。

相对于希拉里的政客特征,特朗普的直率获得了很大的支持,再有蓝领或者下层人士对于多年前的这种评价也不是特别在意。特朗普敢和名人大碗对决,他是一个战斗者,从不畏惧,名人在他口中是无所谓的,他得罪了不少人,比如福克斯新闻主持人梅根·凯莉(Megyn Kelly)。这种得罪肯定致使媒体界对他的评价不会太好,不过观众看到了真实的他。在特朗普初选的电视辩论时,梅根向他提问说他经常发表不尊重女性的言论,曾经从言语上侮辱妇女,特朗普非常不高兴,认为是对自己的攻击。

我非常佩服梅根，她没有以牙还牙穷追不舍，而是在电视上说对这事不做反应，她提出的问题是公平的，不是攻击，是对媒体的负责。她说，她的工作就是不去狂热崇拜这些参选人，而是在现场提出犀利有分量的问题，帮助民众了解这个（参选）人。我认为凯利的个人修养和职业责任感让她没有因为特朗普的语言而反应过度继续攻击，相反，她和媒体以沉默和冷静的更高姿态观望事态发展，虽然她和福克斯高层私下里都对特朗普的言论深感厌恶。

特朗普撰写了一本著作《残疾的美国》（*Crippled America*），提出自己让美国更加强大的施政理念，浅显易懂，据说相当于小学四年级的水平。上层精英政治可能会打压特朗普，蓝领、下层人们、中间派别却认为他非常亲民、靠谱、诚实、雷厉风行。

从最终结果来看，特朗普最重要的是取得了蓝领和中间派的支持，这个群体受教育程度低，长期从事制造业和服务业等低收入行业。如果说奥巴马赢得了少数族裔和低收入家庭的支持，而人口数量巨大的美国蓝领选民的支持，是特朗普成功的关键。正如19世纪80年代的美国人认为华人廉价的劳动力导致了自己的失业一样，许多白人认为众多的拉美裔人士抢走了他们的饭碗。特朗普对非法移民的强制措施自然获得众多蓝领的支持。

特朗普的坦言让人们认为他是个有血有肉的人物。中国人民大学国际关系学院的金灿荣教授所说，很多美国民众认为，与其接受"伪君子"，还不如接受"真小人"。

（5）希拉里存在的问题让她失去选民的信任

美国人对从政经验丰富或者说政治履历可靠的政客往往提出质疑，他们认为总统不需要一步一步地从基层上来，关键是总统的决定。好的履历未必就是好的总统，比如前总统安德鲁·约翰逊，他是唯一一个具有非常完整的履历，而且官场经验丰富的总统，但他缺乏灵活性，被认为是美国最差的总统之一。

希拉里的从政时间的确很长、有历史有履历、非常稳重，是一大优势,当然特朗普质疑希拉里,指责她政绩平平,为自己赢得了众多选民的支持。不过,我认为希拉里做出了重大贡献,成绩突出,然而在选举时,人们特别希望新局面的出现,美国人渴望新人和变化,他们认为只有新人才能给他们的生活带来突变。这样一比较,她就远离了蓝领白人。

希拉里沉稳大气、优雅礼貌,很有政治家的风范,也就被认为非常具有政客的虚伪,比如选民问希拉里爱吃什么,希拉里认真选择用词,考虑得很全面,如果她说爱吃素食的话,可能会得罪那些爱吃肉的人,如果说爱吃肉,就会得罪吃素的。所以她最终的回答是,我不吃任何活的东西!有人分析这是她作为政客虚伪一面的体现,如果是特朗普就会直言不讳。

屋漏偏逢连夜雨。关键时候,联邦调查局就希拉里的邮件门进行调查,对她是致命的打击,让她失去了人们心中的"诚信",突出了她的虚伪。

美国人的爱国热情非常浓重,宁愿选择有缺点的特朗普,也不喜欢精英政治、虚伪政治,这是政客希拉里的不足,政绩不明显,变化不很大。

(6) 特朗普鲜为人知的故事,凸显其人格魅力

竞选总统过程中,针对特朗普的许多报道都是负面的,然而看了以下5个故事,他的慈善、助人、智慧与精明、大胆的品质会给你留下深刻的印象。

1) 他替困难家庭偿还债务

1986年2月,佐治亚州一个农民希尔(Lenard Hill),买了一份寿险后饮弹自杀。

原因是希尔家从银行贷款约30万美元。如果他还不上债务,将失去土地,对这家三代农民来说不仅是耻辱,而且是灾难性的。

可是,希尔是自杀,家人不能获得赔偿。他的妻子安娜贝尔(Annabel Hill)是一位66岁的中学教师,正面临着人生的低谷:保险不赔、丈夫丧命、银行讨债,可以说是"压力山大"。当地媒体进行了报道,

这件事成为全国的新闻。

关键时候援助从天而降。40岁的特朗普给希尔太太打来电话说要帮助她家。他通知银行，不要骚扰她家，他替她们还钱。开始银行职员很不耐烦，特朗普警告说他将起诉银行谋杀了希尔，这才平息。

特朗普在南卡罗来纳州竞选演说的时候，人群中走来一个50岁左右的女士，满含热泪，手拿着30年前特朗普和她已故母亲的照片，对特朗普大加赞扬，因为他是救命恩人，称赞他说："你对美国人民的承诺，30年前就兑现给我们的家庭。你拯救了我们。"

结果是，特朗普在初选时赢得了南卡。

2）他用私人飞机拯救孩子

1988年，他接到电话，让他用私人飞机帮忙把生病的三岁儿子从洛杉矶运到纽约（从美国西部到东部）。

商业飞机拒绝搭载这个男孩，由于他患有一种离奇的呼吸障碍，必须依靠巨大的氧气罐才能维持生命，商业飞机容不下这个大罐。而距离是3000多英里（4800公里，潍坊到北京不到600公里），美国没有高铁，如果用汽车会花费很多天的时间。

特朗普毫不犹豫地出手相助了。

3）他有能力有魄力处理棘手工程

从1980年开始，纽约市政府着手在中央公园建造滑冰场，前后花费了六年半的时间，花费了1300万美元，把一个原本可以使用的冰场变成了一个混凝土池子。

工程进展缓慢，五年后，特朗普找到纽约市市长，探讨解决滑冰场的办法，他成功拿到了施工合同。

之前的施工方是迈阿密的一家公司，他们用昂贵的铜管和氟利昂进行制冷（相当于我们使用的电冰箱、空调设备）。这种方案的问题有两个，一是制冷剂泄漏问题，二是制冷管道被盗问题。因为铜管较为值钱，施工过程中，铜管经常被偷，施工方被迫雇用大量的警察和保安以防盗窃。

特朗普给加拿大蒙特利尔冰球队的朋友打电话,他们使用廉价的橡胶管道和盐水解决问题。这样,材料成本猛降,偷盗问题迎刃而解,整个工程三个月完成,而第一个月是用在了拆除以前建设的混凝土基座。从经济效益上讲,特朗普仅仅花费了250万美元。

4)他巧计低价购买酒庄

有个酒庄因为主人经营不善,银行要拍卖酒庄的建筑。

特朗普发现有机可乘,银行只是拍卖房屋,而不是周边的土地,于是他用50万美元买下了酒庄周围的200英亩土地,圈起来,用牌子标明是私人用地,禁止入内,让野草丛生。于是,酒庄四周杂草丛生,要进入酒庄,必须绕道,很远很难走。

银行规定的拍卖价格是1600万美元,因为道路不便,没人去买,最后,银行找特朗普,以360万美元售出,相当于特朗普一下子赚了至少1200万美元。

特朗普的精明在于"包围孤立"的方式。鉴于此,你如果想承包山地,要先解决道路问题,否则麻烦多多。

5)揭开他辱骂女士的真相

特朗普和希拉里电视辩论关键时刻,希拉里提出特朗普骂女人是胖猪等,特朗普说到欧唐内尔这个名字,暗含的意思是她是我唯一骂的女人。欧唐内尔是民主党人,支持希拉里。

随后,欧唐内尔称呼他是"橙色的肛门"(orange anus),她呼吁政府调查竞选过程,特朗普涉嫌俄罗斯干预大选。奥巴马驱逐了35名俄罗斯外交官。

2006年,特朗普担任美国小姐选美主席。当选2006年美国小姐的是康纳(Tara Conner, 1985—),她生于德州达拉斯市,后来搬家到肯塔基州。2006年她因未成年饮酒被捕,又吸食可卡因,同时在酒吧强吻凯瑟琳。凯瑟琳是2006年的未成年美国小姐(Miss Teen USA),2011年的加利福尼亚小姐。

人们呼吁取消康纳的资格,特朗普没有那样做,不过条件是让她进戒毒所戒除毒瘾。

　　后来，美国小姐康纳戒毒成功，而且成为戒毒宣传大使，告诫人们远离毒品。

　　其间另外一位女士出现了，她就是罗茜·欧唐内尔（Rosie O'Donnell, 1962—　），她演过一些电影，比如《西雅图不眠之夜》《完美音调2》等。当时她在美国广播公司当新闻评论员，她谴责特朗普的做法。还对特朗普曾经离婚大做文章，说他贪色，不自律，道德水平低下，只有这样的人才会同情瘾君子，等等。

　　特朗普立刻反唇相讥，称她长得像个胖猪（fat pig），笨蛋（slob），是个完全堕落者（total degenerate），竟然还好意思骂我？俩人的骂战断断续续一直持续到2014年，到罗茜从公司第二次辞职才结束。然而英语网站文章表明，两个人的口水之战没有停止。

　　2017年罗茜称特朗普精神不正常（mentally unstable），也谈到特朗普的小儿子，后来罗茜道歉。

　　罗茜是同性恋，领养的孩子都随她姓，她的角色相当于父亲。领养的第一个孩子是孤儿，2011年进入军校。

　　2004年，她和凯莉·卡朋特（Kelli Carpenter, 1967—　）结婚，当时是旧金山市市长宣布同性恋结婚合法之后的两周内，不过当年加州最高法院宣布同性恋结婚是非法的，因此她们的婚姻随即无效了。

　　他们有四个孩子，最后一个孩子是2002年凯利通过人工授精所生。

　　2009年罗茜透露，2007年凯莉就搬出去了。

　　2011年罗茜和米歇尔约会（Michelle Rounds），2012年两人结婚。两人领养了一个小姑娘。

　　2014年两人分手，2015年两人离婚。2017年，米歇尔自杀身亡。

　　（7）特朗普的女儿女婿为他赢得选民

　　伊万卡（1981—　）和丈夫都是房地产巨头，她曾是世界超级名模，还有以自己名字为品牌的珠宝公司，还有成衣店、女鞋、香水和微波快餐产品。

她没有一点娇生惯养的坏毛病，她的成功有30%是来自家庭，其他的70%全靠自己打拼。她经常飞来飞去，工作效率高，工作时间长，可以说是马不停蹄日理万机。为了调查酒店业竞争的情况，她每个月都要在其他酒店住上一晚。

父亲竞选时，她发表了一个十几分钟的演讲，对父亲高度评价，坚称父亲不仅有能力，而且值得信赖，从一个局外人（outsider）战胜了16个竞争选手，赞美自己的父亲是一个战斗者（fighter），为自己的国家而斗；他教育孩子要有远见，充满激情，持之以恒地工作；父亲能发现人的潜能，不是为了自己，而是为了周边的世界；父亲给人提供工作，帮助别人；他重视女性，不歧视女性，同工同酬。积极解决女性就业问题，政客只是谈论平等的工资，而父亲实际在做到了同工同酬；他善于聆听下属的建议；只要父亲在，他永远支持你。伊万卡的表现非常好，感人肺腑，赢得了一致好评。

伊万卡的丈夫是库什纳（Jared Kushner），也是1981年出生，犹太人。19岁时他果断地买下马萨诸塞州的9处房产。22岁毕业于哈佛大学社会学系，2007年获得纽约大学法学博士和MBA学位。2008年出任库什纳公司首席执行官。2015年，《财富》杂志把他列为"40位40岁以下最具影响力商业人物"。

他鼎力支持岳父特朗普的竞选，后来被特朗普纳入智囊团，任高级顾问，他和前国务卿基辛格对习特会的成功立下了功劳。

特朗普称库什纳是一笔"巨大的财富"，对女婿在新政府中出任要职引以为荣。为了工作，库什纳放弃自己的产业，据说放弃了相当可观的收入，这也是进入内阁任职的前提，比如蒂勒森原来是洛克菲勒财团的CEO，必须放弃原来的工作，一心一意地在政府服务。

对于特朗普任用自己的女婿，较多的华人反对这种做法，把家庭成员参政说成是封建习俗，其实这种说法是不准确的，是偏见的看法。

库什纳只是智囊团中的一分子，他将和白宫办公厅主任普里巴斯（已经离职）、总统首席战略专家和高级顾问史蒂夫·班农（2017年8

月离职）共同工作，共同负责执行特朗普的计划。

（8）竞选方式多元化

他拒绝传统的扫街拜票方式，不断举行大规模摇滚音乐会式的集会。竞选团队一换再换，竞选筹款额不如希拉里、广告支出也不如希拉里。

特朗普充分利用 twitter 平台，推送相关信息。据说，Facebook 把客户信息提供给分析公司，这样根据客户的需求，进行信息推送。

奥巴马竞选时，就利用这种方式。竞选的最后几周里，Facebook、Twitter 的用户会收到摇摆州朋友的图片信息，告知点击一个按钮，程序就会向目标选民发出鼓励，采取恰当的行动。结果是，通过 Facebook 收到信息的人有 1/5 会响应，因为信息来自他们认识的人，这样就坚定了摇摆州选民的决定。

（9）有金主为靠山，精准定位客户

Facebook 用户的信息被分析公司进行了人格等分析。

剑桥分析公司行政总裁尼克斯（Alexander Nix）擅长用行为科学、资料分析和精准广告投放三种方式来影响美国的大选。上次他支持克鲁兹参选总统，使他的支持率从 5% 升到 35%。

罗伯特·默瑟（Robert Mercer）是特朗普的金主之一。在尼克斯的说服下，罗伯特和女儿丽贝卡（Rebekah Mercer）给尼克斯公司投资 1500 万美元。特朗普前首席策略顾问班农（Steve Bannon）也是董事会成员。

另外，特朗普得到美国军工复合体的大力支持。共和党和军工企业密切相关，是支持持有枪支的政党。在外交方面，共和党非常强硬，特朗普在竞选时严厉批评"奥巴马的对外政策让美国变得软弱，丧失了美国的领导地位"。

七 增强中美了解的途径

1. 加强官方外交与合作

中美两国在意识形态、战略利益、文化传统方面有着很多不同或者说是差距，但为了共同利益，求同存异、共同发展，要建立建设性的广泛联系。

克林顿总统曾提出21世纪将成为美中两国最美好的时期。

2. 发挥媒体的作用

我们对国外的了解，主要通过媒体。

媒体的好处是速度快，其不足是，有些媒体会受到政府的制约、信息碎片化，因此需要读者广泛阅读，从不同媒体了解事件真相，通过认真思考，辩证地看待事件。

3. 发挥民间外交的作用

中美间的误解是客观存在的，那么我们如何处理好这些误解？

我以为，对于善意的误解，每一位国人都要耐心大度，不卑不亢，不要满怀敌意，应给予全面的解释。

有位访学的博士说，有个美国人问他北京有地铁吗？他认为是侮辱，我告诉他，美国人不了解中国，我们耐心地给讲解，不仅让他们更多地了解我们中国，而且提升我们的形象。

我在介绍潍坊文化的时候，首先介绍了传统文化杨家埠木版年画、高密剪纸，然后，把潍坊现代化的一面展示给他们。

每一位有机会到美国的人，应该充分运用自己的真实感受和经历，努力了解美国文化的方方面面，发掘对自己民族有启示性的东西，用自己的眼睛去发现异质文明中的积极因素，以此作为参照物，用来反衬自己文化中出现的问题加以吸收利用。同时，把自己优秀的民族文化传播出去，讲好中国故事，让他们更加全面地了解中国。

中篇 美国文化的启迪

第一节 大学生的T恤衫文化

我到达美国得州农工（A&M）大学时，正是夏季。教授Swearingen是位汉学专家，给自己起了个汉语名字叫施文娟，仿佛与施耐庵一家。她每次上课时，往往要换一身衣服，几乎没有重样的，我感到很惊讶。另外，我发现学生们的着装以T恤、牛仔和拖鞋为主（T-shirt，他们一般称作Tees），而且T恤上面的文字和图案令人眼花缭乱，蕴含多元的文化，有许多我不清楚的内容。后来到其他城市，发现各个地方都有自己的特色。

本文主要包括以下内容：一、得州农工大学的T恤衫特色。二、其他城市的T恤特色：新奥尔良；迈阿密；波士顿等。

一 得克萨斯州农工大学的T恤特色

得州农工大学生的T恤主要有以下特点：1. 体现独特的校园文化；2. 标明自己所属的社团；3. 为旅游胜地做广告；4. 为名言警句；5. 为滑稽幽默的语言；6. 标明自己的信仰；7. 具有特别的意义。

1. T恤衫体现大学独特的校园文化

得州农工大学学生夏秋季节喜欢穿T恤衫，坐在最后面向前看，各种各样图案的 T 恤令人眼花缭乱。

首先给大家看一下农工大学的标志，大学的名字是 Texas A&M（得州农工），A、M 早已超出当初建校时的农业和机械（agriculture, mechanics），学校的标志一个大大的 T，左下方是 A，右下方是 M，而不是 ATM（自动取款机），见下面：

（1）以怪杰农夫为主题的 T 恤

Aggie 是得州农工大学生的自称，本意是"农夫"，也引申为"怪杰"之意，另外几所以农为主的大学也喜欢用 Aggie 作为自己吉祥物的名字。农工的校色是紫红色（Maroons），T 恤衫以紫红色或者白色为主，文字对比显示，红地白字，Texas Aggies（得州怪杰）；Aggies（怪杰）；Aggie soccer（怪杰足球）；Kiss me, I'm an Aggie.（亲吻我吧，我是 Aggie）。

还有的字体颜色多样，可以说是花里胡哨，附加大大的红心符号。

学子们以 Aggie 精神为自豪，Aggie 精神驱使着学子们去领导、去铺路、去做志愿者、去打破障碍、去回馈、去服务。促使他们以大大小小的方式帮助同胞，而这正是这些学子们一直在做的。（此英文摘自某个标牌：The Aggie Spirit drives Aggies to lead, to pave the way, to volunteer, to break barriers, to give back, to serve. It pushes them to help their fellow man in ways both big and small-and that's exactly what these Aggies have done)

一个 T 恤的图案是牛拉着一个甲壳虫轿车，车门上写着农工大学的校名，最上面的文字是 Support Hybrid Technology，意思是：支持混合技术；下面文字是 Gig'em Aggies，"加油！农夫"，整个图形蕴含农工大学既是传统的又是现代的。

一位女大学生的 T 恤上写着：Aggie Land, home of the fighting Texas Aggies："农夫之地，奋斗不息的得州农夫的家乡"，该 T 恤的字体非常绚丽多姿。

有一个蓝地白字的 T 恤，上面全是文字，令人目不暇接，中间竖排着：We are all Aggies.（我们都是怪杰农夫），这句话仿佛是中流砥柱，是核心。在它的左右排列了太多的内容，寓意是说 aggie 们来自五湖四海，这里是多种文化的集合体，下列文字在 T 恤上的排列非常复杂，不是按照语义拼在一起的。为了让大家看明白意思，我把它们归类排列，有些不好归类，就随意地放在里面。overweight 超重；underweight 体重不足；immigrant 移民；rich 富人；little people 小人物；poor 穷人；American undergrad（undergraduate）美国本科生；graduate 研究生；international 国际学生；corps 军校生；administrator 管理者；faculty 教授；staff 职员；atheist 无神论者；agnostic 不可知论的；Christian 基督徒；Buddhist 佛教徒；Muslim 穆斯林；Hindu 印度教；White 白人；Black 黑人；Jewish 犹太人；Hispanic 西班牙（语）的；native-American 美国原住民、本族人；Asian 亚洲人；female 女性；biracial 两个种族的；multiracial 多种族的；liberal 开明者；conservative 保守派；Greek（德州农工大学）学生联谊会；on-campus 校园内；off-campus 校园外；还有我们眼中另类的 bisexual 双性恋的；homosexual 同性恋的；heterosexual 异性恋的；等等。

(2) 以校史为主题的 T 恤

学校于 1876 年建校，地点在大学城（College Station，又译：卡城），有许多 T 恤展示学校的历史等内容。

美国的国鸟是白头海雕，我们一般认为是老鹰，国玺上是鹰的图案，因此鹰是非常普遍的，在农工大学的 T 恤中也有体现。数字是 1876，在中间有一只老鹰的图像，展翅的雄鹰身上写着一句话，来自《圣经·以赛亚书》40：31：But those who hope in the Lord will renew their strength; they will soar on wings like eagles（但那些仰望耶和华的人，必重新得力；他们必像鹰一样展翅升腾）。如下图：

(3) 以 12 人精神等传统为主题的 T 恤

有的 T 恤直接是汇总了农工大学的校园文化，下图这个 T 恤衫囊括了该大学的许多传统：the 12th man（第十二人，体现团结精神）；midnight yell（子夜喊叫，足球比赛期间的仪式）；silver taps（纪念上月去世的学子）；Saw'em off（斩断牛角，长牛角指的是得克萨斯大学，两所大学是竞争对手）；Muster（纪念所有农工过去一年里去世的学子，包括毕业生）；Aggie ring（戒指，黄金做的，完成部分学业才有资格）；fish pond（鱼池，新生被称为 fish）；reveille（戏称"第一夫人"，德国牧羊犬，出席重大场合）；Sul Ross（农工前校长，学校最古老的学术主楼前的雕像铜人）；Gig'em（大拇指上伸，农工的标志性手势）；Howdy（问候语，你好）；等等（详情请参见《美国文化管窥》"优良传统"）。

The 12th man：第十二人，这是学生们凝聚力和参与活动的象征，在T恤和帽子上多有体现。

有种T恤上写着个大大的12，寓意第十二人精神，上面写着Dee Gee：dee，D字形马具；gee，吆喝马等起行、前行或快行的用语，相当于我们说的"驾——"（Dee Gee也是某公司的名字，经营礼物、文具）。

有纪念Elephant Walk独特校园文化的T恤，蓝地白字，True to each other as Aggie can be…"互相真诚，一如农夫"，中间是一头大象。学生毕业前要在校园内行走，浩浩荡荡，以示留念，经过多个重要地点，由啦啦队队长带领举行仪式，最后到达美式足球场馆聆听名人讲话。2009年我有幸见到前总统老布什和第一夫人，聆听他们在足球场给同学们做演讲，85岁的布什拄着拐杖，幽默和蔼，当年他还完成了空中跳伞，为基金会募捐，2014年他90岁时再次跳伞，当时他已经不能独立行走，平时乘坐轮椅。2019年他计划完成跳伞，祝福他能成功。

有种T恤上面是一个大大的戒指，解释了五个星的含义。Aggie引以为自豪的一个特色配饰是黄金戒指，正中间是一个盾牌，上有五颗星，从左到右分别是：spiritual attainment（灵的归属）；mind（理智）；integrity of character（诚信）；body（身体）；emotional poise（情感平衡）。居于中心的是诚信；两边分别是身体和理智；最侧边是情感和通灵（信仰）。

还有一种图案是黑地白色的大拇指竖伸着，上部写着Gig'em，下部是Aggies。大拇指向上是农工学子的标志动作，有"给力"的含义，用来鼓励别人或表示自信。

（4）以竞争对手得克萨斯大学为主题的T恤

一个T恤的中间是Hullabaloo，这个单词发音特别，重音在后面的loo，单独的意思是：喧嚣，喧嚣派对。

"Hullaballoo Canek! Canek"是农工大学校歌的第一句歌词，每年秋季美式足球比赛时，啦啦队队长（yell leader）领着观众一起喊叫、集体歌唱。这句歌词来自1907年的"Old Army Aggie Yell"（老兵怪杰啦啦队），德州农工大学校长杰克·威廉姆斯（Jack Williams）开玩笑地界定它为印第安族契卡索族人（Chickasaw）的语言"彻底打败得克萨斯大学"（Beat the hell out of the University of Texas）。1997年，此校歌被《今日美国》列为第一首大学（比赛）校歌（college fight song）。从1983年至1995年，美国宇航局飞行主任杰瑞·格里芬（Gerry Griffin）用它在太空中叫醒宇航员。

杰瑞是杰拉里德的昵称（Gerry = Gerald），1934年他生于得州。1956年毕业于农工大学航空系。

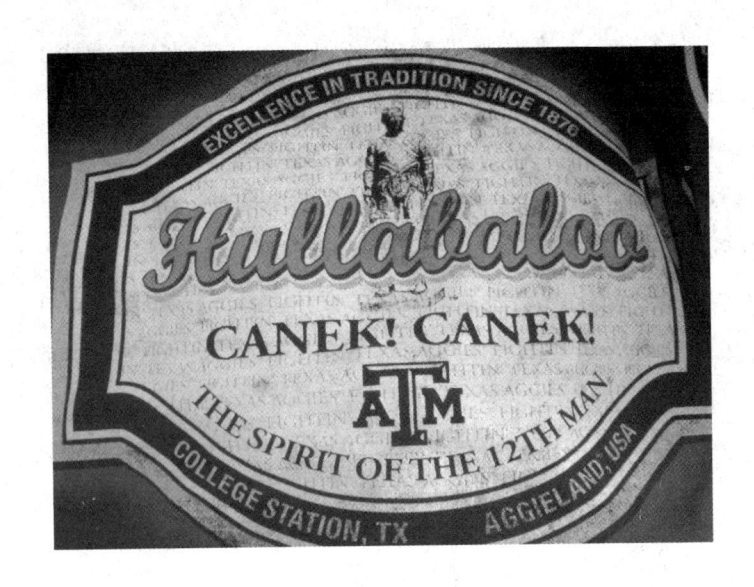

EXCELLENCE IN TRADITION SINCE 1876
Hullabaloo
CANEK! CANEK!
ATM
THE SPIRIT OF THE 12TH MAN
COLLEGE STATION, TX   AGGIELAND, USA

　　一个T恤上是砍断牛角的图案和一句话，这句话寓意深刻，引自《圣经》的"诗篇"75：10：I will cut off the horns of all the wicked...意思是：所有恶人的角，我都要砍断。后面一句是：but the horns of the righteous will be lifted up.只有义人的角必被高举。这是《圣经》上的话，现实中得克萨斯大学的标志是长角，是农工的竞争对手，可以说是"敌人"。诗篇的意思：斩断所有邪恶之角，而农工大学的意思是：斩断得克萨斯大学的长角。

　　牛仔是得州的特色，牛角是得克萨斯大学的标志，牛角深入人心。一次，我们在某小镇看到一头大大的铜牛，我们站在"牛"前照相，我说，你抱着"牛角"，那位认真的学生弯下腰，用手扶着牛脚，问"怎么抱？"我哈哈大笑，佩服她的理解力。我只好说，不是牛脚，是牛角（jia，方言）。

　　因为对手是得克萨斯大学，农工大学的许多图案设计都是鼓励自己这方的口号，印在盘子上、杯子上，自然也印在T恤上，主要的有一个表达是：BTHO，Beat the hell outta, t. u. "打烂得克萨斯大学"。

　　一种T恤上写着BTHO，中间是两个头盔，表示美式足球比赛，下面写着11，26，09，意思是2009年11月26日，那天是周四，是感恩节，是农工大学和得克萨斯大学橄榄球决战的时刻，是最值得看的比赛。门票价格飙升，车位价格上涨，球员观众热情空前，也是大学城市和奥斯汀市的大事，一如联合国大会。双方市长也早就公开"论战"，输的一方要带人到赢家的城市去植树。

我刚巧去了得克萨斯大学的主校区所在地奥斯汀市，没有看比赛。

在奥斯汀市时，我心里还有些紧张，怕人家欺负。我进入一家小店，女主人很是好客热情，也做出很惊讶状，因为我穿着带有农工大学学校标志的一件衣服。她问我为什么到农工大学而不到得克萨斯大学。我说朋友推荐的，其实我当时不知道有这个大学，如果我实话实说，估计会把她气晕。记得我在火车上遇到一个年轻人，我们闲聊。我问他去过青岛吗？他遗憾地说没有，不过自豪地说，他知道青岛这个城市，是山东的省会，我无语（山东省会是济南）！

当我问询比赛结果时，她很自豪地说他们赢了。我以为，她在吹牛，后来回校一打听果然如此。据说某一名在场地挥舞得克萨斯大学校旗的学生，受到众人指责，后来他在报纸上公开给农工学子道歉。双方的竞争和对抗时时处处，是值得我们学习的。

下图中这个T恤中间是一个小男孩，亲吻着他右边的女孩"农工"（aTm），左边的女孩"得克萨斯大学"（t.u.）妒忌地盯着他们看，下面的文字是"我已经找到了真爱"。

（5）以校色为主题的 T 恤

有的 T 恤写着"Maroon Out"，maroon 褐紫色颜色，是农工大学的校色。2009 年的 11 月 26 日是校色纪念日，这一天所有的学生都穿着褐紫色 T 恤衫，重要的美式足球比赛也设在这一天举行。同一天这么多人穿着同一种颜色的 T 恤，在美国乃至世界上是罕见的，1998 年因为农工大学的销量大导致全国的褐紫色 T 恤衫短缺。2009 年本来申请吉尼斯纪录（Guinness World Record），种种原因，吉尼斯官员没有到大学来，学生笑着跟我说，有些遗憾。

（6）其他

Whoop，是欢呼、叫好、加油的意思。有的 T 恤上只写着这一个词语。有的标明自己的班级，比如 class of 2010，指的是 2010 年毕业的年级，也就是我们所说的 2010 届。比如 2009 级的新生，T 恤衫上会写着 2013，仿佛时刻提醒他们最后的毕业时间，以珍惜大学短暂而美好的时光。

有一件 T 恤的中间是环形蛇杖，模仿农工大学的标志性符号，左边是 A，右边是 M。A 和 M 中间是环形蛇杖，它表示医学、医药。权杖上的蛇是医学与健康的象征（蛇与权杖的来源，参见《美国文化管窥》"得州农工大学给我的特别印象"一章）。上部写着 Aggie Optometry（农夫验光）。

2. T 恤衫标明自己所属社团

得州农工的学生团体众多，各个团体都有自己特色的 T 恤衫。有一次某社团在草坪上聚会活动，都穿着白色 T 恤，男生 T 恤上的图案是蓝色的，女生的图案是粉红色的，很是壮观，不过我不知他们到底是啥团体。

（1）希腊字母组合为社团名字的 T 恤

有许多社团是希腊字母组成的，颠倒顺序就成了另外一个团体。

下图是：德尔塔、伽马。

还有 tri Delta, delta delta delta, 即"三个德尔塔",最初是女大学生团体。一开始我以为这个 T 恤是穿反了,看看衣缝接口不像是反穿,再看上面学校名称,我确认她是穿反了:

一种 T 恤的中间画着三个三角,意思是"三个德尔塔",上面写着:three times better,"三倍更好",下面写着:just one letter,"就一个字母"。

还有 Theta Tri Delta"西塔、三个德尔塔"。

还有 alpha、Delta、pi,"阿尔法、德尔塔、派"。下面是一行字:Nightmare on Northgate,"北门口的噩梦",北门口是酒吧集中的区域。

下图是一年一次的最大志愿者活动 Big Event。Big Event 是全国最大的由学生运作的服务机构。2008 年，农工大学学生从事了 50 多万小时的社区服务，平均每人 12 个多小时。2009 年，10619 名学生，一天做了 1100 项社区服务。

左边：兰姆达、凯、阿尔法。右边：阿尔法、德尔塔、派：

一个黑地白字的 T 恤上写着：If I weren't a guy, I'd go GAMMA PHI. "如果我不是我，我就去伽马弗艾社团。" 弗艾（Phi）是希腊语第 21 个字母，Gamma Phi 是一个学生组织，该社团是一个非洲裔美国人的兄弟会，成立于 1905 年。它是非洲裔美国大学生联谊会的先驱之一。

有的 T 恤上写着：Take me down to the Gamma phi city, where the grass is green, and the girls are pretty. Oh won't you please take me home? "带我去伽马弗艾城，那里有碧绿的草坪，美丽的姑娘。啊，你愿意带我回家吗？"

一个黄色 T 恤，粉红色的字体 SAMMY：是 S、A、M 的缩写昵称，

sigma alpha mu 的首字母，这是以希腊文为社团名字的组织。1909 年成立于纽约城市学院，开始只是一个犹太人组织。

（2）英文缩写为社团名字的 T 恤

社团活动时，成员往往穿着统一的 T 恤，是一道亮丽的风景，也能起到招募新成员的作用。当然，有些社团神秘兮兮，比如耶鲁大学的骷髅会，其神秘性保持了近 200 年。每年有 15 名新成员的加入，只有精英才有资格。

1）一位女生穿着黑色的 T 恤，左上角是 NFLO：No Freshman Left Out，"新生一个都不能少"，应该是社团组织。当时，她虚心地向我请教汉语，我给她当了一会儿免费"家教"。她左鼻孔挂个鼻环，虽则很美，鼻环还是让我感到有点惊讶。

2）一女生穿的 T 恤上写着 PINK university，pink 的意思是"粉红色"，这是一个虚构的大学，是女生喜欢穿的 T 恤，仿佛是指拥有粉红色的梦想的天真烂漫女孩。

PINK 系列产品隶属美国知名企业集团：维多利亚的秘密（Victoria's Secret，VS），该集团产品是性感内衣的著名品牌，性感是该集团的代名词，于 1977 年在美国成立。全美有 1000 多家的分店销售由超级名模代言的性感内衣。

另外，红丝带，黄丝带，粉丝带（pink ribbon）都有特定含义，红丝带代表关爱艾滋病患者；黄丝带代表爱情，平安归来；粉丝带代表关注乳腺癌、关爱女性健康。

有一次学生在募捐，捐款 15 美元，赠送一个 T 恤，是为了乳腺癌患者募捐。当时我决心支持一下，因为好友王女士也曾在导师拉里的指导下，是她介绍我到了那里访学，心存感激。这件 T 恤的价格如果在国内不到 10 元人民币，按照当时的汇率 15 美元要 100 多元。灰色底子，背面中间是粉红色的丝带图案，四周是白色的单词，有许多是重复的，主要文字如下：Love（关爱）；cherish（珍惜）；laugh（欢笑）；live（生活）；play（玩乐）；enjoy（享受）；connect（连接）；express（表达）；

persist（坚持）；share（分享）；breathe（呼吸）；admire（羡慕）；smile（微笑）；forgive（谅解）；savor（尽享）；give（给予）；release（释放）。

3）FLIP社团的T恤，字母i上面的图案是世界通用的和平标志，圆圈里面一个展翅的"飞机"。FLIP是首字母缩写，指的是Freshman Leaders in Progress，"进步中的一年级领导者"。

4）复杂的CARPOOLT恤衫

有件T恤就像广告，标题是Top 10 reasons I support Carpool，"我支持拼车的十个原因"，下面列着10条原因。这是CARPOOL社团的T恤衫。Carpool：合伙用车，也就是"拼车"，大写不仅仅是本意，同时CARPOOL是一个学生团体，含义是：Caring Aggies R Protecting Over Our Lives，关爱同学、保护生命。其宗旨也是为了拼车节省能源。

① It's the only drunk dial I won't regret in the morning! "这是我在凌晨唯一一个没有遗憾的酒后电话！"

② They own lime green! 他们是橙绿色。

③ DUI's are expensive. Carpool is free! 酒后驾驶昂贵，拼车免费！

④ You can't spell CarpOOL without cool. "没有cool（酷爽），你拼不出Carpool。"

⑤ I get to ride in minivans without going to soccer practice. 我乐意乘坐小面包车，而不去练习足球。

⑥ Satisfaction Guaranteed. 确保满意。

⑦ I don't have to be drunk, just willing to have a good time. 我不是非醉不可，只是想痛快一些。

⑧ They enjoy the ride as much as I do. 他们和我一样喜欢出行。

⑨ Chuck Norris takes CARPOOL. 查克·诺瑞斯支持CARPOOL团体。

⑩ They DO IT every Thursday, Friday, and Saturday. 他们每周四、五、六都扎实做事。

我想为大家注解下面四个地方：

第1条中的drunk dial，意思是某人喝醉后所打的电话，往往是那些一直说不出口或不应说的话，可能统统说出来了。酒后吐真言，可能会让自己后悔；喝酒壮胆，也可能犯错。整句话的意思是，早晨起来酒醒了，发现自己没有驾车回家，庆幸醉后的电话是打给 Carpool 的。言外之意，多亏了拼车，保障了安全。

第 3 条 DUI：driving under the influence (intoxication) 酒后驾车、醉酒驾车。"酒驾昂贵，拼车免费！"

第 4 条意思是：没有 Cool 你就拼不出 Carpool。也就是说，拼车很酷。

第 9 条中：查克·诺里斯（Chuck Norris, 1940— ）[①]，空手道世界冠军，美国电影演员，动作片演员，1972 年拍摄电影《猛龙过江》，在古罗马竞技场与李小龙打斗搏击后声名大噪。电影的主角是李小龙，他到达欧洲亲戚家开的饭店，地痞流氓曾经经常欺负老板，生意难以为继，"李小龙"以自己超强的功夫制服了他们。最后"李小龙"和"诺里斯"终极决斗。

2005 年，诺里斯因在肥皂剧中夸张的演出让他成为网络红人，他演过的肥皂剧电影是《德州巡警》(Walker, Texas ranger)。

网络上出现无数版本的"诺里斯事实"，于是他成了全球恶搞的代表。关于诺里斯的笑话有很多，主要是说他多么厉害，无人能敌，多么"伟大"，不是常人，多么残忍凶狠，挑选如下：

①标明其能力超群、无所不能

他用雨水堆了雪人。

他可以淹死一条鱼。

他指着飞机说"bang"（"砰"），飞机就掉了下来。

他可以除以 0。

参加 SAT 考试（美国高考），每个答案写上 Chuck Norris，就得满分 1600 分。

[①] "Chuck Norris", https://en.wikipedia.org/wiki/Chuck_Norris.

长城的建立是为了阻挡他,但是长城失败了。

他能在 47 秒内喝下 1 加仑的牛奶。(注:人是不大可能在一分钟内喝下 1 加仑的牛奶。1 加仑将近 4 升)

②标明其自私、彪悍、狂野、贪婪

他的眼泪能治癌症,但他从来不哭。(含义是刚强、自私)

献血时,他不需要针头等,只需要一个桶和一把枪。

他在汉堡王(Burger King)点了个巨无霸(Big Mac),他拿到了。(注:巨无霸是麦当劳的标志产品。汉堡王,又译:保加敬,是全球大型的连锁快餐企业,和麦当劳是不同的另外一家店)

他的尿是 Balco 的主要成分,因此,他每年都是单季全垒打王(single-season home run king)。[Balco 是旧金山郊外的一个实验室,它是体育比赛违禁药品丑闻里的提供商;旧金山的棒球队巨人队(Giants)想拿单季全垒打王时,服用了禁药。另外,Balco 是瑞士拜戈手表公司]

他吃掉整个蛋糕,直到他朋友告诉他里面有个脱衣女郎(stripper)。(注:美国聚会有时让脱衣女郎躲在蛋糕盒子里,她在适当的时候跳出来活跃气氛)

他有八分之一的切诺基(Cherokee)血统,他吃了一个印第安人(Cherokee 是印第安人的一支)。

他对女士不像茶袋泡茶那样(慢),他直接像盛土豆一样用袋子装(注:指的是速度快,Chuck Norris does not teabag the ladies. He potato-sacks them)。

补充:在英语文化中,茶袋也是威力持续很久的含义。茶袋虽小,其威力在于徐徐缓慢的释放和影响。美国前总统富兰克林·罗斯福夫人伊琳娜(Eleanor)说过:"A woman is like a tea bag. You never know how strong she is until she gets into hot water." 女人就像茶袋。把她放入热水的时候,你才会知道她有多么厉害。

③标明其凶狠、残忍、暴力、霸道

他没有银行账户,只需要告诉银行他需要多少钱。

眼镜蛇咬了他，五天剧痛后，眼镜蛇死了。

他十年前就死了，只是索命小鬼不敢告诉他。

考古学家发现了一本老字典，里面"受害人"的定义是"遇到诺里斯的人"。

科学家估计宇宙大爆炸时释放的能量等于一个诺里斯回旋踢。（Chuck Norris Roundhouse kick，诺里斯最著名的一踢被称为"roundhouse 踢"，回旋踢）

卡梅隆本来想让他演"终结者"（Terminator），但他发现，这样电影就成了纪录片了（documentary），于是改让施瓦辛格来演。（电影"终结者"有三部，是外星人通过高级机器人来毁灭人类，不过最终还是人类胜利了。机器人越来越高级，一个能轻松自如地进门，他可以化为液体徐徐而入；可以变成任何人的长相，声音也相同；双手能变成刀枪；子弹射入他的体内，一点也不影响，打个窟窿，马上闭合）

How much wood would a woodchuck chuck if a woodchuck wants to chuck Chuck Norris? . . . all of it.

如果一个土拨鼠想和诺里斯断交的时候，它要拨弄多少木头呢？所有的木头。含义应该是无法断交，仿佛是一旦上了贼船，再也不可能摆脱。

这是文字游戏，绕口令，也是修辞"一语双关"（Pun），chuck，两个意思：断交、拨弄。

（3）完整英文与图案结合的 T 恤

1）T 恤上写着：Beware of the Apocaloctopus。

apocalypse 天启、预言，octopus 章鱼，两个单词合起来 Apocaloctopus，是一广播电台的名字，是不是预言 2008 年欧洲杯和 2010 年世界杯时无所不晓的"章鱼哥"？下面是网址 kanm.tamu.edu，是农工大学的广播电台，365 天，每天 24 小时播放。

2）学生会的一件 T 恤是：Student Government Association，2008 年学生会拍摄了"真实的世界：农工之地"（The Real World Aggie Land），

图案是开机时的场记板，黑白相间。

3）大学里有写作中心，帮助学子提高写作能力，为了宣传等目的，该中心也有自己的 T 恤衫，绿地白字：Wasting paper? The writing center can help. （浪费纸张？写作中心可助你一臂之力。）

4）一件 T 恤衫是蓝地白字，还有白色的两个人物，文字是 Roller Derby "轱辘鞋轮滑比赛"。

5）一名男同学迈克尔（Michael）的 T 恤上写着 Dallas Mavericks，"达拉斯小牛队"（NBA 球队），灰白色，想必他是篮球迷。

6）"不要踩踏我" T 恤。

奥巴马总统到达农工大学时，在抗议的人群中有一个组织是 Don't Tread on me. （不要踩踏我）。T 恤下方写着：Unite or Die. （不团结就死亡）。上部是一条蛇，弯弯曲曲，蛇头上面写着 9 principles（9 个原则），蛇头下面写着 12 values（12 个价值观），这是该组织的宗旨。

该组织的宗旨是："我们的使命是通过教育、服务、奉献以及我们已经承诺的九个原则和十二个价值观，鼓舞个人和群体与他们的社区连接起来。"（"Our Mission is to inspire individuals and groups to connect with their communities through education, service and dedication to the 9 Principles and 12 Values to which we have committed."）[①]

9 个原则分别是：

①America Is Good. 美国是很好的。

②I believe in God and He is the Center of my Life. 我信神，他是我生命的中心。

③I must always try to be a more honest person than I was yesterday. 我必须总是比昨天更诚信。

④The family is sacred. My spouse and I are the ultimate authority, not the government. 家庭是神圣的。我和配偶是最终的权威，不是政府。

---

① http://the912-project.com/test/about/about-the-912-project/.

⑤If you break the law you pay the penalty. Justice is blind and no one is above it. 如果违反法律，你要受到惩罚。司法是公正的，没有人高于它。

⑥I have a right to life, liberty and pursuit of happiness, but there is no guarantee of equal results. 我有生活、自由和追求幸福的权利，但是不能保证会有平等的结果。

⑦I work hard for what I have and I will share it with who I want to. Government cannot force me to be charitable. 我努力工作，得到我的所有，我想和谁分享就和谁。政府不能强迫我做慈善。

⑧It is not un-American for me to disagree with authority or to share my personal opinion. 与权威人士持不同见解或共享我的个人观点，是很美国化的做法。

⑨The government works for me. I do not answer to them, they answer to me. 政府为我工作。我不对他们负责，他们对我负责。

12个价值观分别是：Honesty（诚信）；Reverence（崇敬）；Hope（希望）；Thrift（节俭）；Humility（谦虚）；Charity（慈善）；Sincerity（忠诚）；Moderation（节制）；Hard Work（勤奋）；Courage（勇气）；Personal Responsibility（个人责任）；Gratitude（感恩）。

3. T恤衫为旅游胜地做广告

（1）一件T恤上是一条大大的鲨鱼，文字是Sanibel Island，萨尼贝尔岛，位于佛罗里达州西南，度假胜地，最出名的是那里的贝克和水鸟。

那里贝克店的名字都叫：She sells sea shells. "她卖大海贝壳。"（注：首韵，绕口）

据说只有在那里才能看到粉红色的琵鹭（Roseate Spoonbill）。

（2）一位金发女生身着红色的T恤，甚是火辣，中间是椭圆形的黄地红字，左边是一条张开嘴巴的鱼，文字是Bass Pro Shops（鲈鱼商店），这是北美最大的户外运动机构，是户外体验的天堂。

Bass Pro Shops 成立于 1972 年，每年顾客量达上亿次，年访客量超过迪士尼主题公园的总量。

Bass Pro Shops 每年可为 7500 万户外运动爱好者提供服务，已经成为户外狩猎、露营、探索自然、野炊产品供应的领航者，更是美国顶级户外产品供应商。每家商店都非常独特，可以在室内为顾客提供贴近自然的户外体验。所有的商品都陈列在自然环境的背景下，顾客会情不自禁地受到感染。

除实体店经营，Bass Pro Shops 还进行直销、网上销售，其渔具和枪支（Rod & Gun）产品零售网络遍布全球 7000 多个独立店铺。

在 Bass Pro Shop 的商店里，游艇成为最大的户外商品。它拥有自己的制造厂，其中有四家休闲游艇和水上快艇的制造工厂。其中，Tracker 集团每年制造至少 2000 艘各种型号的游艇，制造全球销量第一的游艇品牌。

（3）哥拉齐节日 T 恤衫

捷克后裔每年庆祝哥拉齐节日，粉红色的 T 恤上写着 Kolache Festival, Caldwell, Texas："哥拉齐节日，考德威尔（市），得克萨斯州"，这是捷克裔美国人的节日。哥拉齐，是一种酥皮点心，以面团为主，以水果等为馅料。除了德州考德维尔外，俄克拉荷马州的布拉格市也举办一年一度的哥拉奇节，该市往往被认为是世界上最大的哥拉奇之乡。哥拉奇曾于 2006 年欧洲日时，在欧洲咖啡馆内代表捷克共和国。

4. T 恤衫上是名言警句

T 恤衫上以各种字体展示一句名言警句，应该是穿者的信条，体现了其理想。

（1）里根的名言

里根总统深受喜爱，他的头像和名言也是 T 恤衫的一部分。The nine most terrifying words in the English language are: I'm from the government and I'm here to help. 里根的名言："英语中最可怕的九个字是：我从政府来帮助你们"。图案是自信的里根，伸着右手大拇指。

（2）巴顿将军的名言

Give me an army of west point graduates, and I'll win a battle. Give me a handful of Texas Aggies and I'll win a war. 这极大地表扬了得州农工大学的学子，意思是"给我一个部队的西点军校毕业生，我能赢得一场战斗（battle）；给我一把得克萨斯的'农夫'，我就能赢得一场战争（war）"。这种对比突出了得州农工的伟大，几个农工大学的学生能顶得上千军万马的西点军校学生。

（3）王尔德的名言

奥斯卡·王尔德的名言也毫不逊色，黄色的 T 恤上黑体字写着：Moderation is a fatal thing. Nothing succeeds like excess. "适度是极其致命的事情。过度带来的成功是无可比拟的。"

这是黄色 T 恤衫上的句子，落款是第四届黄色 T 恤衫派对（The 4th Yellow T-shirt Party）。从网上看到中国也有这种派对，必须穿黄色 T 恤或者搭配黄色背包等，从安排上看，年轻人喝啤酒、舞蹈、唱歌等，非常疯狂，一如"男孩女孩"酒吧的活动。

奥斯卡·王尔德（Oscar Wilde，1854—1900），是英国著名的剧作家、诗人、散文家，被称为"英国第一毒舌"。风流倜傥、情感世界复杂、倡导唯美主义，他的作品闻名世界，特色是观点鲜明、立意新颖、辞藻华美，富有妙语、警句，许多名言富有哲理，寓意"似非而是"，或叫悖论（paradox）。英国首相、"语言巨子"、诺贝尔文学奖获得者丘吉尔也非常喜欢王尔德，有人问他来生最愿意与谁倾心交谈，他的答案是王尔德[①]。

1881年，王尔德坐船到美国，过关的时候他傲然地对海关官员翻白眼说："我没有什么可以申报的，除了我的才华。"（I have nothing to declare except my genius.）

王尔德的一生似乎也是一个巨大的悖论。他是一个集天使与魔鬼于一身的矛盾人物，既世故又纯洁，既虚伪又真实，他的自由和大胆使他成为那个时代的牺牲品。

32岁时，他与17岁的罗伯特开始同性恋情；37岁时，他与22岁的牛津大学生阿尔弗雷德·道格拉斯勋爵相恋。他被道格拉斯家人指控，在监狱服了两年刑，这是英国司法史上最引人注目的案件之一，也是同性恋平权运动史上被引用最多的案件之一。

王尔德在加入天主教会的第二天去世，享年46岁。

他的名言集锦如下：

1）关于情感、爱情、婚姻类

The advantage of the emotions is that they lead us astray. 情感的好处就是让我们误入歧途。

Hatred is blind, as well as love. 恨是盲目的，爱也一样。

Women are meant to be loved, not to be understood. 女人是用来被爱的，不是用来被理解的。

Between men and women there is no friendship possible. There is passion, enmity, worship, love, but no friendship. 男女之间不可能存在友谊，只有激情、仇恨、崇拜、爱情，但是没有友谊。

Life is one fool thing after another whereas love is two fool things after

---

① "Oscar Wilde", https://baike.so.com/doc/1453211-1536314.html.

each other. 人生就是一件蠢事追着另一件蠢事而来，而爱情则是两个蠢东西追来追去。

Women love men for their defects; if men have enough of them women will forgive them everything, even their gigantic intellects. 女人因为男人的缺点而爱男人；如果男人的缺点足够多，女人就可以原谅他们的一切，甚至是他们超凡的智力。

Men marry because they are tired; women because they are curious; both are disappointed. 男人结婚是因为疲倦，女人结婚是因为好奇；最终他们都失望了。

The happiness of a married man depends on the people he has not married. 已婚者的快乐是靠着那些他没有娶的人。

Marriage is the triumph of imagination over intelligence. Second marriage is the triumph of hope over experience. 结婚是想象战胜了理智，再婚是希望战胜了经验。

2）关于社会、人生等

The public is wonderfully tolerant. It forgives everything except genius. 公众惊人地宽容。他们可以原谅一切，除了天才。

The only thing worse than being talked about is not being talked about. 世上只有一件事比被人议论更糟糕，那就是没有人议论你。

There are only two tragedies in life: one is not getting what one wants, and the other is getting it. 生活中只有两种悲剧：一个是没有得到他想要的，另一个是得到了他想要的。（世上只有两种悲剧，有的人总是不能遂愿，而有的人总是心想事成）

The only way to get rid of temptation is to yield to it... I can resist everything but temptation. 摆脱诱惑的唯一方式是屈从它……我能抗拒一切，除了诱惑。

To live is the rarest thing in the world. Most people exist, that is all. 生活是世上最罕见的事情，大多数人只是生存（存在），仅此而已。

I love acting. It is so much more real than life. 我喜欢看戏。与人生相比，戏剧更加真实。

I have made an important discovery... that alcohol, taken in sufficient quantities, produces all the effects of intoxication. 我有一个重大发现：如果摄入足量的酒精，就会产生所有陶醉的效果。

A man who does not think for himself does not think at all. 一个人若不为自己思考，那就根本没有思考过。

Whenever people agree with me I always feel I must be wrong. 每次人们赞同我的时候，我都觉得自己一定是错了。

An idea that is not dangerous is unworthy of being called an idea at all. 一个想法若称不上危险，那么它就不值得被称为一个想法。

Ignorance is like a delicate flower: touch it and the bloom is gone. 无知就像是一朵精致的花朵：触摸一下，花就没了。

3）嘲讽的话语

America is the only country that went from barbarism to decadence without civilization in between. 美国是唯一一个直接从野蛮进入颓废的国家，中间它没有经过文明阶段。

When good Americans die they go to Paris. When bad Americans die they go to America. 美国的好人死了，他们就去巴黎。美国的坏蛋死了，他们就去美国。

I don't want to go to heaven. None of my friends are there. 我不想去天堂，我的朋友都不在那里。

Bad artists always admire each other's work. 糟糕的画家总是欣赏彼此的作品。

An excellent man has no enemies; and none of his friends like him. 一个优秀的人没有敌人，但他的朋友也没有一个喜欢他。

Always borrow money from a pessimist. He won't expect it back. 借钱要向悲观主义者借，因为他们不会期盼你还钱。

When I was young, I used to think that money was the most important thing in life, now that I am old, I know it is. 年轻时我常常认为金钱是生命中最重要的东西，等到老了我才知道，原来真的是这样。

(4) Failure is not an option. 失败不是你的选择。或译为：永不言败。

1957年苏联发射人造卫星，从此在美国和苏联之间形成了宇宙空间竞赛。1961年，肯尼迪总统誓言十年内将人类送上月球，1969年第一位登月者阿姆斯特朗的名言"我的一小步，人类的一大步"享誉世界。

美国电视节目"历史频道"（History Channel）是针对航天工程师、经理、宇航员等航天事业的贡献者编排的节目，标题是"永不言败"，24小时播放。

后来，美国宇航家Gene Cranz（1933— ）以此为名撰写了自传体著作。

(5) 普通格言

有一个褐红色T恤，上面竟然有10个经典句子，仿佛都是出自高中生之口：

1）All of your RAs like men.

这里的 RAs 理解起来较为麻烦，我不知道这是什么意思，问过几个朋友，他们也不太清楚，RAS 还是 RAs，可以有多种理解，约有六种，我认为第一种最合适。

其一，RA：research assistant，研究助理，"你所有的研究助理都喜欢男人"。研究助理是大学教授的助手，帮助教授完成科研方面的工作，大学或者教授给提供资金支持。这些人本身就是学霸类人物，喜欢勤奋好学、扎实做事的学生，这种学生才是真男人；也只有这类学生才能成就大事。这句话的意思是鼓励学生向老师和他的助手寻求指导和帮助，有问题大胆提问，坦率真诚。

其二，RAS：Rebellion Against School，抗议学校；其三，Ras：阿拉伯语，指"head，头"；其四，RAS：Reticular Activating System of the brain，大脑的网状激发系统，告知你哪些应该注意、哪些应该忽视（The RAS tells you what should pay attention to and what you should ignore.）；其五，ras 或 Ra's，是蝙蝠侠的绰号；其六，RAs：Retirement annuities，退休金、养老金。

从整个 T 恤衫上的句子综合起来看，是关于大学生生活的主题。RA 应该是"研究助理"。

2）The kegger bandit strikes...again. 那个啤酒聚会的家伙又敲起来了。

3）Monday is the most Fun Day of the week. 周一是整个星期中最快乐的一天。

4）You don't play those games. 你不会敷衍了事的。

5）Ⅲ isn't just a number...it's a way of life. Ⅲ不仅仅是一个数字，它是一种生活方式（I，我，三个 I，表示我的整个世界、所有以我为主的生活）。

6）Day or night, there's always sunshine in the dorm. 不管白天或黑夜，宿舍里总有阳光。

7）You think in haiku. 你以 Haiku 的方式思考。（haiku：俳句，日

本诗歌形式,简短)

8) Sleeping with Harvey and Ernest isn't just accepted, but embraced. 跟哈维和海明威同眠不仅仅是接受的,而且是欣然同意的。(注:代表音乐和文学)

①P. J. Harvey, Polly Jean Harvey, 出生于1969年, 英国国籍。20世纪90年代英国女子另类摇滚的代表人物,她的专辑深受人们的喜爱。《Q》杂志曾将她评为摇滚史上100个最伟大女性的第一名。

她的父母也非常喜欢摇滚乐。Down by the Water 所营造的恐怖气氛让人不安和思考,特别是后半部分里,她轻声地召唤,犹如女巫一般,这首歌成为她最具代表性的歌曲之一。

②海明威(Ernest Miller Hemingway, 1899—1961),为美国著名文学家,获得诺贝尔文学奖,著名的作品有《老人与海》《太阳照样升起》《永别了,武器》等。海明威一生感情错综复杂,结过四次婚,是美国"迷惘的一代"作家的代表人物。

9) Riding a mattress works 1 out of 4 times. 乘坐床垫四次中有一次起作用。

乘坐床垫是顽皮的孩子把床垫放在楼梯口,顺势滑下去。另外,Mattress rider:等同于 gay person, 同性恋者。

(6) 其他格言

I would rather be uncomfortable and free than comfortably enslaved. 我宁愿不舒服却自由自在,也不愿意舒服地被奴役着。(小字:Let the President and Congress know that we do not want socialism in America. 让总统和国会知道,在美国我们不想要社会主义。)

A diamond is a girl's best friend. "钻石是女孩子最好的朋友。"

5. T恤衫上是滑稽幽默的语言

有些T恤上的文字莫名其妙,只是体现了其幽默滑稽。

(1) Trip Shirt, Do not wash: "旅行衫,不要洗。"

(2) I shuck, you suck. "我剥皮,你吃"。shuck 是"剥皮"的意思。

(3) In Dallas they call it Sushi, in Fort Worth we call it Bait... "在达拉斯,他们叫它寿司,在沃斯堡,我们叫它诱饵。"

(4) 一件 T 恤自上而下分别写着:Due date "到期日";时间是 2007 年 5 月 25 日;I'll do it tomorrow! 我打算明天做;最下面的内容是 West Sabine,这是一个高中的名字,senior,"高年级学生"。此 T 恤仿佛是提醒高中毕业生珍惜时间。但是"明天做"又像是借口,是"推辞、不做"的含义,如果珍惜时间应该"马上做、今天做"。

(5) When a woman says "What?" It's not because she didn't hear you. She's giving you a chance to change what you said. 当一个女人说"什么?"时,不是因为她没听见你说的话。她在给你一个机会,让你改正你所说的。

"What"一词是红色的,字号比其他黑色单词大得多。

(6) I love my country. It's the government I'm afraid of. 我爱我的国家。我只是害怕政府。

(7) I am not always right, but when I'm, It's usually all the time. 我不总是正确,但是我一旦正确时,通常我就总是一直正确。这句话仿佛在戏谑野蛮女孩的霸道,她在对男孩说"还敢和我讲理?这里不是讲理的地方,你乖乖地服了罢了"。

(8) My girlfriend is out of town. 黑地白字的 T 恤衫,意思是"我女友出城了、出门了"。仿佛在说我终于自由了,快到我这里派对吧。

很多人纳闷为什么写这句话,我认为纯粹是为了幽默,就像我们车后部的车贴,什么"我老婆不在家"之类,千万不能太认真地看这句话,谁真的会穿上 T 恤衫满大街喊"女友不在家"以这种方式招惹你?你敢上门?一如一个笑话说,女的对男的说"我家里没人",男的心就想歪了,到她家,是真的谁也不在家。

6. T 恤衫标明自己的信仰

有些 T 恤明显带有宗教信仰特色,比如 T 恤上写着:Lord, keep your arm around my shoulder, and your hand over my mouth. (主呀,把你的胳膊放在我肩上,把你的手放在我嘴上。) 还有一句是 Put your word in my heart, so that when I do speak, it's really you. （把你的话放在我心里，我说话时，就是你的话。）

此句话意思是以神为自己言行的标准，《圣经》的旧约中：He who guards his mouth and his tongue keeps himself from calamity. (Proverbs, 21:23) （箴言：谨守口舌的，保护自己免受患难。）

某 T 恤背部是一个圆环图案，外面一圈是 10 多个单词，不过只是一个词：peace, 和平。圈内的文字是：The Lord is my shepherd, I shall not want. He makes me to lie down in green pastures; he leads me beside the still waters. He restores my soul. (psalm, 23:2) "耶和华是我的牧者，我必不致缺乏。他使我躺卧在青草地上，领我到宁静的水边。他使我的灵魂苏醒。"

一位女生鲜红的 T 恤上是由多个脚丫组成的十字架，下面写着：And how can they preach unless they are sent? As it is written, "How beautiful are the feet of those who bring good news!" (Romans, 10:15) （如果不是奉差遣，怎能传道？如经上所记："传福音报喜信的人，他们的脚踪何等佳美！"）

还有一个 T 恤是一连串复杂的公式，两头意思较为清楚：... and God said: ... and there was light! （神说……就有了光）（中间是复杂的公式）：

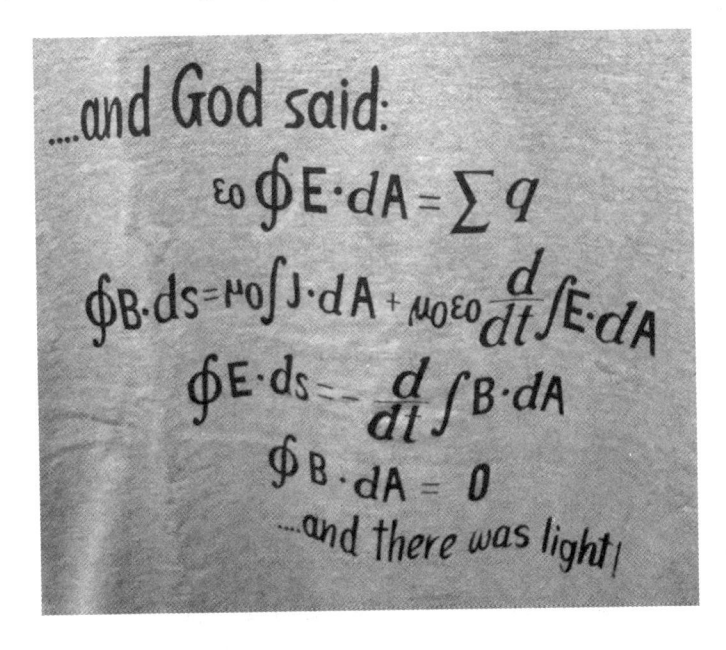

$$\ldots \text{and God said:}$$
$$\varepsilon_0 \oint E \cdot dA = \sum q$$
$$\oint B \cdot ds = \mu_0 \int J \cdot dA + \mu_0 \varepsilon_0 \frac{d}{dt} \int E \cdot dA$$
$$\oint E \cdot ds = -\frac{d}{dt} \int B \cdot dA$$
$$\oint B \cdot dA = 0$$
$$\ldots \text{and there was light!}$$

7. T恤衫具有特别的意义

奥巴马到德州农工大学时，集会抗议的群体身着各色服装，手举各种牌子，有一位女士身穿白色T恤，上面写着：Wake Up America，"醒来，美国！"

一些T恤内容是有关学生参赛活动，如：4th Annual GAMA CUP，（第四届伽马杯），Clemson university，（克莱姆森大学），该大学于1889年建校，位于南卡罗来纳州，一开始是军校，吉祥物是老虎。

大学生经常参加社会实践活动，比如艾克飓风后，参与募捐或者志愿活动者会被赠予T恤衫，上写：BTHO Hurricane Ike（彻底打败飓风艾克），飓风艾克于2004年曾袭击德州的加尔文斯顿（Galveston）。还有的写着"我在飓风中存活了下来"。

一T恤上写着：Adding to the Noise，"加点噪声、噪声再大点"。在休斯敦丰田中心火箭队主场地，火箭熊在中场休息时上场，他高举牌子"噪声再大点"，鼓励观众给队员积极加油，噪声不怕大，就怕不大。同时，这也是一首歌的名字。

某T恤最上面是"oooo，oooo"表示惊叹；文字下面是一只可爱的大嘴猴；FC, football Club，足球俱乐部；The greatest people you'll ever meet，你见过的最了不起的人。

下图左边的 T 恤是，I am on a boat,（我在船上）；右边的 T 恤上面是个单词，Racquet & Jog，意思是"球拍和跑步"。

下面是：We watch it for the tight ends. 我们因为边锋（翼锋）才看球。边锋是美式足球中前锋的一种，边锋不仅承担边路进攻的职责，而且通过交叉换位完成多种战术任务。

下图是 Peace, Hope and Love. 和平, 希望和爱。

上图中绿色的图标是和平的标志，和平标志是军事旗语中的 N 与 D 的组合，代表"核裁军"（Nuclear Disarmament）。和平标志有很多不同的演化形式。

有一件黑色 T 恤，可以说是花里胡哨，中间有两个头颅，下面的头颅是黄色的光溜溜的脑壳，上面的头颅带着蓬乱的头发，再上面写着 5FDP，是 Five Finger Death Punch 的首字母，这是一支新兴的加州金属乐队，和来自加州的 Avenge Sevenfold（七倍复仇）一样，他们的音乐秉承了 20 世纪 90 年代末新金属音乐的精髓。这个乐队被认为是重塑了纯正金属音乐的新世纪形象。

中篇　美国文化的启迪　　　　　　　　　　　　　　　　　　　　89

另一个 T 恤上是：I "心" 的符号 F2B 乐队，意思是 I love Fade to Black。F2B 是 Fade to Black 的缩写，字面意思是 "黑暗中消逝（消亡）"。Fade to Black 是重金属乐队 Metallica 的经典中的经典歌曲，主题是关于死亡的，不过这是关于自杀的歌曲，被人们称为让人绝望致死的圣歌（歌词的中英文见本节后附录，如欣赏歌曲请输入 fade to black 在网上查找）。

下图是大写的 EPICS，Epic：本意是 "史诗；惊人之举"，不过这里的意思是首字母组合：Engineering Projects in Community Service，社区服务中的工程项目：

有的 T 恤上就写着一个字 Dude，其意思较多，常用的是两个，一个是纨绔子弟，花花公子，主要在美国和加拿大范围使用；另外一个意思是：哥们，兄弟，伙伴，是个俚语。

有件 T 恤上面写着，Drink，refill，repeat：喝，倒满，再喝，仿佛在劝酒，穿这件 T 恤的不是酒鬼，也是酒仙，再不就是酒厂？

有一个黑色的 T 恤，只有可怕图像，没有文字，只是一个头颅骨，额头缠绕着红色的丝巾，两根长长的腿骨交叉在头颅后面。更令人惊奇的是，是一位美丽的女大学生穿着它。

有的 T 恤是呼吁环保，Love your environment，爱护你的环境。

二　其他城市 T 恤的特色

1. 新奥尔良

下面的 T 恤展示了新奥尔良的特色，意思是"我爱新奥尔良"。NO：New Orleans 的首字母；French Quarter 法国角，即法国人居住集中的地方：

"WHO DAT"，是一句俗语，在南部爵士音乐及体育比赛中常用来鼓动观众的情绪，20 世纪 80 年代成为新奥尔良美式足球队圣徒队的口号：

Hooker，妓女、渔船，一语双关；美女身后的文字是 world's oldest professional bait shop，"世界上最古老而专业的诱饵商店"；live bait 活生生的诱饵：

中篇　美国文化的启迪　　　　　　　　　　　　　　　　93

　　Shut up and suck it.（闭嘴、吃！）中间图画是龙虾，新奥尔良的龙虾很出名：

2. 迈阿密

　　T恤上写着是 I was in Miami Bitch. Bitch：母狗；坏女人。Bitch 和 beach 读音接近，字面意思是："我曾在迈阿密母狗的掌控下"：

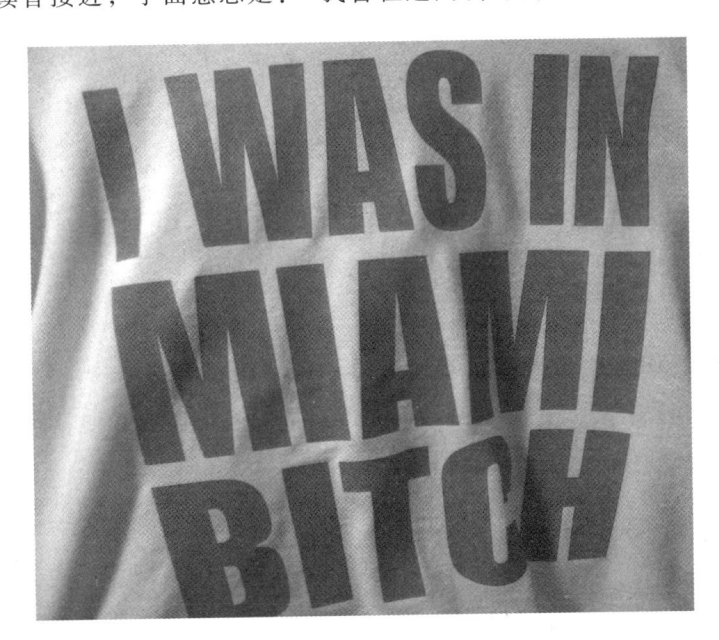

而现在是 I am in Miami beach. 意思是，我在迈阿密海滩。是一首流行歌，嘻哈风格（hip hop）。

3. 波士顿

波士顿以自己的龙虾自豪，龙虾自然是 T 恤上的一员。I'm a keepah. (keeper) 我是守护者；我是守门员。两个大大的钳子，仿佛在欢迎游客，又仿佛在翩翩起舞，又仿佛在挑战。

波士顿市是哈佛大学所在地，哈佛是历史悠久的名校。T 恤衫上中间是哈佛的校训，VE RI TAS（真理）；下面是班级，20?? 难道不知道自己是哪一级？

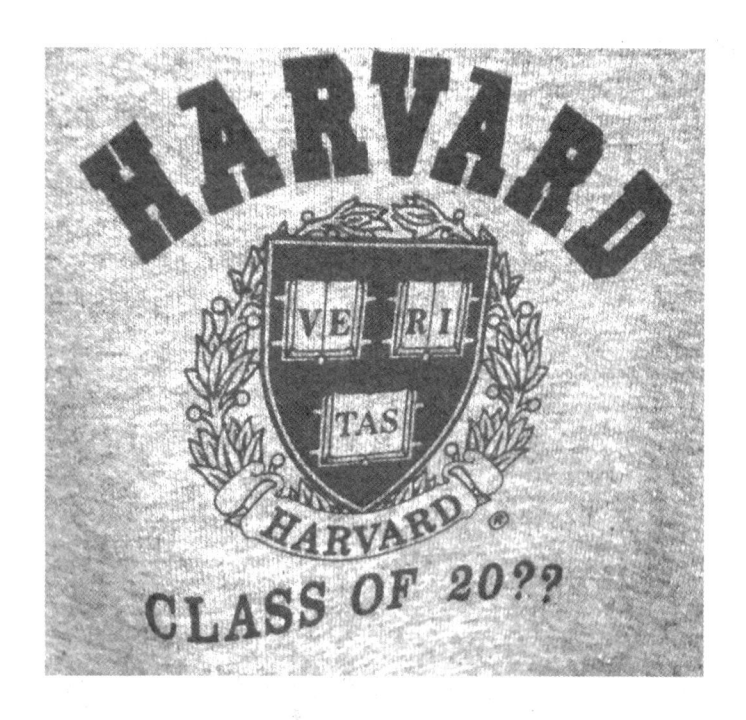

下面的意思是，我有一个虚构的朋友：$\sqrt{-1}$。

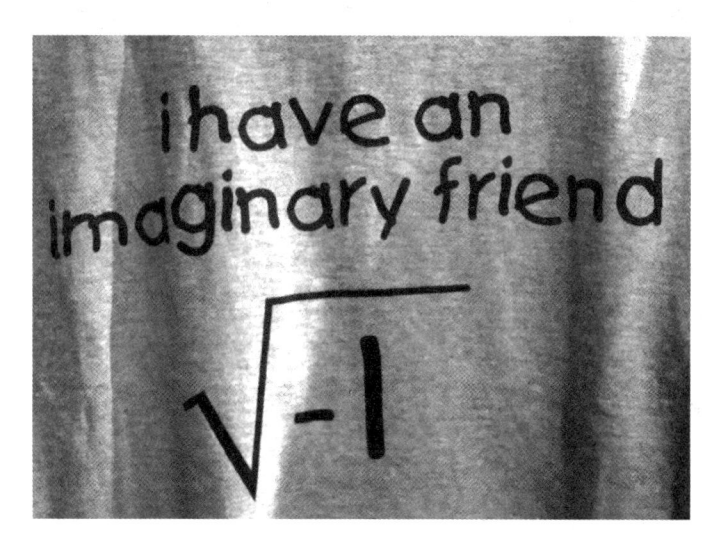

麻省理工学院也在波士顿，MIT engineers：麻省工程师。

还有一件 T 恤上写着 Stop Obama. Just throw Acorns at him（停下！奥巴马，且把橡树果子扔向他）。acorn，橡树果实，另外，大写的 ACORN，是支持奥巴马的一个平民组织，ACORN 是首字母缩写，Association of Community Organizations for Reform Now（当前社区变革协会），成员主要是中、低收入人群。2006 年《纽约时报》报道：它是美国最大的以社区为基础的反对贫穷组织。(The largest neighborhood-based antipoverty group in the country.)

该组织坚决支持奥巴马竞选总统，下面是他们的口号：

Hard work, Fair Pay. 勤奋工作，公平收入。

Raise your voice; raise the vote; raise the wage. 提高声音（话语权）；

提高投票；提高工资。

Obama needs Acorn; we need Obama. 奥巴马需要我们 ACORN；我们需要奥巴马。

Obama is the dream of every American who loves justice. 奥巴马是每一位喜欢正义的美国人的梦想。

大家知道波士顿是共和党的总部，自然有许多人反对民主党的奥巴马：

波士顿的太阳帽是一个大大的 B 字，为波士顿的首字母（Boston）。帽子上是一个 H，指的是哈佛大学（Harvard）；麻省理工学院的符号是 MIT（Massachusetts Institute of Technology）。

还有的大学生自己在 T 恤衫上手写文字，形成个人独特的 T 恤。例如，I'm not an alcoholic... I just like to PARTY！我不是酒鬼，我只是想聚会。

如果是 SB，那可能是哪里呢？也许有比较多的含义，然而在迈阿密，意思是 South Beach 缩写，"南滩"。在我们汉语中 SB 是骂人的话，是恶意，这也是我没有买这种帽子的原因。

T 恤衫也是政治活动中个人口号和意图的体现。

2007年8月，美国联邦政府同意向反对小布什而穿着特别T恤衫遭逮捕的一对德州夫妇支付8万美元赔偿款。

兰克夫妇于2004年7月4日，也就是独立日那天，在西弗吉尼亚州参加总统竞选活动时，穿着把布什名字画叉的T恤衫。一个背面上印着："爱美国，恨布什"（Love America, Hate Bush），一个背面印着"政权更迭从家开始"（Regime Change Starts at Home）。

他们拒绝遮盖自己的T恤衫，被逮捕并遭指控，被控侵入他人领地。美国公民自由联盟代表兰克夫妇提出起诉，称政府侵犯了《宪法修正案》第一条自由表达政治意见的权利。

我国的T恤衫文化方兴未艾，多种多样。有许多幽默的语言，比如女式T恤上面写着：我只吃饭不洗碗；男式T恤上面写：我只洗碗不吃饭。

总之，我见过的美国人，大多时间是身着便装，特别是大学生更喜欢简易的T恤衫，当然教会活动、正式会议除外。T恤的图案多种多样，恰如其分地体现出美国的多样性、个性化等文化特征。

附录

Fade to black（在黑暗中消亡）[①]

Metallica（乐队）

Yes, our life seem to fade to black...　是的，我们的生命即将在黑暗中消亡

Life it seems, will fade away　生命仿佛即将凋谢

Drifting further every day　每一天我都在四处飘荡

Getting lost within myself　我正在迷失自我方向

Nothing matters no one else　所有事所有人都无关紧要

I have lost the will to live　我失去了活下去的希望

[①] "Fade to Black", http://bd.kuwo.cn/yinyue/340331? from=dq360. 汉语歌词为本书作者改译。

Simply nothing more to give　没有什么值得付出

There is nothing more for me　也没有什么值得我留恋

Need the end to set me free　我只想结束 只求解放

Things are not what they used to be　事情不像以前那样

Missing one inside of me　迷失内心的自我

Deathly lost, this can't be real　死之迷失 也显得不再真实

Cannot stand this hell I feel　无法再忍受地狱般的世界

Emptiness is filling me　吞没我的是虚妄

To the point of agony　达到极点的是痛苦

Growing darkness taking dawn　渐浓的黑暗慢慢吞噬曙光

I was me, but now he's gone　曾经的我已经不复存在

No one but me can save myself, but it to late　我本可以拯救自己但已经都太迟了

Now I can't think, think why I should even try　现在我不能思考继续挣扎的意义

Yesterday seems as though it never existed　昨日仿佛不曾存在

Death greets me warm, now I will just say goodbye　此刻我只想说再见,温柔问候我的是死亡(死亡向我发出温暖的问候,我只想说声再见)。

第二节　美国的硬纸币文化

美元特别是硬币明显地体现了美国文化的多元化及美国人纪念往事不忘历史的特点,硬币的正面是为国家的独立和发展做出重大贡献的总统们,而反面的图案每个州都不同,不过都可全国流通。

美元上一个重要的文字是拉丁文 E pluribus/Unum,在鹰的头部顶着这两行文字,意思是 Out of many, one."一出于许多""从许多,(来)一""合众为一"。这也是美国国玺上的重要文字,老鹰口中含

着的飘带上写着这几个字，寓意着美国最初是由13个殖民地组成，来自不同国家的移民构成了多元化的美国，同时又是一个完整的整体。从种族来看，2000年白人占多数有69.1%，非洲裔黑人和西班牙裔相差不大，各约12.1%和12.5%，亚裔约3.7%。2010年，白人比例下降4%。[①]

1997年，总统克林顿签署了《50个州纪念币项目》的法令，目的是让美国年轻人从中了解各州的历史、地理与传统文化知识。纪念币的正面都一样，是国父华盛顿的头像，背面则各不相同，各州的图案由自己设计，独具风格，基本程序是由民众设计、比赛竞争、州政府选择、财政部部长审批。

从1999年始，美国硬币局开始发行州币，每年5种硬币，按照加入联邦政府的先后顺序发行。

当我集完所有硬币的时候，摆了满满一地25美分硬币，我发现除了美国的50个州，还包括哥伦比亚特区以及五个美属领地。50州的25分纪念流通币快要发行完毕的时候，众议院于2007年1月通过议案，决定将华盛顿哥伦比亚特区（首都）和美国另外五个未成为州的自治领区域也加入50州硬币项目，2009年正式发行这6种硬币。这五个地区分别是波多黎各、关岛、美属萨摩亚、美属维尔京群岛和北马里亚纳群岛。

从2010年开始又发行了国家公园、森林公园、历史公园、纪念碑、纪念遗址等25美分纪念币。每年发行5枚，每个州（领地）各一枚，共计56枚。

本文主要内容包括以下方面：一、硬币的基本信息；二、50州不同的25分流通硬币（quarter）：了解各州的主要特征；三、50州外6个不同的25分硬币：华盛顿特区、波多黎各、关岛、美属萨摩亚、美属维尔京群岛和北马里亚纳群岛文化；四、建国200周年纪念币；五、其

[①] 余治国：《族群分裂威胁美国未来》，http://news.163.com/11/0117/10/6QJFN6JJ00014JB6.html。

他硬币（1分、5分、10分、1元金币）；六、美国的纸币（1、5、10、20、50、100美元和罕见的2美元）；七、硬币收藏；八、美国钱币学会、协会及博物馆。

一 硬币的基本信息

美国的硬币包括：1分（cent）、5分（nickel）、10分（dime）、25分（quarter）、50分（half dollar）、1元（dollar）。最常用的硬币是25分、10分、5分和1分，特别是25分使用最多最普遍，50分和1元的硬币主要是纪念币，也可以流通使用。

美国铸币局（United States Mint）隶属财政部，负责硬币的印制，而美国雕版及印刷局（Bureau of Engraving and Printing）负责发行纸钞，"Engraving"意思是"雕刻"，但这里不是指硬币的铸造，而是指纸币的刻板。

流通硬币分别由丹佛造币厂和费城造币厂铸造，并在每枚币的正面标有"D"或"P"。而精铸币或纯银币则由旧金山造币厂（San Francisco）铸造，标记为"S"。丹佛（Denver）是科罗拉多州的首府和最大城市，别名是"一里高城"（The Mile-High City），州议会大楼西侧第15层阶梯的海拔恰好是一英里。费城（Philadelphia），由两个希腊单词组成，（Philos爱+adelphos兄弟），所以也被称为"兄弟之爱之城"（city of brotherly love），那里是独立战争时的首都。

美国硬币正面的上部，是反面的下部，也就是说看完一面，沿着水平的中轴翻过来，就是另一面的上部。我们国家的硬币，是沿着垂直的中轴翻转过来。

1分的硬币是铜黄色，上写One Cent；10分硬币和1分硬币大小相似，而5分硬币比10分的还大；25分硬币比它们都大。

25分的硬币是所有硬币中最常见、最常用的。路上临时停车、高速路上收费、洗衣房洗衣、自动售货机购物、收费望远镜观景、打公共电话、充气加水等，只要有投币机的地方，一般都需要25分的硬币。

因此，旅行的时候最好多带点 25 分硬币，这样会更加方便。比如，在高速公路上的无人售票通道，假如收费 150 分，向敞开口的类似笸箩一样的弧型投币器，投入 6 个 25 分硬币（quarter）就行了，硬币滑入，栏杆竖起车辆通行，免去了人工收费的麻烦（也有人工收费和自动扣费系统）。

美国人也用硬币教小孩数数，比赛时抛硬币来决定谁先发球，等等。

为了收集齐全 50 个州的硬币，我用了一个笨办法，第一个途径就是在日常购物中，尽量使用现金，这样把零钱放在一个盒子里，日积月累，越多越好。收集的硬币越大，集全的概率也大。巧合的是，我有两次到超市购物，花费竟然是个整数，这种情况按说是很难的，让我的找零目的落空，有些失落，又有些惊喜。你知道这是很巧合的，你买的物品恰好是个整数，付费时一般不是整数，因为在德州要交 8.25% 的税。

第二个途径是去银行兑换，我不定期地到附近的银行去兑换硬币。银行的工作人员知道我的想法后，还主动帮我寻找那些特殊的纪念币。再就是外出旅游时兑换硬币，比如去迈阿密、波士顿、新奥尔良等地学习考察时，我都利用一切机会去银行兑换几十美元硬币。回国前，我从一大盒子硬币中寻找各州的硬币。还好，功夫不负有心人，不仅集全了 50 州，而且有一些是意想不到的收获。正如刚才所说，还有 6 种我不曾知道的 25 分硬币。

剩余的拿到附近的花旗银行，工作人员倒入硬币点数机，哗啦啦各种硬币流过，点出总数，换成纸币。像国内有人用硬币麻烦银行工作人员以达到"折磨"他们的目的，在美国的花旗是不可能实现的。后来我到摩根银行，他们还是用比较传统的数钱模子，帮我数硬币。不过，边往模子里堆积硬币，边闲聊，也是不错的一种体验。

硬币上记载着各州的特色，搞清楚其间的内容，能够很好地了解美国文化。

二 50州不同的25分流通硬币（quarter）

25分硬币的正面是国父华盛顿总统的头像，这始于1932年。

文字是：liberty（自由）；In God We Trust（我们信神）。国会将这句话定为国训，法律规定：美国的硬币和纸币上都必须使用这句国训；上面弧形文字是 United States of America（美国）；下面文字是 Quarter Dollars（25分）。反面是展翅的雄鹰，代表美国，这种设计是最初的硬币设计，没有体现各州的特点：

（一）自由主题

自由是美国人的核心精神。从各州的座右铭上来看，许多州的主题是自由，至少8个州以自由为座右铭。如，特拉华州：自由与独立（Liberty and Independence）；宾州：美德、自由、独立（Virtue, Liberty, Independence）；新泽西州：自由与繁荣（Liberty and Prosperity）；艾奥瓦：珍视自由，保卫权利（Our Liberties We Prize and Our Rights We Will Maintain.）；西弗吉尼亚州：山地人总是自由（Mountaineers Always Free）；北达科他州：不管现在还是将来，自由团结，永不分离（Liberty and union, now and forever, one and inseparable.）；新罕布什尔州：不自由毋宁死/自由或死（Live Free or Die）；佛蒙特州：自由与统一（Freedom and Unity）。

马里兰州的别名是自由之州（Free State）；纽约州的25分硬币上的文字是：自由之门（Gateway to Freedom），或译为：通往自由。

(二) 各州特色的25分硬币

美国独立时，最早是13个殖民地，它们最先宣布从英国独立出来。

以下从1到13是美国最早的十三个州。符号"星"在硬币中经常使用，一颗星代表一个州，或者是一个重要城市；13虽然是人们忌讳的一个数字，但是在美国文化中13又经常存在，主要是因为最初的13个州：星条旗上有13道红白相间的条纹、13个字母的"合众为一"（E PLURIBUS UNUM）、国徽上的盾牌有13根条纹，橄榄枝上有13片叶子、13枚果子，箭镞是13支。

各州25分硬币的共同之处在于正面相同，都是华盛顿头像；反面的设计也有相同部分，就是上部为该州的名字，加入美国联邦的时间；下部是发行时间，发行时间下面是文字：E pluribus/Unum（合众为一）。

1. 特拉华州（Delaware）[①]

简介：别名是"美国第一州"（First State）、"钻石之州"（Diamond State）、"蓝母鸡之州"（Blue Hen State），蓝母鸡是该州的州鸟。

该州命名得因于特拉华河和特拉华湾，河、湾是由于特拉华男爵而命名的，他是弗吉尼亚州的第一任总督。特拉华一词源于古法语 de la were，意为"战争的"或"战士"。

那里最初是荷兰人和瑞典人的居住地，1664年该州被转让给英国。以更小、更快、更聪明（Smaller, Quicker, Smarter）为州的宗旨。化学工业发达，石油化工业居全国首位。威尔明顿为"世界化工之都"。该州没有销售税（sales tax）（各州销售税由地方税和州税组成。还有几个州没有销售税，分别是新罕布什尔、俄勒冈、蒙大拿、阿拉斯加，其他州的销售税一般在5%—7%）。

---

① Delaware, https://en.wikipedia.org/wiki/Delaware.

座右铭：自由与独立（Liberty and Independence）。我们真的很喜欢我们水中的化学物质。(We really do like the chemicals in our water.)

图文：图案是恺撒·罗德尼（Caesar Rodney）骑马图；右上方文字：第一州（The First State），左下方马头处下面的文字：恺撒·罗德尼（Caesar Rodney）。

释义：这里的恺撒不是罗马帝国的恺撒，恺撒·罗德尼（1728—1784）是大陆会议的一名代表。

恺撒一生中饱受哮喘折磨（asthma），他成年后一直忍受面部肿瘤的折磨（facial cancer）。他经历了昂贵的、痛苦的、无效的癌症治疗。恺撒常戴一条绿围巾以掩盖他扭曲的脸（disfigured face）。

1776年7月1日，大陆议会投票表决《独立宣言》的时候，特拉华州的三位代表一位没有出席，另外两位意见不一致，不能决定特拉华州的意见。缺席的是罗德尼，他因要事没有参加会议，因此他的一票至关重要，于是身患哮喘和癌症的他冒着暴雨，骑马80英里（128公里）赶到费城，使三人取得了一致的意见，投下了国家独立的决定性一票。

1787年建州，特拉华州是第一个签署宪法加入美国联邦的州。

2. 宾夕法尼亚州（Pennsylvania）①

简介：简称宾州（音同山东的滨州），别称是："冠石之州、拱顶石之州、里程碑之州"（Keystone State）。名字来历是：英王把此地送给舰队总司令小威廉·佩恩（William Penn），并指定以"宾"（penn）的名字命名，应佩恩的请求，加上"夕法尼亚"（林地）一词，含义是"宾（佩恩）的林地"。

宾州最大城市是费城（Philadelphia），曾经是联邦的首都，是起草《独立宣言》和《联邦宪法》的地方，因此宾州也被称为"美国的摇篮"，可见宾州的地位和作用，这也是"拱顶石"的源头。独立战争期间，华盛顿将军在宾州率领部队驰骋疆场；美国南北战争时，著名的葛底斯堡战役发生在那里，林肯总统在那里发表了著名的演讲（电影《葛底斯堡战役》可以让大家重温历史）。

那里有世界最大的巧克力工厂，是位于好时镇的好时巧克力工厂（Hersey，又译为：赫氏），创始人弥尔顿·好时（Milton Hershey）。

该州南部有著名的德国裔阿米什人，到现在不使用现代化的设施，不用电，不用洗衣机，不用汽车，不用电话。

座右铭：美德、自由、独立（Virtue, Liberty, Independence）。烹饪要用煤做燃料（Cook With Coal.）。

图文：图案是联邦雕像、州的轮廓和拱顶石；文字是州的座右铭"美德、自由、独立"。

释义：联邦雕像是一座高14.6米的镀金女性像。从1905年5月以来，该雕像就一直矗立在首府哈里斯堡（Harrisburg）州议会的圆顶屋上。她友善地伸出右手，左手抓着象征公正的手杖、飘带。

该州在美国独立战争时起到了中坚作用；除了费城，匹兹堡曾是著名的钢铁城。

1802年以托马斯·杰斐逊为首的共和党胜利后，宾州被命名为

---

① Pennsylvania, https://en.wikipedia.org/wiki/Pensylvenia.

"联邦的桂冠",这说明宾州在美国经济、政治、社会中的重要地位。

3. 新泽西州（New Jersey）

简介：别称是"花园之州"（Garden State）。该州的名字源于英国海峡群岛中最大的岛屿——泽西岛。

该州在美国独立战争中具有重大的战略意义，如普林斯顿。首府是特伦顿（Trenton），最大的城市是纽瓦克（Newark），纽瓦克国际机场位于那里。

各种类型的制药企业有 270 个，生产药品占美国的 25%，有"全美的药箱"之称。

2018 年 3 月底，累计达 5.21 亿美元的兆彩（Mega Millions）彩票开奖，新泽西州售出的一张彩票独中头奖。

座右铭：自由与繁荣（Liberty and Prosperity）。

图文：乔治·华盛顿率军横渡特拉华河（Delaware River），奇袭英军，取得了重要的胜利。该币开创了华盛顿同时出现在流通币正反两面的先河。文字是：革命的十字路口（Crossroads of the Revolution），表明在新泽西发生过多次决定美国命运的战役。

释义：1776 年寒冷的圣诞夜，特拉华河多处结冰，华盛顿带领部队渡过特拉华河，到达新泽西州的特伦顿镇，发动突然袭击，俘虏了

900多名英军,解放了该镇。英军没有想到华盛顿会在大过年的时候发动进攻,可见时机非常关键。

4. 乔治亚州（Georgia）

简介:别称是"桃子州"（Peach State）,"南方帝国"（Empire of the South）。为了纪念英国乔治二世国王（1683—1760）而命名该州。

花生与山核桃（pecan）产量居美国首位;首先使用轧棉机。亚特兰大（Atlanta）是首府和最大城市,是马丁·路德·金的出生地,也是可口可乐公司和美国有线电视新闻网（CNN）的总部所在地。

座右铭:智慧、公正（正义）、节制（稳健）（Wisdom, Justice, Moderation）。我们给极端的正统基督教信仰注入了一些"有趣的东西"（We put the "Fun" in fundamentalist extremism.）。

图文:图案是桃子,槲树（音:胡）的嫩枝,州的轮廓;文字是该州的座右铭"智慧、公正、节制"。

释义:桃子是该州的特产,槲树就是橡树（oak）,槲树是该州的州树。

补充:乔治二世的母亲爱上其他男人,他的父亲乔治一世囚禁她,从28岁到60岁。他曾渡过护城河去看母亲,被逮住,被父亲痛打。一直得不到父亲的信赖和支持。

5. 康涅狄格州（Connecticut）

简介：别称是"宪法之州"（Constitution State）、"豆蔻之州"（Nutmeg State）。

名字来自土著莫希干人命名的康涅狄格河，印第安语的意思是"长河流域""潮汐河流域"。

该州是东北部新英格兰区工业最发达的地区，19世纪以制造军火闻名。有世界上最早的成文宪法。著名的耶鲁大学位于纽黑文市（New Haven）。2010年，该州是全美人均收入和中产家庭收入最高的州。是继马萨诸塞州之后第二个将同性婚姻合法化的州。2012年年末，该州的桑迪·胡克小学发生了震惊全美的枪击案。

座右铭：越受挫折越强（He who transplanted continues to sustain）。和马萨诸塞州几乎没什么区别，只是肯尼迪家族还没有拥有它（Like Massachusetts, only the Kennedy's don't own it yet）。

图文：图案是严冬中的宪章橡树，有着茂密的枝条，表达了对宪章橡树的敬仰；文字是：宪章橡树（The Charter Oak）。

释义：1662年，英国国王查理二世（King Charles Ⅱ）向该州（当时不叫"州"，是殖民地）颁发了一部非同寻常的皇家特许令，肯定了那里居民的自治。20年后,国王打算把康涅狄格州解散,与马萨诸塞等合并为一个新英格兰自治领(Domination of New England)。

1685年,查理二世的弟弟詹姆斯二世即位。国王的代表想武力抢夺宪章,没有成功,改为谈判。1687年10月31日夜,代表把宪章放在谈判桌上,美英双方代表围绕宪章展开了激烈的讨论。突然间,蜡烛熄灭了,当蜡烛重新点燃后,代表们发现宪章消失了,只好结束讨论,康州政府幸免于难。

结果是英雄上尉约瑟夫(Joseph Wadsworth)拿走了宪章,藏到了橡树洞内。从此,这棵橡树就成为康州的保护标志。但在1856年8月,一场暴风雨吹倒了"宪章橡树"。

当然,虽然康州人保护住了宪章,英王还是按照自己的想法做事,后来英王退位,康州通过奋斗重新恢复宪章效力,让公民获得了自由权。

6. 马萨诸塞州(Massachusetts)

简介:又名麻省,别名是"海湾之州"(Bay State),源自印第安人部落的名字,本意是"大山附近、一个很大的山坡地"。

最大城市是波士顿,也是首府,有个区叫剑桥(Cambridge),是哈佛大学和麻省理工学院的所在地。波士顿市是肯尼迪总统的故乡,肯尼迪总统的四弟爱德华一直是代表麻省的参议员，直到 2009 年去世。他任职近半个世纪，被誉为美国近代最伟大的议员，是总统约翰·肯尼迪九兄妹中最后一个男子。他见证了十位总统的任期，被奥巴马称为"导师"。

2004 年 5 月 17 日，麻省成为美国第一个允许同性恋婚姻的州。

座右铭：用利剑寻求和平，但真正的和平来自自由。（By the sword we seek peace, but peace only under liberty.）我们征收的税金可没有瑞典人那么高（对于大多数的税级来说是这样）。[Our Taxes Are Lower Than Sweden's (For Most Tax Brackets).]

图文：图案是独立战争时麻省民兵雕像、州的轮廓，一颗小五星标明波士顿；文字：海湾之州（The Bay State）。

释义：1775 年 4 月 9 日凌晨，波士顿西北不远的莱克星顿的快速民兵（the minute man）向英军打响了独立战争的第一枪。独立战争期间，麻省的民兵团结起来，为打败英军、赢得独立立下了汗马功劳。这些由农民和殖民者组成小规模的、流动的武装队伍，经常进行训练，时刻准备战斗。有时战斗仅仅持续一分钟，被誉为是"一分钟之人"（the minute man）。

硬币上以民兵为主题的构想是由两名六年级和七年级的学生提出来的，麻省是仅有的一个让学生设计硬币图案的州。

7. 马里兰州（Maryland）

简介：别名是"老战线之州"（Old Line State）、"自由之州"（Free State），又称"小美国"（Little America, America in Miniature），面积不大，但地形复杂，应有尽有，有山丘、溪谷、平原、沼泽、河湖、海峡、港湾、岛屿。州花是黑眼苏珊、黑眼菊、紫丁香（Black-eyed Susan）。

该州名字是为了纪念英王查理一世的妻子玛利亚。

该州还有一个称号是"生物之都"，有300多家生物技术公司和联邦研究机构。安德鲁斯空军基地（Andrews，AFB），是总统座机空军一号起落的地方。

座右铭：行为果敢，语言温和（Manly deeds, Womanly Words）。只要是你能想到的事情，我们就能对其征税（If you can dream it, we can tax it.）。

图文：马里兰州议会大厦；白橡的树枝；文字是：老战线之州（The Old Line State）。

释义：议会大厦是美国没有使用钉子的最大木制建筑物。1772年开始建造，美国最古老的州议会大厦。1783年在议会大厦圆顶大楼里，美英双方签署了《巴黎条约》，独立战争正式结束。

华盛顿将军在那里发表了非常简短的讲话，也就几分钟，然后回到自己的农场。战争期间他变卖家产，劳神费力，头发也白了。他的离开令在场的人都满含热泪。

8. 南卡罗来纳州（South Carolina）

简介：别名是"蒲葵之州"（Palmetto State），又译：扇榈、扇棕、矮棕榈。

汽车制造业发达，全州46个县有41个有汽车行业的公司；航空航天业包括飞机生产、装配、零部件制造，定制私人飞机，等等。2004年12月，沃特飞机公司被波音选中参与787项目，在南卡制造全新787梦想客机的机身。

座右铭是：只要呼吸就充满希望。（While I breathe, I hope.）还记得南北战争吗？事实上我们并没有投降！（Remember the Civil War? We didn't actually surrender!）

图文：蒲葵树，卡罗来纳鹪鹩（Carolina Wren），黄色茉莉花（Yellow Jessamine），州的轮廓，首府哥伦比亚所在位置用一颗星作标志；文字是：蒲葵州（The Palmetto State）①。

释义：1776年，殖民者在由蒲葵树干做成的一个小堡垒内，击退了企图占领查尔斯顿港（Charleston）的英国舰队。蒲葵树代表了州的力量；鹪鹩的歌声象征着人民的热情好客；黄色茉莉预示着春天的到来，展现了美丽的自然风貌。

---

① South Carolina, https://en.wikipedia.org/wiki/South_Carolina.

9. 新罕布什尔州（New Hampshire）

简介：别名是"花岗岩之州"（Granite State）。还有昵称"河川之母"（Mother of Rivers）；"美利坚的瑞士"（Switzerland of America），寓意是山景美丽；"白山山脉之州"（White Mountain State）。花岗岩、建筑石非常出名。山陡而直，适合滑雪。

名字来历是英国有一个 Hampshire，罕布什尔。1623 年英国开始移民到那里，其中，船长是罕布什尔人，为了纪念英国，取名"新"罕布什尔。

没有州税，但有 8% 的房间和餐点税。总统竞选的第一站。

座右铭：不自由毋宁死/自由或死（Live Free or Die）。走远点儿，让我们安静会儿！（Go away and leave us alone！）

图文：老人岩（又译：山中老人），九颗星；文字是：老人岩（Old Man of the Mountain），不自由毋宁死（Live Free or Die）。

释义：老人岩是该州最奇特的自然景观，由五层红色花岗岩构成，酷似一个凝视东方的老人头。2003 年 5 月 3 日，老人岩跌落倒塌。

"不自由毋宁死"，出自美国独立战争中的英雄、新罕布什尔人斯塔克将军之口（General John Stark，1728—1822，享年 94 岁）。

1777 年 8 月英军从加拿大重新招募了一支部队，由约翰·伯戈因带领（John Burgoyne，1722—1792），准备南下和另外两支英军部队在纽约州的奥尔巴尼会合。美国将军斯塔克率军阻击，8 月 16 日美军 2000 人在佛蒙特州的本宁顿（Bennington）与英军交战，切断了英军的后勤供应，使英军会合的目的没有达到，奠定了随后的萨拉托加战役胜利的基础（Saratoga）。10 月，伯戈因的英军弹尽援绝，6000 名士兵投降。

萨拉托加战役是美国独立战争的转折点，后来美国的一艘航母命名为萨拉托加号，2016 年被以 1 美分出售。

1887 年开始建造本宁顿纪念碑，为佛蒙特的最高建筑。8 月 16 日被佛蒙特州确定为州假日。

斯塔克的名言是 Live free or die：Death is not the worst of evils. 死亡并非痛苦之最。

10. 弗吉尼亚州（Virginia）

简介：别称是"总统之母"（Mother of Presidents）、"老自治领州"（Old Dominion State）。美国总统中有 8 位是弗吉尼亚人，例如，乔治·华盛顿、托马斯·杰斐逊。杰斐逊是美国公认的最博学的总统。是建筑师，亲自设计了自己的住宅，融合自己的风格和欧洲古典建筑的特点。

南北战争时期弗州受灾最重，是南部邦联的前哨阵地，而州府里士满（Richmond）又是南部邦联的首都，因而成为主要战场。

座右铭：永远打倒专制的君主（Thus Ever to Tyrants）。谁说那些刻板的政府官员不能和懒散的乡下人混为一谈？（Who says government stiffs and slack jaw yokels don't mix?）

图文：图案是第一批英国殖民者到达美洲时乘坐的三艘船：苏珊·康斯坦号（The Susan Constant）、神速号（The Godspeed）和发现号（The Discovery）。文字是：詹姆斯敦（Jamestown, 1607—2007）、400 周年纪念（Quadricentennial）。它是 1607 年英国在北美建立的最早的居民点；全世界最大的航空母舰港口。

释义：1606 年，英王詹姆斯一世授权弗吉尼亚公司在新大陆开辟殖民地。1607 年 5 月 12 日，经过 144 天的艰难航行，近 40 人葬身大海，105 人（都是男子）到达詹姆斯敦，这是英国在美国建立的第一个永久性的殖民地，名字是为了纪念国王詹姆斯一世。

英国人到达时正好赶上大旱，又要防范印第安人进攻，他们用了19天的时间建起了一座城堡，但死亡人数达到一半。虽然人员补给跟上了，不过与土著的战争让他们的生活倍加艰辛，他们的生命随时消失，如1609年冬天，500个定居者速减到60人。印第安人两次大规模的袭击导致那里的人口速降，1622年350人丧命，1644年500人丧命[①]。

（"五月花"号于1620年12月在马萨诸塞州的普利茅斯上岸，比到詹姆斯敦的英国人晚了13年多。）

2007年，81岁的英国女王伊丽莎白二世亲自参加詹姆斯敦400周年纪念活动；当年31岁的她第一次访美，参加詹姆斯敦的纪念仪式。

州名是为了纪念英国女王伊丽莎白一世（1533—1603），她享年70岁，在位45年，她终身未嫁，功绩辉煌，英国的政治、经济、军事、外交等都空前繁盛。Virgin，"处女"之意。她一生未嫁的原因据她自己解释说，如果和外国王子结婚，那么在外交上英国无法保持中立；如果和英国人结婚，就会加剧宗派斗争。

---

① 《美国诞生地詹姆斯敦建城400周年》，http://news.sina.com.cn/w/2007-05-16/180613004260.shtml。

1596年，伊丽莎白一世写了一封亲笔信，派使者约翰带给中国明朝万历皇帝，主要内容是为了两国更好地开展贸易。可惜约翰途中遭遇不幸，信件没有送达。后来该信件被英国国家博物馆收藏。1986年，伊丽莎白二世把这封信送给中国，390年前的信件终于到达。

我认为，伊丽莎白一世确实是明智之主，比起她的姐姐玛丽女王（1516—1558），不知要强多少倍，玛丽因为宗教冲突杀害了几百名异教徒而被称作"血腥玛丽"。

玛丽和伊丽莎白一世的父亲都是亨利八世，因为玛丽的母亲没有生儿子，被国王赶出王宫，玛丽被宣布为私生女（按照新教仪式结婚的，天主教就宣布其子女为私生子女）。亨利再次结婚，生了伊丽莎白，后来母亲被国王判处死刑，她和玛丽姐姐都被宣布为私生女。国王再娶，就是为了要儿子。终于，国王有了儿子，也继承了王位，然而英年早逝。

通过这段历史事件，我得出如下看法。第一，英王只有一个王后，是天主教的要求，可见宗教非常重要，要想再娶必须离婚或者废除王后。如果按照旧中国的习俗，国王有那么麻烦或者痛苦吗？

第二个感受是，只要坚持不放弃，总有你的机会。继承亨利八世王位的是同父异母的弟弟，但是他命短，因肺病去世。此时玛丽有资格当女王了，但是因为政治和宗教斗争非常严峻，另外一位被立为女王。玛丽在英国枢密院的帮助下囚禁那位15岁的既定女王，议会宣布玛丽继任女王。但是玛丽自己也命短，她从小身体不好，只当了5年女王就去世了，享年42岁。机会就降落到了伊丽莎白一世身上，她非常明智，不结婚，以免引起矛盾；注重学习，视野开阔；健康很重要，她活到70岁，什么也比不上健康重要。

第三个感受是，母仪天下非常重要。亨利八世的第六任妻子帕尔（1512—1548）对玛丽和伊丽莎白非常好，不仅让她们接受了教育，而且说服国王改善了她们的处境和名声。帕尔的母亲也是皇家血统，是伊丽莎白母亲的侍从女官。其间，帕尔被亨利八世看上，之前她结过几次婚，丈夫不幸早逝。伊丽莎白的伟大治国理念，跟帕尔不无关系。

11. 纽约州（New York）

简介：别称是"帝国州"（Empire State）。

现在的纽约最早由荷兰占领，那个区域被名为新阿姆斯特丹。英国与荷兰发生战争，远征到美国，占领了新阿姆斯特丹，于1664年改名为纽约，意思是新约克（New York）。英国有一座古老的城市叫约克，当时是英国的首都。

纽约市为美国最大的城市，绰号是"大苹果"。州府是奥尔巴尼（Albany）。纽约州立大学（State University of New York, SUNY）有70多个校区。

1777年9月著名的萨拉托加大捷（Battle of Saratoga）奠定了独立战争的胜利。1789年4月30日，乔治·华盛顿宣誓就任美国第一任总统，当时美国的首都就在纽约市。

座右铭：不断攀登/精益求精（Excelsior）。你有权保持沉默，你也有权聘请律师……（You have the right to remain silent, you have the right to an attorney...）

图文：自由女神像，十一颗星（第11个加入美国的州），州的轮廓、哈德逊河及伊利运河；文字是：自由之门（Gateway to Freedom）。

释义：1886年10月28日，美国接受了法国的礼物——自由女神像。雕像高93米，重225吨，游客可从底座进入，攀爬300多个盘旋台阶进入女神的皇冠，俯瞰纽约湾。

12. 北卡罗来纳州（North Carolina）

简介：别名是"焦油脚跟之州"（Tar Heel State）；"老北州"（Old North State）。

1663年英王查理二世把这块土地赐予英国领主，以查理二世的拉丁文名命名为卡罗来纳。

"焦油脚跟之州"的来历：从前，北卡盛产黏稠的木焦油，北卡士兵非常勇敢，有一次，一个战绩不太出色的外州士兵嘲讽地问：你们州还有焦油吗？北卡士兵答道：都让人买去了。又问：买去干什么？答：粘在你们的脚跟下，让你们在下次战役中站牢些。以此讽刺他们的胆怯。

烟草产量美国第一；棉纺织工业美国第一；云母产量美国第一。

座右铭："是"总比"似乎"好。（To be not to seem.）烟草是一种蔬菜。（Tobacco is a vegetable.）

图文：莱特兄弟首飞成功的情景，弟弟驾驶飞机飞行，哥哥在一旁观看；文字是：首次飞行（First Flight）。

释义：莱特兄弟（Wright brothers）的父辈生产自行车，到他们兄弟时家业衰落，靠修理自行车为生。但兄弟俩热衷于研究飞行，进行了上百次的飞行试验。

1903年12月14日，兄弟两人通过扔硬币的方式，决定谁先试飞，哥哥先飞，但是只飞行了3秒，可以说没有成功，两人对飞机进行了检修。

12月17日，他们成功地将自己设计的"飞行者"号升空。"飞行者"重340公斤，第一次只飞行了12秒钟，飞行距离36.5米，飞行高度仅3米多。当天兄弟二人轮流进行了多次飞行，随后进行了不断地改进。（兄弟二人终身未娶）

莱特兄弟设计的原型机珍藏在首都国家航空航天博物馆，在试飞的地方也建立了纪念碑和纪念馆，为北卡的一个旅游景点。

补充：查理二世（1630—1685）是查理一世的儿子，查理一世被克伦威尔送上断头台，时年 49 岁（1600—1649）。查理二世被迫离开英国，他适应困境，擅长交流，31 岁时回到英国复辟任国王。他愤世嫉俗、放浪形骸，被称为"快活王"，情妇众多。

他和法国国王路易十四是同时期，比路易大 8 岁。1662 年他把战略意义重要的港口敦刻尔克以 40 万英镑卖给了路易十四。

13. 罗得岛州 （The Rhode Island）

简介：别名是"小罗地"（Little Rhody）、"海洋之州"（Ocean State），是美国最小的州，罗德岛并不是岛屿。名字却最长，全名是：罗得岛与普罗维登斯庄园州（The State of Rhode Island and Providence Plantations）。该州东南部由河流分割成多块，其中，罗德岛最大，是该州名字的来源。

普罗维登斯是该州的最大城市、最大港口、首府。拥有 400 英里的海岸线和 100 多处淡、咸水海滩，是美国的"帆船之都"，已举办了 50 多年的美国杯帆船比赛。

座右铭：希望（Hope）。我们真的不是一个岛屿！（We're not REALLY an island!）

图文：图案是一艘帆船航行于著名的纳拉甘西特海湾，背景为佩尔大桥（Pell Bridge），反映了该州最流行的运动——帆船比赛；文字是：海洋之州（The Ocean State）。

14. 佛蒙特州（Vermont）

简介：佛州的别称是"绿色之州"（Green Mountain State），州名来自法语"Monts Verts"，意思是"绿色山岭"，60%是天然森林，水力资源丰富，州内公园有70多处。

座右铭：自由与统一（Freedom and Unity）。另外一个是：是的！（Yep!）

图文：驼峰山（Camel's Hump Mountain），枫树上挂着树汁桶；文字是：自由和团结（Freedom and Unity）。

释义：佛州以滑雪、枫叶糖而闻名。19世纪蔗糖还没引进美国之前，美国人主要食用佛州的枫叶糖。驼峰山是佛州最高的山脉之一，因酷似骆驼的双峰而得名。

15. 肯塔基州（Kentucky）

简介：昵称是"蓝草之州"（Blue Grass State），州名来自印第安语，"平坦之地、草原、牧场"。该州水资源丰富，绿色植被覆盖多，是举世闻名的"世界赛马之都"，有 450 家纯种马养育场，有顶级的纯血马。每年的 5 月路易斯维尔市举办"肯塔基州德比赛马节"（Kentucky Derby），持续两周，从 1875 年开始，已连续举办了 140 多年。美女必须戴帽子入场，因此一大景观是"帽"美如花。英国女王曾说：看德比赛马比见美国总统还要重要。诞生了世界名曲："我的肯塔基老家"。

拳王阿里生于路易斯维尔市。

座右铭：团结必胜，分裂必败（United We Stand, Divided We Fall）。500 万人口，15 个姓！（Five Million People; Fifteen Last Names!）

图文：图案为州议会大厦、栅栏里是一匹纯种赛马；文字是：我的老肯塔基家（My Old Kentucky Home）。

16. 田纳西州（Tennessee）

简介：别名是"义勇军之州"（Volunteer State）、"西南政治家母亲之州"（Mother of Southwestern Statesmen）、"巨湾之州"（Big Bend State）、"猪和玉米饼之州"（Hog and Hominy State）。

州名来自印第安语意为"曲流"。该州以养牛和种棉花为主。共有

82000个农场，其中，59%是用来饲养肉牛的[①]。首府纳什维尔（Nashville），是美国乡村音乐的中心；最大城市孟菲斯（Memphis）是猫王（Elvis Presley）的故乡。

座右铭：农业和商业（Agriculture and Commerce）。"教育"之州！（The Education State!）

图文：图案自左至右分别是吉他、小号、乐谱上的小提琴，三颗星代表着三个地区，三种乐器代表了三个地区不同的音乐风格。小提琴代表的是阿巴拉契亚音乐；小号代表的是蓝调音乐；吉他代表的是乡村音乐；文字是：音乐遗产（Musical Heritage）。

17. 俄亥俄州（Ohio）

简介：别称是"七叶果之州、七叶树之州"（Buckeye State），Ohio是印第安语代表大水（Great water），也就是代表了俄亥俄河。

七位总统诞生于此，仅仅次于弗吉尼亚（8位）。发明家爱迪生（Thomas Edison）的故乡。素称"院校之乡"，高等学府数量居美国第7位。州府是哥伦布（Columbus），也是最大城市。轮胎产量最多。

座右铭：与上帝同在，无往而不胜（With god, all things are possi-

[①] 《美国田纳西州及其首府纳什维尔》，http://blog.sina.com.cn/s/blog_489e6b210101eaq6.html。

ble)。最起码我们不是密歇根州。(At least we're not Michigan.)

图文:莱特兄弟发明的飞机,太空人,州的轮廓。文字是:航空开拓者的诞生地(Birthplace of Aviation Pioneers),反映了俄州对航空事业的杰出贡献。

释义:该州诞生了多位航空先驱:莱特兄弟中的弟弟奥维尔·怀特(Orville Wilbur Wright,1871—1948);约翰·格伦(John Glenn,1921—2016);宇航员尼尔·奥尔登·阿姆斯特朗(Neil Alden Armstrong,1930—2012)。

(1)莱特兄弟中的哥哥于1912年早逝,此后30多年里弟弟潜心研究改进飞机。

(2)1962年41岁的格伦成为美国第一位绕地飞行的航天员。成功返回地球,当时太空舱是落到大海,由海军负责接应。

1998年,他又以77岁高龄乘坐"发现号"航天飞机重上太空,9天时间绕地球134圈。他创下了两次太空飞行间隔最长、年龄最大的航天员纪录。2012年,他被授予总统自由勋章。享年95岁。

(3)阿姆斯特朗于1969年7月21日踏上月球,是第一个登月的宇航员。他著名的一句话是:这是一个人的一小步,却是人类的一大步。[That's one small step for (a) man, one giant leap for mankind.]

2012年,他因心脏搭桥手术引起并发症逝世,葬礼在国家大教堂举行,骨灰由海军撒入大海。

18. 路易斯安那州（Louisiana）

简介：该州的别称有九个，如，"爵士乐诞生地"、"鹈鹕之州"（Pelican State）、"法国移民子孙之州"（Cajun state），首批法国移民定居于此。州名是为了纪念法王路易十四（King Louis XIV of France），意思是"路易之地"。

该州是美国海拔最低的州，森林覆盖率约为50%。硫黄产量第一，石油产量次于德克萨斯州；蔗糖、甘薯产量居美国第一；美国最大的产盐地，全球最大的小龙虾产地，大鲶鱼产量居美国第一，大虾产量列美国第二，蟹产量列第四位。新奥尔良是仅次于纽约的第二大港口。

座右铭：团结、公正、信心（Union, Justice, Confidence）。我们可不全是疯疯癫癫的法国移民后裔，那不过是我们的宣传活动罢了。（We're not all drunk Cajun Wackos, but that's our tourism campaign.）

图文：鹈鹕；小号和乐符，路易斯安那大地区的版图轮廓。文字是：路易斯安那购地（Louisiana Purchase）。

释义：鹈鹕（读音：提壶）为州鸟。

小号象征着爵士乐。爵士乐于19世纪末20世纪初诞生于新奥尔良，是蓝调、拉格泰姆音乐和行军乐的混合。众多音乐家把爵士乐从新奥尔良推广到世界各地。

1803年，托马斯·杰斐逊从拿破仑·波拿巴手中用1300万美元购买了路易斯安那地区，该区域包括多个州，今天的路易斯安那州是其中的一部分，这使美国领土扩大了一倍，而花费仅仅是每英亩3美分。

路易十四（1638—1715），在位72年，5岁即位，23岁亲政。

他是一个事必躬亲的国王，每天工作八小时以上。他对下属绝对信任，自己最终拍板决定，下属必须执行，建立了威信，创立有史以来无与伦比的绝对君主制。

他建造凡尔赛宫，让贵族们成为宫廷成员，每天沉溺于博取国王的宠幸中，没有时间去管理地方的问题，渐渐地他们就丧失统治地方的权力了。据说路易十四记忆惊人，他进入大厅后一眼就可以看出谁在谁不在，因此，每个希望得宠的贵族都必须每天在场。

法国外交成就卓著，路易国王派出传教士进入中国，与康熙皇帝进行交流。

然而，路易十四于1715年去世时，只有一个重孙子可以继承王位，是路易十五。路易十四家的男丁包括：独子、大孙子、二孙子、三孙子、两个重孙子（路易十五和哥哥）。然而在路易十四去世前的四年中他们先后死去，有的是因为天花。孙子辈分上只有老三活着，不过他成为西班牙的继承人。独子最早死去（1711）；大孙子媳妇死于天花，大孙子一周内同病死去（1712）；路易十五有个哥哥，也死于天花（1712）。因此，5岁的路易十五成为唯一继承人，也是的的确确的孤儿，没有姐妹，没有父母，没有叔叔阿姨，唯一的那一个在西班牙。1774年，路易十五也死于天花。"在我死后，哪管洪水滔天"出自路易十五。

19. 印第安纳州（Indiana）

简介：别称是"保守之州、乡下人之州、山地人之州"（Hoosier State）。印第安纳意为"印第安人的土地"。印第安纳州人的官方说法不是Indianer，而被称为胡希尔人（Hoosier）。有好多文章说是印第安纳州的绰号是"苦干之州"（Goosier State），我认为是错误的，150多年前该州接受"山地人之州"（Hoosier State）的称呼。

座右铭：美国十字路（Crossroads of America）。20 亿年过去了，潮汐依然自由自在！（2 Billion Years Tidal Wave Free!）

图文：图案是赛车，州的轮廓，19 个星。文字是：美国十字路（Crossroads of America）。

释义：该州赛车历史悠久，该州著名的印第安纳波利斯 500 英里大赛（Indianapolis 500、Indy500），是世界上历史最悠久的汽车比赛。从 1911 年起，除了两次世界大战，年年举行。印第安纳波利斯赛车道是 1909 年修建的一条长 2.5 英里（4 公里）的跑道，用作研究，也进行汽车比赛。

20. 密西西比州（Mississippi）

简介：昵称是"木兰之州"（Magnolia State），名称是印第安语，意为"大河"（Large River）。黑人比例高；人均收入最低。（2009 年为 30103 美元，康涅狄格州最高为 54397）①

座右铭：靠勇气与武器（By Valor and Arms）。来吧，对你自己的州感觉好一点儿！（Come And Feel Better Your Own State!）

图文：图案是两朵开花的木兰；文字是：木兰之州（The Magnolia State）。

---

① http://cn.wsj.com/gb/20100326/bus091417.asp? source = rss.

释义：木兰是州花。1900年，学生们选择木兰作州花，由于是非官方的，州议会没有承认。1935年举行评选州树的活动，木兰获得了压倒性的支持，并于1938年4月正式成为州树。1952年2月，仅以一票反对的投票结果木兰成功当选州花。

21. 伊利诺伊州（Illinois）

简介：别称是"草原之州"（Prairie State）、"内陆帝国"（Inland Empire），州名是印第安语，"人"或"战士"（Men or Warriors）；一说法国早期探险家用来称呼当地居民的。

芝加哥是美国第三大城市（纽约、洛杉矶分别为第一和第二），那里有最大的湖港，是机械制造中心，有世界最高楼西尔斯大厦（Sears Building）。玉米产量与艾奥瓦州同列美国第一，大豆产量第一（艾奥瓦第二）。

座右铭：州主权，国团结（State Sovereignty National Union）。拜托，我们州名最后那个字母S不需要发音！（Please Don't Pronounce the "S"！）

图文：图案中间是年轻的林肯，州的轮廓围绕着他，左边是农场，右边是芝加哥天际线，左右外围有21个星（11个在左边和10个在右边）；文字是：林肯之地（Land of Lincoln），第21州的世纪（21st state century）。

释义：1834年，林肯当选为州议员开始其政治生涯，故称为"林肯之地"，也就是林肯从政发迹的地方。

22. 亚拉巴马州（Alabama）

简介：别名是"棉花州"（Cotton State）、"金色啄木鸟之州"（Yellow Hammer State，黄锤、黄莺）、"迪克西心脏"（Heart of Dixie）、"山茶花州"（Camellia State）。名称来自印第安语，意为"拓荒者""披荆斩棘"（I clear the thicket），或译为：我开辟了这片荒林，还有一种解释是"我在这里休息"。

历史上该州是产棉大州，现在位次下降。本田、现代、奔驰、丰田等都在该州设有生产基地。电力发达，工业用电价格为全美最低的州之一，也是电力净输出州。

座右铭：我们敢于保卫自己的权利（We Dare Defend Our Rights）。是的，我们有电！（Yes, We Have Electricity!）

图文：图案中间是教育家海伦·凯勒，这是美国唯一为残疾人设计的硬币；左边是长叶松，右边是开花的木兰；文字是：勇气的精神（Spirit of Courage）；海伦·凯勒（Helen Keller）和盲人文字。

释义：海伦·凯勒（1880—1968）出生于阿州北部，是著名的作家、教育家、慈善家、社会活动家。海伦·凯勒掌握了英、法、德、拉丁、希腊文五种语言。

她看不到光明,生命中的 88 年有 87 年没有光亮,没有声音,她却给人类带来光明。她毕业于哈佛大学,用全部力量推行盲人关怀运动,建立了许多慈善机构,出版盲人刊物,成立保障盲人委员会。1959 年她被《时代周刊》评选为 20 世纪美国十大英雄偶像之一。她说:世界上最美丽的东西,看不见也摸不着,要靠心灵去感受。马克·吐温说:"19 世纪有两个奇人,一个是拿破仑,一个是海伦·凯勒。"①

23. 缅因州(Maine)

简介:昵称是"松树之州"(Pine Tree State)、"度假之地"(Vacation Land)、"毛皮交易之州"(Fur Trade State)。法国人以法国的缅因省命名该地。天然林区约占州面积的 90%,居美国首位。无煤,无石油。渔业主要为龙虾、蛤。龙虾产量约占全美国的四分之三,大龙虾重达 10 斤。州树是美国东部白松(Eastern White Pine),被看作"和平之树"。

座右铭:我领导。(I direct or I guide.)我们真的很冷,但我们的龙虾很便宜。(We're really cold, but we have cheap lobster.)

图文:图案是沛马奎特灯塔(Pemaquid Lighthouse);海上的纵帆船。没有文字表述,默默无闻的灯塔照耀航海者的前程,语言又算得了什么!

---

① 《品味过程 享受过程》,http://www.lgbzj.com/forum.php?mod=viewthread&tid=60363。

释义：1827 年建立了沛马奎特灯塔（Pemaquid Lighthouse），仅高 38 英尺（11.4 米），但与岩石海岸是最完美的组合，为该州旅游胜地，全年开放。纵帆船有双桅、三桅或四桅，在船的中部有一根主桅杆。

24. 密苏里州（Missouri）

简介：昵称是"索证之州、有证据才相信之州、引导之州"（Show-Me State），州名来自当地苏族的语言，意思是"独木舟人"（people of the big canoes）。该州居民爱怀疑别人的话，一般不轻易相信。耳听为虚，眼见为实。首府是杰斐逊市（Jefferson City）。铅产量、重晶石产量居美国第一。

座右铭：人民的幸福是最高的法律。（The welfare of the people shall be the supreme law.）你所缴纳的联邦洪灾救济税款能够派上用场。（Your federal flood relief tax dollars at work.）

图文：图案中间是拱门（Gateway Ark）；刘易斯和克拉克从密苏里河划着平底船穿过拱门；文字是：探索队（Corps of Discovery），或译为：发现军团；拱门左边是 1804，右边是 2004，以纪念刘易斯和克拉克西行二百周年。

释义：拱门是为纪念托马斯·杰斐逊向西部拓展领地而建。大拱门位于圣路易斯城的杰斐逊国家开拓纪念馆（Jefferson National Expansion Memorial），象征着圣路易斯是西部开发的大门，高 630 英尺，为美国最高的纪念碑，比华盛顿纪念碑（555 英尺）和自由女神像（455 英尺）都高，可以乘电梯或爬台阶到达顶端的观望台。顶部宽两米多，每侧各有 16 个小窗户，可以鸟瞰圣路易斯市。由于是金属制造，创造了雷电击中的纪录，不过高效的防雷系统让拱门安然无恙。

独立战争之后，为扩大美国在中西部的影响力，总统杰斐逊派出探险队对西部进行首次探索。1803 年美国购买了路易斯安那区域后，引起强烈反响，激发了人们到西部拓疆的欲望。

1804 年，总统让秘书刘易斯和克拉克带领一个 45 人的队伍，横越大陆，一直到达太平洋海岸（Lewis and Clark expedition，1804—1806）。他们建造了一座堡垒，宣告美国的军事力量第一次延伸到了太平洋沿岸，成为两人此次历险的最高成就。历经 28 个月的艰苦探险后，他们胜利返回，完成了美国历史上最伟大的军事开拓。

25. 阿肯色州（Arkansas）

简介：别名是"机会之州"（Land of Opportunity）、"自然之州"、"熊州"。

阿肯色州和堪萨斯州名字来源相同，与印第安人有关，意思是"河下游人的土地"或者"南风之人"。

阿州风光秀丽，为美国最主要的农作物出产州。大米产量居美国第一，铝土产量第一。首府小石城有温泉国家公园（Hot Springs National Park），世界著名。

克林顿生于阿肯色的 Hope 市。从 31 岁开始任州长，为美国最年轻的州长，他在那里任职达 12 年，后来竞选总统成功。

座右铭：人民管治（Let the People Rule）。识字并不能代表一切（Literacy Ain't Everything！）！

图文：图案中间是钻石，左边是稻米，右边是飞行的野鸭，远处是森林，近处是湖泊。

释义：该州有著名的"钻石坑"州立公园（Crater of Diamonds State Park，门票 5 美元），旅客如果找到宝石或钻石，就属于自己了，这是美国唯一允许游客带走宝石的公园。该公园于 1972 年开放。1990 年，一个叫雪莉的人挖到一颗 3.03 克拉的钻石。1998 年，该钻石被鉴定为钻石最高等级。还有人找到 6 克拉多的钻石。

该州河湖密布，自然湖泊面积广大，野鸭成群，吸引着各地的猎手。没有文字，此处无声胜有声：田园风光、尽情欣赏、狩猎寻宝、稻米花香。

26. 密歇根州（Michigan）

简介：昵称是"大湖之州"（Great Lakes State）、"汽车之州"（Motor Vehicles State)、"狼獾之州"(Wolverine State),州名来自印第安语,州名来自密歇根湖,密歇根是"大水"(Great water)的意思。州花是苹果花(Apple Blossom)。州鸟是知更鸟(Robin)。

底特律市为汽车城。美国三大汽车公司福特、通用、克莱斯勒都位于密歇根州,其中通用公司位于底特律。该州的汽车产量占全美的22%,世界有150家最大的汽车零部件供应商,其中一半在密歇根州。

座右铭:如果你找一个可爱的半岛,向这儿看。(If you seek a pleasant peninsula, look about you.) 如果加拿大人发起进攻,我们将是第一道防线!(First Line Of Defense From The Canadians!)

图文:州的轮廓即五大湖的轮廓;文字是:大湖之州(Great Lakes State)。

释义:北美洲的五大湖,位于美国和加拿大之间,是世界最大的淡水湖群,五个湖泊彼此相连,总面积为24.5万平方公里,其中,以苏必利尔湖(Superior,"优秀的、优越的")面积最大,其次为休伦湖、密歇根湖、伊利湖、安大略湖。仅密歇根湖全部位于美国境内,其余都是两国共有。五大湖为著名的旅游胜地,有"北美地中海"之称,每年度假的游客数以百万计。

该州有两大半岛,全州湖岸线长达5000公里,仅次于阿拉斯加,有全国最多的休闲船只。

27. 佛罗里达州（Florida）

简介：别名是"阳光之州"（Sunshine State）、"湿地之州"（Everglade State）、"柑橘之州"（Orange State）。

州名来自西班牙语，意思是"多花的地方"，西班牙人最早发现了该州，他们登陆时，正好是西班牙的节日 Pascua Florida（花的复活节），因此而命名。

海岸线长 13500 公里，仅次于阿拉斯加州，居全美第二。柑橘产量美国第一；磷灰岩产量美国第一；鳄鱼是该州的一大特产。迈阿密市有黄金海岸之称，沙滩碧水、海鸥低飞，宾馆林立，富人云集，为度假休闲之佳境。迈阿密国际机场有"美洲空中枢纽"之称。位于奥兰多市的迪士尼乐园为世界规模最大的现代化游乐园。陆海空交通发达，最南端岛屿基韦斯特（Key West），离古巴很近，其跨海公路长 250 公里，为世界上最长的跨海公路。电影《真实的谎言》中施瓦辛格饰演的特工倒挂直升机从失控汽车的天窗上救出妻子的惊险镜头，还有恐怖分子开着箱货车狂奔的场景，等等，就是在此拍摄的。

座右铭：我们信赖上帝（In God We Trust）。问问关于我们的孙子孙女的事情吧（Ask Us Our Grandkids.）。

图文：西班牙式大型帆船，蓝棕榈树，航天飞机；文字：发现之路（Gateway to Discovery）。

释义：那里有肯尼迪航天中心，是航天飞机发射、降落的地方。整个场地长 55 公里，宽 10 公里，也是美国的一个国家野生动物保护区。

帆船代表佛州的历史，航天飞机代表佛州的现在和未来，他们的共同点在于都是对未知疆土的探险和开拓。

28. 德克萨斯州（Texas）

简介：别名是"孤星之州"（Lone Star State），州名来自印第安语"tejas"，意思是"朋友"或"盟友"。是全美第二大州，是美国本土第一大州，仅次于阿拉斯加州。位居全国第一的有：肉牛、棉花、石油、风能发电，德州有254个郡（county），是美国拥有郡最多的一个州。休斯敦是德州第一大城市、美国的第四大城市，休斯敦火箭队的主场馆丰田中心位于该市。圣安东尼奥是德州第二大城市，riverwalk河畔是旅游景区。约翰逊航天中心离休斯敦不远。

德州房价是美国平均房价的70%左右，德克萨斯州的房价中位数在14万美元（美国：22万美元）。

座右铭：友谊（Friendship）。是的，我会说英语。[Si' Hablo Ing'les（Yes, I Speak English.）]

图文：州的轮廓，一颗大星，绳索左右各一条；文字是：孤星之州（The Lone Star State）。

释义："孤星"是德州的特殊标志，是得克萨斯人强烈的"德州意识"之体现。德州小学首先教的是德州历史，然后才是美国历史。该州曾经是一个独立的国家，原居民是印第安人，后来成了西班牙和法国的殖民地，墨西哥独立后德州属于墨西哥。1836年，德州从墨西哥独立出来，成为一个共和国。1845年加入联邦。"绳索"为捕马用的套索，代表德州的牛仔历史及开拓精神。

29. 艾奥瓦州（Iowa）

简介：昵称是"鹰眼之州"（Hawkeye State，千里眼），译作衣阿华、爱荷华、爱我华，名字来自印第安语，当他们看到河流时，惊喜地喊道"Iowa"，意思是"太美了"。另外一种说法是苏族取笑艾奥瓦那里的居民是"昏昏欲睡"（Sleepy Ones）。

机械制造业位居美国首位；鸡蛋、猪肉产量全国第一；肉牛产量仅次于德州，牛奶、黄油闻名，号称"小瑞士"；被誉为"美国的粮仓"，耕地面积占州面积的96%；玉米产量，与伊利诺伊州同列美国第一，大豆产量列美国第二（伊利诺伊州第一）；燕麦位居第二；乙醇产量美国位列第一；公共教育位列美国之首。

该州与河北关系友好，习近平主席于1983年到那里参观，2012年习近平主席访美时，再次拜访金伯利农场。农场主瑞克的大儿子格兰特于2012年3月，随艾奥瓦州经贸代表团访问中国，在人民大会堂受到习近平主席接见。

农场为3万亩，只有4人工作。一名全职，农忙时雇用几个人。有9座大粮仓，不管什么天气，自动完成烘干妥善保存，可用手机远程操作温度、湿度等。农场的规模化、机械化、专业化、一体化都非常高。金伯利农场每年 1/4 的大豆销往中国，全美国大豆的三成销往中国。

座右铭：珍视自由，保卫权利。（Our Liberties We Prize and Our Rights We Will Maintain.）我们能用玉米做惊天动地的大事儿！（We Do Amazing Things With Corn!）

图文：校舍，老师和学生在植树；文字是：Foundation in Education（教育在基础），Grant Wood（格兰特·伍德）。

释义：该州在联邦早期就开展义务教育，1846 年加入联邦时，已经有相当多的学校遍布乡村，教育十分普及。该州有 3 所州立大学、62 所公立和私立大学、28 所社区大学，州人口有 300 多万，平均每 13 名学生由一名教师授课。

格兰特·伍德（1892—1942）生于艾奥瓦，为著名艺术家，他以中西部生活为基础创作的油画非常出名。美国五大文化象征之一的《美国哥特式》（1930 年），也是出自伍德之手，是他成名时的画作（上右图），该画珍藏于芝加哥艺术学院博物馆。

该画聚集了 19 世纪美国乡村农民朴实的生活，参赛时差点被当作垃圾扔掉，多亏了赞助商的支持和喜欢，作品获得 300 美元的铜奖。这幅画备受争议，东部人认为它讽刺了西部的刻板，画中女方的原型是画家的妹妹，因画作的争议，她担心害怕嫁不出去。而另一方认为这是前卫的创作，是对美国传统的挑战，是批判美国落后的局面，是佳作。20世纪30年代经济危机爆发后，批评家们又从作品中看到了不屈不挠、坚定严肃的开拓精神，代表了勇闯难关、锐意开拓、积极进取的美国精神。

30. 威斯康星州（Wisconsin）

简介：别称是"獾州"（Badger State），名称来自印第安语，意思是"草地"（Grassy Place）。又是乳牛之州，被誉为"美国奶牛场"，有乳牛200多万头，80%的农场是乳牛农场。牛奶、牛油和奶酪的产量，均列美国之首。又是造纸之州。

座右铭：前进（Forward）。来切奶酪了！（Come Cut the Cheese!）

图文：图案是一块切达干酪、玉米穗及一头荷尔斯坦因奶牛，脖子上挂着铃铛；文字是：向前（Forward）。

释义：农业是威州的大产业。奶酪产量第一，品种多达350余种，被称为"奶制品之州"。威斯康星人很幽默地称自己为"奶酪大头"（cheese heads）。

荷尔斯坦因奶牛，又被称作荷兰乳牛，原产地是荷兰。其主要特征之一是黑白斑状的花纹。是主要的奶牛品种之一，年均产奶可达到7吨。

31. 加利福尼亚州（California）

简介：别称是"黄金之州"（Golden State）。

名字来自加利福尼亚小岛，当时西班牙人发现了这个岛屿，用虚构故事的"加利飞亚女王"（Queen Calafia）给这个岛命名。女王的国度位于西印度群岛，据说富有黄金和珍珠，岛上没有男人，只有过着奴役生活的黑人妇女。也有学者认为名字可能来源于加罗泰尼亚语 calor（"热"）和 forn（"火炉"），意味着那里阳光充足，温度较高。

加州是美国经济最发达、人口最多的州。水果产量居美国第一，比如，葡萄、桃、李、梅、杏、柠檬、石榴、柿子、甜菜的产量都是美国第一；柑橘产量仅次于佛州。有世界上最高、最大、最古老的树。鸡产量最多；矿产丰富：硼、钨、石膏、石棉的产量第一，石油产量列美国第三，次于德克萨斯州和路易斯安那州。洛杉矶大区（Los Angeles）有影都好莱坞市（Hollywood）。

拉美裔人口众多，说西班牙语的人口比例是 28.5%。亚洲人比例较多，达到 14.8%。

座右铭：我已找到它啦。（I have found it.）到 30 岁的时候，我们的妇女使用的整形塑胶数量将会超过本田公司塑料用量（By 30, our women have more plastic than your Honda.）。

图文：环保人士约翰·缪尔（John Muir），加州神鹫（秃鹫，California Condor）和半圆顶巨岩（Half Dome）；左边文字是：John Muir, 约翰·缪尔，右边是：Yosemite Valley, 优胜美地峡谷，是优胜美地国家公园（Yosemite National Park，又译：约塞米蒂）的一小部分。

释义：

1）约翰·缪尔（1838—1914）是美国最著名、最具影响力的自然主义者和环保主义者、哲学家、科学家、作家。致力于优胜美地、大峡谷国家公园的建立，被称为"国家公园之父"。

2）加州秃鹫是西半球最大的鸟类，体长 130—140 厘米，羽毛接近黑色，翅膀上有白色线条，秃头，红黄颜色。一次能吃下数公斤的食物，这样它可以在一个月内不吃不喝，可以连续飞行 250 公里，寿命 50 年以上，最高纪录为 77 年。

秃鹫一生只寻觅一个配偶，每两年繁殖一次，每次只生一个绿色或蓝色的蛋，长度 10 厘米左右。一度濒临灭绝，1985 年前后，野生秃鹫只剩下 24 只，经过不懈的保护和饲养，现存数量已超过 200 只。

3）优胜美地国家公园，占地 1100 平方英里，是美国景色最优美的国家公园之一。Yosemite 来自印第安语，意为"灰熊"，是当地印第安人的图腾。1890 年，成为美国国家公园，1984 年成为"世界文化遗产"。

公园内的峡谷有 7 英里，内有河流、瀑布，包括高 739 米的瀑布，它是北美落差最大的瀑布，位列世界第三。还有许多美丽的山峰，花岗岩非常壮观，比如，被大自然神斧劈成两半的"半圆顶石"（Half Dome）。公园内有 1000 多种花草植物。

缪尔被优胜美地美丽壮观的峡谷所折服，他写道："其岩壁上的每一块石头都焕发着生命的光芒……大自然仿佛在此荟萃精华。"

（入园费每辆私家车 20 美元，一周有效。20 座的车收费 200 美元）

32. 明尼苏达州（Minnesota）

简介：别称是"北星之州"（North Star State）、"万湖之地"（Land of 10,000 Lakes）、"金花鼠之州"（Gopher State）、"玛瑙之州"（Agate

State)、"曲棍球之州"（State of Hockey）。mini sota 是印第安语，意思是"乳蓝色的水""白烟的水"或"天色的水"（Milky Blue Water），指明尼苏达河。

铁产量为美国第一。

座右铭：北方之星（The star of the north）。我们有一万个湖泊……还有10万亿只蚊子！（10000 Lakes...and 10000000000000 Mosquitoes!）

图文：湖岸成排的松树、船上垂钓的人们、潜鸟、州的轮廓；文字是：万湖之地（Land of 10,000 Lakes）。

释义：明尼苏达州没有山，却有上万个湖，湖湖相连。明尼苏达人喜欢划船，他们开车带着独木舟、帐篷等，到某湖边，划到对岸后，背上独木舟和装备，再到下一个湖，然后再划船，直到划不动为止。钓鱼也是重要的活动。

州鸟是长鸣鸭（Common Loon），又叫潜鸟，是一种大型水鸟，觅食鱼类，像鸭却比鸭大得多，嘴又直又尖，两翅短小，尾短，脚上有大蹼，擅长游泳和潜水，又能飞翔，能在水里游很长的距离，并能下潜到200英尺（60米），在陆地上却很笨拙。潜鸟又分为白嘴潜鸟、黄嘴潜鸟（White-billed Diver、Yellow-billed Loon），体长77—100厘米，平均体重为5.3公斤。

33. 俄勒冈州（Oregon）

简介：别称是"落日之州""水獭之州"（Beaver State），州名来自印第安语，意为"美丽的水"。森林面积占全州的一半，木材产量与华盛顿州并列美国第一。俄勒冈州建有14座国家森林公园，340个州立公园及休闲区。有美国第一深湖绮丽湖（火山口湖）。没有州税。

波特兰市为最大城市，为深水港。

座右铭：联盟（the Union）。她展翼飞翔（She flies with her own wings）。斑点猫头鹰……它就是我们的晚饭。（Spotted Owl...It's What's For Dinner.）

图文：高大的杉树，绮丽湖；文字是：绮丽湖（Crater Lake）。

释义：绮丽湖国家公园（Crater Lake National Park）位于俄勒冈州南部，是美国最深的湖。crater意思是"火山口"，它是全世界最大的火山口湖泊之一，长9.6公里，宽7.2公里，深达594米，是最干净的湖，湖水湛蓝，扣人心弦，宁静仙境，引人入胜。

34. 堪萨斯州（Kansas）

简介：别名是"向日葵之州"（Sunflower State），州名来自印第安语，意为"南风之人"（People of the south wind）。是美国48州的中心位置。农业和制造业是两大支柱。冬小麦产量为美国第一，高粱产量为美国第二,有美国"粮仓"之称,被誉为"小麦州""世界早餐之州""美国的面包篮子"。州中部有世界最大的制氦厂,氦气是不可燃气体,用途广泛,比如可以用于气球升空,用于食品保鲜。

座右铭:排除万难,追求幸福(To the Stars through Difficulties)。在所有长方形的州中,我们是第一个!(First of the Rectangle States!)

图文:图案是北美野牛(Buffalo),向日葵。没有文字。

释义:北美野牛是北美洲最大的哺乳动物,高约 1.7 米,体重达 1000 公斤以上,头部和前半身都很大,凶猛,喜群居。一度几乎绝种,经过国家公园的保护,数目逐渐增多。在电影《与狼共舞》中,可以看到大批的野牛。

35. 西弗吉尼亚州(West Virginia)

简介:别称是"山岳之州"(Mountain State),该州只有山和林,没有平原,森林覆盖率为 75%,是密西西比河以东地势最高的一个州。矿藏资源丰富,烟煤产量美国第一。

座右铭:山地人总是自由的(Mountaineers Always Free)。一个幸福的大家庭……真的,没骗你!(One Big Happy Family...Really!)

图文:优美的新河峡大桥(New River Gorge Bridge);文字是:新河峡(New River Gorge)。

释义：新河峡大桥，长约923.5米、宽约21米、高约267米，是世界上最长的拱式钢桥及美国第二高桥。大桥于1974年6月开始建设，历时3年零4个月。

每年十月的第三个星期六，是该州的大桥日（Bridge Day），也就是说一年中只有在这一天，可以在开放的新河峡大桥跳伞，其他时间这种极限的低空背死跳是非法的。BASE jumping，BASE是高楼（Building）、高塔（Antennae）、大桥（Span or bridge）和悬崖（Earth）的英文首字母缩写。

要在那里跳伞，必须先完成至少50次跳伞实践。2006年跳伞名将舒伯特因降落伞没有完全打开，坠河身亡。

另外，位于科罗拉多州的皇家峡谷大桥（Royal Gorge Bridge），横跨阿肯色河上空，号称世界上最高的悬索桥，桥面距水面321米。大桥于1929年6月动工，当年11月下旬建成，总工期仅6个月。

36. 内华达州（Nevada）

简介：别称是"产银州"（Silver State），州名来自西班牙语"冰雪覆盖"。

该州是最干旱的州，人口密度很少。赌城拉斯维加斯闻名于世，赌场众多，如米高梅公司（MGM Mirage）、金沙公司（Las Vegas Sands）等。在拉斯维加斯居住六周，就可提出离婚的申请，那里是结婚、离婚的天堂。该州还有雷诺市举办的牛仔竞技赛（Reno Rodeo）及拉斯维加斯市举办的全美牛仔竞技总决赛（National Finals Rodeo）。此外，内华达是全美唯一一个允许合法开办妓院的州，然而，性产业在拉斯维加斯是非法的。

座右铭：红灯区里拉客的娼妓，当然还有纸牌游戏！（Hookers and Poker!）

图文：中间近处是三匹奔驰的野马，远处是连绵的山脉和升起的太阳，左右是山艾树树枝（Sagebrush）；文字是：产银州（The Silver State）。

释义：背景为康斯拖克矿脉（Comstock Lode），1859 年，人们发现该矿，盛产金银。内华达州每年都举行一次抓野马的活动，抓来的野马用于萨利纳斯牛仔节（Salinas Rodeo，Salinas 是加州西部城市，从 1856 年开始，成为牲畜集散地）。

37. 内布拉斯加州（Nebraska）

简介：别名是"牛肉之州"（Beef State），"剥玉米壳人之州"（Cornhusker State），州名来自印第安语，意为"平顺之水、平静的水面"（flat water）。

第一大城市奥马哈（Omaha）是美国最大的牛市场。该州议会实行一院制，各个选区按人口比例选出 49 名议员，这在美国是独一无二的。

座右铭：法律面前，人人平等（Equality before the law）。问问关于我们州座右铭大赛的事情吧。（Ask Our State Motto Contest.）

图文：左边近处是康内斯托加宽轮大篷车，远处是光芒四射的太阳和朵朵白云，右边是烟囱石；文字是：烟囱石（Chimney Rock）。

释义：康内斯托加大篷马车（Conestoga），是到西部边疆拓荒的人使用的马车，可以在崎岖不平的道路上行进，由4匹马至6匹马拉车，或骡或牛拉车。车轮高大，直径为1.5—1.8米，因此马车不易陷入泥浆中。马车底部的两端上翘，这样行进过程中车内的货物不易移位，以免撞坏，而且最大运载量有6000公斤（6吨，相当于现在的三辆小型轿车的重量）。

烟囱石是地质的奇迹，天然侵蚀形成。基部是陡峭的圆锥形土丘，土丘上面是高达100多米的砂岩柱，最初土著人称它为"麋鹿的阴茎"（Elk Penis），后来白人改名为烟囱石。它犹如灯塔指引人们的方向，它是西部拓疆的象征，是拓荒者的会合点，拓荒者大多在烟囱石下的砂岩上刻名留念，久而久之，烟囱石上刻满了人名，成为一大奇观。山下不远处建有博物馆，展览着历史，比如，马鞍、衣物，也有留言板。

后来烟囱石被铁丝网拦住，警告人们说四周有很多响尾蛇。我想可能是事实，也可能是故弄玄虚，阻止人们靠近，这样能够更好地保护它（注：科罗拉多州也有烟囱石；美国东部的北卡罗来纳州有烟囱石国家公园）。

38. 科罗拉多州（Colorado）

简介：别名是"百年之州"（Centennial State），州名来自西班牙语"红色的"。为美国海拔最高的州，地貌景色壮观；钼产量为全世界第一。

辛亥革命爆发时，孙中山在科州的唐人城，立马回国开展革命事业。

座右铭：没有上帝就没有一切（Nothing without the deity）。如果你不会滑雪，就别来打扰我。（If you don't ski, don't bother.）

图文：图案是一个巨大的山峰；文字是"Colorful Colorado，多彩多姿的科罗拉多"。

释义：落基山脉的最高峰埃尔伯特峰（Elbert），海拔4401米，是美国西部第一高峰，美国第二高峰。落基山的积雪，为湖泊提供水源，占美国全部淡水水源的1/4。

39. 北达科他州（North Dakota）

简介：别称是"和平花园之州"（Peace Garden State）、"驯马师之州"（Roughrider State）、"苏族之州"（Sioux State）、"金翼啄木鸟尾之州"（Flickertail State），州名来自印第安语，意为"与友人联合居住的地方"。春小麦、杜鲁麦（durum，可制通心粉）、大麦及亚麻，产量为美国第一。

座右铭：不管现在还是将来，自由团结，永不分离。（Liberty and

union, now and forever, one and inseparable.）我们真的是美国的五十个州之一！（We really are one of the 50 states!）

图文：图案是两头北美野牛，大草原，冉冉升起的太阳。没有文字。

释义：该州建有西奥多·罗斯福国家公园（Theodore Roosevelt National Park），是北美野牛的家，该公园有时简称为"恶土"（Badlands），意指其穷荒险恶，不过从另外一个角度看这是地质奇观。西奥多没当总统之前，曾独自一人造访那里，当时他的母亲和妻子在1884年2月14日情人节那一天一起死去，他写道："光明从我的生命里消失了"。（The light has gone out of my life.）在那里他建造了一个小农庄，体验大自然，那里的荒凉成了医治他心灵创伤的良药，影响了他的人生。1978年该地成为国家公园。

40. 南达科他州（South Dakota）

简介：别名"小狼之州、草狼之州"（Coyote State）、"晴朗之州"（Sunshine State）。名字与北达科他州含义一样。印第安苏族人口最多。黄金产量美国第一；黑麦产量美国第一，春小麦产量美国第二（北达科他第一）。有全国最大的野牛群，将近1500头野牛。

座右铭：在上帝下方，由人民管理。（Under god, the people rule.）比北达科他州要近一些。（Closer Than North Dakota.）

图文：图案中间是总统山，上部是州鸟环颈雉鸡/野鸡（Chinese Ring-necked Pheasant），左右各一串麦穗。

释义：南达州有拉什莫尔山国家公园（Mount Rushmore National Memorial），简称"总统山"，该州被称为"拉什莫尔山之州"。四个总统头像从左到右分别是国父华盛顿，起草《独立宣言》的托马斯·杰斐逊，奠定20世纪美国基础的西奥多·罗斯福和解放黑奴的林肯。石像的面孔高18米，鼻子长6米。

环颈雉鸡，又叫美国七彩雉鸡或七彩山鸡。公雉的羽毛华丽漂亮，头羽为青铜褐色。美国七彩雉鸡是我国华东环颈雉鸡的变种，于1881年引入美国，经100多年的杂交选育而成。

41. 蒙大拿州（Montana）

简介：别名是"财富之州"（Treasure State）、"长空之乡"（Big Sky Country），州名来自西班牙语或拉丁语，意思是"山地"（Mountainous region）。全境是由山地（2/5）和草原（3/5）组成。人口稀少，工业不发达。没有州税。

黄石公园位于蒙大拿州南部和怀俄明州北部，1872年命名，是世界上最早的国家公园。公园里黑熊众多，有冰川公园等，为旅游胜地。每年输出300多万棵圣诞树，位列美国首位。

座右铭：金和银（Gold and Silver）；这片土地上到处都是大片的天空、邮寄炸弹的恐怖分子和狂热的右翼分子，除此之外几乎一无所有！(Land of the Big Sky, the Unabomber, Right-Wing Crazies, and Very Little Else!)

图文：图案是北美野牛的头骨、美丽的山川景观；文字是：长空之乡（Big Sky Country）。

释义：空气清新，水流清洁，没有污染，是美国大陆最清洁的州。史诗般的西部移民电影《大地雄心》（Far and Away，远离家园）中赛马抢地的景观非常壮观，拍摄地点就在蒙大拿，凸显该州的原野和山川。

还有许多好莱坞电影是在那里拍摄的，比如，爱情片《美梦成真》(What Dreams May Come)、《大河恋》（A River Runs Through It）、《断箭》(Broken Arrow)、《魔鬼战将Ⅱ》（Under Siege Ⅱ, Dark Territory）等。

42. 华盛顿州（Washington）

简介：别称是"常青之州"（Evergreen State）。名字是为了纪念国父华盛顿。这里自然景色秀丽雄奇，是登山、滑雪、狩猎和钓鱼的胜地。森林覆盖率达52%以上，木材产量居美国第二（俄勒冈第一）。苹果产量居美国第一，为该州的州果。葡萄酒产量位居第二，次于加州。州蔬菜是甜洋葱（Walla Walla sweet onion），Walla Walla（沃拉沃拉）

是一个地方的名字,为华盛顿州的农业区,该州洋葱水分大,有 80%的水分,比较甜,那里每年举办洋葱节①。洋葱节上出售各种艺术和手工艺品,有表演、吃洋葱大赛、5 公里趣味长跑比赛等活动。

西雅图是华盛顿州最大城市和制造中心,有"飞机城"之称,波音飞机公司、比尔·盖茨的微软公司坐落于此。富人居住在美色岛,依山傍水。湖泊、森林和雪山是西雅图的三大景观,城市景色优美,规定每 7 个街口必须至少有一个公园,西雅图几乎连年被评选为全美最适合居住的城市。该州拥有美国最大的轮渡系统。

该州是美国七个不收个人所得税的州之一。(The state of Washington is one of seven states that does not levy a personal income tax.)也不征收公司所得税。(corporate income tax/franchise tax.)

座右铭:不久以后(By and by)。救命呀!我们这里的蠢货和懒鬼已经泛滥成灾了!(Help! We're Overrun By Nerds And Slackers!)

图文:左边是一条高高跃起的鲑鱼(Salmon),中间是瑞尼尔山(Mount Rainier);文字是:The Evergreen State,常青之州。

释义:该州的州鱼是北美鳟鱼、硬头鳟、虹鳟(Steelhead),被誉为"水中人参"。

瑞尼尔山国家公园(Mount Rainier National Park)建于 1899 年 3 月,是美国第五座国家公园。公园面积为 368 平方英里(954 平方公里),以古代森林与亚高山带草原等为特色,包括峡谷、瀑布、冰穴和 25 条以上的冰河,其中,卡本冰河(Carbon glacier)是美国本土体积最大的冰河,艾门斯冰河(Emmons glacier)是美国面积最大的冰河。

瑞尼尔峰在西雅图市的东南方 85 公里处,是座活火山,被列为世界上最危险的活火山之一,约翰·缪尔称赞它具有"辽阔的、像地图一样的景致"。

"瑞尼尔效应"(Rainier Effect):因为瑞尼尔景色特美,魅力无穷,

---

① 《父亲节西雅图周末好去处》,https://mp.weixin.qq.com/s?_ _biz=MzAxNTEwNjIyNw%3D%3D&idx=1&mid=2653429308&sn=8cc1b8a3c3059efec7bd1574be1f9ac0。

来华盛顿大学任职的教授在这里美好的环境与亮丽的景色，宁愿收入少也来西雅图工作，这种现象被经济学教授戏称为"瑞尼尔效应"。

大古力坝（Grand Coulee）建于1934年，是美国最大的水电站，发电、灌溉两用。形成200多公里长的罗斯福湖。为保护鱼类资源，专门修了一条510米长的盘旋式"鱼梯"，是专门给洄游的鲑鱼设计的，人们从外面可以欣赏成群结队的鲑鱼跳跃而上的场景，也可以通过一侧的透明玻璃窗口，近距离观看鲑鱼上游。

大坝几十米高，鲑鱼无法通过，因此鱼梯非常重要。鱼梯位于大坝的一侧，基本的设计是多个蓄水池像楼梯一样由低向高递增，给鲑鱼跳跃而上的机会。电子计数器也会自动记录下鲑鱼通过的数量。

美国的许多大坝是20世纪30年代修建的，主要是为了蓄水、灌溉或发电。目前，许多水坝被拆除，一是为了安全，二是为了鱼类上溯产卵及保护生态环境。

43. 爱达荷州（Idaho）

简介：别称是"宝石之州"（Gem State），马铃薯产量位居美国第一，被称为"土豆州"。州名来自印第安语，意为"山地的宝石"。

该州有全美最奇特的高山景观，有最深的峡谷赫尔峡谷（Hell's Canyon）。Hell意为"地狱"，可见其凶险。

座右铭：永远存在。（Let it Be Forever.）这不仅仅是土豆的问题……好吧好吧，我们不是这个意思，不过我们的土豆绝对是真正的好东西。(More than just potatoes...well okay, we're not, but the Potatoes sure are real good.)

图文：一个猎鹰头像，或者是州鸟知更鸟头像，州的轮廓；文字是：永远生存（Esto Perpetua）。

释义：爱州州鸟是山地知更鸟，或译为：蓝羽山鸟（Mountain Bluebird）。

44. 怀俄明州（Wyoming）

简介：别称是"边疆州""牛仔州""平等州"（Equality State），州名来自印第安语，含义是"大草原"或"山与谷相间"。该州煤藏量居美国首位，铀藏量为美国第二（新墨西哥州为第一，另外的铀矿主要分布在犹他州、科罗拉多州、德克萨斯州）。农业以畜牧为主，羊毛、羊肉生产仅次于德克萨斯州，为美国第二。

旅游业发达，是全世界最早开辟国家公园的州，有著名的黄石国家公园（Yellowstone National Park）和大狄顿国家公园（Grand Teton National Park）。黄石是美国的第一个国家公园，地热非常出名，有世界上最大的间歇泉，有全球一半以上的间歇泉。公园以熊为象征，有200多只黑熊，100多只灰熊。

座右铭：平等州（The Equality State）。这里的男人都是男子汉……胆小鬼只有害怕的分儿！（Where men are men...and the sheep are scared!）

图文：骑士与野马，这名牛仔正驾驭一匹桀骜不驯的野马；文字是：平等州（The Equality State）。

45. 犹他州（Utah）

简介：别称是"蜂窝之州"（Beehive State），源于印第安语，意思是"山地人"（hill dwellers）。有美国最大的内陆盆地；有美国最大的铜矿，可露天开采（不过，铜产量最多是亚利桑那州）。犹他州70%的居民信奉摩门教。

该州著名的国家公园包括锡安国家公园（Zion National Park）、布莱斯峡谷国家公园（Bryce Canyon National Park）等。

锡安又译为"宰恩、天堂国家公园"，锡安是古希伯来语，意为"避难所"或"圣殿"的意思。锡安公园以狭窄的峡谷著称，其首要景点是锡安峡谷，长25公里，深800米。

锡安公园里许多著名的景点：白色大宝座（Great White Throne）、天使降临（Angels Landing）、三圣父（The Three Patriarchs）、翡翠池

（Emerald Pools）、棋盘山壁群（Checkerboard Mesa）、科罗布拱门（Kolob Arch）、维琴河隘口（Virgin River Narrows）等①。

座右铭：工业（Industry）。我们的耶稣比你们的耶稣更好！（Our Jesus is better than your Jesus!）

图文：中间是一个长长的金钉，两个火车头共同驶向中间的金钉；文字是：Crossroad of the West，西部的十字路口。

释义：1869年，东西两路筑路大军在犹他州的大盐湖北会师，钉上最后一颗道钉——金道钉，将太平洋联合铁路和太平洋中央铁路连接起来。从此，美国大陆东西接轨贯通，畅通无阻。在修铁路时，前后有四五万华工参加，他们为美国的铁路做出了巨大的贡献。

46. 俄克拉荷马州（Oklahoma）

简介：别名是"抢先之州"（Sooner State）、"红人州"（Land of the Red Man）、"本土的美国"（Native America），州名来自印第安语，意思是"红种人"（red people）。州的轮廓像一个长柄的锅，锅把朝向西方。

氯产量美国第一。美国的第三大天然气生产州，第五大原油生产州。最大城市、首府是俄克拉荷马城（Oklahoma city）。

---

① 《锡安公园》，https://baike.so.com/doc/5809977-6022778.html。

1880年住在那里的印第安部落有60多个。1889年4月22日,美国政府决定将该州向移民开放,许多白人涌入,抢先争夺那里大片肥沃的土地。电影《大地雄心》(Far and Away)中骑马圈地的场景可以说是这一历史的反映,抢地场面非常壮观,谁先骑马到达,拔下插在地上的旗子,该地就属于谁。

座右铭:原来的座右铭是:劳动征服一切。(Work conquers all; Labor conquers all things.) 2012年改为"俄克拉荷马,我们信神!"(Oklahoma-In God We Trust!)和演出很相似,只是没有歌声!(Like the play, only no singing!)

图文:中间是州鸟铗尾鸟(Scissor-tailed Flycatcher,铗的读音是jia,二声)。鸟的后部和下部是野花,火轮一样的花,叫天人菊。

释义:铗尾鸟又名"德克萨斯天堂鸟"(Texas bird-of-paradise),天堂鸟是一种花,又名鹤望兰,叶片细长如剪刀。铗尾鸟长长的尾巴,似一把长长的剪刀。

该州的野花是天人菊(Indian Blanket),从英文上看直译为:印第安人的毯子。天人菊又名火轮花(fire wheel)或者太阳舞(sun dance),耐旱,在烈日干旱的环境下如鱼得水。天人菊象征该州丰富的土著遗产以及野外丰富的草原。天人菊代表意义是:合作、团结、同心协力。

该州代表性的东西太复杂,几乎每个方面都有代表,例如,州花是"俄克拉荷马玫瑰",象征性的州花是槲寄生(State floral emblem: Mistletoe);州野花是天人菊;州树是东方紫荆(Eastern Redbud);州草是印第安草(Indian grass);州水果是草莓;州蔬菜是西瓜(西瓜成为蔬菜?);州昆虫是蜜蜂;等等。

该州历史上有五个印第安部落:乔克托族(Choctaw)、契卡索族(Chickasaw)、克里克族(Creek)、塞米诺族(Seminole)和切诺基族(Cherokee)。该州举办一年一度的印第安博览会,吸引着成千上万的游客[①]。

---

① "Oklahoma", https://en.wikipedia.org/wiki/Oklahoma.

47. 新墨西哥州（New Mexico）

简介：别名是"迷人之地"（Land of Enchantment）、"仙人掌之州"（Cactus State），州名与曾经隶属的国家墨西哥有关，来自印第安语，意为"战神"（War God）。

该州每年举办国际热气球节，在阿尔伯克基市和盖洛普市举办。阿市还举办美国最大的印第安人祈祷仪式。

该州盛产辣椒，当地人问你"红色还是绿色？"不是问你颜色，而是问你要哪种辣椒。

铀、钾盐产量居美国之首；有巨大的地下水储量。地下景观卡尔斯巴德溶洞（Carlsbad Caverns），于1930年成为国家公园，是因地下水不断侵蚀石灰岩而成。

座右铭：能向前行，就能进步。（It grows as it goes.）蜥蜴可是非常非常不错的宠物啊！（Lizards make excellent pets!）

图文：州旗上的太阳图案，州的轮廓；文字是：迷人土地（Land of Enchantment）。

释义：太阳图案，来自印第安文化，代表给予所有好的。中央圆圈，代表生命和爱没有开始、没有结束；四组射线代表：四个方向、四个季节，一天四个时段（日出、中午、傍晚、夜间），一生的四个阶段

(童年、青年、成年、老年)①。

48. 亚利桑那州（Arizona）

简介：别名是"大峡谷之州"（Grand Canyon state），州名来自印第安语："小泉的地方"（little spring place），又一说是巴斯克语 aritz onak，意思是"品种优良的橡木"。

美国境内最干燥的州，40%属沙漠区；有最雄伟壮观的大峡谷国家公园（Grand Canyon）；是最好的避寒胜地。首府是菲尼克斯（Phoenix，小写 phoenix 是"凤凰"的意思），也是该州最大城市。该州矿产丰富，铜矿产量为美国第一。

座右铭：上帝使州富裕。（God enriches.）可是，这里的热是燥热呀！（But it's a dry heat!）

图文：大峡谷和州花柱状仙人掌；文字是：大峡谷之州（Grand Canyon state）。

释义：大峡谷国家公园，又名科罗拉多大峡谷，西班牙语"科罗拉多"，意为红色。大峡谷大致上可分为三区：南缘（South Rim）、北缘（North Rim）和谷底（Inner Gorge）。大峡谷公园与黄石公园、优胜

---

① 《太阳图案》，https://baike.so.com/doc/25911739-27067009.html。

美地公园三足鼎立，游人如织。

1903年，西奥多·罗斯福总统第一次造访大峡谷，他说了一句意味深长的话："任何人的干预只会破坏大峡谷，这里既然是上帝的杰作，那么也等上帝来改变它吧。"有人提议要建水库，最终计划取消。

2007年3月，花费3000万美元建造的悬空透明观景廊桥对外开放，距谷底1158米，为U字形，最远处距岩壁21米。底座为透明玻璃材质，游客在上面可以俯瞰大峡谷和科罗拉多河的景观。它能够承受住72架波音飞机的重量，还能够抵御80公里外发生的里氏8级地震以及最高速度为每小时160公里的大风。

49. 阿拉斯加州（Alaska）

简介：别名是"最后的边疆"（Last Frontier）、"午夜阳光之地"（Land of the Midnight Sun）。Alaska是土著居民的语言，意思是"很大的陆地"，该州是美国面积最大、人口最少的州，面积达171万多平方公里。美国一句谚语："如果把阿拉斯加一切两半，那么得克萨斯就是第三大州"，德州面积为69万平方公里，是仅次于阿拉斯加州的第二大州，可见阿拉斯加是德州的两倍还多。

1867年，美国花费720万美元从俄国买下了阿拉斯加，每平方公里不到4.2美元，也就是说每100亩地仅花费0.28美元。美国并没有及时付款，而是拖延，最后付了一张支票完事。而美国付钱给俄国的理由是：之前俄国派出远洋舰队到美国实施救援，并牺牲了人力和物力。可见，美国扩张的野心和政治措辞的巧妙。俄国人从阿拉斯加撤退的时候，疯狂捕猎近海动物，据说鲜血染红了峡湾，造成了巨大的破坏。

阿拉斯加有世界最好的狩猎、钓鱼场所；国家公园的数量为全美第一；没有州税；是全美私人飞机拥有量最高的州；石油储备最高。

座右铭：向北发展（North to The Future）。11623 名因纽特人是不会错的！（11623 Eskimos can't be wrong!）

图文：图案是口里含着一条鱼的北极熊；文字是：The Great Land，伟大之地。

释义：北极熊是世界上最大的陆地食肉动物，憨态可掬。嗅觉特别灵敏，是犬类的 7 倍；奔跑时最快速度可达每小时 60 公里。阿拉斯加州平均每六个人分得一头熊。

50. 夏威夷州（Hawaii）

简介：别名是"阿罗哈之州"（Aloha State）。aloha，夏威夷语，问候或离别之时，常说："阿罗哈"，意义是"爱、欢迎、你好"，表示友好和祝福。

州名源于波利尼西亚语，意为"故乡、原始之家"。

该州是美国唯一以 3 个元音结尾的州；是美国唯一的群岛州，包括 132 个岛（其中 8 个大岛），有 2 座活火山。草裙舞闻名，又名"呼啦舞"（Hula Dance）。菠萝产量居世界首位。

座右铭：守正义则存。（The life of the land is perpetuated in righteousness.）让美国大陆上的那些无用之辈去死吧，不过记得把你们的金钱留下。（Death to mainland scum, but leave your money.）

图文：卡美哈美哈国王肖像、夏威夷主要岛屿；文字：正义永存。

释义：卡美哈美哈一世（King Kamehameha Ⅰ，1740—1819）是夏威夷的征服者、国王，1810 年统一夏威夷诸岛，建立卡美哈美哈王朝。

他是位思想开明的君主、精明的商人，垄断檀香木贸易和征收商船入港税，积累了大量的财富。

传说，他出生前，一颗明星出现，预示着他是一位伟大的领袖。有人想把襁褓中的他处死，但被秘密地养育成人。卡美哈美哈，意为"非常孤独的人"或"留下的人"。

三　50 州外 6 个不同的 25 分硬币

1. 华盛顿哥伦比亚特区（Washington，D.C.）

简介：美国的首都，哥伦比亚特区（D.C. "District of Columbia"），

华裔称它为华府。

图文：音乐家、公爵艾灵顿（Duke Ellington，1899—1974），是美国硬币上的第一位非洲裔美国人。文字是：人人之正义（Justice for All）。

释义：艾灵顿是作曲家，钢琴家。创新了爵士乐，一生创作有900多首作品。

2. 波多黎各（The Commonwealth of Puerto Rico）

简介：波多黎各为西班牙语，意思是"富庶的港口"。1898年美西战争爆发，西班牙战败，波多黎各被割让给美国。

该区在美国国会里设有一个代表，有发言权却没有表决权。1917年开始，美国让波多黎各人拥有美国公民的身份。波多黎各人多次起义想独立，都没有成功。1952年美国让波多黎各成为自由联邦，实行自治，但外交、国防、关税等仍由美国控制。福特总统和里根总统都主张让波多黎各成为美国的第51个州。该岛居民可以参加总统的初选，但是他们没有权利正式选举美国总统。

2012年11月波多黎各进行第四次全民投票，61%的民众赞同成为美国的第51个州，约33%的民众希望扩大自治权，而仅有5%的人赞成完全独立。只要国会通过，它就会成为美国的第51个州。2017年6月，波多黎各第五次公投，只有23%的合格选民（eligible voters）参与投票，97%的民众赞同成为美国的第 51 个州。美国国会一直没有支持其选举结果的主要原因，一是有些选民没有投票，二是波多黎各负债累累，超过 700 亿美元，美国不想要它。

数十年来，波多黎各享受美国的免税待遇，然而 2006 年该优惠措施被取消。

图文：圣胡安的古老城堡、大海、芙蓉花（Hibiscus）；文字是西班牙语：isa del encanto，意思是：销魂岛、迷人之岛、魅力之岛（Isle of Enchantment）。

释义：圣胡安是波多黎各的首府。古堡又名黑城堡，始建于 1641 年，坐落于市中心。此城堡因抵制霍雷肖·纳尔逊的来袭而闻名。纳尔逊（Horatio Nelson，1758—1805），英国海军上将，被誉为"英国皇家海军之魂"。他 21 岁时任军舰舰长。后来，在战斗中相继失去右眼、右臂。

在 1805 年的特拉法加战役中，纳尔逊击溃法国、西班牙联合舰队，但他中弹阵亡，葬于圣保罗大教堂。特拉法加位于西班牙外海，该次海战是英国海战史上最大的一次战役。1843 年伦敦建成特拉法加广场，就是为了纪念纳尔逊将军。

3. 关岛（Guam）

简介：关岛位于西太平洋马里亚纳群岛最南端，是美国海外属地，居民为美国公民，但不能在总统选举中投票。关岛总面积为 549 平方公里，是美军重要的军事基地，被称为美军在太平洋上"不沉的航空母舰"。在朝鲜战争和越南战争期间，关岛作为重要的海、空战略基地，发挥过重要的作用。1994 年、1995 年美军把部分场地、基地交还民用。2001 年 9 月，美国决定扩大关岛基地的军事力量，将其作为西太平洋美军基地的中枢要地。

图文：中间是关岛岛型、左上方是快速帆船（Flying Proa）、右下方是拉第石柱（Latte Stone）；文字是查莫罗语 Guahan I Tanó ManChamorro，英语为 Guam-Land of the Chamorro，译为"关岛—查莫罗人的领土"。

释义：帆船是查莫罗人航海用的工具。

公元 500 年，古查莫罗人以特殊的拉第石（拉提石）做柱子来盖房子。该石柱以其二段式的构造而闻名，主干（halagi）由珊瑚石灰石做成，通常从数十英里之外的凿石场运来，顶端（tasa）是由天然的珊瑚做成。拉第公园还有八块石柱供人欣赏。

2010 年 2 月，关岛总督签署政令，将该岛的官方名称改为查莫罗语"Guahan"。

4. 美属萨摩亚群岛（American Samoa）

简介：位于太平洋中部偏西南方，是美国的无建制领地，面积为

199平方公里。

图文：海岸线、椰子树、阿瓦碗（ava bowl）、小笤帚（whisk）、魔杖（指挥棒 staff）；文字是 Samoa Muamua Le Atua，"神是第一位的"（Samoa, God is First）；

释义：阿瓦碗，土著萨摩亚人用阿瓦树（Ava Tree）的木头手工雕刻成艺术碗，叫塔诺亚（Tanoa），用来祭祀神灵；小笤帚和魔杖代表萨摩亚人的级别。以前的萨摩亚人（萨玛亚人）相信巫术，崇拜首领，有众多禁忌，现多信基督教。

5. 美属维尔京群岛（U. S. Virgin Islands）

简介：维尔京群岛，又称太阳圣女岛（virgin，"处女"的意思），分为英属、美属和西班牙属群岛。

1917 年美国以 2500 万美元的高价从丹麦手中买下了圣托马斯（St. Thomas）、圣约翰（St. John）和圣克鲁斯（St. Croix）三个大岛以及 50 多个小岛，这些岛屿就构成了美属维尔京群岛。

群岛上的传统音乐叫作"fungi"，结合了非洲和西方风格，声响特别。

这里是圣安东尼奥马刺队队员邓肯的故乡。

图文：棕榈树、岛花、岛鸟、三个岛屿；文字是：在自豪和希望下联合（United in Pride and Hope），是该地的座右铭。

释义：左边是几棵高大的棕榈树，是维尔京群岛和波多黎各特有的。树下的三朵花是岛花，黄色切达花（yellow Cheddar），淡黄色。花丛上站着一只蕉森莺（Banana quit，又译为：蜜鸟），此鸟吃花蜜和果实，又称"盗糖贼"，腹部是黄色。右上方是三大岛屿（圣约翰、圣托马斯、圣克鲁斯）。

英属维尔京群岛被称为"避税天堂"，全球41%的离岸公司在那里注册，注册资本在5万美元以下的公司，注册费、牌照费、手续费共收取980美元，以后每年只交600美元的营业执照续牌费。该岛注册的离岸公司约有35万家，而且以每月2000家的速度增加。约有1万多家与中国有关，有些民营企业，通过在那里注册，变成外资公司，就可以较好地进行避税，获取最大利益，也有很多公司实施诈骗。

6. 北马里亚纳群岛（Northern Mariana Islands）

简介：位于北太平洋，面积为477平方公里，在从夏威夷到菲律宾3/4的路程上，包括14个岛屿。

图文：棕榈树、沙滩、四季如春的北太平洋岛屿风光、拉提石（latte stone）、飞鸟、帆船。

释义：拉提石和帆船的解释与关岛相同，一句话就是拉提石为查莫罗人建房子时用的基柱石；右边的帆船是查莫罗人以前航海用的帆船；

两只飞鸟是马里亚纳果鸠（Mariana Fruit-dove）；底下的花环是由鸡蛋花（plumeria）、依兰（ylang ylang）、孔雀花（peacock flower）、香料植物 Teibwo（太平洋罗勒，pacific basil）构成。

四　建国 200 周年纪念币

1976 年，美国建国 200 周年时，发行了一些纪念币。

1. 25 美分纪念币

25 美分纪念币的正面图案仍然是华盛顿头像，背面是独立战争时期的鼓手，鼓手面前是一个 13 颗星围成的圆形图案，象征独立战争时期的 13 个州，图案中间是自由女神的火炬；文字是：合众为一。

2. 50 美分纪念币

正面为美国最年轻的总统约翰·肯尼迪头像（John Kennedy, 1917—1963），文字是：In God we trust（我们信仰上帝）；1776—1976，表明是建国 200 周年。背面是费城独立宫，这是签署《独立宣言》的地方。

肯尼迪是美国第 35 任总统，美国历史上最年轻的当选总统，时年 43 岁。也是美国历史上唯一信奉罗马天主教的总统和唯一获得普利策奖的总统。

肯尼迪的就职演说与富兰克林·罗斯福的第一次就职演说被称为 20 世纪最令人难忘的两次总统就职演说，成为激励人们的典范。"不要问你的国家能为你做些什么，而要问一下你能为你的国家做些什么。"（Ask not what your country can do for you, ask what you can do for your country.）就职演说后，支持率高达约 75%。

不幸的是，1963 年 11 月 22 日，肯尼迪在德州达拉斯市被枪杀身亡，疑点重重，悬而未决。

1973 年肯尼迪总统遇害十周年时，美国也发行了 50 分纪念币，头像是肯尼迪总统，反面是美国的国徽，手握橄榄枝和箭镞的雄鹰。

3. 1 美元纪念币

200 周年的纪念币还发行了 1 美元的，正面为总统艾森豪威尔的头像，他是 1969 年逝世的；背面是以月球为背景的自由钟（见下图），自由钟的意义非常明显；月球是为了纪念 1969 年阿波罗 11 号搭载阿姆斯特朗等人登上月球。

德怀特·艾森豪威尔（Dwight Eisenhower, 1890—1969），美国第 34 任总统，"二战"期间担任盟军在欧洲的最高指挥官。是退役高级将领担任哥伦比亚大学校长的第一人。

五 其他硬币

除了上面提及的最常用的 25 美分硬币、周年纪念币外，还有 1 美分、5 美分、10 美分、1 美元等硬币。

1. 一美分硬币

其流通的历史最久，是金黄色的铜锌合金硬币。1909 年，为纪念林肯 100 周年诞辰，发行了第一枚林肯铜币，头像是林肯总统。

亚伯拉罕·林肯（Abraham Lincoln，1809—1865）为美国第 16 任总统。历史学家称华盛顿为国父，林肯为国家的拯救者。

林肯任总统期间，主张自己的办公室给老百姓敞开，共议国事；如果他对哪个人有意见，他会给那个人写封信，甚至大骂一通，不过信件放在抽屉里，并不发出。他非常幽默，有许多幽默的逸事。

他发表了著名的"葛底斯堡演说"，提出"民有、民治、民享"政策。林肯坚决反对国家分裂，颁布了《宅地法》《解放黑人奴隶宣言》，废除了奴隶制度。

他说话办事老实公正，他被称为"诚实的老亚伯"和"伟大的解放者"。他说自己永远是鞋匠的儿子。

不幸的是，他成为第一个遭刺杀的美国总统。据说，在他被刺杀的头一天晚上，他做梦梦到自己拨开人群，发现躺在地上的死者是自己。第二天，众人阻止他去参加活动，他没有听从建议，被近距离枪杀。

到目前为止 1 美分的背面有七种图案：

第一是 1909—1958 年的图案，是谷穗环绕着"一美分"（one cent）；

第二是 1959—2008 年发行的第二个设计，是林肯纪念堂；

第三到第六个图案是在 2009 年发行的纪念币，纪念林肯 200 周年诞辰，一枚是林肯在肯塔基州的出生地；一枚是他成长的所在地印第安纳州，他坐在木头上读书；一枚是林肯在伊利诺伊的职业生涯，他站在州议会大厦前；一枚是他任总统时。

第七个图案是 2010 年发行的，中间是联盟盾牌，盾牌上面的字母是"合众为一"。

2008 年，生产一枚 1 美分硬币的成本约是 1.7 美分，因此，印制 1 美分的硬币每年给财政部造成 5000 万美元的赤字。原因之一是，谁都不会把一分钱看在眼里，遗失较多。然而，1 美分钱的用处很多，特别是在超市、银行找零时，工作人员会一分不少的给你。在各大超市收银处往往有一个盒子，找回的硬币可以扔进去做慈善捐款。

美国法律没有规定禁止毁坏 1 美分硬币，也就是说 1 美分硬币可以被随意毁坏。在美国旅游，随身携带几个 1 美分铜币，会给自己带来意想不到的惊喜。许多城市、景点有一种机器，放入两个25美分硬币和一个1美分硬币，50美分作为支付的费用，电动或者手动，机器会把你放入的1美分硬币压扁成椭圆形，上面刻有当天的时间、城市的名字，或者有该城市的特殊景点图案，供游客留作纪念。

2. 5美分硬币（Nickel）

5美分币的正面是托马斯·杰斐逊总统头像。1938—2003年，背面是杰斐逊的故居，位于弗吉尼亚州的蒙蒂塞洛（Monticello），2003年、2005年分别改变了图案，展现了两件历史大事，一是杰斐逊总统从拿破仑那里买下路易斯安那地区（1803），价格是每英亩3美分；一是刘易斯与克拉克探险西部（1804—1806）。

托马斯·杰斐逊（Thomas Jefferson, 1743—1826）为美国第三任总统（1801—1809）。《独立宣言》的主要起草人。巧合的是，他逝世的日子恰好是美国独立50周年纪念日。他一生的政治对手、第二任总统约翰·亚当斯也在独立日那天突然中风，下午离开人世，两人的离世相隔没有多长时间。

同时，他也是农业、园艺、建筑、词源、考古、数学、密码学、测量学等学科的专家；懂拉丁语、希腊语、法语、西班牙语和意大利语等5种外语，又是弗吉尼亚大学的创办人。许多人认为他是历任美国总统中智慧最高者。他身高1.89米。

3. 10美分硬币（dime）

10美分硬币曾经有多种图案，目前流行的是1946年设计的，正面是富兰克林·罗斯福总统；反面是火炬、月桂枝和橄榄枝。这枚硬币是为了纪念1945年逝世的罗斯福总统，以纪念他的丰功伟绩，也表彰他为小儿麻痹国家基金会所做的贡献。

月桂、桂冠象征胜利、荣耀和光荣，月桂枝叶编成的花冠赠给优秀的诗人；橄榄枝代表和平。下图中火炬左边是橄榄，右边是月桂，月桂的叶片和橄榄的相似，左边树枝中有两个小小的球体表明是橄榄果，因此判断它是橄榄枝叶。

按照希腊神话传说，月桂树是阿波罗深爱的达芙妮姑娘变来的。

富兰克林·罗斯福（Franklin D. Roosevelt，1882—1945）为美国第32任总统，是在任时间最长的总统，历史上唯一一位任期达四届的总统，同华盛顿、林肯齐名。

20世纪30年代美国经济大萧条时，罗斯福推行新政，挽救了美国。"二战"期间，他是同盟国的重要领导人之一，力主对日本宣战。

5岁的罗斯福给克里夫兰总统留下了深刻的印象。临走时，克里夫兰总统给他的祝福是："祈求上帝永远不要让你当美国总统。"

1944年，罗斯福将他的爱犬法拉丢在了阿拉斯加。为了找回法拉，他下令派一艘驱逐舰去营救。当时正值总统大选，共和党人借机攻击他，罗斯福回击说："对于共和党人的攻击，我不在乎，我妻子不在乎，我的儿子也不在乎，但我的狗法拉，它在乎！"[①] 他也因此备受民众喜欢。

2003年共和党曾提出用里根总统（共和党）的头像取代罗斯福（民主党），但是没有通过。

之前，在1796—1807年流行的10美分硬币，是自由女神的波浪头像（Draped Bust），反面是国徽。

---

① 《"狗在乎"——美国总统罗斯福对个体生命人文关怀的惊世幽默》，http://bbs.tiexue.net/post2_11488876_1.html。

1809—1837 年发行了自由女神戴帽的头像（Capped Bust），如下：

1837—1891 年发行了坐姿自由女神（Seated Liberty）：

1916—1945 年发行了墨丘利（Mercury）10 美分硬币，它被认为是美国有史以来最漂亮的硬币之一，目前价格数千美元。正面是自由女神；背面是束棒和橄榄枝，束棒在古罗马是权力和威信的标志；橄榄枝象征和平。

4.1 美元硬币

（1）总统艾森豪威尔头像的 1 美元硬币

1971—1978 年发行的一美元硬币，是艾森豪威尔总统的头像，但是直径太大，流通不便。

（2）女权人士安东尼头像的 1 美元硬币

1979 年起美国发行了小一点的硬币，图案为美国女权运动活动家苏珊·安东尼的头像（Susan B. Anthony，1820—1906），背面是鹰在月球表面。发行了两年（1979—1981），其后于 1999 年再次铸造。该硬币比 25 分稍微大一点，因识别不便也没有流通起来。

苏珊是 19 世纪美国女权主义者、社会活动家，主要贡献是为妇女争取参政的权利。在 1872 年的总统大选中，她带领一群妇女参加投票，因当时妇女投票是违法的，她被逮捕并被起诉，被判有罪并处 100 美元罚款。但她拒付罚金，事后也没有人向她索要，不了了之。

（3）自由女神一美元硬币

1986 年 11 月，美国鹰扬（鹰洋）银币首次发行。重量是 1 盎司，法定面额为 1 美元。一面是漫步的自由女神及自由字样（Liberty），另一面为美国国徽"白头鹰"图案、"美利坚合众国"文字和13颗星。将浅浮雕与高浮雕巧妙地结合在一起,惟妙惟肖地展示了自由女神飘逸妙曼的神态。

还有50美元的鹰扬金币,重量也是1盎司,面额为50美金。每1盎司含有91.67%纯金。

(4) 印第安女士萨卡加韦1美元纪念金币

1999年11月,美国首发了金黄色的1美元金币,昵称金色元(golden dollar),头像为印第安女子萨卡加韦(Sacagawea),背负幼子巴蒂斯特(Jean Baptiste),这是为了表彰美国原著居民妇女对美国的贡献。背面是一只展翅飞翔的雄鹰。

萨卡加维(1787—1812或1884),是印第安人,在美国家喻户晓,深受欢迎。当年 16 岁,她背着刚出生不久的幼儿,为探险者刘易斯和克拉克当向导。在长达近三年的时间里,随考察队跋山涉水,带领他们翻过洛基山脉并穿越西部,行进数千里。

(5) 其他印第安居民 1 美元硬币

2009—2013 年,1 美元硬币的背面都是反映印第安土著居民的历史以及生活情况。

1) 2010 年金色元的图文

上面的文字是 Haudenosaunee,英文是 Great law of peace(和平创造者)。

易洛魁联盟（Iroquois）是北美印第安人联盟（法国殖民者对当地土著的称呼）。他们使用的语言是易洛魁语言，在今纽约州中部和北部生活，他们结成联盟，称为易洛魁联盟，意译为"和平与力量之联盟"。他们自称 Haudenosaunee，意译为"居住在长屋的人们"，当初建立者希望各个部族和平相处，如同居住在一家中。

该同盟最早是由五大部族组成，为"五族同盟"，后来，另一部落加入，成为"六族同盟"。

1776 年独立战争爆发时，易洛魁同盟设法保持中立，但最后分裂了，分别为英国和美国而战。乔治·华盛顿于 1779 年派兵进入易洛魁领土，烧毁 40 个城镇，将反抗美国的易洛魁人赶到加拿大。

2）2011 年金色元的图文

文字是 Wampanoag Treaty 1621，"1621 年万帕诺亚格人合约"。

万帕诺亚格人是印第安人，意思是"东方人""黎明的人"（People of the Dawn）。

17 世纪他们生活在马萨诸塞州东南和罗得岛州，那里环境优美，他们种植玉米、大豆、南瓜，成千上万的人生活在那里。

1616—1619 年，他们遭受传染病，长期以来有人怀疑是天花，近来研究认为是西螺旋体病或者是七日热（7-day fever）。瘟疫导致大量土著人死亡，研究者认为，正因为如此，英国殖民者得以在马萨诸塞州站住脚。另外，瘟疫让万帕诺亚格人怀疑自己的宗教，从而改信了基督教。

1620 年，英国清教徒在普里茅斯定居，万帕诺亚格酋长马萨索伊特（Massasoit）于 1621 年和英国人缔结和平条约，在他死前，条约一直得以信守。

后来白人越来越多，开始疯狂抢占他们的土地，虐待他们，酋长之子米塔科姆（Metacom）组织部落联盟，驱逐白人，为领土而战。英国人称米塔科姆为菲利普王，因此，他们之间的战争又名菲利普王战争（King Philip's War）。

1675—1676年的菲利普王战争，导致该部落40%的人死亡，之后大多数男性幸存者被卖到西印度群岛为奴隶，许多妇女、孩子在新英格兰为奴。

语言的掌握和习俗的传承是印第安人的一个困惑，100年前，最后一位说本族语的万帕诺亚格人去世，自1993年开始，族人开始努力恢复本族语。

3）2013年金色元的图文

图案是火鸡、昂首向天嚎叫的灰狼和陆龟，这些都是特拉华印第安人的部落。文字是：与特拉华部落的条约（treaty with the Delawares 1778）。

这里的Delawares不是美国的州名"特拉华州（Delaware）"，而是当时的多个印第安人部落。

美国宣布独立后，1778年9月17日，政府与印第安部落特拉华签署第一份正式的《相互防御条约》。该合约允许美国部队通过特拉华部落的土地，去进攻芝加哥的英国堡垒，美国承认该种族的主权，第六条给予该部落选择权，可以和俄亥俄区域其他部落联合组成一个州，在国会拥有代表。

1787年特拉华州签署宪法，成为美国的第一个州。

（6）历任总统一美元纪念金币

从 2007 年开始，美国开始发行总统纪念金币，纪念已故总统，每年为四位总统各发行一枚金币。正面是总统头像，反面是自由女神像。

2009—2010 年笔者在美国时，总统金币还没有全部发行完，因此积累金币较少。

六　美国的纸币

纸币主要有 1 美元、2 美元、5 美元、10 美元、20 美元、50 美元、100 美元。

美元纸币的颜色基本上是绿色的，被称为绿钞。1934 年以后改版，油墨中添加了磁物质，正面右侧有绿色的财政部徽记和绿色号码，在白纸上用力擦拭后，纸上能留下"绿痕"。美元纸币对折大约 4000 次才会撕裂。

纸币的正面中间是人物头像，除了 100 美元上的本杰明·富兰克林、10 美元上的亚历山大·汉密尔顿不是总统外，其他纸币上都是总统头像。左上角标出的字母和数字组合代表不同的银行。美元的发行由联邦储备银行负责（Federal Reserve Bank），美联储实际上包括十二家银行和二十五家地区分行：波士顿 A；纽约 B；费城 C；克利夫兰 D；

里士满 E；亚特兰大 F；芝加哥 G；圣路易斯 H；明尼阿波利斯 I；堪萨斯城 J；达拉斯 K；旧金山 L。

正面印有"本券是对一切公私债务的法定支付手段"。(This note is legal tender for all debts, public and private.)

四个角上有阿拉伯数字，表明数额；下部是英文数额；左下角和右下角有签名；斜对角有编号。

反面相对简单，中间有纪念性标志，四角有数字。

1.1 美元纸币

1 美元纸币的正面是国父乔治·华盛顿，反面是美国国徽，左面是金字塔图形，中间是 One "一"，上面写着：我们信神（In God We Trust）。笔者认为，"一"不仅是一美元的意思，还可以理解为"合众为一、精诚团结密不可分"等含义。

金字塔顶上一个单独的部分是一个眼睛，象征着上帝的眼睛，在上帝的帮助下，一定会达到目标。环绕金字塔的四周有文字，上部的文字是拉丁文 ANNUIT COEPTIS，意为：他（神）领导我们的事业；下面的文字 NOVUS ORDO SECLORUM，意为：时代新秩序（A New Order of the Ages），指刚刚独立不久的美国。金字塔的底层也有文字 MDCCLXX-VI，这是罗马数字 1776 年，是美国签署《独立宣言》的时间。金字塔有 13 层，ANNUIT COEPTIS 有 13 个字母，意味着建国初期的 13 个州，另外 13 和全能之眼也是光明帮和共济会的符号。华盛顿通常被认为是一名共济会会员，万能之眼也象征他的共济会会员身份。

共济会是世界上最大的神秘组织，以前它与贵族和皇室密切相关，一直伴随西方文明的进展，在美洲设为 13 级，20 世纪 80 年代共济会操控着国际游资，世界金融史上最著名的法兰克福犹太家族罗斯柴尔德家族（Rothschild）、洛克菲勒家族、美联储与共济会都有密切的关系，可以说整个美国政府从开始就在共济会的操纵之下。

2.5 美元纸币

5 美元纸币的正面是总统林肯（Abraham Lincoln，1809—1865）的

头像，背面是林肯纪念堂。林肯是唯一一个几乎被所有人称赞的人，代表了"人人生来平等"的基本价值观。

3. 10 美元纸币

10 美元纸币的正面是亚历山大·汉密尔顿（Alexander Hamilton, 1757—1804），背面是美国财政部大楼。他是美国的开国元勋、宪法起草人之一、第一任财政部部长、政治家、外交家。被称为金融之父，他重视个人财产，认为私人财产神圣不容侵犯，是美国"个人主义"思想的代表。

（1）汉密尔顿与杰斐逊

汉密尔顿（1789—1795 任财政部部长，联邦党人）与总统杰斐逊（1801—1809 任总统，共和党人）这两位伟人之间存在尖锐的斗争，孰是孰非，200 年来众多学者意见不一。然而，对于美国来说实在是幸运的，其代表着两种不同的群体利益，促进着美国的发展。

工业和农业发展问题：汉密尔顿重视发展工业，走工业化道路。这对以种植园经济为核心的美国乡村是一个威胁。后来林肯、富兰克林·罗斯福的做法和汉密尔顿类似，而杰斐逊是广大农场主和下层群众利益的代言人，不信任城市阶级。

大政府和小政府执政问题：大政府主张政府权力大，汉密尔顿主张大政府。汉密尔顿是一个"性恶论"者，蔑视人民和民主，崇拜制度和秩序。

汉密尔顿具有雄才大略。美国第三任总统杰斐逊和国务卿麦迪逊（后来任第四任总统，1809—1817）因永久定都位置没有达成一致看法（因为纽约州和弗吉尼亚州都想把首都定在自己那里），汉密尔顿的国债法案一直也通过不了。三人私下交易，都达到了自己的目的，汉密尔顿说服纽约放弃定都，麦迪逊和杰斐逊帮助汉密尔顿通过法案。

（2）汉密尔顿与副总统伯尔生死决斗

汉密尔顿与不同的人有过 10 次以上的决斗，也当过别人决斗的助手、委托人。

不幸的是，他因卷入性丑闻和政治斗争，1804年他与副总统阿伦·伯尔对射决斗，结束了生命，享年47岁，该事件被称作伯尔·汉密尔顿决斗（Burr-Hamilton Duel）。

1804年7月11日凌晨，两人从纽约市到达新泽西州的某高地。这块高地从1700到1845年间，曾发生18场著名的决斗。

双方的助手通过抽签来决定谁先选择地点，谁先开始决斗。两次抽签都是汉密尔顿的助手赢了，他选择了较高的一侧。

汉密尔顿是首先开枪的一方，不过打空了，子弹飞入空中，伯尔于是进行了回击，子弹击中了汉密尔顿，对肝脏和膈造成了极大的杀伤，打入腰椎。

回家后，汉密尔顿以他雄辩的能力最终说服了教堂，为其举行了仪式，他说，他已经虔诚地忏悔，并愿意与所有的人和解，包括伯尔。

他于第二天凌晨两点去世。

（3）未解之谜

一说：汉密尔顿使用的手枪有个特殊功能，就是微力射击，这个特性让开动扳机的动作更加敏感，它减少了开枪所使用的时间，给决斗带来优势，类似于汽车方向盘的助力一样轻捷便利。

但是，他对这把枪的性能不熟，导致第一枪误发。

有人反对这个说法，汉密尔顿使用的手枪是几年前儿子使用的，应该非常熟悉。

二说：汉密尔顿虽然答应了决斗，而基督教信仰认为决斗违反教义，于是他故意将子弹打偏。在他的日记中他说自己明天根本不打算开枪，而副总统伯尔是公认的糟糕射击手。

三说：儿子的影响。

三年前，汉密尔顿的儿子菲利普在1801年与乔治·埃克的决斗中被杀害。菲利普的前四次开枪都落空了，汉密尔顿建议儿子不要开枪。然而，菲利普还是举起了枪。见对手举枪，埃克也立即开枪，使菲利普受到了致命伤。这对于汉密尔顿的心理造成了极大的影响。

汉密尔顿使用的手枪是几年前儿子使用的。

之后，人们发起了反决斗运动。伯尔的政治前途江河日下。

后来两人决斗的具体地点都树立了石碑，以纪念他们。

（4）手枪决斗规则

手枪决斗时基本规则是双方相对开枪。如果两人都没有命中，而挑战者认为他已经"满足"，则终止决斗；否则，再次开枪，直到一方受伤或死亡为止。但开枪次数不能超过三次，否则会被认为是过于"野蛮"。

手枪决斗前，一种做法是双方各持上膛的手枪，背对站立，向前走一定步数，最后转身射击。一般来说，侮辱越严重，走的步数越少。另一做法是，由助手事先在地上标出转身的地方（称作"points"）。一般在给出一个信号后（例如扔手帕）双方开火，以减少作弊的可能。

再一种做法是双方轮流射击，被挑战者在前。

（5）其他决斗

1）1864年，作家马克·吐温向当地一位编辑发出了决斗挑战。在决斗前的练习时间，马克·吐温的助手在对手面前成功地吹嘘了作家的枪技，使得马克·吐温成功地避免了一场决斗，并且赢得了荣誉。

2）伽罗瓦（1811—1832）：法国数学家。21岁非正常死亡，他的死亡致使数学的发展被推迟了几十年。20岁的伽罗瓦爱上了一个女人，达到疯狂的程度，他决斗的时间是1832年5月30日。在天亮之前他拼命地写出了脑子里的东西，解决了这个折磨了数学家达几个世纪的谜团，找到了答案，完成了伽罗瓦理论。天亮后他与人决斗，子弹穿过肠子。当时没有医生，他被丢在倒下的地方。9点钟时，一个路过的农民把他送到医院，不过抢救无效，次日死亡。

他的朋友把他的书稿给他邮寄出去，10年后，一直到了1843年，他的成就才得以被肯定，其书稿于1846年发表。

4. 20美元纸币

20美元纸币的正面是安德鲁·杰克逊（Andrew Jackson，1767—1845）的头像，背面是总统府白宫。图案上的那棵树，是白宫北草坪的老榆树，于 2006 年 6 月被风吹倒。这棵树是罗斯福总统栽种的，曾经枝繁叶茂。

杰克逊是美国第 7 任总统，第一任平民出身的总统，让美国政府树立起了一个亲民的形象，改变了美国的民主模式，创造了新民主"杰克逊式的民主"。"人人都可成为总统"的梦想是从他开始的。

第二次美英战争中，他坚韧不拔，与士兵同甘共苦，被誉为"老胡桃木"，是新奥尔良之役的战争英雄。

他 61 岁当选总统。竞选对手称他为"驴蛋"（Jackass），他很喜欢这个称呼，后来，民主党以驴子作为政党的象征。他身形瘦削，高 185 厘米，体重在 64 公斤左右。杰克逊是美国历来最病弱的总统之一。从总统职位卸任后，生活了八年，因肺结核等多重疾病而逝世，享年 78 岁。

杰克逊与律师决斗

1806 年 5 月，39 岁的杰克逊与著名的神枪手、律师查尔斯·迪金森决斗，原因是查尔斯诽谤杰克逊妻子的历史。之前杰克逊决斗过，1803 年，他当法官时和州长约翰·塞维尔在法庭台阶上决斗，因为朋友劝阻才避免了悲剧发生，原因也是州长说杰克逊妻子的坏话。

迪金森先开枪，子弹击中杰克逊胸口，距离他的心脏不到一寸（子弹一直留在体内）。他中弹后，依然站立着，忍着剧痛还击，子弹穿过对方腹部，从另一侧射出，迪金森被杀。医生非常惊异："你伤得不轻，你怎么还站着不倒呢？"杰克逊说："即使他把子弹射进了我的大脑，我也要坚持站着直到把他打死为止。"

5. 50 美元纸币

50 美元纸币的正面是第 18 任总统尤里西斯·辛普森·格兰特（Ulysses Simpson Grant，1822—1885），背面是美国国会大厦。

辛普森是母亲婚前的姓。格兰特毕业于西点军校，是美国内战北部联邦的将军、陆军总司令，美国的常胜将军，战功显赫，阻止了分裂，1869 年成功当选为美国第 18 任总统。

格兰特身高 1.83 米，在高个子的美国人中看他个头不高。长着一脸络腮胡，体格健壮，肌肉发达。

格兰特卸任总统后，他到过许多国家，包括中国，与李鸿章会见过。

晚年他从事银行投资业务，再次失败，抑郁度日。变卖内战时期的纪念品度日，甚至卖了自己最心爱的军刀。有人提出展出他的战利品和礼品，付给格兰特10万美元和部分门票收入，然而他拒绝了。国会为了照顾他，通过一项特别法案，恢复上将职位，付给他薪水。这时他得了喉癌，但是不顾疾病，挣扎着写回忆录，和死神赛跑，到逝世前四天完成书稿。

他死后回忆录出版了，他为遗孀赚得了45万美元稿酬，在那个时代这是一笔巨款。李鸿章访美时，专门去他的坟墓拜谒他，看望他的遗孀。他的遗孀款待他，拿出手杖，讲述他们的友谊，并归还手杖。

为纪念他，美国建立了格兰特将军国家纪念堂（General Grant National Memorial）。

6. 100美元纸币

100美元纸币的正面是本杰明·富兰克林的头像（Benjamin Franklin，1706—1790），背面是独立宫。富兰克林是美国开国元勋之一、发明家、科学家、作家、出版商、外交家，有人说他是十八世纪仅次于华盛顿的人。

他的家庭并不富裕，是家中17个孩子里最小的一个男孩，下面有两个妹妹。他凭着个人奋斗获得了多个领域的成功，是美国"清教主义"的杰出代表。

30岁时他任州议会秘书，孜孜不倦地学习外语，先后掌握了法文、意大利文、西班牙文及拉丁文。

他参与起草《独立宣言》，他的自传家喻户晓。他任美国驻法国大使，取得法国支持美国的独立战争；起草《宪法》期间，80多岁的他坚持参加讨论，平衡争论化解矛盾，自称是一块旧地毯，只要国家需要随时可以拿走。

物理学方面，他揭开了雷电的秘密，发明了避雷针等。最先解释清楚北极光；数学方面，他创造了8次（阶）和16次（阶）幻方；热学方面，他改良了取暖的炉子；光学方面，他发明了老年人用的双焦距眼镜；被称为近代牙科医术之父；发现了感冒的原因。另外，他发明了摇椅，改进了路灯；创立了近代的邮信制度；等等。

2011年2月发行的新版100美元增加了防伪功能，背面使用新的独立宫图案，是纪念馆的背面。新版去除了原版头像和反面图案四周的椭圆形，头像图像看起来更大。

7. 罕见的两美元

两美元纸币的正面是托马斯·杰斐逊（Thomas Jefferson）头像，反面是《独立宣言》的签字会场。杰斐逊是《独立宣言》的起草人，他所代表的自由思想不仅是美国的立国之本，而且为全世界所广泛认同。

8. 百万美元纸币（1000000）

美国政府从来没有印刷百万美元纸币，然而商家印刷过百万美元纸币。

联邦储备银行指出印刷、持有一百万美元纸币是合法的，但是如果使用就构成伪证罪。

七　硬币收藏

1. 普通硬币收藏

美国有一些普通老百姓乐于收藏普通硬币，如果是历史久远，也许能发个大财。

积少成多的例子也有，比如路易斯安那州女士阿姆斯特朗在近19年的时间里收集了5.5万枚1分硬币，每天近8枚硬币。她收集的渠道一是来自同事和朋友们，二是在马路上捡拾硬币。

加州收藏家胡萨克（Walter Husak）于1954年12岁时开始收藏1分硬币，当时他帮祖父做杂事，祖父常用一些1美分旧币奖励他。后来，他成为航空液压配件生产制造公司的老板（aerospace hydraulic fittings manufacturing company，2010年售出）。

2004年美国发行的最后一枚25分硬币是威斯康星州，由于威州的印制错误，玉米叶子有些问题。一套全部三个硬币，在 eBay 网站上 2005 年 2 月售价为 300 美元。

2. 硬币拍卖纪录

（1）1 分硬币拍卖纪录

2008 年 2 月，加州的一个硬币拍卖会上，1 美分硬币拍出了 63 万美元的高价。

该硬币于 1793 年发行，只流通了两个星期。停止流通的原因是国会议员认为，硬币上的自由女神看起来似乎受到了惊吓[①]。

这场拍卖会共拍卖了 301 枚罕见的 1 分硬币，总成交价高达 1070 万美元。

（2）5 分硬币拍卖纪录

从 1883 年到 1912 年间，美国发行过带有自由女神头像的 5 分硬币，但从 1913 年开始，头像换成了一个印第安人。然而，费城铸币厂 1913 年秘密制造了 5 枚带有自由女神头像的 5 分硬币，这种硬币的价值 2003 年达 100 万美元，2006 年达 419 万美元，2007 年达 500 万美元[②]。

---

① 《硬币欣赏》，http://largecents.net/husak/index.html。
② http://blog.sina.com.cn/s/blog_ 5060af25010089ja.html。

(3) 1美元硬币拍卖纪录

一枚于 1894 年铸造的 1 美元硬币，在 2005 年的拍卖会上以 130 多万美元成交。当年只铸造了 24 枚。

(4) 20 美元双鹰币拍卖纪录

2002 年，美国钱币硬币交易的单枚最高纪录为 759 万美元（660 万 + 15% 的手续费），是一枚 20 美元"双鹰币"，成为最贵的硬币。这是 1933 年版的金币，有"硬币中的蒙娜丽莎"之称。一面是希腊女神手持火炬和橄榄枝（一说：自由女神），另一面是一只飞翔的老鹰。美国人称 10 美元的硬币为"鹰币"，20 美元的硬币为"双鹰币"。

双鹰币还没有进入流通领域，就被富兰克林·罗斯福总统下令停止使用，45 万多枚回炉熔化铸成金条，一位销毁金币的工作人员偷偷地留下了 10 枚。1944 年事件暴露后特工展开调查，收回了 9 枚进行销毁。唯一的一枚由埃及国王带回埃及收藏。1954 年在开罗拍卖时，美国要求埃及归还，虽然没有拍卖，埃及也没有归还，但是金币神秘消失。

后来英国的钱币商人史蒂芬将它带到美国销售，特工扮成商人，后来金币被没收。斯蒂芬打了五年官司，2001 年庭外和解，这枚唯一的硬币可以流通收藏。于是，在 2002 年这枚金币拍到 660 万美元，史蒂芬和造币厂平分所得。

值钱的双鹰币应该不止这一枚。当年 76 岁的琼·朗博说，2003 年她在已故父亲斯维特的一个银行保险箱内，发现了 10 枚珍稀的双鹰币。她把双鹰币拿到铸币厂进行鉴定，确定是真品，随即被没收，这些金币由肯塔基州的金库保管着。2006 年，朗博起诉铸币厂归还金币，或者补偿 4000 万美元。政府律师声明，其一是无法证明朗博一家通过合法途径获得这些硬币。其二，当时斯维特明知这是赃物而持有。1944 年，有关部门追查到斯维特持有 10 枚双鹰币，他当时说自己卖掉了其中 9 枚。其三，把金币存在银行保险箱中的人并非斯维特，因为银行 1996 年出租这个保险箱时，斯维特已过世 6 年了。

八 美国钱币学会、协会及博物馆

1. 美国钱币（集币）学会（The American Numismatic Society，ANS）

美国钱币学会创立于 1858 年，位于纽约市，致力于硬币和奖章的研究。

该博物馆藏有中国早期货币，如布币、刀币、古圆钱等。20 世纪四五十年代，王毓铨制成拓片，写成一本英文的专著《中国早期古代货币史》（Early Chinese Coinage），这是唯一在国外用英文写的最广泛地讨论中国古代货币的一本最详细的著作。

后来，壮泉等人对中国古钱进行拓片整理，介绍了古圆钱、刀币、賹化钱、半两钱、王莽钱、清朝钱。

布钱，战国时期的铲形货币。与今天所说"布匹"的"布"毫无关系。

刀币：战国七雄之一的齐国流通使用刀币，上面刻有文字，有"三字刀""四字刀""五字刀"和"六字刀"等。

賹化钱：齐国也曾经铸造使用圆形方孔钱，称为"賹化"钱（音："爱"），古代"賹"字的意思是"二十朋贝（贝朋）"，即一賹化钱与一枚刀币的价值相等；五贝（两贝）为一朋。主要分为三种，有"賹化""賹四化""賹六化"三个品种。直径不同，賹化钱直径一般为 2 厘米，賹四化为 3 厘米，賹六化为 3.5 厘米。

半两钱的形状是圆形方孔，重 12 铢，为半两（中国古代 1 两为 24 铢）。方孔居中，它的右边刻着"半"，左边刻着"两"。

王莽钱：王莽执政不长，约 13 年，但是货币发行非常特殊，在货币史上功绩突出。发行货币之多，令人目眩。如五物、六名、二十八品。

五物是金、银、铜、龟、贝五种币材。

六名为金货、银货、龟货、贝货、泉货（钱货）、布货六大钱币类型。

28 品：金货一品、银货二品、龟货四品、贝货五品、泉货六品、布货十品。

泉货:"大泉五十""壮泉四十""中泉三十""幼泉二十""么泉一十""小泉直一"。

"布货"均模仿战国平首布钱形状,有两条腿一个头,还有略凹的腰身,活像一个人站在那里。不同处是"十布"的头部铸有一圆孔,钱面中部从首部至裆部铸有一条直线,直线两侧为钱文(硬币上的文字)。小布一百,么布二百,幼布三百,序布四百,差布五百,中布六百,壮布七百,第布八百,次布九百,大布黄千。

清朝钱币分为祖母钱、母钱、子钱。祖母钱用来制作模子,灌注铜液,制作母钱。母钱出来后,稍有瑕疵,打磨后分配到各个地方铸币厂,生产流通的子钱。

2. 美国钱币协会(The American Numismatic Association,ANA)

美国钱币协会建于1891年,位于科罗拉多春泉市,推动钱币学研究。发行月刊《钱币学》,设有钱币图书馆、博物馆(250000展品),钱币名人堂。

3. 国际钱币委员会(The International Numismatic Council,INC)

国际钱币委员会成立于1927年,开始命名为Commission,2009年改为Council,有来自40个国家的161名成员。促进各国钱币学者之间和钱币研究机构之间,在发展钱币学和有关科学领域中的合作。

国际钱币学委员会每六年召开一次国际钱币学大会。但实际上,从1936—1986年的50年里已召开过十次大会,平均每五年召开一次。

4. 美国钱币俱乐部(American Coin Club)

美国钱币俱乐部建于1979年。

5. 比弗利山庄钱币俱乐部(Beverly Hills Coin Club)

比弗利山庄钱币俱乐部建于1987年。

6. 芝加哥钱币俱乐部(Chicago Coin Club)

芝加哥钱币俱乐部成立于1919年,经常举办纸币博览会或硬币博览会。

最后,我们了解一下墨西哥的硬币。从德州的埃尔帕索到墨西哥的华雷斯市，只需要花费 50 美分过桥就出国了。不用出示证件，不用安检，从桥头的窗口放上两个 25 分硬币就完事儿了。不过，回到美国时需要出示护照等，排队的人不说人山人海，也是乌压压一片，从桥这头就开始排队，实在是一种折磨，桥上的风冷飕飕的，再加上疲惫劳累，真后悔如此轻易便宜地就到了墨西哥逛了一圈。后来听说华雷斯是大毒枭争夺的地方，每天都有枪击案发生，更是令人胆战心惊。墨西哥的货币单位是比索，1 美元兑换 12.3 元比索（2010 年 3 月）。比索硬币上也是 $，硬币分别是有 10 分、20 分、50 分；1 比索、2 比索、5 比索、10 比索、20 比索。墨西哥元的硬币中间部分是金黄色，外围边缘一圈是银白色。

总之，美国的货币最能体现和反映美国文化精神和价值观：信神、感恩、纪念历史、突出地方特色等，体现了美国的多元化，一方面缅怀过去，不忘历史，简直就是一本本生动活泼的历史书，读懂了美国货币，就会对美国历史有更深刻更全面的理解；另一方面人们在潜移默化中进一步受到熏陶和教育，更能珍惜现在展望未来。

下篇　中美文化的交流

第一节　中美两国官方与民间的交流

纵观中美交流，虽则历史不是太久，官方关系或远或近，民间交流持续不断。美国独立后，开始接触中国。中美交流从贸易开始，到中国最早的美国人是商人。随后经历了一系列历史事件，传教士涌入，行医传教、建立学堂，中国官派留学美国，中国人移民美国，中美联合抗击法西斯，中美断交，中美关系正常化等，中国的发展与美国息息相关，谁也离不开谁，合作交流是大势所趋，中美关系与交流在21世纪有了新的突破。

研究历史上的中美交流意义重大，对于今天发展中美关系、促进中美交流具有很大的指导作用。通过历史和史实，我们可以更好地吸取教训。许多历史事件，往往一笔带过，没有进行深入的挖掘研究，得出的结论过于概括、过于刻板化。本文希望通过历史上某一事件，从中英文多种资料查看它的前因后果，从宏观的形势和微观的人物事件叙述，比较不同的说法，找出问题的症结，查寻自己的不足，以便于化教训为经验。

谈起中美交流，得先从早期欧洲人进入中国说起。相对于欧洲国家，美国的历史较短，与中国交流的历史也较短，在谈论中美交流前，我们先简略探讨一下欧洲国家来华人士的情况。

中国历史悠久，文化博大精深，中西文化交流源远流长。明代晚期利玛窦等传教士进入中国，带来了西方科学知识，他们注重结合传统儒家文化，创造了"利玛窦式"传教方式。中西文化在冲突融合中发展着。

而大量的外国人真正涌入中国，是自19世纪40年代开始，西方列国为了本国利益相继与清政府签订各种条约，对华来讲是非常不平等的条约，揭开了中国近代史屈辱的一页。

不可否认的是，涌入国门的外国人鱼龙混杂，有商人、政客、学者、传教士，出发点和目的各不相同，有的人是赤裸地剥削和掠夺中国资源压迫中国人民，有的人是从精神层面进行文化控制，有的人以委婉的方式从不同层面将西方文化与传统中国文化融合，不管怎样，外来的东西以及各种冲击都给封闭的清王朝带来了巨大的影响，导致了革新与革命。

本文主要内容包括：一、西方文化传入中国（研究概述、明末时期的西学东渐、康熙时期的西学东渐、清朝末期的西学东渐）；二、明末清初中美间的文化交流（18世纪中后期清朝乾隆年间的中美贸易、19世纪鸦片战争后中美官方与民间交流、19世纪美国到中国的传教、19世纪末20世纪初中国的教会学校、"世界平民教育运动之父"晏阳初、美国的公司与中国的关系）；三、"二战"期间的中美交流（官方层面的中美交流、民间层面的中美交流）；四、"二战"后尼克松访华前的中美交流；五、20世纪尼克松总统访华及以后的中美交流；六、中美汉学交流与研究。

一 西方文化传入中国

（一）研究概述

西方文化具有很强的扩张性，早期到达中国的西方人，大多是天主教基督徒，其目的是宣传宗教、传播教义。

北京大学哲学系郑安德教授对"明末清初基督宗教与中国本土宗教

对话"进行了研究，关注基督信仰与中国文化之间的切入、辩论和交流。

他认为基督教从唐朝开始进入中国，却很难扎根，原因是儒释道文化根基非常深厚，中国宗教是"人立之教"，和"神立之教"的基督教有很大的冲突，或者说具有很大的排斥性。比如在18世纪20年代，天主教教徒反对祭孔祭祖，与中国传统文化冲突巨大，于是清政府禁止天主教传播，驱赶传教士到澳门，甚至对某些传教士实施了极刑。

明代之前，针对基督教传播的文献记载很少，不利于研究基督教与中国文化的对话。明代已有文献记录，对于研究基督教的传播具有很好的参考价值，对于研究文化交流具有很大的指导意义。

传教士的目的和帝国列强是不一样的，要区分对待。传教士给传统的中国带来了西方科学技术等西学，促进了中国的发展。

1. 明末清初文化交流概述

利玛窦等传教士，把西方的历算等科学知识带入中国，他们和中国的文人合作把150多种西方作品译成中文，掀起了明末士大夫学习西学的风气，影响了徐光启等人，特别是在数学、天文学、地理学、物理学、语言学等方面，中西合作取得了很大成就。教堂的兴建引入了大量的欧洲艺术家、画家等，他们传授西洋技法，促进了艺术传播。

最初来华的传教士较多的是意大利人，为了交流和拉近与当地人的关系，每人都起了一个汉语名字，这是他们接近中国文化的一种方式。这种习惯一直保持到今天，名字非常重要，是融入中国文化的敲门砖。我们仅通过汉字看这些名字，有些名字能看得出他们是外国人，有些根本看不出来。不过清末民国的新教传教士带着"廉"字的很多，比如列卫廉、文惠廉、苏慧廉、慕维廉、毕维廉、窦唯廉等，容易混淆（详情见后）。

明末清初的传教士大多是天主教教徒，除了大家熟悉的利玛窦外，还有罗明坚、龙华民、郭居静、熊三拔、高一志、艾儒略、金尼阁、汤若望、邓玉函等。

那个时候，西方基督教文化和中国传统文化进行了很好的对话与沟通，积累了大量的经验，对于今后文化传播有很大的启示。研究文化的交流与差异有利于更好地进行交流。梁启超在《中国近三百年学术史》中，把"明清西学"与"晋唐佛学"相提并论，对其影响做出了很高的评价。胡适对利玛窦的学术影响评价也很高。

2. 清康熙年代文化交流概述

到了清康熙年间，基督教有了更好的发展，中西文化交流更加密切，主要原因是康熙对西方传教士的包容。康熙喜好西学，发展了与法国等国的关系，聘用了11位欧洲各国的教师，引入大量外国传教士，比如南怀仁、白晋、张诚、洪若翰、李明、刘应、雷孝思、闵明我、利圣学、圣白多禄等，他们大多是数学、天文方面的专家，还有康熙的音乐老师徐日升。他们为清政府的发展输入了新鲜血液，这不仅是利国利民的大事，而且有利于西方教会在中国的发展。

最初的一些传教士葬在了中国，特别是在北京，这也是明清以来中西文化和谐交融的见证。北京有利玛窦、汤若望、南怀仁等传教士的墓地，墓地虽经过几次波折，仍然保留了下来，1979年墓地被列入了北京市文物保护单位，共保存着63座墓碑。给利玛窦拨地建墓的时候，宫廷内部观点不一，最终明朝万历皇帝同意划拨，后来顺治批准汤若望、康熙批准南怀仁的墓地，紧邻利玛窦的墓地。这些牧师来自意大利、德国、法国、葡萄牙、瑞士、奥地利、捷克等国。

而从康熙的继任皇帝开始，他们对于西方科学知识重视不足，或者说是排斥，这不能不说是清政府走下坡路的重要因素。康熙的继任皇帝雍正坚决制止宣教，驱逐传教士，禁止传教。乾隆在位60多年，国家虽看起来强大，不过他对西方科学知识的热情不足，不喜欢学习西方先进科技，只是特别喜爱诗歌，写了大量的诗歌，据说4万多首，然而盛传者很少。他大兴"文字狱"压制文化事业，造成社会恐慌，许多文人不敢涉猎政治，从而禁锢了思想，阻碍了社会的发展和进步；官场腐败，和珅大行其道，朝廷上下乌烟瘴气，小人得志，忠良被陷害，这些都是和康熙时代无法比拟的。晚清政府闭关锁国，江河日下，国弱无外交，导致列国入侵分食中国的局面。

3. 清末民国时期文化交流概述

到了晚晴，英法等帝国与清政府签订了许多条约，允许外国传教士在华传教，西方的传教士大量涌入中国。这众多的宣教士以新教为主，大致可分为四大类：基要派、保守派、社会派和自由派。前两者主要宣扬福音，很少与地方官绅打交道，不过问政治。而"社会派"除了宣扬福音，还帮助中国了解西方社会文化，提供医疗、教育服务。"自由派"则大力推广教育事业，极力创办高等学府，如清华、燕京、齐鲁、圣约翰等大学，为社会培养了大量人才。

宣扬福音的模式也有了很大突破，宣教策略不断地得以改进。有的注重自上而下，也就是走上层路线，让上层信教，上行下效，就会很容易发展下层的老百姓。有的采取先"西学"而后"西教"模式。也就是，把西方的科学知识传播进来了，自然而然基督教就会宣扬开来。这些传教士也研究中国儒学，从经典中获取证据宣教基督，有的一手拿着《圣经》，一手拿着《诗经》，双管齐下，传教士对两本教材都非常熟悉得心应手，学员听够了这本，还有那一本，何乐而不为？他们提出了"耶稣加孔子"口号，认为基督教要与中国传统文化特别是儒家文化相融汇。实践证明，先传播西方科技知识，开阔视野，接受西方新思想，然后引进基督教教义，不失为一个好办法。为提高国人的素质，他们还采用"办报"和"兴学"两个途径来加强宣教的效果，达到宣教的目标。

晚清和民国时期的主要人物有英国传教士马礼逊、麦都思、艾约瑟、美魏茶、理雅各、李提摩太、伯格理、苏慧廉，德国传教士有花之安、卫礼贤、安保罗，美国传教士有裨治文、卫三畏、伯驾、文惠廉、丁韪良、林乐知、傅兰雅、李佳白、狄考文、都信德、戴德生一家六代（前两代是英国人）、赛兆祥等。

4. 基督教等外来文化的影响与文化本土化

基督教传教士对中国文化影响巨大，对中国的贡献也很大。目前有许多中国学者研究传教士的贡献。北京大学哲学博士石衡潭说，在历史上，由于种种原因，他们（传教士、早期基督徒）的作品，没有被广泛传播与阅读，没有受到应有的肯定与重视，那么，今天我们为什么不能去继承这个文化传统？为什么要忽略这个传统？

而反对基督教的思潮一直伴随着基督教的传播。各种教案时有发生，比如明代天主教徒韩霖一家被抄斩，清朝末期教案越来越多，从雍正帝开始清政府禁止西方传教士在中国传教，再到义和拳运动、八国联军侵华，中西矛盾达到顶端，从仇恨到死亡的程度。

"五四"时期，中国基督教知识分子呼吁基督教本土化，形成本土特色的中国基督教，要求摆脱基督教在思想和实践中的西方色彩。

研究基督教传播与中国文化的对立与融合，对于今天中国文化外宣具有重要的参考意义，它进不来是什么原因，你出不去又是什么原因，能够发扬和保持自己的信仰是很不容易的，既要保持又要弘扬谈何容易！

当今时代，各个教派间的对话也有局限性。各方往往不涉及敏感的话题，因此在一起的时候，你说你的，我说我的，根本没有对话，没有真正的交流，只不过坐在了一起而已。

不管处于什么意识形态，在宗教信仰方面，还是其他文化方面，"和而不同"的处事方式是很关键的，只要抱着寻求"同"的出发点，才能处理好两种文化的关系。你讲你的 10 分钟，我说我的半小时，毫无意义。联合国大会上，不是有某个国家的总统上台把大家都说跑了吗？起什么作用？求同存异，承认差异性，才能合作，才能发展。但是，"求同"不是失去自我，而是保持自己的本色。

基督教与中国文化的未来主要在于中国基督徒和非基督徒怎样看待信仰与文化。基督教是远道而来，面对深厚的中国传统文化，基督教文化不可能吞没中国文化，只能被中国文化所湮没，把西方文化融入进来，中国文化的生命力就更加旺盛。总之，中国文化必定要与基督文化碰撞而融合，关键是要形成自己独特的基督教文化。

要建立中国特色的基督教文化。教徒是上帝的选民是基督徒所自豪的，但是上帝不仅仅只选择美国基督徒、英国基督徒，世界各国人们都可以成为"选民"。在中国传统文化基础上的基督文化是可以接纳的，也是可以发展的，不必太敏感。郑安德教授相信上帝肯定允许各民族具有自己独特的文化。福音是普世性的，表达可以用西方语言，当然也可以用中国的方式。他认为用基督信仰来发扬自己的民族文化，是非常理想的模式。

(二) 明末时期的西学东渐

最初把西方文化带入中国的是传教士，比如大家熟悉的利玛窦。虽然他们的目的是传教，然而为了更好地开展工作，他们做了大量的有益事情，给中西文化的沟通搭建了一个很好的桥梁或平台。西学东渐和中学西传虽然都存在，但对于一个人短暂的一生来说，由于他们在华时间太久，主要是把西方的科学技术等文化引入中国，至于西传应该是以后的事情，他们的作品是传播中国文化的重要载体。这些传教士主要是意大利人，天主教教徒，影响了中国的士大夫，比如徐光启等人。

明末清初，有150多种西方作品被译为中文，众多士大夫学习西学，特别是在数学、天文、地理、物理、语言等方面，西学东渐、中西合作取得了很大成就。数学的《几何原本》由利玛窦口授、徐光启笔译；天文学由徐光启、李之藻督领，多位外国传教士合作，例如，邓玉函、龙华民、罗雅各和汤若望参与修撰《崇祯历书》(137卷)；地理学方面，利玛窦编著了各种版本的世界地图，艾儒略出版了《职方外纪》(世界地图、各大洲地图)；物理学《远西奇器图说》由邓玉函口授、王徵绘制翻译；语言学方面的经典是《西字奇迹》，由利玛窦、郭居静合作编写，现在的名字是《明末罗马字注音文章》。金尼阁撰写《西儒耳目资》，用西方语音学探讨汉语音韵的规律。

1552—1800年，在华的外国耶稣会士有780多名，中国耶稣会士有130多名。其中，葡萄牙籍最多，其次是法国、意大利、比利时、德国、西班牙、奥地利、波兰、瑞士籍。耶稣会在中国发展很快，1637年(崇祯十年)有教徒4万多人，1700年(康熙三十九年)教徒达30多万人。

另外,康熙期间在中国建设的西方教堂发展迅速,比如康熙六年(1667)有教堂 159 座,遍布北京、浙江、湖北、山东、山西、陕西、广西、四川、云南等地。教堂是传教的重要阵地。

1. 罗明坚(1543—1607)

罗明坚,意大利传教士,获得两个法学博士学位。明末来华,他比利玛窦来中国的时间要早,应与利玛窦齐名,不过因为回国早,他的地位没有得到公认。他的重大贡献在于对中国语言文字的研究,中国典籍的西译,还有他用汉语进行写作,向西方介绍中国制图学。

1579 年他到达澳门,首先学习汉语,在两年多的时间里,他认识汉字 15000 多个。后来,他到广州传教,不久被驱回澳门,后应两广总督邀请到杭州传教。

他经历各种磨难,到中国传教的愿望没有实现。1589 年,他乘船回国,不幸的是到达欧洲时船沉大海,只保留了随身的物品。到达葡萄牙里斯本时,他深受欢迎。到西班牙马德里时,国王承诺继续支持他。第二年回到意大利,本想游说教皇向中国派出使节,以便更好地传教,然而几届教皇先后去世,他的计划没有成功。后来生病,病故家乡。

他把"四书"中的《大学》翻译成拉丁文发表。他创造了很多"第一":第一次在西方出版中国地图集;第一位翻译朱熹的著作;第一位编写《葡汉字典》,还用拉丁字母编订了汉语拼音;他是最早用汉文写出天主教教义纲要的西方人。

第一位把西洋钟表带到中国,作为礼物,送给当时的两广总督陈瑞;第一位把西方油画带入中国内地,该画是"彩绘圣像画",是最早传入中国的宗教油画。

罗明坚强烈反对中国的纳妾制度,他指出:"一女不得有二男,一男独得二女乎?夫妇以相信故相结,信失而结解矣!况夫妇乖,妻妾嫡庶争,无一可者,此所以有罪也。"[①]

[①] 罗明坚:《天主圣教实录》,台湾学生书局 1966 年版,第 35 页。

2. 利玛窦（Matteo Ricci，1552—1610）

利玛窦是到中国最早的外国传教士（地位被公认），信奉意大利天主教。1583年31岁时他来到中国，在中国生活了27年。

他是第一位阅读中国文学、钻研中国古典文献的西方学者，可以说是最早的汉学家，被尊称为"泰西儒士"（利玛窦的号是：西泰），翻译注解了"四书"。他用中文写作的第一部著作是《交友论》，并把它赠送给当地的达官贵人，该著作是文学、智慧和德行的结晶。他还给人介绍如何过目不忘等记忆方法。

利玛窦的贡献在于他致力于传播西方自然科学知识和人文科学，他传播数学、天文、地理等科学知识，最早把星期制度引入中国。1602—1605年，他出版中文世界地图，以及其他著作，得到不少中国知识分子的尊重。著名数学家美籍华人丘成桐（1949—　）说，利玛窦把现代数学引进了中国，他在广东肇庆开始传播《欧几里得几何》等，因此，从某种意义上说，中国现代数学起源于肇庆。

利玛窦的伟大在于他入乡随俗，把中西结合起来，比如他身着中国人的服装，他赞同中国教徒祭祖祭孔，能够运用"四书五经"来宣讲基督教的教义（到雍正帝，天主教传教士不允许祭孔，因此被驱逐到澳门）。其传教方式被称为"利玛窦规矩"，也就是取得高层支持，他广交中国官员和社会名流，包括皇帝、朝廷高官，还有士大夫，这是传播宗教与文化的关键。在朝廷高官中有徐光启、李之藻和杨廷筠三位信奉了天主教，给予利玛窦等传教士很大的支持。这样定位准确，成功率才高。如果高调出马，出师未捷身先死，也就无所谓有多大的贡献。当前中国文化外宣也必须注意结合异国文化，注重方式方法。

利玛窦拥有博爱的胸怀。1610年初，李之藻病倒。在生病期间，利玛窦悉心照顾，深深地打动了他，李之藻受洗成为天主教徒。这一年5月，利玛窦去世。

利玛窦在北京去世，本来应该葬在澳门，但由于他结交上流社会，被皇帝赐地埋葬，这是第一位葬在中国的西方传教士。

3. 龙华民（Niccolo Longobardi，1559—1654）

龙华民，意大利传教士，1597年到达澳门，后来接替利玛窦任在华耶稣会会长。在华传教58年，95岁去世，葬于北京。

龙华民把祭孔祭祖视为迷信，不准教徒参加，引起激烈讨论。著有《地震解》《人身图说》（与邓玉涵、罗雅各合译）等。

4. 郭居静（Lfizaro Catfino，1560—1640）

郭居静，意大利天主教传教士。1593年到达澳门，1594年到潮州，后与利玛窦到北京。随后，在上海、浙江等地传教。在华47年，1640年在杭州去世。

1606年，郭居静在澳门期间，澳门谣传他所带领的耶稣会士要勾结葡萄牙人、荷兰人和日本人，屠杀澳门的中国人，然后武力征服中国，他要当皇帝，这引起巨大的恐慌。澳门的中国人纷纷返回大陆；明朝廷断绝与澳门的贸易，禁止粮食输入澳门，因而澳门粮食短缺，出现粮荒；两广地区拆除上千所民房，防止它们成为敌人的掩蔽所，这使许多居民无家可归，造成两广地区动乱。澳门当局向明朝廷派出使团，澄清事实。最后证明确实是谣言，主要是由于修道士的派别之争、钩心斗角而引起的。

郭居静给徐光启、杨廷筠等名人洗礼传播福音。他在上海建立天主教堂，给一些重病患者洗礼，使他们恢复健康。有一位81岁老人毕生研究中国各教派，寻找自己信奉的理由，却没有皈依。听了郭牧师的布道后，这位老人不仅自己信了天主教，还让全家人接受洗礼。

郭居静同利玛窦合作，于1605年发明了第一套汉字拼音方案《西字奇迹》，为外国人学习汉语提供了便利。

（1）徐光启（1562—1633），上海人，天主教教徒，明代著名科学家、政治家，官至礼部尚书兼大学士（相当于宣传部部长、教育部部长、外交部部长、文化部部长）。在数学、天文、历法、水利等方面研究深入，尤其通晓农学，与利玛窦合作或独自翻译了一些数学、水利、农学方面的著作。他是一位沟通中西文化的先驱，为17世纪中西文化的交流做出了重要贡献。

(2) 李之藻 (1565—1630) 与利玛窦交往最深, 一起翻译了不少著作。他还与葡萄牙人傅汎际共同翻译了亚里士多德的名著, 其中《名理探》10卷, 这是逻辑学在我国最早的译本。他还单独翻译了10多部西方著作, 对介绍西方科学做出了重要贡献。

(3) 王徵 (1571—1644, 音: zhi, 三声), 陕西人。他与邓玉函合作创作《远西奇器图说》, 这是中国第一本有关西方力学的著作。王徵在传播西方科学、促进文化交流方面贡献卓越, 被誉为"南徐(光启)北王"。他与传教士金尼阁、汤若望、龙华民、邓玉函交往很深, 并向他们学习拉丁文和西方科学知识。

52岁时王徵受洗信奉天主教。天主教不允许纳妾, 他想把妾嫁出去, 而妾死活不同意, 可见西洋信仰与中国传统的冲突。李自成起义, 明朝灭亡时, 他的儒家忠君的思想让他深陷困惑, 他自杀身亡。

5. 熊三拔 (Sabbatino de Ursis, 1575—1620)

熊三拔, 意大利天主教传教士, 水利科学专家。

1606年来华, 他与庞蒂我一起协助利玛窦工作。与徐光启、李之藻等共同翻译西方历法。利玛窦去世时, 把手稿资料留给熊三拔。

他文学造诣很深, 擅长绘画; 制造了各种水利机械。

1616年南京教案发生。南京的天主教被控告与儒释道相违背, 被指控种种罪行, 并被诬告与白莲教有染。朝廷将传教士驱逐出大陆到达澳门, 包括熊三拔与庞蒂我等。(庞蒂我, 西班牙人, 跟随利玛窦, 精通汉语。在澳门期间去世)

徐光启命人守护教堂和坟墓, 事件平息后, 他们返回中国。

6. 艾儒略 (Giulio Aleni, 1582—1649)

艾儒略, 意大利天主教传教士。其学识渊博, 通晓天文历法汉学, 有"西来孔子"的美誉。来华前他讲授文学, 明代1610年他到达澳门, 在澳门神学院讲授数学。1613年到北京, 1620到达杭州, 1625年到福建传教长达23年。在福州去世。

他的著作《职方外纪》是继利玛窦之后详细介绍世界地理的中文文献。他也出版心理学等方面的著作。

7. 高一志（Alfonso Vagnoni，1566—1640）

高一志，最初的汉语名字是王丰肃，意大利天主教传教士。他在人文学、修辞学、哲学等方面造诣很深。

1606年，他到达南京。他专心学习汉语，研究经典，著书立说，受到中国学者的高度评价。

1616年，因为南京教案，他被驱逐到了澳门。其间，他写了许多著作，为以后在华传教奠定基础。

1624年，他返回中国，改名换姓为高一志，主要在山西传教。他采取上层路线，与上流谈经论道，畅谈人生。他传教15年，建立教堂50多座，洗礼8000多人，其中，地位较高的功名人士几百人。

1640年，他在山西去世。当地信徒特别是段衮和韩霖为他购置棺木，段氏兄弟捐地五亩为其建造坟墓，金尼阁主持葬礼，仪式非常隆重，从此他长眠段家庄。

意大利传教士艾儒略最早到山西绛州传教。绛州最先信奉天主教的是段衮与韩霖两大家族。段衮和韩霖不遗余力地帮助高一志，他们是他的左膀右臂。段衮在京城与徐光启为友，1620年，他邀请艾儒略到山西传教，给他们家族18人洗礼。段氏自己出资建立教堂，不过经过风风雨雨，命运跌宕起伏。北京大学哲学系孙尚扬教授的著作中列出明末接受洗礼的最知名的十二位基督徒，其中段衮排列第九。

韩霖是山西绛州人，信奉基督，藏书过万，关注兵器，著有《守圉全书》（圉：音yu，三声，防御），是明末一部重要的军事著作，把西方的兵器知识传入中国，大力推广西方铳台法。他执行一夫一妻制，因皈依天主教，把小妾遣走。1649年韩霖被杀。

8. 金尼阁（Nicolas Trigault，1577—1628）

金尼阁，比利时传教士（后来属于法国），著名汉学家。

1610年利玛窦去世6个月后，金尼阁抵达澳门。他主要在杭州传教，1624年金尼阁到山西，建立了绛州的第一所天主教教堂。在杭州病逝。

他是第一位重返欧洲又率领传教团队重来中国的传教士。1613年，他受龙华民派遣到罗马拜见教皇。在途中，金尼阁把利玛窦用意大利文写的日记翻译成拉丁文，取名《基督教远征中国史》，又译为《利玛窦中国札记》，1615年出版。

在欧洲期间他常常身着儒服在公众场合出现，向西方人介绍中国文化，积极向社会募捐书籍等，1618年他带队再次返回中国。随他一起来华的还有汤若望、邓玉函、罗雅各等20位新招募的传教士，这些传教士知识渊博，为中国带来了大量西方先进科学知识。

他携带了大量欧洲经典书籍，包括欧洲古典名著和文艺复兴以后的神学、哲学、科学、文艺等最新成就，有图书7000多部，他拟订了一个庞大的翻译计划，联络了艾儒略、徐光启等中外人士共同翻译。1628年他因病去世，翻译任务随即搁置。

金尼阁和利玛窦开启了用拉丁文为中文注音的先河。金尼阁用汉语撰写《西儒耳目资》，这是他唯一的一部汉语著作，用西方语音学探讨汉语音韵规律，帮助传教士了解汉语，也帮助中国人了解西语，成为中国最早的汉语拼音方案。

他与中国学者张赓（音：geng，一声），将拉丁文本《伊索寓言》翻译成汉语，这是在中国最早的译本。

9. 汤若望（Johann Adam Schall von Bell，1592—1666）

汤若望，德国传教士。

1610年，他学完了哲学、古典文学、数理、天文学等全部课程，在数学和天文学方面成绩突出。他第一次接触伽利略的望远镜，兴趣浓厚。1613年，他进入神学院学习四年，除宗教外，还继续学习研究数学、天文学、地理学、机械力学、化学等课程。

1619年，27岁的他到达中国，是由金尼阁带队，一起来华的还有邓玉函、罗雅各。在中国生活了47年，在北京去世。

他们传教的方式和利玛窦是一致的，注重潜心研究中国经典文献与文化，把西方文化和中国文化密切结合起来，在着装等方面与华人一致，避免了一些激进的做法；同时他们都是大师学者，知识渊博，为学贯中西的大师，对于宗教传播起到了巨大的推动作用。

他官至一品，是顺治帝的好朋友，顺治给他划拨一块土地作为墓地，紧邻利玛窦的墓地。

他建议顺治立康熙为太子，与帝王的良好关系对于天主教的传播非常关键。

10. 邓玉函（Johann Schreck，1576—1630）

邓玉函，德国（现在的瑞士）传教士，1619 年他到达澳门，之后到大陆，病逝于北京。

他是明末来华的传教士中学识最渊博的。他的好友是伽利略，他是第一个把天文望远镜带进中国的。1611 年 47 岁的伽利略成为罗马灵采研究院的第六名院士，而当年 35 岁的邓玉函成为第七名院士。邓玉函在数学、天文学、哲学、医学、植物学等领域学识渊博、成绩卓著，通晓德、英、法、葡、拉丁、希腊、希伯来、迦勒底等至少 8 国的语言文字。

来华途中每周二、周五下午，邓玉函作数学演讲。

（三）康熙时期的西学东渐

康熙（1654—1722）活了 68 岁，在位时间是 61 年，是中国历史上在位时间最长的皇帝，奠定了清朝兴盛的根基。

如前所述，康熙喜好西学，乐意学习西方的数学、医学、天文、地理等知识，发展了与欧洲国家的关系，自己聘用了 11 位洋教师，引入了大量的外国传教士。

有人说康熙皇帝信基督教，他写过一首诗"十字架赞"，诗中把数字一到十、"半两百千万"这 15 个数字，"分、寸、尺、丈" 4 种度量以及无限大的"垓"全部巧妙地融在一起，给人以恢宏、博大、镜明、恩典的感觉。他把耶稣被钉上十字架的过程描绘得非常清晰，表达了万人痛伤的心情，可见他对福音书了解得非常深入。该诗押韵严谨、铿锵有力。

诗文如下:"功成十架血半溪,百丈恩流分自西。身列四衙半夜路,徒方三背两番鸡。五千鞭挞寸肤裂,六尺悬垂二盗齐。惨恸八垓惊九品,七言一毕万灵啼。"①

功成十架血半溪:夸张地指出基督流血程度之深,血流成河,救恩之大。

百丈恩流分自西:相对于中国的位置,基督教来自西域,耶稣钉死在耶路撒冷。

身列四衙半夜路:耶稣被四个衙门审问过五六次,被折腾了半晚上。

徒方三背两番鸡:背:背叛。门徒四处逃散,只有彼得暗中跟随在耶稣后面。不过因为"心灵固然愿意,肉体却是软弱",竟接二连三地否认自己是耶稣的门徒,这应验了耶稣之前的预言;"鸡叫两遍以先,你要三次不认我。"鸡的叫声也寓意着耶稣把光明带给人们。

五千鞭挞寸肤裂:彼拉多明知耶稣无罪,生怕丢掉自己的官帽,仍然判罚鞭刑,鞭打耶稣来讨好民众。据史料考证,当时罗马的皮鞭,是一根杆儿多个绳头,每条绳头是由皮革制成,绳头上还有一些铅丸和尖钩,一鞭子打下去,相当于多次鞭打,血肉横飞。

六尺悬垂二盗齐:恶人把十架竖立起来,耶稣的身体离地面6尺以上。为了极尽可能地羞辱耶稣,把他和两个盗贼歹徒放在了一起。

惨恸八垓惊九品:"垓"为10的20次方,指的是广大土地。九品指的是朝廷官衔。

七言一毕万灵啼:耶稣悬在十架上,前后说了七句话,寓意深刻,句句恩言。也正是因为耶稣替人受难,才让人的罪恶得以赦免。如此恩典,世人怎能不为他的逝去而痛心?

这首诗写的是耶稣受难的过程,淋漓尽致,这并不能说康熙信基督教。据史料记载,他皈依道教,与北京白云观的方丈王常月关系密切,并在他手下受戒。我认为受中国传统儒家经典影响,康熙不会公开承认

---

① http://blog.tianya.cn/blogger/post_show.asp? BlogID=2197219&PostID=18256996.

信奉基督。不过，他身边的基督徒、基督教的慈善活动等肯定给他莫大的影响，他对宗教实行宽容政策也可以说明这一点，他在位期间各种宗教信仰有了很大发展。

来华的传教士大多博学多才，为清政府的发展做出了巨大贡献。他们来自不同国家，致使文化交流多元化，有法国人、比利时人、德国人、波西米亚人及意大利人。他们擅长的学科以理工科为主，这些传教士开拓了康熙的视野，弥补了中国当时的不足，涉及数学、历法、天文、地理、光学、医学（解剖）、哲学、音乐。因为康熙和这些传教士的特殊关系，当时的传教环境也非常好，甚至皇子争权夺利时，也把信奉天主教作为人品考核的一个方面，成为个人政治前途的一个工具。

因康熙喜欢数学或者显摆数学，康乾在位期间出现了许多数学人才，数学人才得以重用，例如，康熙把成就突出的梅毂成调进宫中重点培养。

康熙注重与西方的文化交流。他曾委派传教士闵明我返回欧洲招募人才，希望增进中西方科技文化交流。

1. 康熙时期的数学发展与成就

因着康熙的缘故，崇尚"四书五经"的风气逐渐偏向了数学，康乾期间出现了许多数学大家。

（1）梅文鼎（1633—1721）

梅文鼎深究中国古代70余家历法，而后与西历会通，著有数学方面的书籍200多卷。

梅文鼎是17世纪"三大世界科学巨擘"之一（擘，音：bo，四声，杰出人物），另外两位是英国的物理学家牛顿（1643—1727）、日本的算圣关孝和（1642—1708）。

29岁时，他在南京结交了数学历法高手方中通（方中通曾与汤若望谈论历法）、薛凤祚，相约10年后，看谁著述研究好、成果大。

39岁时，他在洋人教堂听布道时，对于传教士标榜西方数学比中国发达而不满，回家潜心研究中国典籍，一年后写成《方程论》。

50岁时，他被召入宫中，编撰明史历书。他得到康熙数学老师、法国传教士安多的器重，两人经常在一起讨论数学问题。

梅氏家族的数学人才接连不断，文鼎的弟弟文鼐（音nai，四声，意思是"大鼎"），堂弟文鼏（音mi，四声，意思是"鼎的盖儿"），儿子以燕，孙子瑴成、玕成，曾孙玢、钫，形成了祖孙四代的"宣城数学派"，闻名海内外。

（2）梅瑴成（1681—1764）

梅瑴成，23岁时，被康熙调进宫中深造，他学习西方数学知识，重视在明朝被废弃的中国古代数学。

梅瑴成把祖父梅文鼎的著作进行汇编，共整理了33种60卷数学著作。

（3）薛凤祚（1599—1680）

薛凤祚，清初天文学家、数学家。益都金岭镇人，益都以前指的是临淄，现在的青州市也曾经叫作"益都"。

金岭镇地理位置重要，交通发达，明清时建有驿站，四面八方的人才会聚于此。

元末明初，各地回族也纷纷在那里定居。回族的流动性、开放性很强，善于经商，回族及伊斯兰文化对薛凤祚也有很大的影响。

他不仅跟随中国大师学习，而且向西方传教士学习，学习了多种西方语言文字，吸取了西方多种自然科学如识。他跟随意大利传教士罗雅各学习过，也跟随德国传教士汤若望学习过，46岁时又在南京认识了波兰传教士穆尼阁（1610—1656），向他学习西方自然科学知识。52岁时，他拜穆尼阁为师，学习西方天文、历法等，并协同他翻译西方天文历算。穆尼阁是第一个在中国传播哥白尼《天体运行论》的外国人。

薛凤祚学贯中西，以历算闻名，他把西方科学知识引入中国，为中国的科学事业做出了重大贡献。

76岁时，他辅助清政府治理黄河，提出自己的独到见解。

2. 康熙年代来华的传教士

(1) 南怀仁 (Ferdinand Verbiest, 1623—1688)

南怀仁,比利时传教士,1658年他来到中国,官至正二品。他是康熙皇帝的第一位科学启蒙老师,他精通天文历法,传播西方科学知识。

康熙喜欢学习外语:康熙和南怀仁老师一起打猎,看到一种罕见的鸟,康熙问这种鸟用法兰达斯语怎么说?法兰达斯语是南怀仁的母语。南怀仁多年前和康熙讲过,但怎么都想不起来了。就在此时,康熙说了出来。可见,康熙对外语或者某些单词是非常在意的,有些铭刻在心。

南怀仁推荐徐日升为康熙的音乐老师。徐日升 (Thomas Pereira, 1645—1708),葡萄牙天主教传教士。1672年到达澳门。1689年,中俄尼布楚谈判时,徐与张诚为中方拉丁文翻译。

因为康熙注重西学,传教士得以被重视,例如,白晋、雷孝思、杜德美等人都得到重用。在民间,基督教传播非常顺利。

康熙身边的传教士比较多的是法国人,一开始法国派出了第一批牧师,是一支5人团队,他们于1687年来华,包括:白晋、张诚、洪若翰(数学家;献给康熙温度计,时叫"验气管";法国牧师的领队、会长;没有留下多少著作,不过他与西方的通信对于研究中西交流具有非凡的意义)、李明(擅长天文、地理)、刘应(擅长语文)。

(2) 白晋 (Joachim Bouvet, 1656—1730)

白晋,法国传教士,在华43年。在神学、语言学、哲学和自然科学等方面研究深入,尤其对数学和物理兴趣浓厚。1687年,他来到中国,为中西文化交流做出了卓越贡献。

白晋是最早研究《诗经》的汉学家。

白晋与张诚同为康熙的数学老师。他和张诚在精通满汉语言大臣的协助下,用满语撰写讲稿,早上四点入宫,天天给康熙上课。康熙练习计算、动手绘图,在近半年的时间里,熟练地掌握了几何,学会使用圆规等仪器。

白晋与张诚(一说:洪若翰)治愈康熙的疟疾,被赐地建房作为教会场所传播天主教。

白晋被康熙钦定为特使，返回法国，以促进中法关系，康熙送给法国国王路易十四珍贵书籍，路易从财力和人力上更加支持法国教会的活动。

白晋召集了一些传教士，一起随他到达中国。这是路易十四派出的第二批，其中，一艘船上搭载8名传教士，分别是雷孝思、利圣学（在宁波建立教堂）、翟敬臣（葬于北京）、马若瑟（江西传教，研究汉语与文学，试图从中国古代典籍中发现基督教的踪迹；第一个把《赵氏孤儿》翻译成法语；撰写汉语章回小说《儒交信》，即儒家与基督教相融合）、巴多明（深受康熙喜欢，常伴左右；建议测量中国疆土；主要研究中医学，应康熙之命以满文编成一套西方解剖学著作）、南光国（通晓音乐，为第一个在中国独奏小提琴者）、颜理伯（通晓音乐）、卫嘉禄（建筑学家，给中国画师传授西洋技法）。

另外一艘轮船上也搭载了4名牧师，他们提前出发，如孟正气（法国建筑师，在开封犹太会堂绘有壁画）、傅圣泽（评批《道德经》，翻译中国经典；在华22年，把中国古籍共4000多册带回法国，捐献给法国皇家图书馆，便利了法国对中国经典的研究）。

白晋的这次出行深得康熙喜欢，两人经常探讨天主教和儒教的共性。

法国传教士为清政府测绘了全国地图，进行地图测绘工作的人员共有10人，其中8位是法国人，分别是白晋（法国，通晓满文、擅长化学）、雷孝思（法国，博学家）、张诚（法国，擅长数学）、杜德美（法国，数学家，第一次让西方认识人参，贵如黄金）、冯秉正（法国，通晓汉语和历史）、山遥瞻（法国）、汤尚贤（法国）、德玛诺（法国）、费隐（奥国）、麦大成（葡萄牙）。

（3）雷孝思（Jean Baptiste Regis，1663—1738）

雷孝思，法国传教士，为地理学家、历史学家、博学家。

1698年，他随同白晋来华。在华40年，于北京去世。

名字出自《诗经》"永言孝思，孝思维则"。孝顺父母是做人的基本原则。

他把《易经》翻译成拉丁文。

（4）闵明我（Domingo Fernández Navarrete，1610—1689）

闵明我，西班牙传教士，数学家。

他受康熙委派，到欧洲招募人才。

他是第一个向西方介绍豆腐的，1665 年他在《旅行记》中最早介绍豆腐（teu fu），还介绍豆腐的做法。豆腐是中国的传统食物，被广泛食用深受喜爱。

（5）圣白多禄（San Pedro Sansy Jordá，1680—1747）

圣白多禄，又译为圣桑实等，西班牙人，天主教传教士。1715—1747 年他在福建传教，共计 32 年。

1723 年雍正皇帝登基后，清政府加大力度禁止天主教活动。

1724 年，清政府把传教士集中起来驱逐到澳门。1732 年，圣白多禄被驱逐到澳门。1735 年，雍正驾崩，圣白多禄潜回福建继续传教。

1747 年在福州他被定罪斩首。1748 年，四名先后被捕的西班牙神父施方济（Franciscus Diaz）、德方济（Franciscus Serrano）、华雅敬（S. Joachim Royo）、费若望（J. X. Alcber），也被处死。

梵蒂冈于 2000 年为 120 名在中国殉教的教徒封圣，包括圣白多禄。中国基督教协会、三自爱国运动委员会、外交部强烈抗议这一行为。因为有些传教士充当了帝国主义侵略中国的帮凶；有些传教士依仗不平等条约胡作非为，导致大量中国民众丧失生命。

比如，一位借传教的名义从事非法活动，被判刑，他是刘方济（Franciscus de Capillas，1607—1648），西班牙人，1641 年到中国传教。

他特别发展年轻女教徒，造成家庭不和，致使夫妻离散。他欺骗一位已订婚的青年陈某，骗她不要出嫁，硬是拆散了她和未婚夫的关系。更有甚者，他把陈某人拐带外逃。刘方济还与一位寡妇通奸，生下一个私生女。当地群众举报，清政府将刘捉获归案，并于 1648 年处死。

梵蒂冈天主教与基督教新教有较大的差异，它和中国大陆天主教会之间的关系一度比较紧张。

(四) 清朝末期的西学东渐

明末清初来华的传教士以天主教为主,由于利玛窦等人注重中西结合,除了个别事件,天主教传播比较顺利,到清初康熙时期达到巅峰。

康熙之后,清政府禁止基督教传播,从1724年起大量教徒被驱逐到澳门,从此禁止传教开始,约有100年的时间。

19世纪初期欧洲新教传教士再次登陆中国。这些来华传教士中的第一位是英国的马礼逊,当时传教气氛仍然很紧张,于是他们大多以经商为掩护,从事传教。

到了19世纪中叶鸦片战争后,清政府与西方列强签订各种条约被迫对外开放,基督教新教的传播才迅速发展起来。

这些新教教徒创办学校,直接或间接地培养了大批人才,印刷和翻译了大量中西经典,为晚清与民国做出了巨大贡献。

当然,众多的宣教活动,与中国传统文化发生冲击。各类教案时有发生,八国联军侵华前的40年间,全国发生了各类教案800多起,平均每年20起。这与清政府的软弱、帝国列强给中国百姓带来的剥削不无关系。国内矛盾让外国人趁机入侵,软弱的保守派又大错特错,用洋枪洋炮对付中国人,是中国人所不容的。据此看出清府内部主战派和妥协派、改革派和保守派两股势力对抗的严峻形势。义和团的牺牲是清政府和帝国列强共同造成的,真正受害的是中国民众。中国的教徒成了牺牲品,中国的教徒有2万多人被杀;八国联军烧杀掳掠,疯狂抢夺,大量珍品流失;清政府的巨额赔款与难以掌控的贸易活动,不仅挫败了中国的传统行业,而且加剧了中国人民的负担。

历史事实表明,只要人员过多地涌入一个地方,那个地方势必要发生冲突。美国的西进运动,是以土著居民的被杀、被圈为代价的,大量欧洲移民的涌入导致美国土著居民和殖民者双方极大的冲突。

帝国列强借着某个理由进入中国,武力的强势是剥削的保障与前提,哪有公理可言?资本的积累就是在掠夺和剥削的基础上的,弱者总要被分而食之。

我们不能因为帝国侵略者而忽略了传教士的贡献,虽则有些传教士做出了出格的另类事情,但是绝大多数还是博学、博爱、关心百姓疾苦、替百姓解忧的仁义之士。

1. 英国的新教传教士

(1) 马礼逊(Robert Morrison, 1782—1834)

他是西方到中国大陆的第一位基督新教传教士,汉学家,为近代中西文化交流的先驱,在华25年。英国"汉学之父"乔治·斯当东(Sir George Thomas Staunton, 1781—1859)认为马礼逊是公认的欧洲第一流的汉学家。美国人亨特称马礼逊是一位享有世界声誉的传教士和汉学家。

1807年,他乘船离开英国,途经美国,受到美国国务卿的赞扬与支持,带着国务卿写给美国驻广州领事(商馆)卡林顿的信,国务卿要求领事给马礼逊提供一切方便。

当时清政府禁止传教,他也遭到罗马天主教主教的仇视。他在广州去世,安葬于澳门。

1) 翻译出版《圣经》:从1807年到达广州,一直到1823年,前后经历16年,他和米怜把全部的《圣经》译成中文,自己翻译11卷多,米怜翻译了近10卷,马礼逊校对。他把基督教经典《圣经·新约》和《圣经·旧约》共21卷完整地介绍给了中国。《圣经》搭起了中西文化、语言交流的桥梁,因出版《圣经》直接推动了中国近代的出版业。

2) 编纂双语字典:从1808年开始他编写第一部《华英字典》,整部字典在1823年出齐,前后历时15年,共有六大本,由马礼逊独自编纂。这部字典相当于百科全书,介绍了中国各派宗教哲学及神话传说、中国礼仪和风俗习惯、著名历史人物、中国天文学、音乐戏剧等。

3) 翻译中国经典:1812年,马礼逊翻译出版了中国的《三字经》(*The Three-Character Classic*)、《大学》(*The Great Science*)等。

4) 创办杂志:1815年,他创办第一份中文月刊,在中国报刊发展史上位居首位。1832年,马礼逊又和美国传教士裨治文编辑英文《中国丛报》(*The Chinese Repository*)。马礼逊是重要的撰稿人,从创办到马礼逊去世也就两年多的时间,他写了 97 篇稿子,内容涉及中国的政治、法律、哲学、宗教、自然、物产、语言、文学、人口、对外关系等。

5) 创办双语学校:马礼逊在香港创办学堂。1818 年马礼逊、米怜和梁发在马六甲创立了全世界第一家中英文双语学校:英华书院。

学堂培养了大量人才,中国留学第一人容闳、黄宽就是马礼逊学堂的学生。

①容闳(Yung Wing,1828—1912),广东香山人,著名的教育家、外交家。是第一个毕业于耶鲁大学的中国留学生,他组织了第一批公派赴美留学幼童,被誉为"中国留学生之父"。

②黄宽(1829—1878),医学家、教育家。是第一位留学英国学习西医、获得医学博士学位的学者。幼年父母双亡,依靠祖母抚养。从 13 岁开始他在学堂学习了 6 年。先赴美,又到英国学习。

③唐廷枢(1832—1892),是中国洋务运动的重要人物,在马礼逊香港的教会学堂学习了 6 年,通晓英语。担任翻译十多年,后来成为英国怡和洋行的买办(1863—1872)。1873—1876 年,其活动主要在轮船招商局,收购了美国旗昌轮船公司。1876 年他受李鸿章的委派,筹办开平煤矿,9 年后专管开平煤矿。

马六甲的英华学院更是人才辈出。

④何福堂(1817—1866),在英华书馆读书学习,多才多艺,擅长布道,成为香港第二位华人牧师。(中国第一位基督教牧师是梁发,结识马礼逊,随米怜到马六甲从事印刷行业。著有名著《劝世良言》,影响很大)

⑤何启,何福堂的儿子,留学英国,为香港著名的基督徒医生、律师、政治家、企业家、慈善家,是香港首位获封爵士的华人。他在香港建立西医书院,孙中山于 1887 年到西医书院读书,成为该书院的第一批学生(共 9 人)。何启是孙中山的老师,给他以启发,支持其革命活动。

⑥郑观应（见后）也在英华书馆读了两年夜班课程。

⑦修德（Samuel Kidd，1804—1843）曾在英华书院教授中文，回英国后，他成为伦敦大学的第一位汉语教授，推广汉语及文化，对中西文化的交流影响巨大。

书院培养了许多翻译人才，比如英方首席翻译官马儒翰（马礼逊的儿子）。

钦差大臣林则徐被誉为"看世界第一人"，他组建了翻译团队以了解西方科学知识。林则徐认识到他对欧洲的了解具有很大的局限性，他还认识到要沟通东西两个世界，关键在于培养和使用外语人才。

他的翻译人员有许多是英华学府培养的，例如，亨特（William Huntter，1812—1891，美国人）、袁德辉（中国翻译家，林则徐翻译班子要员，翻译《国际法》）、梁进德（中国翻译家，梁发之子，10岁接受裨治文培养，特别精通英语）。

林则徐翻译团队中还有林阿适和亚孟。

林阿适（Liaon Ashee），又名亚林，英文名为卫廉·波特尔和（William Botelho）。

他早年留学美国，比容闳还早了20多年。

林阿适是怎么去的美国，或者是在美国出生等信息，笔者查不到有关资料，只是说他流浪波士顿街头，受基督教支持于1822—1825年在美国教会学校里念书。1825年他返回广州传教，1839年受聘于林则徐。

亚孟，林则徐的翻译。

父亲是中国人，母亲是孟加拉人。亚孟跟随英国浸信会牧师马什曼在印度读书，读了十多年书。返华之前，亚孟在协助马什曼传教。

除了以上这些主要译员外，林则徐还有梁廷枏、张维屏、俞正燮等专家为他出谋划策，相当于他的智囊团。

梁廷枏（音：nan，二声，同"楠"），专心著述，研究西方。《海国四说》包括《耶稣教难入中国说》《合众国说》等4篇，明确介绍西方的政治、经济、社会、文化状况。他在著作中指出西方国家的长处，以警告国人不能沉迷，应当正视现实。

张维屏清末著名文学家，林则徐禁烟前与他长谈。他非常关注时局与战争，创作了《三元里》《三将军歌》等长诗，记叙了广州人民抗击英军入侵的史实。

俞正燮潜心著述，著作等身，他心系国家盛衰、社稷安危，高度关注民生问题。他精通古典文献，博杂兼顾，擅长考据，精益求精。

（2）麦都思（Walter Henry Medhurst，1796—1857）

麦都思，英国传教士，汉学家。

1816年，他被英国伦敦会派往马六甲，建立印刷所。之后，他学会马来语、汉语和多种中国方言，并编辑出版了30种中文书籍。在南洋期间，他独立编写、发表的中文书刊达30余种，为近代地理和历史的传播起到了促进作用。

1835年，他到达广州，后又到山东、上海、浙江、福建等地活动，不久回国，1839年又来到中国。1841年鸦片战争中任英军的翻译。

1843年，他到上海传教，圈买了大片土地，建造教堂、医院，该医院是上海第一所对华人开放的外国医院。

麦都思创设中国第一个近代印刷所：墨海书馆，另外三位合伙人是艾约瑟、美魏茶、慕维廉。初期书馆仅仅印刷《圣经》和宗教宣传品，从1850年开始印刷西方科学知识等书籍。招聘了一些中国文人，因此培养了一批杰出的人才，例如，我国最早的政论家王韬，在书馆工作了13年（1848—1862），他深受西方文化的影响。

1857年，麦都思回国，不久逝世。他著作等身，有中文59种，马来文6种，英文27种，著有《中国》《汉英字典》《英汉字典》《上海及其近郊概述》等书。

1）王韬（1828—1897）坚信中国只有变法，才能适应历史时代潮流。

因涉嫌与太平天国运动牵连，王韬被清政府通缉。1870年他到达香港，担任理雅各的助手，翻译中国经典。他又到其他国家旅居了3年，深感清政府的落后，认识到落后是挨打的原因。他再次回到香港，创办了中国历史上第一份由华人主办的日报《循环日报》,评论当时政局,首开"文人论政"的先河。林语堂称他为"中国新闻报纸之父"。1875年王韬发表了著名的《变法自强》三章,奠定了他在中国近代史上变法维新先驱的地位,他的报纸及言论影响了许多变法维新的人士。

1884年,王韬获得清政府默许回到上海,从事报纸编撰工作。第二年他出任上海格致书院院长,开展西式教育。

2)郑观应(1842—1922)是中国最早具有完整维新思想体系的理论家、实业家、教育家。他受王韬的影响,著有政论短文,1879年他委托朋友找到王韬,想让他批评指导自己的书稿,没想到王韬给出版了。郑观应后来在澳门对发表的文章进行修改增补,1892年出版了《盛世危言》,收集了近百篇文章。该书一出,举国震动,人们纷纷阅读。光绪帝看后非常高兴,批示印制2000本,分派给大臣及各省高级官员阅读学习。市面上盗版翻印多达十多万本,该书也成为科举考试的必读书目。康有为、孙中山等都受其影响,毛泽东年轻时也经常阅读。

《盛世危言》提出了一系列内政改革措施,对政治、经济、军事、外交、文化等方面提出了切实可行的改革方案。主张向西方学习,倡导组织人员翻译西方富国强兵的书籍,让所有人都学习这些先进经验;主张加快工商业发展,鼓励民办开矿、造船、修建铁路;提出保护性关税政策;大力宣扬西方议会制度,主张清政府实行君主立宪制。(从历史事实来看,清政府晚期垂垂老矣,内部矛盾尖锐。慈禧慈安两人垂帘听政到慈禧独自一人垂帘听政,光绪帝维新变法因和保守派冲突而失败,让挨打成为必然。38岁时光绪帝驾崩,死因成为谜团。2008年,基因鉴定确认他是被砒霜毒死的。死前身边的贵重器具早被偷走,没有一个太监在身边伺候他)

(3)艾约瑟(Joseph Edkins,1823—1905)

艾约瑟,英国传教士,著名汉学家,翻译家,1848年来华,在华57年。1905年,他在上海去世,享年82岁。

他就读于伦敦大学,受过系统的从古典到近代的文史和科学教育。

1）创办出版社：1848 年他到达上海传教，与麦都思、美魏茶、慕维廉等传教士创建墨海书馆，为上海最早的现代出版社。与其他传教士一起，培养出一批学贯中西的学者，如王韬、李善兰等，并合作翻译、出版了许多介绍基督教信仰、西方政治、历史、科学、文化等方面的书籍，为中西文化思想交流做出了巨大贡献。

2）创办杂志：1863 年，他到达北京。1872 年，在北京与丁韪良创办月刊《中西闻见录》，该刊介绍西方文化，如古希腊古罗马的文学家、哲学家、史学家及科学家等。

3）精通多国语言：1880 年，他被清政府海关总税务司赫德聘为海关翻译。艾约瑟具有卓越的语言天才，他掌握的语言有约 17 种，包括英、法、德、拉丁、希腊、希伯来、波斯语、叙利亚语、梵语、泰米尔语（印度、斯里兰卡等地使用）、日语、朝鲜语、蒙古语，更重要的是汉语，少数民族的语言包括苗语、满语、藏语等。

4）研究中国文化：他对中国儒释道三教的研究最为精深。他认为只有真正了解中国人的主要宗教信仰，才能在宣教谈道时把握住方向和重点，扫清人们心灵深处的障碍，最后让他们皈依基督教。

他的主要著作有《中国的宗教》《中国在语言学方面的成就》。

（4）美魏茶（William Charles Miline，1815—1863）

美魏茶，英国传教士。他是传教士米怜的儿子。

1839 年，他前往中国传教。

1843 年，他与麦都思、马儒翰（马礼逊的儿子）组成《圣经》翻译委员会。

1856 年，他任福州领事馆翻译，后到北京的英国大使馆担任教师。

1863 年，他因中风去世，享年 48 岁，葬于北京。

（5）理雅各（James Legge，1815—1897）

理雅各，英国传教士，著名汉学家。他与法国的顾赛芬、德国的卫礼贤并称汉籍欧译的三位大师。

他和美魏茶是小学同学，受米怜影响，皈依基督教。1839 年他与美魏茶一起到中国传教。

1845年,他因病回国并带走三名男生(吴文秀、李金麟、宋佛俭)和一名女生,这应该是最早到英国的留学生,为第一批进入白金汉宫的中国学生,受到维多利亚女王的召见。

1848年,理雅各返回中国。可以说是经历各种磨难:途中轮船失火,他组织救火。在香港遭遇台风,他的一个女儿遇难。1852年第三次台风后,妻子病逝,两个女儿夭折。1853年理雅各最小的女儿在回苏格兰的路上去世。

1853年,理雅各提出了奖学金制度:《圣经》或"四书"掌握最好的学生获得奖励1.5英镑,英语或地理读得最好的奖励1英镑。

他是第一个系统研究、翻译中国古代经典的人,1861—1886年的25年里,将"四书五经"等主要典籍全部译出,共计28卷。他的多部著作如《中国的宗教:儒教、道教与基督教的对比》等在西方汉学界占有重要的地位。

1873年,理雅各到中国的北方观光,痛惜中国的落后状况。当年,他也到过孔府,之后他离开香港,回到英国。他公开反对鸦片贸易。

(6) 顾赛芬 (Couvreur, Seraphin, 1835—1919)

顾赛芬,法国学者。1870年,他来到中国,传教多年后返回法国。1904年他再次来到中国。

他热爱中国古典文学,翻译了大量的中国典籍,包括"四书"、《诗经》《书经》《礼记》等,把汉语译成法语和拉丁语。他的翻译严格忠于朱熹学派的诠注,译作十分严谨,很少带有个人见解,为后人研究提供了比较客观的依据。

他编写了多本汉语法语、拉丁语词典,对于外国人理解汉语提供了最大的帮助。

顾赛芬在他人诋毁中国文化的时候,毅然站出来为中国文化辩护。

(7) 李提摩太 (Timothy Richard, 1845—1919)

李提摩太,英国传教士。

1870年底,他到达上海,随后去山东烟台、青州等地传教,他同时学习佛教、儒家和伊斯兰教著作。

1875年,光绪初年(光绪4岁,慈禧慈安垂帘听政),华北大旱灾。死亡人数近千万,他呼吁慈善家积极参与救济。

1876年山东遭遇灾荒,他大力赈济难民,发放3万多两白银(相当于600多万元人民币),暂时收养了400多名孤儿。

1878年初,李提摩太进入受灾最重的山西。他描述了当时的场景:狗拖着尸体;乌鸦和喜鹊啃食尸体;一堆裸尸。

李提摩太等外国传教士到内地赈灾,清政府却猜忌他们的行为。山西巡抚曾国荃看到他的真心实意后,派官兵辅助。1878年10月,33岁的李提摩太离开山西去山东结婚时,曾国荃给他写了一封信,充满赞美之辞。

李提摩太自带银两不多,但他通过日记等形式向海外通报灾情,募捐效果空前。据统计,受助家庭达到10万户,人员25万人。李提摩太及助手负责发放了12万两白银(相当于2000多万元人民币)。

1880年,他得到李鸿章的支持。

1886年,他到北京担任曾国藩家族的英语老师;他介绍西方各国的教育情况,并建议清政府每年拿出100万两白银作为教育改革的经费。他和许多政府官员,如李鸿章、张之洞都有较深的交流,因而对清政府的维新运动有很大影响。在戊戌变法运动中,他与梁启超、康有为建立了良好的个人关系。他也曾聘用梁启超担任他的中文秘书。

1901年,义和团运动之后,李提摩太请求各国政府把一部分中国赔款拿出来在山西等地建立大学。他认为庚子事变的一个根本原因是因为教育没有普及,如果教育普及的话就可以减少类似的仇外事件。

1916年,他因身体健康回国。在生命最后的两年多时间里,他撰写了自己的回忆录《亲历晚清四十五年》,成为研究近代中国的珍贵历史资料。

青州市建有纪念李提摩太的教堂,该教堂为当地最大的浸信会教堂。

（8）伯格理（Samuel Pollard，1864—1915）

伯格理，英国传教士，他创造了苗文，对苗族的发展贡献巨大。他因传染病死于云南。

1887年来华，他在安徽学习汉语半年后，到云南传播福音。

1）救济难民，治疗病人：1892年，云南昭通遭遇饥荒。柏格理和妻子不知疲倦地拯救难民，让当地人真实地感受到了他们的爱心。他家成为当地人的西医医院。去世前一年，他与英国的防麻风病组织联系，设法治疗麻风病人，他去世后治疗活动继续进行。

2）建立学堂，广泛施教：他最先开设了天文、地理、英语、算术等新课程。他最早在中国提倡妇女解放，创办女子识字班，在云南、贵州和四川提倡解放小脚。伯格理的一句名言广泛流传，"哪里有教堂，哪里就有学校"。许多教堂和学校融为一体，平时做教室，礼拜天就变成礼拜堂。

1899年，他印发了2000多本小册子，劝说人们不要种植鸦片，鼓励种植蚕豆取代鸦片。

1904年，他在石门坎建立学堂。石门坎位于贵州西北角，是靠近云南的边远小镇。

1905年，他发明了苗文，为苗族创立了一套简明易学的拼音文字，这样苗族的传说、历史、文化有了新的载体。伯格理等人把《圣经》和赞美诗翻译成苗文。

他培养出苗族的第一个医学博士吴性纯。

吴性纯（1898—1979）在伯格理创办的石门坎小学读书，得到基督教资助。1921年考入著名的华西协和大学牙医学院，1929年获美国纽约州州立大学医学博士学位，是中国第一个获医学博士学位的苗族。

大学期间，除了教会资助，他勤工俭学，给一个俄国人教苗语，获得他的资助，得以完成学业。

毕业后为了感恩，他放弃优厚条件，毅然回到家乡，担任石门坎小学校长，并亲自进行英语教学。他创办苗族历史上第一所平民医院，因医术高明他被誉为"神医"。

（9）苏慧廉（William Edward Soothill，1861—1935）

苏慧廉，英国传教士，牛津大学汉学教授，教育家。

融行医、办学与传教三位于一体。

他系统地引进西医，帮助人们戒除鸦片毒瘾。

1897年，他建立定理医院（现在的温州第二人民医院），1906年扩建为白累德医院，为民国时期浙南最先进的西医院。

他创办温州艺文学堂，邀请名人来演讲，如上海广学会负责人李提摩太被邀请去演讲。

1）翻译《圣经》：1883年他到达温州，传教25年。他翻译的《圣经》独具风格，也就是他把《新约》翻译成温州话。

2）编写字典：他编写了便于外国人学习中文的《四千常用汉字学生袖珍字典》。

3）翻译《论语》：1907年，苏慧廉担任山西大学堂校长（当时中国有三所公立大学，另外两所是京师大学堂和北洋大学堂）。其间，他把《论语》翻译成英文，其版本为牛津大学最认可的经典翻译，印了30多版。

苏慧廉不仅自己学习中国音乐，还建议直接用中国乐曲为唱诗班伴奏。

1911年，他回国筹款，希望建立"华中大学"，因为"一战"而没有实现。

他回国后，女儿谢福芸（Dorothea Hosie，1885—1959）在北京继续办学，学校名字是"培华女子中学"。1916年，林徽因就读于这所中学。谢福芸为作家，写了一些游记和关于中国人的故事和小说。

20世纪20年代以后，中国所有的高级知识分子访问牛津大学都是由苏慧廉接待，如蔡元培、胡适等。

1925年，英国为庚子款项专门成立了一个咨询委员会，共有11名委员，包括苏慧廉，还有三位中国委员，分别是胡适、丁文江及王景春。

1929年，费正清投入苏慧廉门下，后来成为著名的汉学家。他建议费正清去中国调研考察,并学习中文。

2. 德国新教传教士

(1) 花之安 (Ernst Faber, 1839—1899)

花之安,德国传教士,汉学家、植物学家。葬于青岛。

1865年,他到达香港,后在广东传教,传教十多年。因喉部问题发音困难,他专心研究汉学,主要以文字著述传播教义福音。

1885年,他到达上海,专门从事研究,试图用儒学思想来诠释基督教义。他潜心研读了大量的国学经典,赞同利玛窦等耶稣会士的观点,把基督教和国学密切结合起来。他认为,基督教与孔孟之道在根本上是相通的。只有当基督信仰达到"补儒、合儒、超儒"的时候,才能得到中国知识分子的认可。

他被誉为"19世纪最高深的汉学家",著有《中国妇女的地位》《从历史角度看中国》等著作。

他最著名、影响最大的著作是《自西徂东》(Civilization, China and Christian),英文是三个C开头的单词,意思分别是:文明、中国、基督教。其启发性至今还熠熠生辉,他对比中西方文明,指出晚清中国社会、道德、文化等落后于西方的方面,提出只有基督信仰才能解决中国存在的问题(徂,音cu,二声,意思是"往、到")。

花之安的这部著作最初由林乐知创办的《万国公报》连载发表,1884年该著作由一位英商出资在香港正式出版发行。

1888年,南京传教士被赠送一万册《自西徂东》,然后分发给应试学子。1893年,德国传教士克兰思捐资印刷该著作,送给中国士人。1888—1911年,共发行了54000册,该书产生了重大的影响,特别是在希望变革的知识分子中间深受欢迎。该书是光绪帝的首选,有人认为《自西徂东》是晚清影响最大的西书。

作为植物学家,花之安与美国传教士赫斐秋(Virgil Chittenden Hart)深入四川峨眉山,研究植物,命名新植物;在青岛期间,他也撰写植物学书籍。

（2）卫礼贤（Richard Wilhelm，1873—1930）

卫礼贤，德国传教士，在他 57 年的生命中，有 20 多年是在中国度过的。

1899 年，他到青岛传教，1920 年离开山东，其间主要精力用于办教育、办医院，并深入探究中国传统文化。他曾说：令我感到欣慰的是，作为一介传教士，在中国我没有发展一个教徒。

1）翻译经典文献：辛亥革命后，他与康有为在青岛组织尊孔文社，翻译了许多经典，译成德语，至今仍在发行，包括：《论语》《道德经》《庄子》《孟子》《易经》等。还著有许多专著，例如，《中国的精神》《中国文化史》《中国哲学》等，是"中学西传"的功臣。

2）研究孔子儒学：1903 年卫礼贤在青岛做了一个学术报告，题目是《孔子在人类代表人物中的地位》，高度评价了孔子。于 1909 年，他发表论文《孔子的意义》。

欧洲各个国家派到中国的传教士非常多，不一一赘述。

二 明末清初，中美间的文化交流

为了把中美间的交流关系较为清晰地给予展示，本文以"二战"、中美建交等为节点标志，分为几个阶段。

（一）18 世纪中后期清朝乾隆年间的中美贸易

最早到达中国的美国人是商人，中美关系从贸易开始。

1. 到达中国的商船

1776 年美国宣布独立，而 1783 年美国独立战争结束，美国才真正独立。由于英国对美国禁运，美国把贸易目标指向中国。

1784 年中美两国首次通商。当年美国的"中国皇后号"商船来华，目的是进行贸易活动。这是一艘原在海军服役的帆船，为了保证安全，该商船保留了战船的全部武器。改装后被命名为"中国皇后"号（The Empress of China），含有尊重中国皇室的意思。

1784 年 2 月 22 日，该船从美国出发，这是良辰吉日，为华盛顿总统的生日。8月初到达澳门，月底到达广州。

该船返回时，运载中国特色的物品比如茶叶和丝绸，船长大赚了一笔。据说，华盛顿总统也抢购了300余件中国产品，比如瓷器和象牙扇。策划人莫里斯名利双收，成为美国的第一任财政部部长。

1786年，皇后号再次前往中国。随船的商务代理山茂·萧（Samuel Shaw）被任命为第一任驻广州领事。后来美国国会及地方政府制定一系列优惠政策，对华贸易迅速发展。众多的商船驶往中国，中美贸易蒸蒸日上。

2. 最早到达美国的中国人

商人间的贸易是初期中美的主要活动。商船招募的水手是第一次到达美国的中国人。第一艘把华人带到美国的轮船是"智慧女神号"，船长本来是做中国和印度的生意。看到商机，他招募了三名中国水手，载着茶叶和丝绸向美国出发，1795年到达美国东部城市巴尔的摩。

到达后船长不支付水手的返程费用，相当于抛弃了他们，水手们被美国善人收留。通过官司，宾州答应利用政府款项把他们送回中国。然而，最后他们失踪了，这应该是到美国最早的中国人。

中国和美国的贸易发展迅速，自然也引发了激烈的竞争，到1819年美国商船的数量增加到47艘，然而美国的经济危机又一下子让中美贸易进入低潮期。

随着商业活动，有些中国商人把孩子送去美国学习生活。

3. 中美著名商人

（1）伍秉鉴（1769—1843）

伍秉鉴，清代广州十三行商人，广州的世界首富。

1834年，其私人资产达到2600万两白银（相当于50多亿元人民币），当时美国最富的人只有700万两。2001年《华尔街日报》统计出几个世纪以来世界上最富有的50个人。其中有六位华人，分别是成吉思汗、忽必烈、刘瑾、和珅、伍秉鉴和宋子文。

伍秉鉴的父亲在广州首富潘振承家中当账房先生。1783年父亲开设怡和洋行（十三行之一），也就是商号、银行，以白银为货币单位，和洋人打交道，利润丰厚。

1801年32岁时，伍秉鉴接管洋行。经过33年的运营，他成为广州首富、世界首富。

他做中西贸易，主要经营丝绸、茶叶和瓷器，贸易伙伴主要是英国，怡和行（英国人也成立怡和行）成为世界级的跨国财团。

从1830年起，伍秉鉴的业务拓展到美国。他聘用约翰·福布斯（John Murray Forbes, 1813—1898）担任英语秘书，把他当干儿子。1834年福布斯回到广州旗昌洋行后，伍秉鉴把所有的海外贸易交给福布斯经营。约翰的哥哥罗伯特是旗昌洋行的行主，罗伯特（1804—1889）是波士顿福布斯家族成员，船长、商人。1817年第一次到达广州从事贸易活动。1840年，成为旗昌的行主。（他们兄弟与后来创办《福布斯》杂志的福布斯不是一家）

因为伍秉鉴和美国人的关系良好，确立了他的首富地位。也因他的信誉，茶叶质量上乘，价格较高，深受英美人士欢迎。

随后，伍秉鉴投资美国铁路，投资近50万两白银，使约翰成为有名的铁路大亨。

轶事：一个波士顿商人与伍秉鉴做生意，货物在海上沉没（一说经营不善），欠了伍秉鉴7.2万银圆（1400多万元人民币），当时无力偿还。伍秉鉴把借据拿出来，对波士顿商人说："你是我的老友，一个最诚实的人，只不过不走运。"说完，他把借据撕碎，表示账目已经还清。从此，伍秉鉴的名声更加远扬。这个人就是后来美国的首富阿斯特（见下文）。

他也资助伯驾在广州创办医院，免费治病救人。

鸦片战争后，清政府赔偿英国2100万两白银，于是清政府要求商行赔款300万两白银，伍秉鉴一人就承担了100万两。同年，他在广州去世。

（2）潘振承（1714—1788，潘启）

伍秉鉴之前的广州首富是潘振承，潘被《法国杂志》评为18世纪的世界首富。潘启的玻璃画像保留在瑞典的某博物馆里，这是欧洲博物馆中唯一珍藏的一幅中国人画像。

广州十三行只是一个称呼，多则几十家，少则几家，专门经营对外贸易，也就是"洋行"，十三行前期的总领是潘振承，后期的总领是伍秉鉴。

潘振承从小给人当船工，在十三行一家姓陈的手下工作。他到过南洋，诚信勤奋，深得老板和客户喜欢，把业务全权交给他，这是他创业的前提。

从国内环境来看，1757年，乾隆下令闭关锁国，只有广州一地可以对外通商，这样给广州的商人带来了巨大的商机。十三行垄断的商品就是中国要出口的重要农产品和特色商品，包括茶叶、丝绸、瓷器、蔗糖、土布、大黄等上百种。中国物产丰富、朝廷赐予垄断特权，十三行发展是飞天的迅速，成为世界最大、最富、最有影响力的商帮。潘振承的商行垄断了和英国的生丝生意。

垄断的直接结果是利润大、发展快。以生丝为例，当时每年出口2000担生丝。但是，广州海关限制出口数量，由2000担减为100担。潘振承贿赂官员4000两（约80万元人民币），海关取消了数量限制，不过第二年他抬高价格，每担提高5两，仅仅提高的价格就有近万两白银，潘老板自然受益，拿出部分利润给海关送礼。西方商人因为中国特色产品，价格虽然高了他们还是愿意购买，垄断的潘总借着海关的限制实际上增加了收入。可以说国家、地方政策至关重要，比如国家一旦加强环保管理，许多物品立马涨价，商人大发其财。

（3）约翰·雅各布·阿斯特（John Jacob Astor，1763—1848）

阿斯特一世去世时，他是美国首富，换算为今天的货币是110亿美元。发家之路是从1800年和中国做买卖起步，进出口茶叶、羊毛和皮草，其中的一个重要的贸易伙伴就是伍秉鉴。

1786年，阿斯特成立美国皮草公司。1794年，他从纽约买进皮毛，运到欧洲贩卖，赚得第一桶金。

1801年，伍秉鉴"贷款"资助他，赊给了他7万多两白银的茶叶销往美国。货物沉入大海，伍秉鉴鼓励他不必担心债务，直接撕了借条。

阿斯特继续从事皮毛生意，后来成为首富。他的商船以伍秉鉴的名字来命名。家里挂着华盛顿和伍秉鉴的画像。他说：华盛顿给了我一个国家，而伍秉鉴给了我全部人生。

1830年，他退出皮草业务，在纽约曼哈顿购买房产物业，对外出租。阿斯特一世高瞻远瞩，投资多样，财富不断增长。

4. 最早的美国代理行：旗昌洋行

19世纪远东最著名的美国公司是旗昌洋行（Russell & Co.），由美国人沙墨尔·罗赛尔于1818年在广州创立，1827年，旗昌洋行已经成为美国在华最大的鸦片走私商。19世纪30年代，旗昌在中国的地位排在第二，仅次于英国的怡和洋行。怡和洋行是1832年英国投资的，主要经营鸦片和茶叶生意，是当时在华最大的洋行。

伍秉鉴是旗昌洋行的最大客户，关系良好，也是旗昌最大的债权人。中英对峙战争期间，旗昌的行主是罗伯特·福布斯。美国人从中斡旋，赢得清政府信赖，美国商人获得很大好处。

1846年，旗昌将总部迁往上海外滩9号，其办公大楼是外滩万国建筑博览群中历史最悠久、风格最独特的一栋。

1862年旗昌洋行设立旗昌轮船公司。1877年，旗昌轮船公司以220万两银子卖给中国官商合办企业轮船招商局。

5. 19世纪中后期清政府海关及税务司状况

19世纪中叶清政府开放港口之后，中外贸易发展迅猛。各港口海关和税务司的高级职员也由外国人担任。如1873年，海关行政部门共有93名外国人，其中，英国人58名，美国人8名，法国人12名，德国人11名，其他国家人4名。[①]

海关总税务司由英国人赫德担任。海关是一个新的部门，由英国人

---

① "近代外国的经济侵略"，http://new.060s.com/article/2016/10/08/2246731.html。

推荐，代替清政府管理外国商人，负责收税，然后偿付赔款，清政府很高兴。是愚昧无知，还是被迫就范？从今天看是主权的侵犯，然而在当时，清政府是否有这个意识就难说了。

从1859年起清政府聘请赫德担任清政府海关副税务司，1863年任正职，共计45年。经过整顿，建立了与国际接轨的海关体制，为清政府最廉洁的部门。

之前海关的腐败非常严重，国家的收入极大地进入腐败官员的私人口袋。赫德管理海关之前，海关的年收入从未超过300万两白银，1861年，海关税收是490多万两，到了1871年，仅仅十年，就达到1100多万两，到1904年赫德离职时，关税超过3000万两白银。

赫德（Robert Hart，1835—1911），英国人，被清政府视为客卿（在中国的外国人），创造出廉洁不贪腐的高效衙门。其活动涉及中国的政治、经济、外交、军事、文化、教育各个方面。1879年，赫德协助清政府购买8艘军舰，这成为北洋海军的起源。

6. 开放港口的影响

西方列强的许多产业已经相当成熟，或者说已经非常发达，而清政府闭关锁国多年，对国际发展了解很少，有些方面甚至是无知。各种事物的涌入，既是好事也是坏事，关键是看国家的自主权力有多强，管控能力有多大。正如一个人，如果非常成熟，且有自己的辩证性思维方式，民族立场坚定，就不会或不易受到异国文化冲击的不良影响，而是"师夷长技以制夷"。

然而，一个落后的国家，保守顽固的思想控制上层，贪腐的私心和窝里斗的官员主宰朝廷，帝国列强先进的技术和贪婪夺取之心，老百姓生产工具的落后等因素，只能导致国将不国、江河日下的局面。

首先，西方大量产品的涌入，进口的产品挤垮了中国的行业。比如，外国低廉的棉纱、棉布大量进入中国，破坏了中国的手工棉纺织业，也使得中国手工棉纺织业者大量失业。如果不通过关税保护自己的弱势行业，西方帝国的对华贸易很快就会把一个行业击败，最终列强自然会成为垄断的一方。

而在中国的出口贸易中，几乎全部受制于外国洋行，农产品和原料的价格受到国外商人的控制，是人家说了算的赤裸裸的掠夺。简单地说，贸易的真正受益方在外国，验证了"无商不奸"的说法。

其次，外商投资建厂也很多，对落后的清政府与中国民族企业是直接的影响。到1894年，外国人在中国设立的工厂至少有100多家，极大地阻碍了中国民族工业的发展。

金融方面的掠夺更是可怕，一如今天所说的货币战争。没有自己的支柱"央行"，西方列强的银行就会搞垮整个中国的金融和经济。英国、德国、日本、法国、俄国纷纷在华建立银行。1845年，英国在上海设立了东方银行（又名丽如银行），这是外国在中国开设的第一家银行。1865年，英国在香港、上海设立汇丰银行；1890年，德国在上海设立德华银行；1893年，日本在上海设立正金银行；1894年，法国在上海设立东方汇理银行等；1896年，俄国在中国设立华俄道胜银行。

这些银行发行纸币，贷款给清政府，操纵中国的金融市场，成为各资本主义国家对中国进行经济金融侵略的重要机构。

(二) 19世纪鸦片战争后，中美官方与民间交流

软弱落后的清政府成为列强的囊中之物，想平等外交是不可能的。

列强包围弱者，贪婪地分食弱者。英法是打开中国大门的先头兵，而俄国和美国在一旁觊觎，等待时机。先是英国发动了第一次鸦片战争，然后是英法合伙、美俄纵容发动了第二次鸦片战争。

鸦片战争前后，为牟取暴利，美国也参与对华鸦片走私。

不平等条约接二连三地迫使清政府签订。英国清政府签订《南京条约》后，美国商人也希望得到好处。

1843年5月，美国派顾盛为特使来华，目的是要求中方给予美国同等的通商条件。1844年，美国诱迫清政府签订《中美望厦条约》，这是中美两国的第一个不平等条约，这成为美国开始侵略中国的标志，也成为以后中法《黄埔条约》还有其他列强与中国签订不平等条约的范本。

《望厦条约》的英文是"Treaty of peace, amity, and commerce, between the United States of America and the Chinese Empire",意为：中美和平、友好、商业条约。这个条约看上去非常公平正义，美国充当清政府保护神的作用，呼叫着为了世界和平，为了人民和谐生活，为了共同繁荣。然而里面有许多漏洞圈套。英雄救美的故事大家都知道，不过英雄打倒的匪徒是他一手导演的情况下，美女你又如何不上当？

《望厦条约》共34款，有些条款非常不平等，仅仅有利于美国人及美国利益，比如协定关税，中国要变更关税，还要和美国商量，主权何在？美国公民在中国违法，中国管不着，尊严法律何在？美国兵船可以随意到港口，中国没有资格管理美国商船，中国的地位在哪里？

不管怎样，《望厦条约》为美国商人取得了与其他列强同等的在华待遇。

这里有个臭名昭著的重要人物叫耆英，为钦差大臣，典型的投降派，与英国签订了《南京条约》《中英五口通商章程》《虎门条约》，与美国签订了《望厦条约》，与法国签订了《黄埔条约》，与瑞典签订了《中瑞广州条约》。

除了卖国条约，他身居高官，为了私利，还叛国卖国。他和父亲做官都达到宰相位置，在中国也是少有的。他曾任两广总督，有一艘中国帆船命名为"耆英号"，远航到美国、英国，创造了最远航行纪录。不要以为这是为国争光的好事，实际上是叛国的例子。

第一次鸦片战争期间，清政府水军知道了英国船只的厉害，于是用新式兵船逐步更换那些旧式兵船。英军却想方设法了解清政府的这些新式兵船的秘密。几位英国人乔装打扮，买通当地的一名四品官员，以他的名义买下了一艘，秘密地开往香港。

当时，清政府的法律严禁将中国船只卖给外国人，也禁止擅自开出公海，违者是死罪。

1846年，该船离开中国大陆，船员包括30名中国人及12名英国水手，并由英国船长查尔斯指挥。该船上的四品官员就是中国人希生，他就是一位为了个人私利、出卖国家利益的贪官和汉奸。

轮船到达美国，该船上的三十名中国水手还是恋家爱国的，在纽约他们和英国人对簿公堂，讨回了工资，绝大部分水手选择了返回广州。

希生和耆英获得了好处，出卖国家利益，让本来软弱的清政府更加无能，更加被动。国内的叛徒加上国际的压力，让清政府形同虚设，江河日下。

从表面上看，晚清时期，美国制订的对华政策为三大原则：贸易利益原则、和平原则和中立原则，仿佛是一个朋友的身份出现。从美国商人的角度讲，鸦片战争让他们损失巨大，这些商人要求美国政府与英国等列强密切合作，共同控制清政府。因为利益的纽带，他们很容易联手。

1. 美国驻华公使

蒲安臣之前，美国驻华公使没有特别规范，时间有长有短，变化性大。

代表美国与清政府签订《望厦条约》的美国特使是顾胜，1843年来华，他实际上是第一位美国驻华公使。

1844年，伯驾担任顾盛特使的助手。

伯驾是美国的传教士，主要使命是行医传教，他在1855—1857年回国前两年中，他担任美国驻华公使。

（1）列卫廉（William Bradford Reed，1806—1876）

1822年他毕业于宾大，为著名律师，曾任宾大美国史教授，宾州议员和检察长。

1858年，他接替伯驾成为美国驻华公使。

1858年，他与中国谈判修改1844年中美《望厦条约》。他以"调停人"身份，在英、法武力进攻清政府之前，诱迫清政府签订中美《天津条约》，而清政府寄托于美国的调停，在第二次鸦片战争中，美国获得了各种好处。

（2）蒲安臣（Anson Burlington，1820—1870）

1861年，美国正式设立驻华使馆，蒲安臣被林肯总统任命为美国新一任驻华公使（相当于现在的大使），任期6年，从1861年到1867年，他深得清政府的认可。实际上，按照美国的任命安排，他是第 13 任驻华公使，因为他的贡献巨大，中国非常认可他，有的人认为他是第一位驻华公使。

蒲安臣，美国著名的人权主义者，反对蓄奴，共和党创始人之一。

父亲是基督徒，对他影响很大。1846 年，蒲安臣毕业于哈佛大学法学院，在波士顿担任律师。1853 年，他成为马萨诸塞州的参议员。1855—1861 年，他当了 6 年的国会众议员。

他把《万国律例》呈给清政府，首次让中国看到了西方是如何用法律管理国家的；是中西"合作政策"的提出者。

1）蒲安臣出访列国

1868 年 2 月，蒲安臣以中国钦差的身份，带领 30 人乘船从上海出发访问西方列国，先到美国，经法国、丹麦等到达俄国。1870 年在访问俄国期间病逝。

他是帮助中国认识世界的第一位外国人，很遗憾病死途中。这是清政府第一次出使国外，取得了很大成就。

在美国他取得了重大成果，签订了《蒲安臣条约》。蒲安臣设计制作了中国第一面国旗；中国第一次作为主权国家出现在国际社会上；向美国总统递交了中国的第一份国书；代表中国发表演说，强调中国欢迎美国的商人和传教士，呼吁各国对中国保持一种明智的态度。

到达英国，他与维多利亚女王、外交大臣会晤，成果显著；到达法国，停留了半年多，成果不明显，不过英法一直是盟友，英国答应的事儿，法国一般是同意的；接着他们访问瑞典、丹麦、荷兰，之后去德国，俾斯麦和英国声明相同，成果显著；最后是俄国，谈判基本顺利。不幸的是，他在俄国病逝。

清政府对他的一行非常赞赏，由于他极力维护中国的主权和领土完整，被授予一品官衔。作家马克·吐温在悼词中说："他对各国人民的无私帮助和仁慈胸怀，已经越过国界，使他成为一个伟大的世界公民。"[①]

---

① http://blog.sina.com.cn/s/blog_ 540b50980102wv82.html.

蒲安臣深得清政府的信任和尊重。比如，一位美国人在中国为非作歹，蒲安臣听了中国受害人的证词后，以公使身份命令判处他死刑。

再举一个例子说明蒲安臣的人品，可以说是大公无私。连接欧美大陆的电缆接通后，在中国的许多美国商人都想得到好处。1867年，国务卿西华德要求蒲安臣让一家美国公司承包这项业务，然而公司的负责人恰恰是蒲安臣的岳父。蒲安臣坚决反对此事。

2）蒲安臣条约

1868年7月底，蒲安臣作为清政府的全权特使代表清政府与美国国务卿西华德（Seward）签订了首个对等条约，是对《中美天津条约的续增条约》，史称《蒲安臣条约》。

条约主要内容包括：中国有权在美国港口派驻领事，其领事特权与豁免权和英俄驻美领事相同；两国公民在对方境内免受宗教迫害；两国尊重移民自由；两国公民可以互相留学；美国政府无权干涉中国内政。

该条约承认中国是一个平等的国家，反对一切割让中国领土的无礼要求。两国关系平等正常，用今天的话说，中国和美国人互相来往，互通有无，合作共赢，共同发展。

梁启超称赞"彼条约实为最自由最平等之条约也"。当然，有人看法不同。

该条约让美国得到了廉价的华工，解决了美国内战后劳动力不足且修建铁路劳动力紧缺的问题。这也是大规模移民美国的开始，不管他们经历如何，毕竟揭开了美国新一代移民的辉煌一页。

该条约改变了清政府对海外华人华侨的态度。闭关锁国导致国人敌对国外，历来朝廷把华侨视为叛逆分子，不忠不孝。从此，清政府开始保护华侨。十年后，中国在华盛顿设立公使馆，同时，在旧金山设立了领事馆。

1879年，国会的一项《排华法》因违反了《蒲安臣条约》，在清政府的抗议下，该《排华法》被总统海斯否决。

1880年，中美双方又签订《中美续修条约》，清政府接受了"管制和限制"华工到美国的规定,还有"暂停"(suspend)规定。清政府官员无知、失误或无奈,这成为美国1882年《排华法案》的一个借口。这一"暂停"就持续了61年,实在是对华人的不公。

2.19世纪中后期赴美的华裔劳工

(1)早期华工

19世纪中后期,美国版图向西部扩张,大片土地需要开垦耕种,西部也发现了金矿,大批华人涌入美国,较多的移民到达美国西部加州,1848—1882年,至少有30万华工进入美国,而且移民到加州的中国人90%是青年男子。仅1852年,加州就有两万多名中国移民涌入。他们主要是挖矿淘金、修建铁路、开发农业、从事餐饮、洗染和杂货业。1868年清政府与美国签订协约,即《蒲安臣条约》,双方国家可以相互移民,于是移民到美国成为一大潮流。

华工为美国特别是加州做出了重大贡献。加州州长吉米·道格(Jimmy Doug)在1852年称赞中国人是加州最有价值的移民。

修建铁路让华人崭露头角。美国当时还没有贯通东西的铁路,美国政府决定修建一条横跨大陆的铁路。没有铁路线,从东部的纽约到西部的旧金山最顺利也要走半年,而建成铁路后只需要7天。

从1863年开始兴建铁路,仅仅用了7年时间,比计划节省了至少7年。西段和东段同时进行,西段全长近1100公里,称为中央太平洋铁路,难度远远高于东段。整个铁路全段总长近3000公里。

施工队伍中有大批的爱尔兰移民,开始不久,几百名工人偷偷溜走,奔向淘金大军。爱尔兰人大都给人印象不好,不是懒惰就是爱打斗。铁路进展缓慢,慢如蜗牛,两年内铺设了仅仅50英里。

华工立下了汗马功劳。铁路管理层试着聘用了50名华工,从1865年2月开始工作。他们虽然个头矮小,但是特别吃苦耐劳,又聪明伶俐,深得老板喜爱。于是1865—1869年的四年,有14000多名华工参加修建铁路工程,占工人总数的90%,他们大多来自广东和福建两省。

大量华工离开故乡到美国打工,其行程艰难与危险可想而知。运载华工的船只被称为"浮动地狱",途中死亡率很高,最高纪录是4艘船共搭载2523人,途中死亡1620人,死亡率高达64.2%。

修建过程中,条件非常艰苦,工作非常危险。西段有40英里(64公里)的铁路需要在崇山峻岭中建设,必须建设50座桥梁和10多个隧道。在山脉悬崖地段修建时,华人腰系绳索,悬在半空,在平滑的花岗岩上凿洞放入炸药,点燃后上面的工友再往上拉,下面的施工者极有可能被炸药伤害。另一个难关是唐纳隧道,是最艰难的一关,曾是世界上最长的铁路隧道,500多米长。1866年及1867年的两个冬天,异常寒冷,经常发生雪崩,许多华工被冻死在帐篷里。

华人还遭受很大的歧视和不公的待遇。铁路公司每月给白人的工资是35美元,且提供食宿;给华工只有26美元,还不提供食宿。华工没有人身保险,公司不承担对家属的任何责任。2003年4月,华裔女作家张纯如(1968—2004)的《在美国的华人:一部叙述史》揭露了早期华工所受的歧视,该书在美国引起强烈的反响。

华人遭受"卸磨杀驴"的结果。西段铁路95%的工作是在华工加入后的四年中完成的。铁路修完后的庆功仪式上,美国老板根本不提华工的贡献。华工修完铁路之后,也就被解雇了,没有相应的保障。

铁路修完后,华工主要从事低技能的行业。1870年后,华人移民投入了制衣、造鞋和做雪茄烟等生产行业,特别是《排华法案》实施后,催生了"三把刀"经济,也就是"菜刀+剪刀+剃头(理发)刀",餐馆、洗衣房、理发店。到19世纪80年代,加州华人人口超过13万,为加州总人口的10%。

1882年《排华法案》刚实施时,华人的25%从事洗衣业,到了1920年,上升到50%。

1997年上映的电影《黄飞鸿之西域雄狮》(once upon a time in China and America),从中可以看出早期移民的处境。黄飞鸿来到美国的西部看望徒弟牙擦苏,怎料途中遭遇印第安人的埋伏,在逃亡过程中,黄飞鸿与阿七还有十三姨随马车掉入河中,黄飞鸿为救十三姨被水冲走。

黄飞鸿落入印第安人手中，却失忆了。他受到首领的尊重和酋长女儿的爱慕；他极力改变矿工们赌博的恶习；带领华人与白人匪徒斗争；他受陷害，被诬告为银行抢劫者，他自愿为众人受死，甘愿与其他几人走上断头台。不过，恶有恶报，最终他活擒匪首，为自己洗清不白之冤。在旧金山建立了唐人街（Chinatown）。

加州大学伯克利分校亚美研究中心王灵智教授（1935—　）把1969年作为华裔美国人历史上的一个分水岭。此前，华裔大多居住在唐人街，与主流社会隔离。1969年后，华裔受美国民权运动的影响，开始走出中国城。40年后，2009年成为华裔参政的一个转折点，奥巴马内阁中的华裔明显增多，联邦和各州的华裔众议员逐渐增多。

（2）华裔的后人及亲属

早期的华工，以吃苦耐劳的精神和行动而在美国立足定居了，也在美国的排华运动中经历着各种歧视、磨难、挑战、死亡威胁。

在这个阶段，中国出了一位名人，名字是宋耀如（宋嘉树），好多人并不了解他，但是他的三个女儿声名显赫，就是宋氏三姐妹。

宋嘉树（1864—1918，字"耀如"）支持孙中山的革命事业，不惜倾家荡产，积极投身民主革命。他被称为"宋氏家族第一人"，培养了宋氏三姐妹及宋子文、宋子良、宋子安三兄弟。

宋耀如的舅舅在波士顿开设了丝茶商号，1875年12岁时，他跟随舅舅到美洲创业，本来他不姓宋，因为舅舅没有儿子，他被过继给了舅舅，随了舅舅的姓。

到美国后，他努力学习英语，他的英语老师崇拜林肯总统，对他影响很大，为他以后的革命运动提供了精神支持。当时在波士顿留学的官派学生经常到宋耀如舅舅那里喝茶聊天（从1872年开始清政府共派出120名留学生），谈论国内局势，宋耀如深受启发。后来，他受留学华人牛尚周、温秉忠的影响，离家出走，参加部队。（后来三人成为连襟）

从部队退役后，宋耀如接受了洗礼，给自己取教名为查理·琼斯·宋，是为了纪念曾经给他极大精神鼓励和物质帮助的一位美国老人，那位老人的名字是查理·琼斯。当地报纸报道说："这个中国的皈依者，也许是在北卡罗来纳州第一个领圣餐洗礼的中国人。"①

此后，宋耀如与南希·爱琳相恋，不幸的是爱琳早逝。宋耀如的三个女儿宋霭龄、宋庆龄、宋美龄的名字中皆有一个"龄"字，可能是为了纪念他崇拜的总统林肯（Abraham Lincoln），也可能是为了纪念自己的恋人爱琳。其长女出生时，正当爱琳去世不久，他给长女起名宋霭龄，"霭龄"与"爱琳"是谐音。

后来他进入圣三一学院（后改名杜克大学）学习。1886年回到苏州传教。他观点激进，令清政府不快，美国教会也不满。1892年，他剪掉辫子（他留着辫子是为了传教），辞去教会里的职务，转而经商，不过继续传播福音。1894年30岁时，他认识了28岁的孙中山。

妻子倪桂珍是由牛尚周和温秉忠给介绍的，他们三人分别娶了倪氏三姐妹。她是老三，在教会学校当老师，为了能和宋耀如在一起，倪桂珍果断地提出与宋耀如订婚，她的做法在那个年代是不寻常的。倪桂珍的父亲是中国籍的传教士。

他们的孩子非常优秀，分别是：

1）宋霭龄（1888—1973），留学美国，在日本任孙中山秘书，后来为孔祥熙夫人。享年85岁。

在美国学习时，她被二姨夫温秉忠邀请到白宫做客，见到总统老罗斯福的时候，她大胆地质问总统为什么不让她顺利进入美国，这难道是自由的国度？她的率直与勇敢给人留下深刻的印象。

丈夫是孔祥熙，生于山西太谷，家族是山西首富。他留学美国后回国创办贤明学院（今山西农业大学，位于太谷），后来任行政院院长，兼任财政部部长。两人都信奉基督教，后来定居美国。

2）宋庆龄（1893—1981），孙中山夫人，当代伟大的女性。享年88岁。

---

① https://baike.so.com/doc/10042897-10534186.html.

3）宋子文（1894—1971），宋家的第一个男孩。获得哈佛大学经济学硕士学位，哥伦比亚大学博士学位。1925年，他任国民政府财政部部长。1942年他任国民政府外交部部长，后与美国国务卿科德尔·赫尔签订《中美抵抗侵略互助协定》。1945年出席联合国大会，任首席代表。

4）宋美龄（1897—2003），为蒋介石夫人，跨越了3个世纪，享年106岁。琴棋书画样样通，精通5种语言。西安事变后，她舍身救出蒋介石，保护张学良没有被判死刑。英国首相丘吉尔不止一次公开表示，宋美龄是他在世上最欣赏的少数女性之一。美国国务卿基辛格说她是一位乱世美人，以女性的非凡情感，影响了大千世界。

5）宋子良（1899—1983），留学美国，毕业回国。任外交部总务司司长、中国建设银行公司总经理、广东省财政厅厅长等职务。在纽约去世。

6）宋子安（1906—1969），毕业于哈佛大学。任广州银行董事会主席、西南运输公司总经理等职，他基本不涉足政治。定居旧金山。与宋庆龄关系最好。

3.《排华法案》前后种种限令及案例

上面讲到，清政府面对列强入侵，国内政局不稳，灾难频繁，同时美国需要大量的劳动力，在这种情况下，大量华工或主动或被动移居美国，19世纪60年代约有7万华工进入美国。

多数华工（猪仔）是由蛇头安排的，近似于奴隶，按身体强壮程度拍卖，途中生死不保。

随着大量华工入美，美国对华人的歧视性政策逐渐出台，比如征收人头税，每人50美元（月工资4美元，50美元是一年的工资）。海关税：如果身上有五件衣服以上，要交海关税。到达后，还要交医院税、警察税、道路税、浆粉税等。

《排华法案》出台之前，美国西部一些区域的白人和华工的关系已经逐渐紧张。比如修建铁路的时间是在从1863年到1869年，开始的两年没有华人参加，后来华人加入受到老板欣赏，因为华人吃苦耐劳，工资又低，爱尔兰裔美国人认为华人抢走了他们的饭碗。铁路修完后，华工分散到周边城市，即便是同工同酬，那些白人也认为是华人抢走了自己的工作。总之，华人的勤奋给一些懒惰的美国人种种借口；华人的一些生活习惯以及恶习也给他们提供排华的借口。笔者认为，东西方基因的差异也是冲突的关键，华人是食草动物，白人是食肉动物，羊和狼的关系能好到哪里去？加州参议员约翰·F. 米勒（John F. Miller）公开声称中国人是"堕落而低级的种族，他们的后代是劣等人。"① 从美国境内看，1873—1878年恰逢经济危机，一些白人把危机归咎于廉价的华人劳动力，华人成为经济危机的替罪羊；另外，当初西进过程中，清政府很弱，美国的许多方面也尚未健全，美国是白人的美国，法律只保护白人，因此华人的命运和土著居民、黑人等类似，一同被划拨为二等三等人，遭受歧视是次要的，主要是生命安全没有保障，身份地位也没有得到确认。其实，土著居民和黑人再差也是美国公民，而华人不是。

（1）1873年美国的经济危机

这次经济危机起源于欧洲，首先是某国金融崩溃，向外蔓延，迅速波及美国，欧洲断了美国的资金投入，美国企业破产。

1873年的经济危机中，美国国内破产的企业达47000家，负债总额为12亿美元。铁路股票价格下降了60%，欧洲人手中的美国证券总值减少了6亿美元，仅铁路证券就减少了2.51亿美元。②

经济危机遍布欧美，范围很广。美国白人把自己的失业归于华人廉价的劳动力只是看到了片面局部的表面现象。市场疲软，产品积压，股市低迷，人员减少，这是普遍的现象，不是罢工就能把工资提上去的，这跟华人没有任何关系。

1）疯狂的投资

美国西部开发和修建铁路战略，刺激了资本家的贪婪欲望，带动了美国经济，促进了美国工业的迅速发展，铁路建设吸引了大量的投资，

---

① http://news.163.com/18/0105/10/D7CLNA7N000187UE.html.
② 《资本主义周期性经济危机》，http://www.doc88.com/p-9923633726905.html。

这些资金主要来自欧洲各国。

美国政府的政策非常有吸引力。政策规定，修建铁路的公司，拥有资格开发铁路轨道两旁的土地，土地面积总数超过了52万平方公里，（美国本土面积最大的州是德州，其面积是69万平方公里）。两家铁路公司从东、西分别建设，因此都想加快速度以获得更多的利益。[①]

从1865年到1873年，美国的铁路建设蓬勃发展，长度翻了一番，投资高达20亿美元，英国投入一半。大量的投资者云集华尔街，数量之多令人惊叹，购买股票的人排队到了"地平线"。

外国资金如此之多，受益者永远是美国。

过大的资金注入一如我们今天所说的热钱，把美国的工业与资本泡泡吹得很大，越吹越大。

世界上所有的资本聚集在一起时，就如把所有的鸡蛋放在一个篮子里，一旦不小心，整个世界毁于一旦，财富瞬间蒸发。

经济危机一爆发，股票大跌，美国财团低价购入，经济恢复时，欧洲投资者购买股票，美国高价卖出。

经济危机期间，并不是所有人都破产，这是个重组的过程，大鱼吃小鱼最好的时机。在这次经济危机中发展起来的是钢铁大王卡内基。他的合伙人柯路曼兄弟以及他弟弟的岳父面临破产，不得不把股份卖给卡内基。1890年，卡内基兄弟公司吞并了狄克钢铁公司，一个巨无霸托拉斯钢铁大王诞生。

2）投机商人与投资巨头

①丹尼尔·德鲁（Daniel Drew，1797—1879）是华尔街最大的股票投机商，1873年经济危机之前他的投机非常成功。他的创业从贩卖牲畜开始，然后投入轮渡运输业务，他于1844年把汽船业务的利润在纽约开设了一家华尔街银行。后来操纵股票，投资铁路。

他自小家庭贫困，受教育少，母亲是基督徒，他也成为虔诚的清教

[①] 《华工修建美国太平洋铁路的血泪史》，http://www.360doc.com/content/16/0310/23/14561708_ 541183528.shtml。

徒，然而他非常聪明，实施双重标准。14岁他报名参军，获得100美元，这是他的第一桶金。

无商不奸的德鲁。他贩卖牲畜，从乡下购买牲畜，然后到城市去卖，赚取差价。据说，他提前给牲畜吃盐，快赶到纽约时，有一条河，牲畜饥渴难耐，喝满一肚子水，接着卖给屠夫，你想想每头牛体重增长了多少？以牛肉的价格卖水，不发才怪，商人永远是商人。后来他投机股票，生成新词语掺水股（watered stock）。

到了19世纪20年代，他一次牲畜的交易数量就是2000头，每头利润12美元，利润丰厚。1829年，德鲁买下了纽约的牛头旅馆，把那里变成纽约市的牲畜交易中心。

他投入哈德逊河的船运，竞争对手是范德比尔特。

然后他投机华尔街股市，多人评价他诡计多端，狡猾赛过狐狸。

精明过人的德鲁进入纽约市最有名的绅士俱乐部，好像是在找人，也很生气，几次掏出手帕擦汗。"无意中"一张纸片掉了下来，他没有觉察。离开后，其他经纪人捡起来，上面的意思是不管价格多高，都要买某某铁路股票，有多少买多少。当时这只股票的价位很高，人们怀疑要下跌了，正在犹豫不决。因为这个纸条，几个经纪人联手购买了3万股。这是德鲁的把戏，是他的圈套，他得以在高位卖出股票，之后股票速度狂跌。

②杰伊·古尔德（Jay Gould，1832—1892）

1867年，古尔德成为伊利铁路的一名董事。他和丹尼尔·德鲁、詹姆斯·菲斯克共同防止范德比尔特夺走他们对该铁路的控制。

1869年，他垄断黄金市场。

1872年，因公众强烈抗议，古尔德被迫放弃伊利铁路的控制权，当时他拥有2500万美元的财富。

其后的十年中，他控制太平洋铁路公司、电报公司、《世界报》，1886年买下曼哈顿高架铁路。古尔德一向冷酷无情，没有朋友，直到去世。

③詹姆斯·菲斯克（James Fisk，1834—1872）

黄金价格下跌时，他大量购买黄金，努力抬高价格，导致了1869年的黑色星期五，被称为华尔街的巴纳姆（骗子）。37岁时，因追求一名女演员，菲斯克被情敌杀死。

美国内战期间，政府发行大量钞票，这些钞票没有足够的黄金储备。战后，人们相信政府会用黄金回购钞票。

1869年，古德和菲斯克共同投机，大量收购黄金，炒高黄金价格。他们串通总统格兰特的姐夫亚伯，向格兰特建议任命丹尼尔·巴特菲尔德（Butterfield）为美国财长，丹尼尔反对政府购回钞票。

到9月，金价已经上升了30%，黄金市场红火，股市持续疲软。

两人进一步囤积大量黄金，企图进一步抬高金价。然而，总统格兰特突然宣布抛售价值40亿美元的黄金（一说400万），购回发行的钞票。

政府行为立马让囤积居奇泡汤，这一举动让金市大跌，黄金价格迅速下降，波及股市，古德、菲斯克等损失巨大。①

当然，为什么格兰特抛售黄金，说法之一是他获得了巨大的利益。

④范德比尔特（Cornelius Vanderbilt，1794—1877）

11岁范氏就在父亲的帆船上工作。1810年，16岁的范德比尔特向母亲借了100美元购买帆驳船，他母亲提出了非常苛刻的条件。母亲要求他如果想拿到钱，必须在生日前把那片48亩的土地清理干净，犁好且种上作物。时间只有4周了，但范德比尔特组织邻居的小孩完成了任务。可见，范德比尔特的组织能力和协作能力很强。

他的创业开始了，业务是从在纽约市斯坦顿岛和曼哈顿之间运送旅客，他因此被称为船长。第一个运输旺季结束时，他不仅还清了母亲的100美元，还多给母亲1000美元。②

1812年，美国向英国宣战，这是独立后美国第一次对外战争。战争期间，范氏给美国军队运输物资，三年的战争让他稳步发展。就像现

---

① 《黑色星期五》，https：//baike.so.com/doc/3291491-26271582.html。
② https：//baike.so.com/doc/5984839-6197805.html。

在马斯克向太空站运输物资一样，和航空航天局打交道，依靠自己逐渐改进的火箭，通过回收利用减少成本提高利润。2018年2月7日，马斯克旗下SpaceX公司的"重型猎鹰"运载火箭在肯尼迪航天中心首次成功发射，并成功完成两枚一级助推火箭的完整回收。

1817年，范氏拥有了7000美元的帆船（创业开始是100美元）。然而，他卖掉了自己的帆船，他抓住机会及时转行到蒸汽船，不过他是给老板打工。

在两个蒸汽船大佬竞争时，他不受对方优厚条件的收买，力挺自己的老板。后来老板赢得了官司，打败了对方企图垄断的想法。1828年，范氏也有了自己的蒸汽船公司，到了19世纪40年代他自己已经是船老大了。

1848年西部淘金热让他的运输业又发了一把，运输业更加蓬勃，他每年收入百万美元。淘金热让挖到金子的成为富翁，当然有许多挖不到金子的，淘金大潮中，聪明的人物不一定淘金子致富，它成就了不少相关行业的人物，比如提供衣物的商人，写作个人经历的杰克·伦敦，等等。

1864年70岁的范氏决定投资铁路，他控制了东部的几条铁路，不过在伊利铁路上遇到了投机商人德鲁这个劲敌。

遗产纠纷

他育有12个孩子（本来13个，一个儿子4岁夭折），8个女儿，4个儿子。

儿子中只有长子威廉性格像父亲（William Henry "Billy" Vanderbilt，1821—1885），有经商的才能。其他的儿子不受喜欢，被父亲踢出局外。

二儿子（Cornelius Jeremiah Vanderbilt，1830—1882）从小犯病，游手好闲，获得20万美元的铁路信托基金。

小儿子乔治（George Washington Vanderbilt，1839—1864）在内战期间因肺病死亡。

"船长"去世时，把一亿多美元遗产中的95%留给了长子威廉。他的财产相当于2007年的1430亿美元，相当于2016年的2150亿美元。他的这种做法，看起来是偏袒长子，不过这让家族企业得以顺利发展，财富没有分散。

女儿每人分得 50 万美元。

遗嘱的附件是关于四个孙子的继承权,他们都是威廉的儿子。给他的大孙子 500 万美元的铁路股票。另外三个孙子每人 200 万美元,都是信托基金的形式,这样不用缴纳遗产税。

总之,他的主要遗产在儿子威廉和四个孙子手中,特别是集中在儿子威廉那里,保证了家族财富的增长。

威廉应对工人罢工和家庭官司

1877 年,范氏去世,同时经济危机仍在进行中,范氏的铁路公司减少工人工资 10%。12000 名工人罢工。威廉比父亲仁慈,他和工人商谈解决罢工问题,他承诺等经济恢复,再把损失补给大家。工人中有 11500 人回到了工作岗位,公司损失降到了最低。

范氏死后,二儿子因为遗产分配不均提起诉讼。其间,出现各种丑闻,甚至解剖范氏的尸体,最终法官判决遗嘱有效。

其他妹妹仍然诉讼,威廉和他们和解,具体内容不知,应该是以金钱解决,据说威廉给弟弟妹妹每人 100 万美元,并支付了诉讼费用 25 万美元。

威廉去世时,资产近两亿美元,他接受了以往的教训,他分配遗产时,主要给大儿子范德比尔特二世与三儿子基萨,分别是 7000 万美元和 5500 万美元,剩余的财产在其余 6 个孩子与他的妻子平分。

这种做法,比他的父亲更加仁慈公平,然而也有不足,巨大的家族财产被分割后,家族的辉煌就逐渐暗淡了。

3)伊利股票大战

伊利股票,是伊利铁路的股票。伊利铁路从哈德逊河到西部五大湖的伊利湖,在当时是世界最长的铁路。开始预计的投资只有 1000 万美元,完工时造价高达 2350 万美元。

因为缺乏资金,铁路公司通过华尔街募集资金,而德鲁等操纵股市,他发行两种有价凭证,一是债券,一是股票,部分债券可以轻松转成股票，这是空前绝后的事儿，导致掺水股票。这些掺水股票导致伊利股价大跌，此时德鲁和同伙买进做空赚钱，简单的理解就是，股票跌到一定程度，他们大量买进，控制着伊利铁路的股权。

德鲁、古尔德、菲斯克三人联手，防止铁路大亨、大财团范德比尔特控制铁路。他们两派展开了股市竞争。

他们之间的竞争从来没有停止过，在铁路运费、肉牛市场上同样展开竞争。范德比尔特把火车运载牲畜的费用降到了每头牛1便士（1美分）。他的火车装满了肉牛，而整个肉牛市场已经被菲斯克和古尔德垄断了，两人在范氏的运输损失中大赚了一把。

股票买的人多，价格上升就快。伊利股票的购买者不是多的问题，范德比尔特的加入更是要命。他的经纪人下了买单，只要有伊利股票就全部买下。小职员、妇女等凡是有点头脑的，都买伊利股票，人们跟着他下注投资绝对没有问题。

范氏财团家族的涉入，让股票价格发疯一样的飙飞。范德比尔特是铁路大王，其投资和回馈已经好多年了，他投资运营的铁路非常规范，股票也非常稳定，自然得到人们的认可。

在华尔街股市上，其他的股票还没有开盘，伊利股价就定在了每股80美元。大街上只听到"伊利，伊利"，到中午上升到了每股83美元。后来再到每股90美元，五个月内升到285美元。

但是德鲁投入大量的掺水股票，德鲁把债券转成股票，不断地将转换出的股票卖给范德比尔特，德鲁卖，范氏买。股价低时，德鲁大量买入，高价抛出。范式损失巨大，不过他拿到了10万股股票，范氏的控股权增大，较大地控制了伊利铁路。

范氏请求纽约州法院的法官乔治·巴纳德给予帮助。乔治是一个"坦慕尼奴隶"（Tammany Helot，指受政治势力或金钱操纵的人），受控于范氏。

法官颁布法令，禁止任何伊利公司的债券转换成股票，同时也禁止德鲁卖出、转让他所持有的伊利股票。

1870年，菲斯克和古尔德背叛了德鲁，让德鲁损失150万美元。1872年，菲斯克被杀。古尔德后来被骗取100万股票，不能再控制伊利铁路。

1873年经济危机让德鲁损失更大，1876年申请破产，负债100万。三年后去世，之前靠儿子维持生计。

大财团的损失容易解决，就是我们平常所说的庄家。范氏再慢慢地卖掉股票，把钱赚回来。你知道，散户的投入至少是范氏的两倍，损失大的总归是散户。

4）经济危机的感想

因为投资铁路太火，资金巨大，经济危机一来，影响的首先是铁路公司。公司受到严重影响后，其抵押的大片土地成为部分债权人的财产。他们从投资铁路一下子转成种地的农场主，而且种植面积非常大，有笑话说，"农场主可以沿着一条直线向前耕种上好几个月，然后在返回的路上就可以收获粮食了"[①]。新开垦地区的农业大幅度增长，使农业生产过剩，农产品价格持续下跌。

经济危机并不是全面毁坏一切，危机能让经济重新洗牌，总有人在经济危机中更加茁壮。它摧毁并击溃小企业，如果有大企业购买，它就能幸存下来，如果没有收购的它就破产了。小企业一个个破产，被大企业兼并收购，于是大企业更加强壮，就像大海中行船，遇到暴风，巨型轮船会安然无恙。经济危机会让行业更加垄断，形成大的垄断集团托拉斯。2008年美国金融危机后，政府出面救市，而几家历史比较悠久名声比较大的公司也因为无人收购而崩盘破产，比如雷曼兄弟。

危机爆发前，财富已经极大地聚集到一些寡头那里。而以打工身份进入美国的华人，每月工资30来美元，他又如何能是导致经济危机的原因？华人所受的排挤和不公正待遇，是白人种族主义者的错误观点所致。

---

① http://www.773buy.com/1_1511/895727.html.

(2)《排华法案》颁布前的排华禁令及案例

1)各种制约华人的条令

1850年,加州征收外国矿工税。每月20美元,这个比例相当高(修铁路时白人的月工资是45美元)。

1852年,许多地方禁止华人采矿。

1854年,加州最高法院禁止有色人种在法庭上作证反对白人。也就是说华人没有资格享受法律的保护。(一说:1864年)

1860年,加州北部公立学校禁止华人儿童入学。旧金山市医院不接受华人。

1868年,《蒲安臣条约》规定自愿移民的互惠权。这是近代中国唯一一个平等对待华人的条约,对华人是好事,不过移民美国的华人越多,随后面临的麻烦越大。

1870年,加州政府禁止华人拥有土地;几十个州通过了土地法,禁止非美国公民购买地产,禁止他们建立永久性住房和企业。加州允许移民官员随意判断妇女是否为妓女;旧金山市政府禁止雇用华人参加市政工程;该市实施"肩挑法案",禁止华人使用扁担;1870年的"归化法"允许非洲人通过归化为美国公民,但亚洲人除外;禁止华人投票和陪审。

1873年,旧金山又通过一系列歧视华人的法令。华人开洗衣店,如果马拉、肩挑衣物都要交税;限制鞭炮和锣鼓;埋葬去世的人须有验尸官的书面准许证。

1875年,旧金山强制华人剪掉辫子,不剪辫子是违法的,抓入监狱,强行剪到一英寸长。旧金山市通过居住房屋令,规定成年房客每人应有500立方英尺的空间(14立方米),也就是长、宽、高各2.4米的一个空间,这看起来不大,但是这样加大了华人的支出,影响了华人本来就艰苦的生活质量。你达不到居住条件,就面临罚款,最终就有可能被迫离开。

1878年,加州禁止外籍人购置产业,也就是说禁止华人购买房子(同1870年的禁令相近);禁止华人从事贸易、小贩等。

1879年，加州宪法禁止公司和市政工程雇用华人，华人要到城市边界之外的地区找工作。美国国会规定一艘轮船只能搭载15个中国人到美国。

1880年，旧金山禁止洗衣房夜间工作。先是规定渔网孔径大小，后来禁止华人在加州捕鱼。

1882年，旧金山规定华人开洗衣店要有许可证。加州立法规定，反华示威游行的美国人可以获得公假。同年5月全美层面的《排华法案》通过国会两院投票，总统签字颁布实施（两院只要通过，总统如果不动用否决权，即便他不签字，10天后，法案自动生效）。美国报纸用"欢呼"作为标题。对华人的歧视和排挤从联邦政府层面正式拉开了大幕。

2）洛杉矶屠杀案例

1871年，洛杉矶500个白人进入唐人街，在一个夜晚残酷地把19名华人枪杀绞死，大多数被绳索吊起之前已经被枪杀。该事件被称为美国最大的私刑事件。

1870年洛杉矶市的人口有五六千人，其中华人有172名，大部分住在尼格罗人街（Nigger Alley），意思是黑鬼巷，Nigger是对黑人的蔑称，然而这条街与黑人没有关系，而是因为西班牙人在那里居住过，西班牙人肤色较黑而得名。后来这条街的居住者以华人为主，是赌博、娼妓盛行的地方，犯罪率很高，华人在这条街主要以做苦力、开小商店为生。

①事件的经过

两个华人帮派A和B因为一个女人大动干戈。A帮派人来枪杀B帮的头目，B与洛杉矶一警察有非法交易。该警察从中牟利，不料该警察受伤，发出警报，一酒吧老板罗伯特持枪出来救助，被帮派误杀。

因为老板罗伯特是洛杉矶私人自卫队的成员，德高望重，本来排华的情绪就很强烈，又加上罗伯特老板被枪杀，立马有500多名白人响应，众人进入唐人街围攻华人。枪杀过程中，洛杉矶仅有6名警察，他们不作为，最后是受人尊重的司法长官带着25名志愿者平定暴乱。

一名华人医生的手指被割去，因为歹徒取走了他的戒指。据说，这位医生提出用3000美元保命，却被歹徒枪击嘴部致死。当年修铁路白人的工资是每月45美元，3000美元是个大数，是巨款，这是白人5.5年的收入。也许歹徒顿时因为巨大财富而愤怒，认为华人手中如此多的钱是来自对他们白人的剥削，也许是不知道华人喜欢省吃俭用存钱备用的传统习惯，也许杀急眼的凶手已经毫无理智，多杀几个也无妨。反正你死了，钱照样是我的，留个活口祸患无穷，总之巨大的财富没有救得了他，反而被害更惨。（到今天，美国人喜欢信用卡，不带现金。你钱包里有1000美元，他会说你是个百万富翁）

也有些美国人富有正义感，出手相救。退休教师罗伯特·韦德尼救了5名华人。他开了一家商店，5名华人躲进他的商店，暴徒追来。韦德尼扭住暴徒，把暴徒持枪的手扭转对准暴徒的咽喉，让他滚出去，5名华人因此得救。

参加暴动的白人中有妇女和孩子，可见仇恨多么巨大，行为多么残忍，矛盾多么尖锐。

因为美国人参与的人数众多，司法部门自然庇护大多数。只有10人被起诉，8人被判刑。或许是因为事后他们炫耀自己杀了多少人才被捕的。

然而这8人被定为过失杀人罪，分别判处2—6年监禁。但不久加州高院推翻了判决，8人被全部无罪释放。

哪里能给华人主持正义和公道？

②感受

唐人街给美国人落后封闭的误解，帮派的形成和斗争让无辜的华人遭殃。帮派得到警察的荫庇，形成一方势力，生意兴隆，挣来的钱极有可能涉嫌非法。帮派是普通华人和普通美国人所憎恨的，然而种族主义者一旦发动暴动，黄种人在他们眼里是一样的，因此受害者往往是无辜的普通人，帮派头目和成员也许早就离开骚乱之地。

美国的警察体系不健全，警员数量较少，关键时刻无法维持秩序。

后来，1877年7月，洛杉矶又爆发了一场反华暴动。3天内，白人暴民攻击华人的商店和住宅区，捣毁了大约25家华人洗衣店。

3）丹佛事件

3000多白人在丹佛市包围华人住宅区（约有400个华人），杀害一名华人，大量华人受伤，财产损失巨大。（清政府驻美公使陈兰彬交涉未果）

第一个到达丹佛的华人是在1869年6月，到1870年末，约有42名华人来到丹佛。

华人从来到丹佛的第一天起，就遭受排挤。"华人必须滚出去"成为以爱尔兰裔美国人的口号，他们是排斥华人的始作俑者。1879年Leadville市的美国人不必喊"华人必须滚出去"，因为那里没有华人，他们拉起横幅"禁止华人进入"（The Chinese must not come）。1880年，丹佛市的人口约有4万，而整个科罗拉多州的华人约有612人，丹佛238人。①

暴乱后数据显示在丹佛的华人约有450人，主要是经营洗衣店。

1880年，华人问题成为竞选总统的一个主题。科罗拉多的民主党与白人工人党是一条战线，大肆攻击共和党和华人。从舆论上看，媒体报道说，加州彻底被华人毁了，内华达也受到华人的危害，华人正威胁着科罗拉多州。

①事件的经过

事件的起因是一名华工和醉酒的白人之间的矛盾，事态逐渐扩大。3000多白人包围华人住宅区，杀害一名华人，大量华人受伤，财产损失巨大。

当时丹佛的警察只有8人，无能为力。市长乘坐消防车到达现场。

他发表演讲，号召人们散开。最后，消防队员喷水，暴徒被激怒，拿起砖头扔向消防队员。

华人的洗衣店被破坏，住房被破坏，几乎无一幸免。当时许多华人

---

① Roy, *Denver's Anti-Chinese Riot*, 1880, http：//legacy.historycolorado.org/sites/default/files/files/Researchers/ColoradoMagazine_ v42n4_ Fall1965. pdf.

被关进监狱，以得到警察的保护。

当年媒体刊登过各种排华卡通图片，激发白人对华人的憎恨。1878年4月的一幅漫画，"我憎恶'黑鬼'因为他是美国公民""我憎恶'黄狗'因为他不是美国公民。"（I hate the "Nigger" because he is a citizen, and I hate the "Yellow Dog" because he will not become one.）

也有部分丹佛人挺身而出，保护华人。

②感受

实际上，丹佛的华人只是在开洗衣店，对白人构不成威胁和影响，只是受到竞选总统、两党政治斗争的影响，是排华大形势下的牺牲品。

(3)《排华法案》实施后的案件及他国排华局势

华人和白人之间的矛盾逐渐升级，到了1882年，美国国会通过了《排华法案》（Chinese Exclusion Act），禁止华人进入美国，先是10年的期限，10年后修改法案改成无限期禁止。从1901年至1910年间，被驱逐的华人平均每年有560人。①

从开始的1848年到1882年，华工进入美国的人数有30万，平均每年约1万人，1882年法案实施前有4万华人进入美国。

《排华法案》实施后，进入美国的华人先被控制在仓库中，等候问询，稍有疑问，就会被遣返回国。当时进入美国的华人人数锐减，1884年279人，1885年22人，1886年40人，1887年10人，1888年26人，1889年118人，1892年0人（一个也没有）。这些人数主要是劳动力，而留学美国的华人比例非常少。

1910年天使岛移民站开始使用，刚进入美国大量华人被关押在那里，等候审讯。而1892—1943年，约1700万欧洲移民从东部的爱丽丝移民检查站进入美国，每年平均33万。②

华人的男女比例从排华前的18∶1，变成27∶1，也就是说96%的男人成为光棍儿。

---

① 《华人在美国的历史》, http://www.177liuxue.cn/meiguo/yimin/2009-10/58050.html。
② 同上。

1890年华人有10.7万人，30年后的1920年华人已经减少到只有6.2万，原因可想而知。被驱逐；被杀；自然死亡；不能结婚，没有下一代。

该法案实施时间长达61年，直到"二战"美中结盟联合抗日后，美国才于1943年撤销（repeal）该法案，这是美国历史上第一次禁止某一种族进入美国的法案。即便撤销了，给华人入籍美国的配额也是少得可怜，每年的配额也就100个。1965年，配额改为每年2万人。

法案规定在美国的华人必须随身携带证件，不能归化入籍美国（nationalization）；华人妻子儿女不得进入美国；华人不得和白人通婚；不得购买土地、房产；华人不能在政府就职；华人不能同白人打官司；等等。

私运华人进入美国的话，处罚非常严重。每私运一人，船主将被处以最高500美元的罚款和1年的监禁。

《排华法案》的实施更加滋长了部分白人的排华、辱华、杀戮华人等恶劣暴行。每一次暴乱之后，都是不了了之的结果，华人的权益完全得不到保障。

清政府毫无能力保护自己的国民。

针对美国的排华，中国也发起一些运动。1905年，中国的21个通商口岸抵制美货。美国对华出口贸易下滑，从1905年的4400万美元，降至1907年的2600万美元。这种运动并不能真正解决美国华人的生活工作问题。①

1）石泉矿场事件②

1870年怀俄明州的华人仅有100多人，当时甜水县（Sweetwater）的石泉煤矿还没有华人居住，19世纪70年代末期，怀俄明州的华人增加到2万人多一点。

---

① 《华人在美国的历史》，http://www.177liuxue.cn/meiguo/yimin/2009-10/58050.html。
② 《怀俄明大屠杀是美籍华人史中的悲惨事件》，http://blog.sciencenet.cn/blog-415-979545.html。

1875年，石泉煤矿的工人只有白人，他们罢工要求提高待遇。不过，因为周边有较多的华人，罢工没有给矿主带来什么压力。不久煤矿恢复生产，矿主雇用白人50人，雇用华人150人。当时经济危机，人们收入下降，白人把矛头指向华人，把愤怒转向华工。

1880年甜水县的华人主要居住在石泉煤矿。

后来，白人发起类似于工会的组织"劳动骑士团"，目的是和矿主提条件、抬高待遇。

1885年9月2日之前，白人就策划要求华人离开居住地。

①事件经过

9月2日当天，白人组织罢工，然而华人不参加罢工。

9月2日，怀俄明州"石泉矿场屠杀事件"爆发（Rock Springs Massacre 或称 riot 暴动），当时矿上有331名华人，150名白人。

一个本来由4个白人工作的两个岗位，由两名华人替代了，当时10个白人攻击殴打了那两名华人。其中一名华人不久后去世。白人回去马上号召"骑士团"，携带各种武器集中起来。下午150人持枪拥向华人聚居的中国城，抢掠华工，屠杀华工，最后放火烧毁了所有的房屋。

白人持有温彻斯特步枪，这种步枪也称为连发步枪，可以安装十多发子弹，杠杆式枪机，一拉就能把子弹上膛，在当时是比较先进的步枪。

他们要求华人立即离开唐人街，华人听说矿区有人被枪杀后，四处逃窜。有的白人用枪指着华人，把华人的手表、金银珠宝抢劫一空，然后允许离开；有的白人用枪托击打华工后让其离开；有的向逃跑的华人开枪，华工当场被打死，然后把身上的值钱东西抢走；有的只是抢劫东西，大喊大叫让华人立马离开；有的白人站在一边喊叫、大笑、鼓掌。

下午4点以后，他们开始烧房子，最终79家华人的房子全部被烧毁，没有离开的被烧死在自己家里。700多人的财产全部丧失，损失近15万美元，合今天的400多万美元。

据统计，白人杀害华工28人，伤害15人（一说更多），26人逃入深山，被狼群吞食（英文介绍中，没有这个说法）。

警察拘捕了16人，这些暴徒是劳动骑士团会员，验尸官、法官、陪审团也是该组织的成员，必然会偏袒嫌疑人。华人又不能作证，或者说没有资格作证，最后他们被无罪释放。

该事件影响巨大，迅速波及开来。一个月后，华盛顿州某地所有的华人被武装驱逐出去。政府派出军队才得以维持秩序，"劳动骑士团"非常像美国内战时期南部的三K党，该党对黑人施以极刑，又像是德国的纳粹分子。

②沉重的感悟

敌对情绪和矛盾早在十年前就已经开始，持续了十年多，竟然没有引起华人的警惕，没有做好相应的预防措施。

从煤矿雇用的人数上看，华人是白人的两倍（331∶150），仿佛可以团结一致，至少可以抗衡一阵子。但是，煤矿华工的人数多是由于华人的工资低，老板才雇用了较多的华人，其实华人的凝聚力较差。唐人街79户华人700人面对150个持枪者，四处逃窜，或者拒不离开被烧死，为什么不群起而抗之？华人没有武器吗？没有步枪，菜刀、木棍有吧？21世纪90年代，洛杉矶暴徒杀烧掠夺，局面完全失控，暴徒冲击韩国城时，数千家韩国人的商店被洗劫。然而韩国人以家庭和社区为单位，装备手枪、冲锋枪、霰弹枪，采取巷战抵御暴徒，只有1人遇难。警察和军队到来后，秩序稳定。以此来看，面对当时的局势，只有通过暴力抗击暴力，才是拯救自己的唯一武器。

从周边区域的人数看，白人肯定要多于华人。19世纪80年代初期怀俄明州的华人增加到约2万人，那时怀俄明州人口总数不详，但是从2016年人口看约58万，华裔仅占1.5%，少于土著居民的4.0%，白人是92%。从煤矿周边人数看，华人算是比较集中的区域，相比白人依然较少。2016年甜水县的人口是45000人，当年煤矿的300多华人占周边华人的4%，因此华人也就7000多人。白人的绝对数量、凝聚力和武器装备都是华人所不能比拟的。到这里工作的华工，也许已经经历过各种磨难，对白人有着极大的恐惧感，不敢抗争，更不敢武力革命。①比如，1867年5000名筑路华工罢工，要求加薪、改善待遇，然而没有结果，罢工不到一个月就复工了。一是华人太多，你罢工我干。二是还要维持生计，根本没有罢工的战略储备。

清政府驻美公使郑藻如及时赶赴现场，之后他与美国政府交涉，美国政府以种种理由推脱赔偿，弱国无外交。国内的广东人士强烈抗议，经过各界努力，最终美国政府仅仅赔偿经济损失，肇事者依然逍遥法外。郑藻如（1824—1894），1881年赴美，1886年因病回国，美国的赔偿是在后一位驻美公使任职期间获得的。

无能的清政府把矛头指向蛇头，谴责他们欺骗华工，呼吁华工回国，为祖国奉献力量。

石泉煤矿继续生产，这个时候，所有的工人都成了白人。白人的暴行竟然成功了，被驱赶的华工不知去向。

2）檀香山事件

1900年，檀香山的白人借口检疫，火烧唐人街，华人损失260万美元，死伤众多。

3）加拿大排华

加拿大一直是美国的盟友，在排华方面也是步随美国。1885年，进入加拿大的华人要缴纳人头税50加元，15年后增加到100加元，1904年达到500加元，1913年完全禁止华人入境。

4）墨西哥排华

南部的墨西哥排华也很厉害。1911年，墨西哥发生了举世闻名的排华事件"莱苑惨案"②，杀害华侨303人，祖籍台山的占有102人。莱苑是华人居住集中的地方，银行等商铺聚集，经济繁荣。

---

① https://en.wikipedia.org/wiki/Wyoming.
② 《海外华侨生活》，http://www.cnts.gov.cn/cnts/hyq/201712/42e5b97078f54dc49afe8357e13eff2e.shtml。

(4) 纸儿子现象 (paper son)

海关严格控制华人进入美国，通关对华人来说是非常困难的事情。1904年，宋霭龄到美国留学时，被关押了19天；1912年，孙中山在天使岛被拘押了17天后才进入旧金山。

不过，上帝给你关上一扇门，就会给你打开一扇窗。1906年旧金山大地震，导致三天大火，移民局里的文件化为乌有，没有了数据库只能重建。这个时候，美国移民局就很难分清到底谁是正当途径进入美国的合法移民了。

有的华人是合法进入美国却没有归化入籍的，自然要求合法身份，一旦自己合法了，孩子就有合法机会。有的华人是非法进入美国的，也趁机要求合法身份。

美国人和中国人动心眼当然不是个儿。如果说华人智商低，那美国人直接是负数。开始，美国移民局重新登记身份，有些宽松。比如，政府对着一群人问"谁是美国公民？"如果你在场，也会肯定回答说"我是"！不少华人因此得到了美国公民的身份。入籍美国是当时也是后来华人的愿望，即便到了21世纪，还有许多想入籍美国的人，也在想出各种理由，难民？宗教迫害？政治迫害？这些人甚至寡廉鲜耻，以出卖国家尊严而想方设法取得合法身份，比如通过政治事件取得身份的人，也许根本就不关心政治，他们在中国使领馆门口缠上头巾、举着大旗、拍照留影后，得到所谓抗议的照片资料之后，扔下道具就去打工挣钱了，谁迫害他？他们还沾沾自喜，笑话移民部门的愚蠢。

纸儿子（paper son）现象随即出现，不足为怪。又译为：文书儿子、契纸儿子、纸面儿子、纸生仔。当然也有"纸女儿"，不过重男轻女的传统观念导致"纸儿子"更时尚，也更值钱。1906大火后，许多华人到移民局先登记自己的身份，然后登记自己的儿子、女儿。本来没有的，他们也虚拟名字登记上，说孩子在中国，这样可以把国内的亲属接到美国，有的直接卖掉这个身份证明来赚钱，花钱"买父亲"的现象非常普遍。有美国国籍的华人经常回国，每次回来就带一个孩子回美国，说是在中国生的。这种现象当时很正常，因为20多年的《排华法案》，妻子在中国的情况居多。

一次地震一场大火，换来了一大批"合法"华人。当然，有许多人的确是真实情况，也有许多是虚假的。人口众多的华人，让美国移民官无法辨别真假，对华人自然产生越来越坏的看法，也就更加无理刁难。正如城市里的乞丐，一群一群的，你无法判断哪个是真的穷人，哪个是有组织的"穷人"。

因此，美国移民官员进一步加大了审核力度，认真审查来者是否是真正的"儿子（女儿）"。原来的移民站已经不适应大量移民的需要，从1905年，美国就开始在天使岛建立新的移民审查站，1910年正式投入使用。

（5）黄金德诉美国政府案

2018年3月28日，中华总会馆、美国华人历史学会、Fred T. Korematsu 研究所等至少5家团体和个人，在美国旧金山举行研讨会，纪念华人先驱黄金德成功争取美国公民权120周年。①

黄金德案件的成功在于让最高法院通过判决，承认在美国出生的华人就是美国公民，这是美国历史上移民的巨大胜利。

黄金德于1873年出生在美国，1890年他陪伴父母回到中国，返回美国时毫无障碍，而1894年再次探亲回美时，海关禁止他入境，说他不是美国公民。

他勇敢地向法院提起诉讼，不过他被拘押在船上。其间中华总会馆也耗费大量金钱和精力帮助他，这也是帮助所有华人。1896年巡回法庭法官判他是美国公民，然而美国政府感到事件重大，提起上诉。1898年3月28日，最高法院以6∶2的结果裁定黄金德赢得官司，确认他有权利拥有美国公民身份，这样他的4个儿子就有资格进入美国。

早在1868年，美国各州通过了《宪法》第十四条修正案，即所有

---

① 《华裔社区纪念黄金德案120周年》，http://news.7654.com/a/1284776110631367215? TAG=2_24_2。

在美国出生的儿童拥有美国国籍,不管父母是哪个国家的国籍。

1884年,美国各州给1879年以前到达美国的华工发放证件,允许他们不受限制地出入国境,相当于承认这些华人拥有美国国籍。但在1888年,美国政府的新法案(Scott Act)否定了4年前的证件,导致约有2万名华人无法回到美国。其间就有一个类似的诉讼案件发生,最终华人陆某赢得官司,他的美国公民身份得到法律认可。

(6)东西海岸移民拘留所

本来白人就歧视华人,排挤杀戮华人,再加上部分华人虚假入籍,美国政府就对到达美国的华人进行更加严格的审查,华人入境美国更加困难。

美国移民局在东西两岸各设立一个关口,东岸关口在纽约港外的爱丽丝岛,西岸关口在旧金山的天使岛。

1)天使岛拘留所(Angel Island Immigration Station)

天使岛位于大海之中,四周环海,更加安全,可遥望旧金山市。名字非常好听,"天使"是多么美丽的词语,名字应该译为"天使岛移民检查站",然而对华人来说那里实际上就是一个拘留所,专门拘押中国移民。因为位置原因,亚洲人进入美国,从旧金山天使岛入关的比例很大。《排华法案》后,天使岛关押的中国人比例最高,所以Angel(天使)一词在中国人的心目中是可怕的鬼门关,他们称天使岛为"埃仑"(island"小岛"的音译)。我感觉这个音译名字就像是"挨个轮一遍",过堂受审一遍。也许是巧合,1880年修订《蒲安臣条约》时,也用了好听的名字"安吉尔",修改后的条约被称为《安吉尔条约》(The Angell Treaty),也是名不副实,从拼写上看,Angell只不过多了一个字母。该条约条文苛刻,禁止中国劳工入美,是1882年《排华法案》的序曲。

1910年,美国移民局正式启用天使岛,加强对移民的管理,移民来到加州后,先集中在天使岛,然后慢慢地审理。短则几周,长则遥遥无期。到1940年天使岛关闭,那里拘留、关押过17.5万华人,其中百分之八九十是"纸生仔"。他们饱受凌辱,达30%的华人移民被遣返中国。

受到怀疑的移民自然以华人为主,即便有少许白人,待遇也不一样。白人和华人分开居住，华人男女分别被羁押在不同区域，直到最后获准入境。

首先要脱光衣服检查身体，健康没有问题的，才能给予一个床铺。传统的中国女性，裸体面对白人，是何等奇耻大辱！目前我们乘坐飞机去美国，安检时被要求摘下腰带，脱掉鞋子，提着裤子，那窘相会让你感到羞辱和气愤，你想象一下当年的待遇是何等丢人、尊严何在！

① 严格的审讯

真正的父子关系，又有亲属来接的，比较容易过关，关押不久后就自由了。

然而，购买他人名额的假儿子，需要牢记指导手册上的内容，自从离开中国在漫长的海上旅途过程中，他们就要一遍遍背诵具体的内容，这些长达几十页的手册，在轮船到达美国之前必须被销毁，因为一旦发现就成了作弊的证据。

当然美国移民官的问题，可能非常奇葩。他们甚至会问"你家有几扇窗户""洗手间的门是向左开的还是向右开"等问题。同样的问题会用来盘问家里的其他成员，以证明入境者是否说谎，一旦发现问题，就可能继续被扣留或遣返，也就是说如果"父亲和儿子"回答不一致，麻烦就大了。

这些问题让我联想到目前到美国的签证。我的两次签证，形势截然不同。第一次2009年，我的材料充分，我特别小心翼翼；美国大使馆里预约签证的人员不用在院子里排队。2014年我第二次去签证时，美国放宽对入美华人的签证政策，签证一次有效十年，去签证的人员明显增多，院子里人满为患。不过，签证问题比较简单，过程都在排队上了，到窗口见到面试官也就一分钟的时间。签证官看到我高高的儿子，用汉语问"你打篮球吗？"，儿子回答"sometimes"（有的时候），就通过了。据说材料中的诚信非常关键，被拒签和被check（进一步审查）的现象时有发生。总之，现在到美国的程序简单多了，政策宽松多了，不过那天我在大使馆里，听到一位老妇人号啕大哭，震撼人心，我想也许是被拒签了。

不过，只要想成功，自然会有各种办法。外面的人和被关押者信息沟通非常关键。据说，当年做饭的厨师就是关键人物中的关键。大厨如何通风报信？他把字条放在菜碗的下面，传递内外信息告诉被关押者怎样回答面试的问题。电影《黄飞鸿之西域雄狮》中，黄飞鸿脖子上挂了绳索马上被施以绞刑时，聪明的中国人也能通过给"犯人"吃水饺而把一段竹签放入黄飞鸿的口中，让手无寸铁的黄飞鸿以它为武器。这种猫捉老鼠的游戏，是大智慧的华人的专利。比如，在潍坊乐道院被日本关押的外国人要想和外界取得联系只有一个人，就是打扫厕所或者说拉大粪倒马桶的老大爷，可以说这个人物以及口信至关重要。

翻译也非常重要。移民官不懂汉语的话，得了好处的翻译会把你的话给美言几句，或者他把外边人告诉他的信息给你"翻译"给面试官，这种偏向你的配合，极大地增加了你通关的概率，他的帮助很重要。为了防止这种贿赂翻译的做法，移民官也经常更换翻译人员。

②渴望自由的诗歌

在关押的日子里，有些文人留下了许多诗歌，刻在了墙上，有二三百首保存下来了，成为描述当时情形的文字证据："旅居埃仑百感生，满怀悲愤不堪陈"：在这所谓的天使岛上被困，满腹苦水向谁诉说？"羑里受囚何日休，裘葛已更又一秋，满腹牢骚难磬竹，雪落花残千古愁"。（羑里，音 you，三声，当年周文王被囚禁处；葛，音 ge，二声，有花纹的纺织品，葛布、葛巾）。就像周文王被囚禁在羑里，什么时候才能见到光明呀？衣帽都换了，一个季节都过去了，我的苦恼难以用语言文字表达，真是凄凉之至、千古悲哀呀！

还有一首诗文是：夙慕花旗几优哉，即时筹款动程来。风波阅月已历尽，监牢居所受灾磨。仰望屋仑相咫尺，愿回祖国负耕锄。满腹牢骚难寝寐，聊书数句表心裁。①

---

① 《天使岛墙诗》，http://www.52shici.com/works.php?mem_id=11165&works_id=527999。

注释：花旗：指的是美国。灾 zāi，同"灾"。屋仑是旧金山附近的一个地方，也就是奥克兰（Oakland）。一直仰慕美国的大美大好，东借西借筹集资金一路赶来。历经千辛万苦百般磨难，终于来到美国，却深陷囹圄，仰望远方，奥克兰近在咫尺，自己却不知何日获得自由，还不如回到祖国扛锄种地去呢！夜里睡不着，想念家乡，思念妻儿父母，满腹委屈愤怒，只好写点东西，宽慰一下自己，我又有什么办法？

相应的英文如下：

I used to admire the land of the Flowery Flag as a country of abundance.

I immediately raise money and started my journey.

For over a month, I have experienced enough winds and waves.

Now on an extended sojourn in jail, I am subject to the ordeals of prison life.

I look up and see Oakland so close by.

I wish to go back to my motherland to carry the farmer's hoe.

Discontent fulls my belly and it is difficult for me to sleep.

I just write these few lines to express what is on my mind.

③入美华人男女比例失调

以此看来，华人的处境比黑人糟糕得多。至少黑人可以和黑人结婚，华人男士找对象都难，因为男女比例严重失调。

纸儿子在美国隐姓埋名，不敢公开自己的真实姓名，只能默默地忘记自己的名字，让真正的自我消失，心理受到很大打击。到了1958年，美国国会通过了《招认法案》，规定"纸生仔"只要主动承认，就可免除被遣返，那时他们才回归正常的生活。

2010年报道，111岁的邝永华（1899— ）结婚，妻子69岁。

他十二三岁时被卖到美国做苦力，在天使岛被拘留一个多月，到美国后以苦力为生，因为没有身份，他从未回国或者出国。他一生没有结婚，也没有孩子。

我们不能真正了解他的一生，不过他的前半生可以折射出当年华人的境况。到了 1943 年《排华法案》取消了，他就 44 岁了，大好时光已经过去。"二战"后，许多华裔美国人都是回国结婚。也许他的身份不允许他，也就错过了寻找幸福的机会。

美好的晚年，是天赐之福。他思维清楚，语言清晰，身体健康，每天喝两杯鲜榨苦瓜水，四个甜橙，加上肥猪肉。

2）爱丽丝岛移民站（Ellis）

1892—1943 年爱丽丝岛是美国东部的移民检查站，1943 年该移民检查站迁往纽约市区，在 1954 年前爱丽丝岛成为被驱逐人员的拘留地。

1900—1914 年是爱丽丝岛移民高峰期，每天有近万人通过那里，进入美国。当时的欧洲移民不需要护照，只要通过检查就可移民美国。相比西部的天使岛，这里才是天堂。而西部的天使岛，华人被关押禁止进入美国，可见华人遭受的歧视和不公是多么的严重。

1990 年，爱丽丝岛移民博物馆向外开放，展出美国移民的历史文物。

4. 华人抗争维权的典范

黑人能够团结一致，奋起反抗，有自己的领袖马丁·路德·金和马尔科姆（Malcom X），前者非暴力不合作，后者开始主张暴力，马尔科姆本姓 little（小），自己改名 X，寓意"了不起"的意思。他因偷盗被关入监狱，通过背诵抄写字典学习英语，信仰了伊斯兰教，后期转向和平。两人都被枪杀了，都受到后人的敬重和纪念。

而华人受中庸思想的影响较深，逆来顺受，抱团取暖的能力较弱。不过，也有为华人积极努力的英雄，值得我们尊重。

（1）王清福（1847—1898）

王清福，山东省即墨人，是山东人的骄傲，他被誉为华人的"马丁·路德·金"。

2009 年，纽约市博物馆选出自纽约市诞生 400 年以来，贡献杰出或影响广泛的 400 位名人，其中有五名华人，第一位是王清福（另外四位：李政道、吴健雄、贝聿铭、林璎）。

1868 年，他由传教士资助到美国大学读书（比清政府公派留学美国早4年),学成回国后在清政府担任翻译。他呼吁文化和社会改革,鼓励人们戒除鸦片,向美国学习先进的社会习俗。

因反对清政府,他被悬赏捉拿。(15000两银子,合300万元人民币)只好流亡美国,1874年他成为美国公民。

1882年《排华法案》后,他积极为华人权利奋斗。

1)四处演讲

他到各大城市及加拿大巡回演讲。(25美分一张门票)他认为美国社会的反华情绪来源于美国人对中国人和中国文化的无知或误解。他努力沟通中美文化,极力让美国社会认识中国文化。他认为,基督教文明和儒教文明在教育人们行善方面基本相同。

他呼吁华人杜绝烟(大烟、鸦片)、赌、嫖等恶习,树立华人自尊自重的形象,推动华人进入主流社会。

2)与白人种族主义者决斗

1883年《排华法案》实施后的第二年,他向加州工人党的头目科尼提出决斗。决斗是欧洲较早的一种方式,谁死谁活一次搞定,胜者不负法律责任,是最初骑士常用的办法,比如美国财政部部长汉密尔顿和副总统决斗过,前者被打死。

丹尼斯·科尼(Denis Kearney, 1847—1907)是排华运动头号发言人、加州工人党的组织者,1877—1882的五年中,科尼推动并领导了美国的反华运动。他因爱尔兰的马铃薯饥荒于1868年到达美国,住在旧金山,从事货车运输,1877年拥有了5辆大车,生活已经比较不错。[①]

1877年,他组织了旧金山工人工会,随后改名加州工人党。他虽然没有上过学,但是读了很多书,善于演讲和用词,很有煽动性。

他到纽约演讲,他把经济衰退、失业率高涨归咎于"廉价的华人劳工",呼吁把华人驱逐出美国,他第一个在公开集会上喊出"华人必须滚出去"的口号。

---

① Denis Kearney, https://en.wikipedia.org/wiki/Denis_Kearney.

爱尔兰裔修铁路时不仅速度慢，而且要求待遇高。科尼警告铁路雇主，要求三个月内解雇所有的华工。如果劳工情况没有改善，"子弹将取代选票"。（bullet；ballot，两个单词词形和发音接近）

3）创办报纸

1883 年，王清福在纽约创立了《美华时报》周刊，英文名是 *Chinese American*。这个词语现在译为"美籍华人"，王先生应该是第一个使用这个词语的人。

《美华时报》只办了不到一年，因财力不足而倒闭了。

4）建立平权组织

1892 年王清福和一些华人在纽约成立了"美国华人平等权利联盟"，这应该是历史上第一个华人民权组织。

他呼吁华人参政，提高政治意识，指出美国政客的虚伪："那些现在统治你们的政治家都是十分胆小的人，而且会随风转舵。如果你不去投票，或不想投票，他们就会把你看成小爬虫。当你出现在投票箱前时，你就会被看成一个人。"

从科尼与王清福的事例中我得出如下结论：

华人在美国被驱逐杀戮，是白人霸权主义、种族主义所犯下的罪行，是美国历史上的污点，是号称人生而平等的美国宪法的耻辱。在华人是弱势的情况下，受白人欺负、宰割，生活质量、生命安全没有保障，是美国社会不公平的典型例证。是美国经济发展中弱肉强食的体现，是资本主义的最大缺陷，是对林肯总统"民享、民有、民治"的挑战。

清政府如此软弱，弱国无外交。大批华人被杀掠之后，通过几个所谓保守派的交涉，清政府能成功保护华人吗？祖国的强大，自豪的国民，才能让华侨华人真正成为世界的主人。而当时，列强侵华，投降派忙着签订不平等条约，在美国管理留学生的保守派正忙着把留学美国的 90 多名学生召回呢？1881 年所有学生被迫回国，只有詹天佑、欧阳庚完成了大学学业，在美国这些学生的思想和行为深受好评，连在舅舅店铺打工的宋耀如也深受学生思潮的影响，参军后回国为中国人民的革命事业做出了巨大贡献。

没有受过教育的华工，除了出苦力和忍耐，还能如何？

从科尼的例子可以看出，美国白人的号召力非常强，善于发动群体，联络上层官员，为自己的权利而斗争。黑人也是如此，20世纪60年代的马丁·路德·金等英雄改变了黑人的历史，全国的黑人集中到华盛顿，在林肯纪念堂前，他发表了闻名中外的演讲《我有一个梦》，让黑人获得了同等的权利。科尼的一个演说，全国各地的支持者8000人一下子涌入加州，以争取自己的政治权利。有什么样的民众，就有什么样的政府。那个年代，只有一个王清福，或者几个王清福，效果甚微。鲁迅说过，不在沉默中爆发，就在沉默中灭亡。团结一致，争取民权的集会等活动，在华人那里很难找到类似白人的例子。

华人自身的软弱也是一大问题。华人擅长默默无闻地工作，不到万不得已不会抗议，忍耐力较强，号召力不足。这是华人的耻辱，与华人自身的问题和本性的弱点密切相关，许多人恶习较多，赌博嫖娼；看中既得利益，好贪小便宜；没有信仰，不进教堂，融入不了主流社会；内部又钩心斗角，凝聚力不足。排华的种种条令和限制持续时间如此之长，耐人寻味，仅国会的《排华法案》就持续了61年，实际上从1850年开始的30多年中，各种限制措施接连出台，各级政府部门一次次约束，一次次得逞，这是美国种族主义者的霸权所致。

最初的华工，背负经济重担，要赚钱支付蛇头的费用等，要挣钱寄给家人，因为家里上有老下有小，只能靠自己的勤劳、忍耐维持生计，这无可厚非，那个年代的华工心里想的和当今社会进城的农民工应该是相似的。

人单力薄的华人，选择了忍耐。清政府的软弱，让国民在世界范围内遭受屈辱，各国列强分食中国，在这样的大环境下，华人是无法抗争的。

再有，他们的教育水平较低，或者说没有受到太多的教育，在异国他乡文化差异巨大的情况下，沟通交流自然困难，对于上层建筑等权利要求不高，没有走上层路线的想法，即便有想法，第一代移民也实现不了。比如，华人律师非常少，作为第一代官派出国的幼童张康仁，被召回国又返回美国，于1887年大学毕业获得律师资格，通过官司获得了纽约的承认，然而加州司法部门不承认他的资格。到了CC Wing、洪耀宗两位华裔律师，时间已到了20世纪初期，与张康仁相比，已过去了30年。可以说，华人的参政意识弱、话语权差、国家软弱、受教育少等都是造成当时现状的原因。

从20世纪60年代始，美国黑人民权运动波及全美，华人因此也真正走出"唐人街"，身份逐渐改变，从"劳力阶层"逐步转变为"知识阶层"，从低等行业上升到实业与金融业，从不敢"发声"到参政议政。近几十年的发展趋势更加可喜，以往理工科的留学生居多，现在越来越多的文科学生，从奥巴马内阁看出华人从政比例越来越高，级别也越来越高，话语权越来越大。强大的中国是坚强的后盾，各国各区域华人更加团结，参政议政意识凸显，维权意识、爱国行动达到空前的地步。

然而从当今国内来看，许多人依然是为了面子和利益，不敢出庭作证，不敢为正义献身。民族的自信、文化的自信非常关键，复兴伟大中国梦需要敢于担当、努力奉献、扎实做事的人。

当然美国也有仁人志士倾向支持华人。加州前总检察长弗兰克·皮克斯利（Frank Pixley, 1825—1895）指责那些排华人士说：那些移民自己刚刚被美国慷慨地接纳，现在却反过来蔑视法律，驱赶那些与自己拥有相同合法权利的另外一群人。这种行为十分令人反感。

（2）洪耀宗（You Chung Hong, 1898—1977）

洪耀宗是加州早期律师，可以说是第一个在加州取得律师资格的华人，他为推翻《排华法案》做出了贡献，其中包括在美国国会做证。（从英文网站上看，耀宗是第二位华裔律师。第一位律师是Chan Chung Wing，简称CC Wing，汉语没有查到。1890年生于广东，1983年去世，为大量华人移民取得合法身份。为自己律师身份抗争一生的张康仁，1860年生，应该是第一个华裔律师）

洪耀宗生于旧金山，1924年26岁时，他从南加大法学院毕业，于1925年获得法学硕士学位。1923年上大学期间，他通过了律师资格考试。

28岁时，他当选为华裔美国公民联盟的主席。

他帮助成千上万的华人取得合法身份。

他是洛杉矶中国城的创始人之一，1938年建成。建造了唐人街的一个传统牌坊，上面写着"孟欧之风"，指的是孟子的母亲和欧阳修的母亲，她们和陶侃、岳飞的母亲，合称为中国历史上的四大贤母，教子有方。

洪耀宗和其他华人积极游说和抗争，呼吁华人平权，《排华法案》于1943年废除。

（3）赵美心（Judy May Chu，1953— ）

为美国联邦众议员，2009年开始，成为历史上第一位华裔女性国会议员。赵美心的弟弟赵中求是南湾辛尼维尔市议员。

爷爷是第一批移民，在美国开餐馆，是《排华法案》的受害人。父亲赵华进生于美国，为电子工程师，"二战"期间参加空军，回到中国广东娶妻，一起回美国生活，母亲不会英语，又无法和中国的家人联系。

（4）薛海培（1953— ）

他是美国国会注册的唯一华人政治说客，曾任奥巴马的亚裔顾问，2008奥巴马竞选期间，他每天都要工作15个小时左右。

他生于南京，1977年恢复高考后，他考入四川外语学院，学习英语。毕业后，先当老师后当导游。1987进入威斯康星大学社会学专业就读。

说客主要是和议员打交道，平均一名议员身边围绕着60名说客，华盛顿游说业的年产值已超过30亿美元。

他游说国会议员就《排华法案》向华人道歉。

（5）促使议案通过的要人

议案最早推动者之一是美国华人全国委员会主席薛海培，众议院的法案是由赵美心联合众议员朱迪·比格特与麦克·科夫曼共同提出。参议院的议案是由参议员黛安·法因斯坦和斯科特·布朗等人提出。

美国参议院2011年10月全票通过一项法案，为19世纪末20世纪初的《排华法案》等歧视华人的法律表达歉意。

（6）歧视亚裔之维权案件

2001年8月，美国地方法院裁定原美国海珍集团副总裁张伟（原告），在公司兼并改组时受到严重的种族歧视，被告向他赔偿损失费310万美元。

张伟，20世纪90年代初到美国留学，获得MBA学位。

1997年，他任职的公司被美国海珍集团收购，总裁是德州亿万富翁杰米·莱纳格，张伟任副总裁。

1998年12月，70多家公司的150多位正副总裁集会，商讨改组和发展运营问题，张伟是唯一的亚裔，其他全部是白人。总裁鼓励大家畅所欲言，为公司的发展献策献计。他很受感动，找到总裁谈话后，总裁让他写个文字材料。张伟回到西雅图自己的单位后，给总裁写了一个数十页的报告。

报告中提及总裁手下一个干将亨利所存在的问题，总裁把信件转发给亨利，并由他处理此事。可见总裁对亨利的信任远远超过张伟。亨利被"打小报告"，又负责处理这事，你想象一下张伟能有好果子吃吗？

亨利接手海珍集团，张伟的处境开始逐渐艰难。渐渐地，公司不再让他参与管理层会议。1999年2月，张伟去冰岛休假，返回波士顿后的他刚下飞机，就被几位白人在机场当场宣布解聘。公司配备的汽车被收回，公司的个人物品被封存。几位负责亚洲业务的华人也被监视起来，只有白人上班时，才允许他们进入办公室。

张伟试图沟通，不成，5月，他通过律师，正式向联邦政府和平等雇用委员会（EEOC）同时提出法律诉讼。

从起诉到正式开庭拖了一年半。原告的律师只有在打赢后才能与原告按比例分成，所以持久战对原告和律师都不利。被告的律师是按小时从亿万富翁手中收钱，有打持久战的条件。

开庭前的协商。开庭前总裁杰米让律师给张伟打电话想用 15 万美元私了，并说如果不接受，他将一分也得不到。张伟的律师想让对方付出 20 万美元，对方却暗示以 17.5 万美元了结，双方心理差距是 2.5 万美元，对总裁来说相当于老百姓的 20、30 块钱，张伟认为总裁歧视自己，以打发叫花子的姿态，"我是施舍给你"。张伟下定决心打官司。

法庭最关键的一天，张伟出庭作证。他的律师当众朗读张伟写给被告方的信，把一个 direction（方向、指导）错误地读成 deduction（扣除），张伟当场提出指正。法官当即决定，由张伟本人亲自朗读他所有往来信件。每一个字，都记录着当时被误解、中伤和歧视的事实，12 位陪审团中的 9 位为之感动。最后，毫无异议地一致裁定张伟胜诉，这在整个美国民事案件中是极其罕见的。

启发：拿起法律的武器，有礼有节地进行权利维护，这是当代华人必须适应而且要使用的方式。

5. 官方派出的留美幼童

1872 年夏，"中国留学生之父"容闳组织第一批幼童 30 人赴美留学，到 1875 年，清政府每年挑选 30 名少年到美国留学深造，4 年共派出 120 名，他们是中国最早的官派留学生。留学的目的是学习西方先进技术，学习西洋的物质文明，做到"中学为体""西学为用"，让中国更加富强，两者须兼有。

（1）出国留学的状况

当年没人愿意出国留学，原因很多。其一，闭关锁国的政策让人们思想僵化是最重要的因素。流言说西方人野蛮，剥人皮，再把狗皮接种到他们身上，当怪物展览赚钱。其二，那时到美国从事体力劳动的青壮年较多，淘金也好，修铁路也好，赚钱是首要选择。这么小的年龄就去上学，很多家长是不愿意让孩子去的。其三，协议上还有一条，听起来很吓人，"生死由天"政府不管，除非家里孩子多，家庭困难者，较好家庭不愿让孩子出国读书。其四，相比于北方人，开放的广州倾向于实惠的生活，读书和做生意相比，前者不如后者。还有，鸦片战争后，帝国列强入侵，华人生活受到严重影响，华人和西方人之间的冲突时有发生。

（2）容闳等采取的积极措施

容闳只好回到广东老家，动员亲友同意自家的孩子留学。清政府和孩子家属签订协议，基本情况如下。

1）政府负责一切费用。两人为一组，分别住在美国人的家里。政府提供给他们每人每年400两银子的住宿费、伙食费和学费。

银子换算比较可靠的方式是按照买米的换算方法，明朝万历年间一两银子能买两石大米，也就是377.6斤，按照每斤2元计算，可以算出明朝一两银子值750多元。而晚清时期，政府无力，金融混乱。清晚期1两银子购买120斤大米，一斤米大概2元左右，也就是1两银子值240元人民币（一说450元）。按照240元的汇率来算，400两就是96000元人民币，相当于目前高校教师出国访学的资助，在美国生活应该还不错。

另一说，大多数幼童月薪只有4两银子，"薪水之微薄，令幼童们生活困难"。每年48两银子，是多是少？算不算生活困难的标志。48两银子和400两银子差别太大，因为资料有限，不知谁对谁错。即便是48两银子，我想这也可能是后期责令他们回国的时候，也可能是个别官员控制着银两。我认为，他们住在美国人家里，生活应该没有多少困难。从国家的实力来看，1872年美国经济规模超过英国成为世界第一，成为世界上第一大国，其经济正在稳步发展，到1913年工业产值已经相当于英、法、德三个国家的总和。从幼童所在的家庭来看，美国人大多是基督教清教徒，非常想传播福音。有些幼童很快接受了美国人的价值观，这也是清政府保守派恐惧的一点，是责令他们回国的重要原因。基督教徒不会像所谓"后妈"那样对待别人家的孩子的。通过较多的日记等资料表明，美国家庭对这些幼童非常友好，视为己出，领着他们一起参加活动。如果幼童有什么困难的话，我想较多的是文化差异。不过，这些幼童的适应力非常强，很快适应美国的语言和文化。

后来，我从相关资料查到，"四两银子"是幼童回国后的待遇，因为歧视等原因,清政府给他们的工资。

从银子数量上看,很难得出什么确切的结论,关键是生活质量。清朝末期官员的俸禄(薪水)变化较大,特别是鸦片战争之后,国库亏空,薪水很低,百姓生活困苦,贪腐严重。清朝顺治年间六品官员年俸白银60两,禄米60斛;七品知县(县长)年俸白银45两,禄米45斛。官员的薪水由白银和大米组成。

按1两白银合今天的240元人民币(1斤大米2元)来算;1斛米约为200斤,45斛是9000斤,相当于每天25斤粮食,七品知县的年薪合人民币28800,工资非常低。

从另外一个例子看,网上资料说海军将领、致远号舰长邓世昌的收入非常高,月薪是官俸1584两,船俸2376两,合计3960两。光绪年间一两银子合人民币100—150元,故邓的月薪折合人民币40万—60万元。

我感觉不可能,网上也有人反驳。精确计算出邓世昌的年薪有3240两官俸,可以支配轮船的管理公费6600两。这个年薪3240两(或者说3960两)还是比较公允的,换算过来年薪至少30万到50万元人民币。

另外一人丁汝昌为北洋水师提督(北洋水师的总司令),年薪是白银3360两,船俸(即岗位津贴)白银5040两。①

可以看出清政府洋务派对海军的支持,强国强军是必须的,北洋水师是晚清军队的骄子,官兵待遇无可比拟。

2)家长要签字画押保证孩子回国

清政府的要求是学成后回国服务。詹天佑的父亲写道:"兹有子天佑,情愿送赴宪局带往花旗国肄业学习技艺,回来之日听从差遣,不得在国外逗留生理。倘有疾病,生死各安天命。"(肄业:古时的意思是:求学)

3)中国政府设立留学生管理机构负责管理

1874年,清政府在美国康涅狄格州的哈德福市(Hartford)建了一

---

① 《晚清北洋舰队的冷知识你知道多少?丁汝昌年薪200多万》,http://www.sohu.com/a/214864207_164631。

座三层楼房,有一个房间用来讲授汉语,能同时容纳 75 人住宿。1875年,那里被命名为留学事务所。

(3) 留学幼童来自的省份

从留学幼童所属省份来看,广东人最多,可以看出容闳的功劳以及从明末以来外国人经商等方面对南方人的影响。

第一批 30 人,其中广东香山市有 13 人,另外广东的 11 人,共 24 人,占 80%;江苏 3 人,安徽、山东、福建各 1 人;

第二批 30 人,其中广东人共 24 人,占 80%;浙江 4 人,江苏 2 人;

第三批 30 人,其中广东人共 17 人,占 57%;江苏 8 人,浙江 2,安徽 2,福建 1;

第四批 30 人,其中广东人共 19 人,江苏 8 人,浙江 2 人,安徽 1 人。

从这四批留学幼童所属的省份来看,广东稳居第一,特别是香山人较多,因为容闳是回老家去发动幼童;江苏逐年攀升;安徽省每年有一两个出国学习的(第二批除外),而山东只有 1 人。

山东的唯一一人是石锦堂(Shin Sze Chung,1859—?),山东济宁人,1876 年因病回国,早逝。没有找到相关资料。从出国这个方面可看出北方人和南方人的区别,北方人受儒家影响深刻、考取功名为主要人生奋斗目标,特别是孔子故居以及儒文化盛行的山东对于国外留学是多么的警惕和排斥。

(4) 留学幼童给他人的印象

1876 年,幼童们曾前往费城参加美国独立 100 周年博览大会,在整个参观过程中,他们对人非常礼貌,彬彬有礼,言谈举止非常得体,落落大方,深得美国人的称赞。

当年宁波海关副税务司的秘书李圭出席了世博会,回国后把他在美国期间的见闻写成了著作《环游地球新录》,书中详细记述了美国的邮政,并建议开办中国邮政。

李圭评价幼童说:这些孩子们在美国学习两年,成果相当于在香港学五年。

曾任英国驻华大使的朱尔典感叹说：西方开始扭转对清朝的印象，就从这些刻苦勤奋的中国小孩开始。［朱尔典（John Newell Jordan, 1852—1925），英国外交家，获得文学硕士学位。1876来华，在北京领事馆任翻译，20年后1896年出任汉城（会首尔）总领事。十年后1906年成为驻华特命全权公使，任职14年，在华44年。享年73岁。］

这些留美幼童充分利用课余时间，勤奋好学，广泛阅读各种各类社会科学著作，在思想、行为、生活习惯等方面深受美国文化的影响，赢得美国人的好评，赞美之词居多，是大国国民的代表，其行为极大地改变了美国人对中国的偏见，促进了中美人民的交流和认识。

（5）留学幼童被召回

不料到1881年，留美幼童全部被政府强行召回，这件事被称为"留美幼童公案"。可以说他们的命运特别离奇曲折，故事非常悲壮忧伤。

原因是清政府保守派官员和学生的立场不同：学生受到新教育的熏陶，崇尚自由，言论思想与旧式教育产生很大的冲突，或者说格格不入，至少在保守派管理者眼中是这样的。

这些幼童由清政府的官员任监督负责管理他们，他们定期到美国的管理机构集中学习汉语。第一批由晚清大臣陈兰彬（1816—1895）带队。他是首任中国驻美公使。1872年，他率领第一批留学幼童30人赴美，他任监督，容闳任副监督。容闳自己曾经出国留学，又带队去美国，对美国的新鲜事物并不陌生，而且思想观念开放。

而陈兰彬思想顽固守旧，要求学生忠君，孩子们学习汉语之前，先向遥远的中国方向给皇帝叩头，并身着满族服饰，留着辫子。陈兰彬对自由开放的容闳不满，要求清政府把容闳调回去。后来，陈兰彬调任驻美公使，1876年他推荐吴子登任留学幼童的监督，接替自己。

如果说陈兰彬只是思想守旧一些，那么吴子登（吴嘉善，1818—1885）则是相当的落后守旧，他非常仇视洋务运动，对清政府召回留学幼童、使他们丧失学习机会一事，起到了推波助澜的关键作用。

吴子登到达美国后，因学生没有给他磕头，就大发雷霆。吴子登多次上书，控诉学生行为放荡，信奉基督教，继续留学只有害处，毫无益处。他和陈兰彬一起上奏朝廷，要求全部遣返留美学生。他的行为在现代人看来匪夷所思，让人们对幼童失去继续学习机会感到扼腕叹息。大多数再过一两年就大学毕业，中途荒废学业，实在是令人悲愤惋惜。

相反，容闳以及耶鲁大学校长、总统格兰特等美国人士做了许多努力。耶鲁大学校长亲自写信给总理衙门，劝清廷不要撤回留学生。文学家马克·吐温找到总统格兰特商讨解决办法，格兰特马上写信给李鸿章，认为幼童在美进步很大，在筑路、开矿、机械制造等方面完全能够完成学业，将来必有大的作为。如果召回，实在是可惜。

然而，清府一意孤行，局势不可改变。到1881年底，除已在美国病故的3人、中途辍学的23人（含被开除遣返9人，执意不回国的14人），其余的94名"留美幼童"，分三批强制回国。

（6）遗憾的结局

从学位来看，有33名已经考入大学正在攻读学位，只有两人获得学士学位，分别是后来的工程师詹天佑和外交家欧阳庚。虽然后来他们大都成才，为国做出重大贡献，我觉得还是非常遗憾。这件事给我的感觉是水要开了，断了火源；就差一步就迈向成功的殿堂了。

类似故事仿佛依旧在重演，多少年之后，许多人对于公派出国留学或访学的看法依然是决裂或者背叛，出国仿佛是不回国的代名词，因此，从多个方面进行控制和约束，比如官方层面要求必须交押金和暂扣工资。你出国不交押金，仿佛就控制不住你，你就有不再回来的可能。这些做法让出国者感到非常不近人情，但凡要出去的，至少是有理想的奋斗者，他们往往需要经济的支持，领导的精神鼓励，是为了单位和国家而出去奋斗学习的，不是为了个人私利。而较多的一些人看看国家政策限定的年龄到了，自己也没有什么事儿了，抓紧报名访学，造成一窝蜂现象。或者说评职称要求出国访学经历，于是报名访学。他们出国"学习"一趟，除了更多的旅游和消遣，收获不是很明显。当然，出去走一走看一看，比待在家里强多了。充电是人人需要的，高校教师尤其需要。

强制约束是很难真正管理好人的。有的交了押金，也不回国。有的回国，工作几天，拿到押金或工资，立马辞职。我认为，来去自由，不必担忧。从历史长河来看，家永远是根。早回来早贡献，晚回来不一定贡献少。等功成名就，再衣锦还乡，未尝不可。

被召回的留学生中，詹天佑与欧阳庚毕业于耶鲁大学，其他许多也已经被耶鲁大学录取了。如果这回国的94名学生完成大学毕业再回国，其贡献将会是多大！而被开除的23人有留在美国的，有重新返回美国的。容揆和谭耀勋直接就没有回国，是典型的"抗旨不遵"，他们敢留下主要是得到了美国人的资助才得以完成学业。李恩富和陆永泉两人被召回后，重新回到美国，读完了耶鲁大学。

看看日本，从明治天皇以下，全体脱下和服，改穿西装，入乡随俗，入国问禁，到了人家那里就融入人家的学习和生活，努力学习人家的长处。在日本，根本没有人对他们派出的留学生在异国他乡的思想是否符合日本传统、他们的行为是否离经叛道而担忧，这样这些留学生会自由地学习，撒开腿跑步，而不是绑着夹板。同样是留学，也同样在十几年后参加甲午中日战争，结果可想而知。

晚清保守派实在是令人痛恨，他们宁愿选择死亡，也要断然拒绝来自另一种文明的治疗和救助。

爱国诗人黄遵宪义愤填膺，作诗谴责："郎当一百人，一一悉遣归。竟如瓜蔓抄，牵累何累累。……亡羊补恐迟。蹉跎一失足，再遣终无期。目送海舟返，万感心伤悲。"[①]

回国的这些留学生被分成三批启程，到1881年的秋天，全部返回国内。这三批回国的留美学生，第一批21名都送到上海电报局，第二、三批23名分到福建船政局和江南制造局，其他50名分到天津水师、机器、鱼雷、电报、医馆等处。

---

① 黄遵宪：《罢美国留学生感赋》，https：//sou-yun.com/Query.aspx?id=584239&lang=t&type=poem。

这批留美学生被召回国后，经历了一段艰苦磨难的时期。从他们的内心思想看，他们深受西方文明的影响，认识到中国和美国的差异，也看到中国的落后和西方的强大。对于清政府保守派的做法非常无奈，又深感愤怒。从他们的外表看，他们的仪容和服装都与晚清不同，西装和马褂，短发与长辫，都是强烈的对比，他们在国人眼里是很显眼的"另类"。从他们的个人水平或能力看，他们没有学位，缺乏中国传统的"四书五经"教育，是洋化的半成品。从他们的处境看，他们的回国是被召回的，是被迫回来的，不是荣归故里，而是声名狼藉迫不得已地被召回，不是衣锦还乡，他们不受政府欢迎，暂时失去自由，被人看不起，受到冷遇。

虽然有了工作，但待遇不好，他们大多数每月4两银子，备受精神和物质折磨。

然而思想的进步是他们留美后接受教育的直接结果，依靠坚韧不拔的个人奋斗，他们的路子越来越宽，逐步成为政界、军界、商界、教育界的名人。

6. 留美幼童的贡献

他们在外交界至少有16人（若加上外交经历的能达到约30人），教育界有5人，分配到海军部门者技术精湛，作战勇敢，有8人壮烈牺牲。其他主要在电报、电话、工厂、矿山、铁路等部门，有60多人。

当时中国严重缺乏了解国际社会、掌握外交知识和精通英语交流的外交人才及专业人才，他们的海外经历、流利的英语是当时晚清走向国际社会非常需要的。

（1）"海归"人士的突出成就

被召回国后的这些留美学生，大多是20岁左右血气方刚的大好年龄，经过近十年的美国留学和国内几年的锻炼，这些"海归"大都取得了重大成就，比如，詹天佑为铁路专家；欧阳庚为驻外领事；蔡绍基任北洋大学校长；梁敦彦为外交、交通部部长；唐国安为清华大学第一任校长；唐元湛为民国第一任电报总局局长；唐绍仪任民国总理；梁如浩为外交部部长；梁诚为驻美公使；刘玉麟为驻英公使等。

1872年第一批幼童举例：

1）詹天佑（Jeme Tien Yow，1861—1919）

詹天佑的名字可以说家喻户晓，无人不知，大家都知道他是铁路高级工程师。

他为1872年首批留美幼童之一。1878年他考入耶鲁大学土木工程系，主修铁路工程，3年后毕业。被誉为中国首位铁路总工程师。

他设计建造了滦河大桥，是中国工程师自主完成的第一座近代化桥梁。

1909年，他克服各种困难，提前两年完成了京张铁路，节约白银28万多两（近7000万元人民币），名声誉满中外。这是中国铁路史上光辉的一页，增强了国人的自信心，让世界刮目相看。

耶鲁大学得知自己的学生有了如此巨大的成就后，深感自豪和骄傲，董事会研究决定，授予詹天佑土木工程名誉博士学位，而且留出两个大学名额，供詹天佑的子孙免试入学。后来，詹天佑的两个儿子：长子文珖、次子文琮免考进入耶鲁大学，先后毕业，回国后继承父志，供职于铁路部门。抗日期间，文琮劳累过度，因公殉职。（詹天佑两个儿子的名字"珖"和"琮"都是玉石的意思。珖：guang，一声，玉石；琮：cong，二声，玉器）

想当初，詹天佑是家里的独子，父亲不舍得他出国。未来岳父谭伯村鼓励他留学美国，把自己的四女儿谭菊珍许配给了詹天佑。谭伯村为商人，首批赴美幼童中有他的二儿子谭耀勋，不过耀勋毕业后不久去世了；第四批幼童中，他又把三儿子谭耀芳送出，不过1880年被开除回国，英年早逝。

詹天佑夫妻恩爱，按照其收入每月1000两银子，完全有能力纳妾，然而他奉行一夫一妻制，共育有5子3女。5子：文珖、文琮、文耀、文祖、文裕（含义：光宗耀祖）；3女：顺容、顺香、顺带。

詹天佑和梁文彦是亲家，次子詹文琮（1893—1941）娶了梁敦彦

（首批赴美幼童之一）的女儿。

詹天佑和钟文耀是连襟。钟文耀娶了谭耀勋的三姐，不过她 8 年后去世；詹天佑娶了谭耀勋的四姐。

钟文耀（1861—1945），首批留美幼童之一，美国耶鲁大学肄业。历任翻译、外交官、海关道台、铁路管理局局长等职务。钟文耀与第一个妻子谭氏育有 1 儿 1 女，儿子桂丹，毕业于耶鲁大学；女儿慧琼。第二任妻子麦氏育有 7 女 2 子，慧廉、慧菱、慧椿、慧娟、桂芳（男）、慧蒔、桂海（男）、璧如、雪英。

2）欧阳庚（1858—1941）

欧阳庚，首批留美幼童之一。他就读耶鲁大学机械工程，完成了大学学业。和詹天佑是唯一两位获得大学学位者。后任外交官。

堂兄欧阳明是中国驻旧金山领事馆的总领事，特别赏识欧阳庚的才华，把他招到旧金山领事馆实习，后来让他接任总领事，干了 20 多年。欧阳庚继承了欧阳明的传统，做了大量保护华侨的工作。后担任多个国家、地区的领事。

欧阳庚的弟弟欧阳祺与老罗斯福总统是大学同学，因此，在庚子赔款用来资助留学事宜上，起到了很大作用。后来，他被欧阳庚推荐任旧金山总领事。

孙中山到美国登记时用的名字是孙逸仙，因为他受到清政府的通缉。欧阳庚为他担保，还介绍自己的表弟廖仲恺给孙中山当助手。

梁诚任清政府钦差来调查此事，两人商定解决办法。用庚子赔款建立留学机构一事为梁诚的功劳，成为梁诚一人的光辉事迹。欧阳庚无功无过，在孙中山出国一事上没有错误，在庚子赔款上也没有功劳。

3）蔡绍基（1859—1933）

蔡绍基，首批留美幼童之一。1879 年，他被耶鲁大学录取，学习法律，1881 年被召回国。

1879 年中学毕业时，他是 10 个被选中进行毕业演讲的学生之一，他的题目是"鸦片贸易"（The Opium Trade），深受欢迎。

回国后他的主要经历是：先为翻译，他曾给盛宣怀、慈禧当过翻译，跟随袁世凯到朝鲜，后任驻朝鲜外交代表、北洋大学校长（天津大学前身）、天津海关道台（接替梁如浩）。

八国联军侵华时，北洋大学教室被毁坏，被占领，蔡绍基以外交官员身份交涉要求他们归还校舍，未果。他组织重新选址建设校舍，1903年复校，1904年他任校长。

蔡绍基因拥护孙中山革命，反对袁世凯复辟，差点被杀头。他辞去公职，创办实业。

蔡与袁世凯决裂；蔡的孙子起名为克文，袁世凯儿子也叫"克文"，蔡仿佛占了袁世凯的便宜。

蔡绍基育有10个儿子，12个女儿。其中，第一个妻子育有7个孩子：一个儿子本科毕业于康奈尔大学，然后获得哥伦比亚大学电子工程博士学位；一个儿子本科毕业于耶鲁大学，然后获得哥伦比亚大学文科硕士学位。

4）梁敦彦（Liang Tun Yen，1857—1924）

梁敦彦，首批留美幼童之一。他在耶鲁大学学习国际法，差一年就大学毕业了。

祖父梁振邦曾在香港行医，父亲在南洋做生意，他很小就会英语。

1881年他被召回国，先后在福建船政学堂、天津电报学堂任教师。后任外交大臣，北洋政府交通总长。

5）牛尚周（1861—1917）

牛尚周，首批留美幼童之一。

他同温秉忠（表弟）、宋耀如三人先后娶了倪氏三姐妹。倪氏是明末高官徐光启的嫡系后裔，都是基督徒。因此，他是宋式三姐妹宋霭龄、宋庆龄、宋美龄的大姨夫，宋耀如（宋嘉树）是宋氏三姐妹的父亲。

在波士顿期间，他和温秉忠经常去宋嘉树那里买茶叶，成为好友，后来撮合了宋嘉树的婚姻。

1881年，他先服务于电报局，后转入江南制造局。

只可惜，他去世较早，否则因着亲戚关系，个人能力，也会大干一番事业的。他有两个儿子和两个女儿，儿子是医生，女儿是教育家，他把四个孩子都送到英国和美国完成了大学学业。

长子牛惠霖和次子牛惠生，是著名的内科医生和外科医生，分别获得剑桥大学和哈佛大学学位，回国后都曾在上海圣约翰大学任教，合作创办霖生医院。共同医治陈赓将军的疾病。两人都于1937年因病去世。

女儿牛惠珠于1907年留学美国，自费，寄养在美国家庭，也是连襟温秉忠（孩子的二姨夫）带去的。回国后曾在圣约翰大学、东吴大学和上海大学等校教授英国文学、世界历史等学科。另一个女儿牛惠珍，1913年留学英国。回国后曾在东南大学、持志大学等院校教授英文和音乐。

牛惠霖有两个儿子和两个女儿都定居美国。名字分别是恩安、恩健、恩美、恩德。牛惠生有一个儿子，叫牛康民（1928—1985），社会学家、人类学家，南佛罗里达大学教授，多伦多大学教授，应用社会学主席。

牛惠霖的女儿牛恩德（1934—2012），因父亲在她3岁时去世，他依靠半工半读先后获得钢琴和音乐教育两个硕士学位。

她成为闻名中外的钢琴演奏家。她13岁登台演出，曾多次在亚、美、欧各国表演，受到热烈欢迎，被赞为"东西文化交流的使者"。

恩德是著名翻译家傅雷的养女，傅雷经常写信鼓励她，她受益匪浅。傅雷写道："受教育绝不是消极地接受，而是积极地吸收、融化、贯通。具体表现出来是对人生、艺术、真理、学问、一切，时时刻刻有不同的观点和反应；再进一步便是把这些观点反映在实际生活上，做人处事的作风上。"

还有一位伟人深刻地影响她，就是她的表姑宋庆龄，对牛恩德影响最大。

6）温秉忠（1861—1938）

温秉忠，第二批留美幼童之一（放在这里讲，主要是为了把他和牛、宋的姻缘关系说清）。

温秉忠归国后在上海办工厂，任慈禧教育顾问，两次带团赴美国。并在美国驻新疆领事馆服务，后为北京海关总局负责人，苏州海关监督等，官至二品。在上海去世。

他是宋氏三姐妹的二姨夫，留学美国晚牛尚周一年，叫牛尚周大姐夫，叫宋耀如三妹夫。

1905年底，温秉忠率领中国的一个教育代表团考察美国，带着宋庆龄和宋美龄。1906年1月，他把大外甥宋霭龄接到首都华盛顿，带她出席总统西奥多·罗斯福安排的白宫宴会，使宋霭龄成了宋氏家族见到美国总统的第一人。

1907年，温再次带团赴美，他把宋庆龄（官派）、宋美龄（自费）两姐妹带到美国留学，顺利通关，而当年宋霭龄留学时，在海关被扣留19天。同时他也带去了大姐夫牛家女儿牛惠珠（自费），她们都寄养在美国人的家庭里。

1912年，温与宋耀如一起跟随孙中山筹办中国铁路总公司，后来被任命苏州海关监督等职。

7）潘铭钟（1862—1878）

潘铭钟，首批赴美幼童之一。

1877年是他到达美国刚好五年的时间，他不仅顺利通过了语言关，完成了美国小学的全部课程，而且完成了高中阶段的全部课程，所有考试都是非常优秀的。美国的家长罗斯鼓励他提前报考了大学，且被录取，成为孩子们学习的榜样，留学管理部门特地奖励了他一笔银子。

然而入校一年后病逝。

1873年第二批幼童举例：

1）唐国安（1858—1913）

唐国安，第二批赴美幼童之一。教育家、清华大学首任校长、外交家（唐国安和唐绍仪是叔伯兄弟，与唐元湛、唐荣浩都是一个家族）。

1909年，在上海举办的首届万国禁烟会上，他用流利的英语发表禁烟演说，维护中国立场，深受社会各界赞赏。

他为清华学校的首任校长,将容闳等当年的留学事业继续下去,留美的经验和被召回的遗憾都成为办好清华学校的积淀。

1913 年,他患心脏病仍坚持工作,病倒在工作第一线,享年 55 岁。

清华大学校友陈鹤琴(1892—1982)于 1914 年毕业,到美国留学 5 年,1917 年获得霍普金斯大学文学学士,当选北美基督教中国学生会会长。之后,获得哥伦比亚大学教育学硕士、心理学博士学位,回国任教,成为著名教育家,享年 91 岁。他去世前用颤抖的手写下:我爱儿童,儿童也爱我。他在《我的半生》中写道:"他(指的是唐国安)是一个基督徒,待人非常诚恳,办事非常热心,视学生如子弟,看同事如朋友,可惜做了(校长)不久,就得病去世了,我们都觉得很悲痛,好像失掉了一个可爱的慈母。"

2)唐元湛(1861—1921)

唐元湛,第二批赴美幼童之一。与唐国安、唐绍仪、唐荣浩等都是唐家叔伯兄弟。

被召回国后,他被分派到电报局,后来任上海某电报局局长,民国首任电报总局局长,是中国电报事业的奠基人之一。也在银行任过职。

他把儿子唐观翼、唐观爵送到英国圣保罗中学学习,后来到剑桥大学学习机械,获得学位,成才报国。

1874 年第三批幼童举例:

1)唐绍仪(1862—1938)

唐绍仪,1874 年第三批留美幼童之一。1880 年他入哥伦比亚大学学习,1881 年被召回国。

后任北洋大学校长,"中华民国"首任内阁总理。

主要经历:

最初他在政府部门任职员。

1883 年,他和梁如浩陪同穆麟德到朝鲜处理海关事宜。

1896—1898 年他任朝鲜总领事。1898 年他被袁世凯调回中国任要职。

1901 年,他任天津海关道台,负责监督海关。

1903—1904年，他任北洋大学（现天津大学）校长。

1904—1911年，他在清政府任职。其间，他代表中国与英国谈判西藏问题，据理力争，维护国家利益。唐绍仪是近代第一位致力于收回海关控制权的人。

1911年，他代表袁世凯跟革命军谈判，达成协议，双方同意袁世凯任总统。

1912年，他被任命为总理。他挑选宋教仁、蔡元培、陈其美等同盟会成员分别担任农林、教育、工商总长，因为他们都是同盟会会员，故其内阁被称为同盟会内阁。他任总理三个月，因与袁世凯观点不同，愤然辞职。

1916年，袁世凯复辟，唐绍仪与蔡元培等联名致电反对复辟，支持孙中山。

1919年五四运动期间，顾维钧是出席巴黎和会的中国代表，唐绍仪致电顾维钧要求他拒绝签字，因为顾是他的女婿。（后来顾维钧任中国驻美国大使）

20世纪20年代，他隐居在家，拒绝了各种工作邀请，比如拒绝了蒋介石邀请他任高级顾问。

抗日期间，日本看好唐的外交能力，企图利用他扶持傀儡政府。而唐绍仪与各方关系暧昧，立场不坚决不明确，国民党发现日本特务到过他家，于是灾难降临，他被暗杀。

1938年，他被国民党特务刺杀在家里。因他喜欢古董，军统特务赵理君以古董为由接近唐绍仪，用锋利的斧头将其杀害。（赵理君为戴笠心腹，四大杀手之一，擅长暗杀，后来，他被蒋介石下令处决）

1953年，美国总统胡佛出版《回忆录》（*The Memoirs of Horbert Hoover*），多次提到好友唐绍仪。对他的评价是：为人正直，有才干，对中国的未来怀有远大的抱负。

他有一妻三妾，育有6个儿子，13个女儿，其中三个女儿夭折。第四个妻子吴维翘给他生育了5个女儿3个儿子，从第8个女儿往后都是吴氏生的。唐绍仪被谋杀时，吴氏在香港，通过官司，她获得了唐绍仪的所有财产，其他妻妾没有得到任何好处。

女儿的名字含义都是珠宝：①唐宝珠（Elsie）；②唐宝璋（Isabel）；⑤唐宝玥（May/Mei；一种神珠）；⑥唐宝琄（音：xuan，四声；Mabel）；⑧唐宝玫（Edith，or "Mimi"）；⑨唐宝琏；⑩唐宝玧（音：yun，三声；古代贵族冠冕两旁悬挂的玉）；⑪唐宝瑢；⑫唐宝珅；⑬唐宝珊（Irene）。儿子的名字都带有"木"字旁：榴、楝、柱、梁、栎、楗。

唐榴（1899—1979）为唐绍仪长子。最先任清政府外交部秘书，先后任驻日本、荷兰、新加坡等国的领事，1947年以后，一直担任美国驻檀香山总领事。

与唐绍仪一个家族的还有唐荣浩（1863—1906），为第四批赴美幼童之一，1881年被召回国。

1880年，唐荣浩在美国中学获得修辞学一等奖。

1886—1891/2年，他在公司学习采矿。1896以后，他主要在仁川等地任职，后来任领事。

2）梁如浩（1863—1941）

梁如浩，第三批赴美幼童之一，1881年被召回国，他被分派到天津兵工厂工作，任绘图员。

1883年，他与唐绍仪跟随清朝重臣穆麟德（德国人）到朝鲜。

1885年，他开始为袁世凯工作。

1894年回国，他在铁路部门供职。作为铁路总办，他调动多名工程师支持詹天佑。

1907—1908年，他任北洋大学总督（即校长）。

1911年袁世凯组阁，他任通信邮电部（邮传部）副部长，但是他没有上任。1912年，唐绍仪组阁，提名梁如浩任通信邮电部部长，参议院没有通过。

1912年，他任北洋政府外交总长。梁如浩就《俄蒙协约》提出抗议，抗议蒙古国没有资格和其他国家签约。他立场坚定、针锋相对，维护国家主权。两个月后,他辞职回到天津。

1922—1923年,他任接收威海卫委员会委员长,被骂为"汉奸",辞职。

梁如浩和唐绍仪是亲家。梁有6儿1女,第三个儿子梁宝畅娶了唐绍仪的第六个女儿唐宝珋。

3)曹家祥(1864—1926)

曹家祥,第三批赴美幼童之一,1881年被召回国。

中国近代警察制度的创始人。

1875年第四批幼童举例:

1)梁诚(1864—1917)

梁诚,1875年第四批赴美幼童之一,原名梁丕旭。

他在美国留学了六年,其间,梁诚曾多次代表学校参加棒球比赛。凭借个人技术,突出的成绩,他赢得尊重,数十年后仍为当地人津津乐道。他能用流利的英语与美国人交流,没有障碍。《纽约时报》后来称赞他是一位"英语大师"。梁诚在美国建立了良好的人际关系。他很有人气,在政界如鱼得水,为取得庚子赔款奠定了基础。

1881年梁诚被召回国后,历任翻译、参赞等职,后任多国的大使。

1903年,他接任伍廷芳任驻美公使。不久他的母校安多佛高中(Andover)125周年校庆时,他以贵宾身份被邀请参加,他的肖像至今还挂在图书馆。

他出使美国、英国、西班牙、古巴、秘鲁等。

他还协助张之洞争回粤汉铁路的筑路权,制止美国、墨西哥不人道的"华工契约"等。

1906年旧金山大地震,他组织海内外募款赈灾。

1912年,梁诚被免驻德公使一职,回国定居香港。1912年3月袁世凯任大总统,唐绍仪、周自齐等极力邀请梁诚,但是他没有到民国政府任职。

香港大学创办时,他和周寿臣都热心筹款。

他育有 5 子 2 女：梁世瑞，梁世恩，梁世杰，梁世荣，梁世华；2 女：梁庆华，梁耀华。

他的儿子梁世华是香港著名中学——金文泰中学的校长。他有多位孙子毕业于香港大学。历史学家罗香林先生著有《梁诚出使美国》一书。

2011 年其曾孙到广州寻根问祖。部分研究梁诚的专家呼吁在黄埔村建立梁诚纪念馆。

2）刘玉麟（1862—1942）

刘玉麟，第四批赴美幼童之一。1881 年被召回国，他被安排在天津电报学堂教学，又被李鸿章聘为家庭教师，任驻新加坡、澳大利亚、南非总领事，1910 年任中国驻英国公使。为西藏等问题维护国家尊严，为华侨权益而奋斗。

1923 年隐居澳门。

3）吴其藻（1864—1932）

吴其藻，第四批赴美幼童之一。

被召回后分配到海军部门，甲午战争时，他是凯旗舰的舰长，其轮船被击沉，只有三人幸免于难，吴其藻是其中一位，另外两位是容闳家族的人和黄开甲（首批赴美幼童之一）。

后来任外交官。

（2）留在美国的留学幼童

有几个留美幼童待在了美国，他们也情系中国，为国争光，保护华人，捍卫华人尊严与权利，比如，容揆为驻美使臣；李恩富为政治斗士；张康仁为律师；陆永泉为外交官；郑廷襄为工程师；李桂攀为商人。

1）谭耀勋（1859—1883）

谭耀勋，首批留美幼童之一，到达美国时 11 岁。被吴子登（嘉善）开除，他没有按照要求回国。1883 年毕业于耶鲁大学。

谭耀勋的父亲谭伯村，为香港商人，他把自己的四女儿许配给了詹天佑，鼓励他留学美国，詹天佑回国后于 1887 年结婚。出国前詹天佑是家里的独子，父亲不舍得他出国，谭伯村说服老友詹天佑的父亲允许他出国。他把三女儿嫁给了钟文耀（首批赴美幼童）。

谭伯村和张康仁（首批赴美幼童）是表亲关系。

谭耀勋毕业后在纽约的中国总领馆工作，希望能到加州为同胞工作。不幸的是，三个月后患病去世。

2）张康仁（Chang Hon Ren，1860—1926）

张康仁，为首批赴美幼童之一。

张康仁的父亲在19世纪中叶到美国淘金，成为商人。哥哥在夏威夷经商，家庭富裕。

1881年他被耶鲁大学录取，学习法律，同年被召回国，被分派到福建水师学堂学习。

1882年他到夏威夷，在美国法官A. S. Hartwell那里任职员，他在哥哥的资助下再次到美国，直接考入哥伦比亚大学法学院，1886年毕业，是中国第一个毕业于哥伦比亚法学院的学生。

因为他是外国人，不能取得律师资格，他向纽约市最高法院提起诉讼，虽然有一个法官支持他，但他没有胜诉。1887年他向纽约中级法院申请入籍，很幸运他成功了。

他先在纽约州的一个律师事务所工作，第二年又提出申请律师资格。这一次，他没有遇到任何麻烦。1888年5月他拥有了律师执照。但是，媒体舆论还是指责法官允许他入籍。

在获得律师资格之前，他在中国驻纽约领事馆任翻译。

1889年，张康仁到了华人较多的加州，加州司法部门质疑他的身份，不认可他的律师资格。

于是，他到夏威夷，在那里获得美国公民身份，从事律师行业，工作了约两年时间。

1891年，他回到旧金山。他还是不能从事律师行业，只好担任领事馆的翻译和领事。

1895—1909年间的14年中，他转了行，不做律师了，而是在旧金山的一家银行工作。

他用法律保护自己，却屡屡碰壁；四处奔波和转行换职是早期华裔的写照。正义总归要来，他去世近 90 年后的 2015 年 3 月，加州高级法院发布裁决书，7 名法官一致同意，向一百多年前被拒绝执业的律师张康仁追发律师执照，纠正历史错案。

张康仁的后人中有 4 人在加州从事律师行业。

3）容揆（1861—1943）

容揆，第二批留美幼童之一。

因为信仰基督教的原因，他被吴嘉善开除，并命令返回中国，当时他已被耶鲁大学录取，准备入学，还有一位是谭耀勋，他是耶鲁大学二年级学生，被开除的原因是相同的。

皈依基督教：他第一次到教堂时，因为恐惧，撒腿就跑，一直跑回家。在好心的威利夫人和威利兄弟的影响下，他从无知、躲避，到逐渐了解，再进一步学习基督教教义，不仅自己笃信基督教，而且还认为中国人也需要基督教。

容揆等组织了一个"促进更多中国人信奉基督教学会"（名字是很长的拉丁文，简称 S. C.），目的是回到中国，把福音传给中国人。

荣揆被开除，要被送回中国。留学管理者容闳是容揆同一个家族的哥哥，他找到朋友杜吉尔牧师，自己愿意负担容揆的大学费用每年七百美元，让他帮助不返回中国。

有了经济的资助，容揆和谭耀勋就放心了，他俩在返回途中，偷偷地离开火车，躲藏起来，脱离了留学事务局的控制。

1880 年，容揆进入耶鲁大学，读文科，1884 年毕业。他仍留在耶鲁学习化学，1886 年考入哥伦比亚大学学习工程，1887 年毕业。

他毕业后，工作变化可谓之多，不一一赘述，曾在纽约杂志社工作，从事自由撰稿、翻译、写作等工作。1897 年，到首都华盛顿中国驻美使馆工作，工作了 40 多年，直到 1943 年去世，为中美交流做出了重大贡献。

1908 年全家回国，接着，他与唐绍仪一起赴美。唐绍仪（第三批赴美幼童之一）作为清政府专使，容揆任使团秘书，一同到达美国，荣揆回到驻美使馆工作。

1909年，第一批47名庚款留美学生到达美国时，容揆办理接待，协助唐国安（第二批赴美幼童之一），他们根据学生的不同情况，将他们安置在不同的学校读书。

唐国安回国后，容揆负责管理这些留美学生，延续了容闳当年的留学计划。

容揆的妻子是玛丽（Mary E. L. Burnham，1868—1952），育有7个子女，他们的第一个孩子是妻子玛丽在29岁时生的，最后一个是她46岁时生的，可以说贵子接连不断，第三代有7男4女，第四代有7男8女，第五代已有20多个。

不过，我没有查到他们的相关资料，仅把第二代儿女的名字列在这里，感兴趣的可以深究一下：Burnham（1897—1979），Elizabeth Suverkrop（1898—1984），Gertrude Tong（1900—1979），Addison Young（1902—1989），Dana Young（1904—1996），Marina Sze（1909—2001），Otis（1914—1931）。[①]

4）李恩富（1861—1938）

李恩富，为第二批留美幼童之一。他和容揆一起寄居在威利夫人家里。

李恩富和陆永泉两人被召回后，重新回到美国，读完了耶鲁大学。

他具有很强的语言天赋。在美国的中学毕业时，他的拉丁文成绩是第一名，而且全班总分第一，被耶鲁录大学录取。大学二年级时，他在英语作文比赛中获得一等奖。在讲演、辩论等多种语言文字的比赛中具有超人的语言天赋。

李恩富被召回国后分到海军，他不太情愿，于是回家度假没有受训。后来到香港任职员，1884年乘货轮到达美国，在波士顿一家出版社工作。

[①] 《中国留美幼童联络网》，http://www.cemconnections.org/index.php?option=com_content&task=view&id=144&Itemid=54。

他重新进入大学，1887 年毕业。

1887 年，他出版《我的中国童年》（When I Was a Boy in China），成为在美国出版图书的华裔第一人。

1887 年是《排华法案》的第五年，他到处演讲，为受到排挤的华人据理力争。他最有名的一篇论文是"中国人必须留下"（The Chinese Must Stay），要求美国政府须为种族歧视、种族暴力问题负全部责任。

1887 年，他与美国人伊丽莎白女士结婚（Elizabeth Maude Jerome, 1864—1939），引起轰动。当时华人的地位较低，因为排华，美国禁止华人进入美国，导致男女比例严重失调，大量来美的小伙子无法成家，少许以各种途径进入美国的女子极有可能成为妓女，唐人街里吸毒、赌博、嫖娼现象盛行。

而李恩富的妻子是白人，自然轰动不小。从名字上看伊丽莎白又是大户人家，实际上她和英国首相丘吉尔家族是远亲。

他到达美国西部为华人呼吁，然而许多早期移民没有受过多少教育，思想不太开化，默认了一些不公，甚至有人甘愿受白人欺负。

他本来可以过着平静幸福的生活，和容揆一样，结婚生子，到公司或者驻美机构担任翻译等工作，但是他选择了为华人呐喊。因为太激进，加上他移居到西部加州，婚后三年两人离婚，育有一儿一女，他们随了母亲的姓名：Jennie Jerome（1888—1979）；Gilbert Nelson Jerome（1889—1918）。1897 年他与索菲（Sophie Florence Bowles）再婚，她是一名编辑，他们育有两个儿子，分别是：Clarence Vaille Lee；Louis Emerson Lee。

1899 年开始，他在特拉华州经营了 4 年农场。1904 年到纽约经营禽类生意。1918 年以后在媒体任助理和编辑。

1927 年，李恩富回国，和居住在美国的孩子失去联系。一个儿子是海军；一个毕业于耶鲁大学，都为"二战"服务过。中国人的身份，让孩子感受到一定的压力。

最后十几年，他四处流浪，曾移居香港。1933 年再次离婚。

李恩富的后代已经达到第五代。中间名字威利（Vaille）是为了纪念他当年寄宿家庭的主人威利夫人。

李理查（Richard Vaille Lee，1937—2003）是李恩富的孙子，获得耶鲁大学医学博士，曾是纽约州立大学的教授（布法罗市）。有一篇采访他的英文资料，从中我们可以看出他眼中的父亲和爷爷。

理查德说他的父亲在86岁时，杀了83岁的母亲。父亲的视力有了严重问题，母亲患有老年痴呆，他们生活在佛罗里达州奥兰多市，距离子女较远。不过理查德和妹妹经常给父母打电话，父母说不想成为子女的负担。（Mother had developed multi small-infarct dementia and my father was developing macular degeneration.）①

理查德的儿子是Ben。1984年Ben还是一名高中生，到中国旅游了一个半月。Ben还随父母去了非洲，印度和欧洲。

受中国之行的影响，他回到美国后，开始学汉语，他毕业于耶鲁大学，获得英语学士和东亚研究的硕士学位。1992—1994年，他在中国中部教大学英语。后来，进入耶鲁大学的非营利组织耶鲁—中国委员会，又在美国的中学任教、任高级主管。他说："我认为年轻人打破国家和种族界限融洽相处至关重要。""亚洲肯定会成为未来的希望。我们必须致力于跨国界和文化的合作。对于一位工作在教育界的人，可能性无穷大。"

5）陆永泉（1859—1909）

陆永泉，为首批赴美幼童之一。

1879年他就读于耶鲁大学，被召回后又返回美国，是第一个返回美国的，1883年耶鲁大学毕业（土木工程专业）。

他的任职主要包括：铁路工程师；领事馆翻译；外交官，纽约副领事。

1890年，他与Margaret Lock结婚，没有孩子。1909年他被枪杀。

---

① 《中国留美幼童联络网》，http：//www.cemconnections.org/index.php? option = com_ content & task = view&id = 144&Itemid = 54。

6）郑廷襄（1864—1909）

郑廷襄，为第四批赴美幼童之一。1881年被召回国后，编进天津鱼雷舰队。

他不喜欢那个岗位，伺机逃跑，1884年他躲进一条外国轮船想偷渡出去，他以为轮船要到达爪哇岛或苏门答腊，从那里他再去美国。没想到在船上他碰巧遇到乘坐同船的老同学唐绍仪。唐和周寿臣等人正赴朝鲜海关上任，在唐绍仪的帮助下，他重新回到美国。

他考入大学学习机器、电气等，1887年以优等成绩毕业。

1889年结婚，妻子是美国人 Nellie Harriet Sparks（1858—1942）。育有两个儿子，与父亲的学业大同小异。

他在美国各地继续学习和钻研机器，学会制造电机等多种机器，拥有很多发明专利，成为著名工程师。

他的创造发明之一是郑氏车钩，为连接火车头、车厢所用的车钩。

他是纽约著名大桥布鲁克林大桥的主要建造者。

7）李桂攀（1860—1898）

李桂攀，为第二批赴美幼童之一。被召回国，1882年或1883年返回美国，进入大学却没有毕业。

中学毕业时，他是书法比赛冠军。

1893年结婚，妻子是美国人 Elizabeth Standish Jewett，是他以前房东的女儿。

他在美国经商，进口中国产品，比如茶叶。

赴美幼童虽然没有完整地完成大学，但是对清末民国的贡献之巨大不容忽视，通过他们也看到美国家庭、学校教育和中美合作的重要性。

清政府召回近百名留学儿童这件事令许多有识之士深感遗憾，在唐绍仪、唐国安、欧阳庚、梁诚、容揆等外交家、教育家的努力下，清政府利用庚子赔款建立清华学校向美国继续公派留学生，数量超过以前，学成归国成大业者不计其数。

2004年，珠海市成立了"容闳与留美幼童研究会"，已与36个美国家庭的后裔取得了联系。2008年决定在珠海市建立"中国留学生博物馆"和"容闳纪念馆",把赴美幼童和倡导者容闳永载史册、激励后人。

7. 李鸿章出访

李鸿章(1823—1901),为晚清重臣,洋务运动的主要倡导者。因为《马关条约》,他被国人辱骂。我们要用历史的眼光看待他,不能以偏概全。毛泽东曾评价他说:"水浅而舟大也。"

他创造了许多中国之最:创办了第一支用洋枪洋炮装备起来的步兵和炮队;创办了第一家大型工业企业:上海江南机器制造局;创建了第一家外文翻译馆、第一个电报局、第一个旅顺海军基地;组织了第一批官派留学生(容闳具体负责);负责修建了第一条铁路。

(1)出访经历

1896年,74岁的李鸿章带领45人从上海出发,到八个欧美国家进行访问考察(俄、德、荷兰、比利时、法、英、美、加拿大),历时190天,行程9万多里。

此次出访,是在甲午中日战争中国失败之后,中国战败和日本势力膨胀让俄国如坐针毡。日本在中国东部的势力越来越强,为了联合中国,俄国邀请清政府出访。

他们访问俄国时,人家要奏大清帝国的国歌,当时清政府还没有国歌,李鸿章站起来唱了安徽的庐剧。

参观英国的舰队时,他感伤颇多,自己经营的舰队被日本击沉大海,希望重整海军。

出访美国时,他受到了"史无前例"的礼遇,他参观了14天。李鸿章拜谒格兰特总统墓碑,当时墓碑还没有建成。一年后建好时,李鸿章让驻美公使在墓前栽了两棵银杏树。可见两人友情是多么深厚,17年前他俩就讨论李鸿章访问美国之事。李鸿章看望其遗孀朱莉亚,被热情设宴招待,来客还有工商界名流一百多人,席间,朱莉亚拿出手杖,讲述了他们之间的友谊和故事,并把手杖还给了李鸿章。

他在美国举行记者招待会,批评美国的《排华法案》,为华人争取权利；会见基督教领袖，讨论来华传教的事宜。

他参观费城时，市政府专门为他找了一顶豪华轿子，供他乘坐享用。他参观唐人街，在餐馆吃饭，非常亲民，深受欢迎。

他在美国的日程安排非常紧凑，所有活动中，他对新科技、新事物最感兴趣。

李鸿章非常爱国，可以说是位十足的爱国者。回国时，他乘坐的客船需要在日本转船，他坚决不踏上日本土地。后来在两船之间搭上木板，他冒着落水的危险才得以转船，当时他已经74岁了。当年他在日本签订《马关条约》时，日本非常苛刻地要求中国赔偿3亿两白银。其间，他被人枪击，这一枪让赔偿的数量从3亿两减为2亿两，而子弹永远留在了他的体内。

回国后，他如实地向光绪和慈禧汇报了他们的欧美见闻，希望赶上西方列强，也增强了各界对维新派的同情。

（2）出访俄国的失误与不足

李鸿章本身亲俄，1896年俄国借访问之机与李鸿章代表的清政府签订了《中俄密约》，该条约有损中国主权，俄国借口共同防御日本，先后在中国租借港口、修建铁路、建立势力范围。俄国不费一枪一弹，实际上控制了中国的东北三省。

当时，清政府非常软弱任人宰割，而想联姻一个国家充当自己的保护神，想用和古时候嫁女儿给邻国或入侵国当皇后一样保护自己的做法，已经不行了。想依赖俄国保护，它势必获得很多好处和利益，有些比入侵者还要可怕，归根结底是由于国家太弱了。

8. 庚子赔款初建清华大学

19世纪中叶，英法帝国首先打开中国大门，俄国以调停的方式把中国东北和西北大片土地据为己有，当时美国还比较"客气"，然而帝国的本性是不会改变的。1894年，中日签订《马关条约》时，美国、俄国、德国三大帝国的所谓调停也是在自己利益充分得到保障的情况下进行的。清政府以割地赔款为解决办法，丧权辱国，国将不国。

1900年八国联军侵华，镇压太平天国运动。1901年与清政府签订了《辛丑条约》，清政府赔款白银4.5亿两（这个数字是当时中国人口总数，每人一两，极尽羞辱之意），加上利息共计9.8亿两，被称为"庚子赔款"。

中国驻美公使梁诚（1864—1917）想尽办法和美国政府交涉，赢得庚子赔款建立清华学校。他很有人气，在政界如鱼得水，为取得庚子赔款奠定了基础。欧阳庚等也立下了汗马功劳。

美国所得庚子赔款数达2444万美元。梁诚积极向老罗斯福总统交涉退还庚子赔款。美国是第一个退款的国家，声明从1909年1月1日开始退款，用于中国学生留学。中国政府每年至少派留美学生100人，直到退款用完为止。同时，由清政府在北京设立一所留美预科学校（Training school），也就是1911年4月成立的清华学堂。1912年，更名为清华学校，为清华大学的前身，梁诚被称为"清华之父"。

（三）19世纪美国到中国的传教

美国人信仰基督教的比例很高，具有很强的以基督文化为核心的使命感，热心于传教行医，兴办学校，每一位基督徒都以饱满的热情和积极开拓的精神对外传播福音，希望把自己上帝选民的精髓传播出去，让更多的人跟随他们的信仰。

相比到达中国的欧洲各国，美国来华传播福音的时间较晚，其宗教特点是以基督教新教为主。到中国，他们兴办教堂、学校、医院，以此为阵地，通过治病救人，改善人们的生活质量，提高人们的教育水平，提高综合素质，进而推广其宗教信仰及文化。

1803年，英美等国的传教士开始在我国兴办学校，到1922年，大中小学已发展到7300余所，学生有21万多人。

1. 裨治文（Elijah Coleman Bridgman，1801—1861）

裨治文，美国传教士、汉学家，东西方文化的搭桥者。

他出身农民家庭，22岁才进入安贺斯特大学（Amherst College）。毕业后，到安道华神学院深造（Andover Theological Seminary）。

1830年他到达广州（比英国人马礼逊来华晚23年）。他跟随马礼逊学习中文。当时都以公司职员名义居住在中国，不能公开传教。

他在华工作30年，前17年在广州及澳门，后13年则在上海工作，最后他在上海去世。

1832年，他和马礼逊编辑英文报纸《中国丛报》（The Chinese Repository）。指出缠足和鸦片的危害；刊载的48篇反鸦片文章中有15篇是裨治文所写，在美国掀起反对鸦片的浪潮。他支持林则徐禁烟，林则徐翻译团队中的梁进德就是裨治文的学生。因此裨治文与林则徐交流较多，亲自见证了虎门销烟。（梁进德是梁发的儿子，梁发为中国第一位华人基督教传教士）

他尽力提拔卫三畏（见后）。

他把中国的《孝经》译为英文。看到中国人因长久的闭塞，对外面世界缺乏了解，于是裨治文用中文编写了《美国志略》，介绍美国的地理、历史、制度、基督教信仰等。

他与伯驾一起任翻译，协助美国首任公使顾盛（Caleb Cushing）于1844年与清政府签订《中美望厦条约》。

1836年，裨治文与马礼逊儿子马儒翰以及其他商人成立"马礼逊教育协会"，目的是进一步完成马礼逊在中国的教育事业，积极在中国兴办西式教育。年会举办了十届后因马儒翰去世而停止。其间，一次年会时，英华学院校长布朗带着容闳、黄胜和黄宽赴美留学，使他们成为近代中国第一批留学美国的学生。容闳（Yung Wing）考入耶鲁大学，为中国留美第一人，回国后组织120名官派赴美留学幼童。黄宽考取英国爱丁堡大学医科大学，7年后毕业回国，成为中国第一位经医科大学正规训练的西医。黄胜因水土不服辍学。

裨治文的妻子伊丽莎（Eliza）于1850年在上海创立裨文女塾，是中国第一所女校，宋氏三姐妹的母亲倪桂珍就是那里毕业的，倪氏擅长数学，喜欢钢琴，曾留校任教员。她信仰基督教，是明朝徐光启的后裔。

1852年，裨治文回美国休假4个月，是他在华30年的时间里唯一的一次休假。

2. 卫三畏（Samuel Wells Williams, 1812—1884）

卫三畏，美国新教传教士，外交官，也是美国第一位汉学教授，被誉为"美国汉学之父"。

他于1833年10月到达广州，担任教会的印刷工，1876年返美，在华43年。

1856年后的20年时间里，他担任美国驻华使团秘书和翻译。1858年，他出席《中美天津条约》的签订仪式。

1876年，退休后回国。

1878年他为美国第一个汉学讲座（耶鲁大学汉学讲座）的首任教授。当时美国选学汉学的人数很少。

他一生致力于研究介绍传播中国传统文化，学术代表作是《中国总论》和《汉英韵府》。《中国总论》是美国最早的汉学研究著作，对于近代西方人了解中国发挥了巨大的作用。

3. 伯驾（Peter Parker, 1804—1888）

伯驾，美国首位来华医疗的清教徒、广州博济医院创始人、美国驻华公使。

1834年，他获得医学博士学位后到达广州，1835年在广州设立眼科医院，1838年与裨治文等成立中华医药传道会。他们免费为人治病，刚刚开业的前17天，病号就达到240多人。他发放号牌，按号看病，是当今医院挂号制度的开始。他的专业是眼科，不过也因需要治疗其他病人，他成了全科医生，创造了一些纪录，比如以割肿瘤闻名。从1834年到1857年返美的这23年里，他为传道会做了大量工作。

他在澳门也开设了眼科医院，免费为华人治疗，救人无数。

1839年鸦片战争前夕，他为林则徐治疗疝气病，虽然两人没有相见。

鸦片战争期间，医院停业。1841年，他离开中国回美国，其间结婚，时年37岁。1842年，他返回广州行医。牧师梁发到医院协助他。梁发说，三年半时间里被邀请参加礼拜聚会的人有1.5万多人次，真诚研究基督教教义的只有3个,而受洗的人一个都没有。

我想,这与当时洋人入侵中国双方局势紧张不无关系,也从另一个方面说明,行医和传教之间的关系不是那么密切。并不像一些人所认为的他们的企图有多大多险恶。也正因为伯驾过分注重行医而忽视传教,他和教会有了分歧和矛盾。

1844年,他担任美国特使顾盛的秘书(另一位秘书是裨治文),参与《中美望厦条约》谈判。

1848年8月,他担任英国驻华公使戴维斯(Davis)的秘书和翻译。戴维斯的著作不少,有《中国诗歌论》《中国人:中华帝国及其居民概述》《中国见闻录》等。

1854年,伯驾与麦都思担任美国公使麦莲(Robert Maclane,1815—1898)的翻译。

1855年春,伯驾担任美国驻华公使,他把医院交给嘉约翰医生(Dr. Kerr)。1857年回国。

作为翻译、秘书和驻华公使约有13年的时间,他与英法等帝国联合,向清政府施压,加大美国在华利益,扩大对华侵略权益。在许多人眼里,翻译的职位往往是"汉奸"的代名词,因此,他的所作所为让许多华人感觉他是帝国主义的帮凶。不过,弱肉强食是自然规律,为了本国利益而工作无可厚非,我们过度看他的侵略性而忽略了他的贡献也是不辩证的。不管怎样,我们不能忽略他在行医方面的贡献,在华行医有10年的时间。刚才说到,因为行医和宣教的冲突,他用在宣教上的时间更少,而被教会取消宣教资格。

4. 文惠廉(William Jones Boone,1811—1864)

文惠廉,美国圣公会传教士,为了更好地传教他改变了自己的专业,从法律改成医学并获医学博士学位。

1834年,文惠廉到达中国,他多次回国、到其他国家和地区,前后在华30年。(1864年他感染痢疾,到上海后不久去世)

1837年,他在新加坡学习汉语,了解中国风土人情,并尝试向当地华人传教。

1841年布朗牧师回国期间，文惠廉和美魏茶一起管理马礼逊创办的学校。

1844年底，他到上海。1845年，他在上海不断租地，扩大面积建立教堂，成为后来美国在上海的租借地。

文惠廉创作了许多中文基督教作品，大多是用上海方言写的，最有影响的是《圣会祷》。

他的两个儿子都在华从事医学与宣教。长子文恒理（Henry William Boone，1839—1925）是医疗宣教士。1880年创办了上海同仁医院。次子小文惠廉（William Jones Boone, Jr.，1846—1891）于1884年接任美国圣公会江苏教区主教。1891年在上海去世。

5. 丁韪良（William Alexander Parsons Martin，1827—1916）

丁韪良，美国基督教长老会传教士。89岁去世，葬于北京西直门外，在中国生活了62年。

他毕业于印第安纳州大学，之后进入长老会神学院研究神学。

1850—1860年，他在中国宁波传教。由于精通汉语，擅长方言，1858年中美谈判《中美天津条约》期间，他任美国驻华公使列卫廉的翻译，这是对1844年的《中美望厦条约》的修改续约。

1865年，他创立北京崇实中学（现北京21中），为首任校长，任职长达20年。1885年，清政府授予他三品官衔。（1892年，仲伟仪由山东登州文化馆调来任教）

1898年，在康有为、梁启超戊戌变法的推动下，清政府创立京师大学堂（北京大学前身），这是中国第一所国立大学。丁韪良为西学总教习，二品官衔。仲伟仪任算学副教习。

（许景澄任大学堂的中学总教习，也就是国学的教务长。慈禧想废除光绪，各国公使反对她；慈禧利用义和团要围攻外国使馆，杀死外国使臣，许景澄反对慈禧的做法，认为自古以来，不杀使节。1900年他被慈禧处死。第二年，光绪为他们五人平反。

1900 年八国联军侵华，大学堂停办两年。1902 年 12 月学校复课，吴汝纶和辜鸿铭任正副总教习，严复和林纾任译书局总办和副总办，各个方面步入正轨，学校蓬勃发展。1903 年底大学选派首批 39 名优秀学生到日本、欧美留学。1912 年 5 月更名为北京大学，严复成为北京大学的首任校长）

6. 林乐知（Young J. Allens, 1836—1907）

林乐知，美国传教士。在他出生前两个月时，父亲去世，在他出生两周后，母亲去世，他由姨妈抚养成人。1860 年 6 月，他到达上海，在华时间长达 47 年。他重视知识，改名为"乐知"。

1864 年，他担任上海语言文字学堂（上海同文馆）首任英文教务长。半年后他在江南制造局翻译馆从事教学、翻译工作。他上午教学，下午译书，16 年时间他翻译了十多本外国历史、地理、科学著作。

1868 年 7 月，他在上海首先创办了《教会新报》，任主编，传播福音和联络信徒。内容除了讨论基督教义、信息外，还介绍科学知识、外国历史地理、各国新闻、最新知识和思潮等。报纸的一大特色是非常便宜，全年 50 期仅收一块银圆（相当于今天 100 多元人民币），全国各地纷纷订阅，深受喜爱。1874 年，改名为《万国公报》。篇幅由原来的七八页增加到 18 页，收费不变。之后停刊复刊多次，林乐知去世后，真正停刊。总计发行时间达 34 年，是西方传教士在中国出版的中文报刊中，时间最长、对中国现代化进程影响最大的一份。

1882 年，他在上海创办"中西书院"（The Anglo-Chinese College）。1892 年在上海创立"中西女塾"。

7. 傅兰雅（John Fryer, 1839—1928）

傅兰雅，英国人，后来加入美国籍。

1861 年，他到达香港，在华 35 年。掌握了汉语、广东话、官话，1863 年受聘北京同文书馆任英语教师。

他主编中文报纸《上海新报》，通过媒体让中国人了解世界。

1868 年，他任江南制造总局翻译馆的翻译，达 28 年，被清政府授予三品官衔,单独翻译或与人合译西方著作129种,把大量西方文化科技知识介绍给中国人,是在华外国人中翻译西方书籍最多的一位。

1876年,傅兰雅自费创办科学杂志,内容主要是科学常识,设有"互相问答"一栏,交流了500个问题。

1896年,他去加州大学任东方语言文学教授,后加入美国籍。

8. 李佳白（Gilbert Reid,1857—1927）

李佳白,美国传教士。李佳白受父亲影响,从小学习中文,阅读中国的儒家经典。来华45年,1927年在上海去世。

1882年,他在山东烟台、济南等地传教。他注重研究传教思路与方法,提出要使中国人接受基督教和西方文化,传教士有必要吸收儒家教义,适应中国文化。传教士须与士绅阶层社会搞好关系,和华人穿衣要一致。

19世纪80年代,黄河经常发生灾害,他逆流而上,调研黄河水灾的原因,给清政府官员献策献计,对赈灾和救济提出了许多切实可行的办法。另外,他撰写了"西国治河成法""黄河建闸说"等多篇治理黄河水灾的文章。华北旱灾期间,他积极参加西方传教士组织的募捐。

1892年,他回到美国,两年后再次来华,筹办尚贤堂,会集中西名人雅士,在教育、社会、宗教和文化各方面开展活动,提出宣教的上层路线,与当时中国政坛上200多位高官名流交结,与恭亲王奕訢、李鸿章、翁同龢等人都有往来,与康有为、梁启超、谭嗣同等维新派人物关系密切。

1897年,他去欧美募款,募得经费15万多美元。1902年尚贤堂从北京迁到上海。1910年,尚贤堂开始招收学生,聘请中外教师授课;李佳白亲自讲授各国宪法等课程;还邀请名人来演讲,比如革命先驱孙中山、印度诗人泰戈尔、中国驻美公使伍廷芳等。

1917年他任《北京邮报》主编。

9. 狄考文等在山东区域的宣教与办学

19世纪60年代,美北长老会（American Presbyterian Missions,North）

在山东登州（今蓬莱）建立了中国北方的第一个传教基地。

山东省是孔孟故乡，两千多年来，在中国文化中占有重要的地位，也是西方文化传播的一个重要阵地。

（1）倪维思夫妇（John Livingston Nevius，1829—1893）

倪维思夫妇，美北长老会牧师。1854年，他们先到达宁波及杭州宣教，后于1861年到达山东登州。他们给妇女传播福音，使她们接受教育，并授予生活的技艺。1862年，他们创办女子学校。

（2）梅理士夫妇（Charles Rogers Mills，1829—1895）

梅理士夫妇，为美北长老会牧师。1856年10月，他们到中国传教。1862年，梅理士转往山东登州。1895年，梅理士在山东逝世，在华近40年，其中在登州传教34年。

1887年，他与夫人梅耐德共同创办登州启喑学馆（yin，平声），这是中国第一所聋哑人学校。1898年，学馆迁往烟台。

该馆对中国的聋哑教育贡献巨大，梅夫人设计的手语字母表被中国聋哑学校采用，他们翻译的分级识字课本成为聋哑教育的最初教材。该校毕业的学生有的建立聋哑学校，有的从事聋哑教育，为聋哑教育事业做出了巨大贡献。

梅理士将美国的大花生种引入登州，鼓励农民在海边沙地种植，此后花生、花生油成了山东省重要的输出商品，对该省的社会经济产生了重大影响。

（3）狄考文（Calvin Wilson Mateer，D. D.，LL. D.，1836—1908）与郭显德（Hunter Corbett，D. D.，LL. D.，1835—1920）

1863年，狄考文夫妇与郭显德夫妇，从纽约到达上海，之后转往烟台，再抵达登州。

狄考文夫妇接替倪维思夫妇的工作。倪维思因妻子重病，回国就医。狄考文负责登州区域，郭显德负责烟台区域。

1864年，狄考文夫妇创办蒙养学堂男校，"蒙"是启蒙，"养"是寄宿并教养，为将来的大学奠定了基础。

1872年，学堂正式定名为"文会馆"。登州文会馆（Tengchow College）是中国境内第一所现代高等教育机构，是齐鲁大学的前身。

文会馆的教学设备齐全，有大量的现代化仪器与设备，如蒸汽机、柴油机、电动机、发电机、磨光机、瓦斯灯、显微镜、望远镜等，还有各种化学药品、各种电池等，在当时的中国是属于一流的学校。

狄考文和汉语教师邹立文合作，最早把阿拉伯数字引入中国。

当时的长老会宣教士，大多学识渊博，不仅擅长教学，而且能翻译著作、撰写专著、编写课本。1890年以后，狄考文主持翻译《圣经》。

妻子邦就烈女士（Julia Brown Mateer）除了教授历史地理，还开设了西方音乐。她编制了乐谱音符，教学生欣赏、演唱、创作歌曲，并收集民间曲调，配上新词传唱。

狄考文把毕业生分派到山东各地传道兴学，他建立中小学60多所；郭显德在胶东各地，创办中小学40多所。

郭显德

郭显德是家中的长子，下面有6个弟弟、1个妹妹，身为老大，家庭责任重大，自小帮助父亲开荒耕作。小时候被卷入打麦机险些丧命，妹妹突然去世，这让他相信神的存在。

1863年，他们到达山东。先后创办学校40多所，还创办医院、博物院，还有一些实业。他在中国生活长达56年，在烟台去世，葬于烟台，葬礼参加者过千人。

现在的烟台二中是由郭显德创办的学校发展而来。该校由多任校长管理教学，也经过多次迁址重组等演变过程。

1909年，英国传教士毕维廉（William C. Booth，1829—1912）先生接替美国传教士韦丰年任校长，他优化课程，提高水平。

英文馆的各科都采用英文课本，因此学生的英语水平很高。毕维廉发起募捐建楼，为纪念韦丰年先生（George Cornwell，1867—1909），把教学楼命名为"思韦堂"。1922年新校舍落成，为纪念郭显德，毕维廉把一栋三层楼房命名为"思郭楼"。

（4）仲伟仪（1865—1936）

仲伟仪，山东龙口市人。可以说是龙口历史上第一个近代意义上的大学生。

狄考文夫妇创立登州文会馆，仲伟仪在那里学习了六年，1885年毕业。学习内容非常广泛，包括"四书五经"、文学典籍；富国策、万国通鉴；数学、微积分；化学；天文学、天道溯源、量地法及航海法、地学及石学等，掌握了现代科学知识。

毕业后，他在母校教授文理科，时间为七年，1892年调往京师大学堂。

1901年，山东巡抚袁世凯在济南创办山东大学堂，聘用文会馆的馆主赫士为总教习，仲伟仪为格致分教习（物理化学类的自然科学），任教时间是1901—1903年。

1904起，仲伟仪任天津某中学校长，使该中学成为"四大名校"之一。

1921年，仲伟仪辞职，自行布道。

儿子仲崇信（1908—2008），是我国植物生态学的奠基人之一。1929年公费留美，就读于斯坦福大学，后转学到加州大学，再后来获得俄亥俄州立大学硕士、博士学位。他历任北京师范大学、四川大学、同济大学、浙江大学生物系教授。新中国成立后1952—1990年间38年里，他任南京大学生物系教授。

孙子仲维畅（1937— ）为研究所高级工程师，贡献卓著。

（5）狄乐播（Robert M. Mateer, 1853—1921）

狄乐播是狄考文的四弟，在哥哥的感召下，他于1881年到达登州。他跟着狄考文学习汉语，总结办学经验。

狄乐播于1883年到达潍县（潍坊市），购地建立"乐道院"，用以传教、办学和开办诊所，创办格致院和文华馆，完全采用登州文会馆的教材和体制。

抗日战争期间，乐道院成为关押外籍人士的集中营。

（6）赫士（Warson McMillen Hayes，1857—1944）与柏尔根 Paul D. Bergen，1860—1915）

赫士夫妇于1882年到登州，在文会馆任教，后任馆主（校长）。

1883—1891年，柏尔根夫妇在济南传教。然后回国，3年后于1894年回到山东烟台，1898—1901年他们在青岛传教，然后到登州。1904—1913年，他任齐鲁大学校长。回国后在农场生活，55岁时因恶性贫血去世。

（7）路思义（Henry Winters Luce，1866—1941）

亨利·温特斯·路思义，或译为：鲁斯，因山东的简称是"鲁"。他于1897年来到山东，后来任齐鲁大学和燕京大学的副校长。

1941年，日本偷袭珍珠港，路思义也在这一年去世，去世前他对儿子鲁斯说：现在，所有的美国人应该明白我们对中国的意义，也应该明白中国（独自抗击日本）对我们的意义了！对于日本军国主义的偷袭行为，他甚至感到宽慰，因为美国终于有理由可以正义地对日本宣战了。

1898年，儿子亨利·罗宾逊·鲁斯（Henry Robinson Luce，1898—1967）生于登州。1920年鲁斯毕业于耶鲁大学，为骷髅会成员。后来他创办了《时代周刊》《财富》和《生活》三种杂志，成为著名的新闻企业家。

10. 都信德（William Hervie Dobson，1870—1965）

为美国传教士，毕业于乔治·华盛顿大学和费城综合医院（医学博士）。

1897年，他到广东西南地区，在中国工作了近40年，从事行医、传教和教学工作。为了更好地传教，他学习方言，给当地人做白内障手术，治疗麻风病人。都信德的工资是每月90美元，他拿出5美元来帮助病人。直到20世纪40年代初，他完成自己的使命光荣退休。

传教士治疗麻风病

清朝末期，麻风病在西方国家已经灭绝，而在中国的患者还有百万之多。发病率最高的是华南地区，因此，有许多西方传教士开设麻风病院，积极治疗患者。

1891年，英国的傅特医生在救济会的帮助下，在广东某医院附设了麻风医院。这是中国最早的麻风病院，收容了100多名麻风病人，强行注射，成效卓著。

1905年，德国长老教会的柯纳医生，在东莞创办麻风病院，收容患者300多人，广东省政府按月给予津贴。

1907年，天主教神父在广州石龙建立麻风病院，1913年，靠政府津贴得以扩充，收容700人，有30多座房子供麻风病患者居住，使其形成一个村落，男耕女织，和睦生活。

后来，教会也在成都、济南等建有麻风病医院和收容所。

11. 英国人、美国人戴家六代人（从第三代加入美国籍）

（1）戴德生（James Hudson Taylor，1832—1905）

戴德生，生于英国。1853年9月，他从英国出发，经过半年的海上颠簸到达上海，从事医疗及宣教工作，在华51年，直到1905年在中国去世。他死于长沙，葬于镇江。他离世时，在全国18个省建立了125所学校，带领18000人皈信基督教。

儿子：长子戴存仁（Herbert Hudson Taylor，1861—1950），牧师。次子戴存义（Frederick Howard Taylor，1862—1946），牧师。两个儿子的名字合起来是"仁义"。

孙子：戴永冕（James Hudson Taylor Ⅱ，1894—1978），牧师，戴存仁之子。

曾孙：戴邵曾（James Hudson Taylor Ⅲ，1929—2009），牧师，戴永冕之子。

第五代玄孙：戴继宗（James Hudson Taylor Ⅳ），牧师，居住台湾。

第六代：戴承约（男）、戴承书（女）、戴承亚（女），三个名字连起来是：约书亚。约书亚是《圣经》中摩西死后的继承人，被指派为以色列人的领袖，继续摩西事业。

戴德生22岁时说："假使我有千镑英金，中国可以全数支取。假使我有千条性命，决不留下一条不给中国。"（If I had a thousand pounds

China should have it-if I had a thousand lives, China should have them.）①

1885年，他带领剑桥七杰到中国宣教。

（2）长子戴存仁，1878年17岁时被皇家伦敦医学院录取，然而两年后，在父亲书信的鼓励下，放弃医学，来到中国，在烟台成立学校。1941年80岁时，被关押在潍坊的乐道院集中营。

次子戴存义，1888年26岁时，毕业于皇家伦敦医学院，获得伦敦大学医学博士。1890年到中国传教，给患癌症的袁世凯母亲治疗了3年多，获得李鸿章赠送的牌匾。

（3）孙子戴永冕，为戴存仁的儿子，毕业于美国的大学，加入美国国籍，妻子是戴永和（Alice E. Hayes）。1926年，戴永冕从美国返回中国，在河南洛阳布道传教。抗日战争开始时，他订了船票，一家本来可以去美国，但是，他祷告神，感到这不是出于神的意思，就把船票退了，把四个孩子送回山东烟台，他和妻子在陕西继续传播福音。

（4）曾孙戴绍曾，戴永冕的儿子，牧师，自称是外白内黄的"熟鸡蛋"，意思是非常中国化。抗日期间，他被迫与父母分离，与爷爷和姐弟妹共四人，被日军囚禁在潍坊的乐道院，有三年半的时间。这个集中营本来是传播福音的乐道院，为现在的潍坊广文中学。

1946年，戴绍曾去美国学习，1955年到台湾，在中国传道54年。

1980年大陆开放，他到达北京，一下飞机就跪在地上说，感谢主，又带我回到祖国。

（5）玄孙戴继宗，戴绍曾之子。海外基督使团创始人（Overseas Missionary Fellowship）。

剑桥七杰（Cambridge Seven）

1885年，受戴德生的影响，"剑桥七杰"前往上海。他们刚到中国时，内地会有163名传教士，到1890年增加了一倍，到1900年达到800人，占全部新教传教士的三分之一。

---

① 《献身中华——戴德生自传（完整版）》，http://blog.sina.com.cn/s/blog_d761eefc0102wlni.html.

他们是：盖士利、施达德、章必成、何斯德、司安仁、宝耀庭、宝阿瑟。他们的行动甚至影响了美国，导致 Robert Wilder 发起学生志愿运动（Student Volunteer Movement），当时美国大学生还没有到国外的宣教活动。

（1）盖士利（William Cassels，1858—1925）生于葡萄牙。11 岁时父亲病逝，他们移民到英国。1880 年，他毕业于剑桥大学圣约翰学院。妻子是英国富家子女玛丽，有人说她是 1885 年随盖士利来中国传教的第一位女性。他们在四川传播福音，在华 40 年。1925 年，他因伤寒去世，8 天后妻子也因伤寒去世，两人合葬在四川阆中的教堂。

（2）施达德（Charles Studd，1860—1931）出身富有，受教育最好，曾担任剑桥大学板球队队长。投球方面，打破过全国纪录。他们在山西传播福音。在中国结婚，四个女儿相继在中国出生（4 女 2 子，一个儿子夭折）。

因身体健康原因，一家于 1894 年返回英国，后又去印度传福音（1900—1906）。1908 年，他又到非洲传教（1910—1931）。他有一首诗非常出名，"Only One Life/'Twill Soon Be Past/Only what's done for Christ will last"，人生只有一次，瞬间成为过去。只有为主所做，方可永恒持续。

（3）章必成（Montague Beauchamp，1860—1939）生于英格兰，毕业于剑桥大学圣三一学院，1883 年获文学学士，1914 年获文学硕士。在中国，他和戴德生一起沿长江、汉江西上，深入内陆，经过 24 天的旅程，到达陕西汉中，并从这里深入四川省开辟新的传教区。1900 年回国，两年后又回到中国。1910 年，他返回英国。1935 年，他的儿子成了第二代来华传教士，他再次回到中国。1939 年，在四川阆中去世。

（4）何斯德（Dixon Edward Hoste，1861—1946）毕业于皇家军事学院。他被分配到山西传教，在华宣教达 60 年。1896 年他因健康原因回到英国，然后在澳大利亚待了一些日子，又回到中国。1902—1935 年，在中国传教，接替戴德生任内地会的总指挥（General Director）。戴德生是他妻子的舅舅，妻子于 1944 年在上海去世。

1935 年他退休后继续留在中国，1944 年被日军关进集中营，1945

年被释放。1946 年 5 月，他在伦敦去世，是"剑桥七杰"中最长寿的一位，享年 85 岁。

（5）司安仁（Stanley Smith，1861—1931）为圣三一学院前划艇队队长，在华北传道，能用流利的中文讲道。他创办戒毒所。1931 年，他在苏州去世。头一天晚上，他还在讲道。

（6）宝耀庭（Cecil Polhill Turner，1860—1938）毕业于伊顿书院（Eton College）。他到四川传教，负责西藏边区。1900 年，他因健康不佳回国，无法再回到中国。1938 年在英国去世。

（7）宝阿瑟（Arthur Polhill Turne，1862—1935）是宝耀庭的弟弟，也毕业于伊顿书院。他是剑桥七杰中第一个感到中国需要他们、然后说服他人加入者。1900 年庚子之乱（义和团起义）时他留在中国，没有离开，直到 1928 年退休回到英国。

12. 赛兆祥等江苏区域的传教

元代的镇江已有基督教堂，元代结束后，基督教在镇江消失。

1883 年，美南长老会在镇江建立传教站，赛兆祥是美南长老会的传教士，他是著名作家赛珍珠的父亲。1922 年，美南长老会建立基督医院，历时 13 年，也就是后来的镇江第一人民医院。

（1）赛兆祥（Absalom Sydenstricker，1852—1931）

赛兆祥，美南长老会传教士。1883 年到达杭州，1887 年，他和林嘉善（Edgar Woods）抵达江苏北部清江浦，开辟江北教区。

他们共生了四个孩子，三个都因黄热病去世。妻子回美国休养，生下唯一长大的女儿，也就是著名的文学家赛珍珠。

1892 年，4 个月大的赛珍珠随父母到苏北。后来，赛兆祥到达镇江，创办学校。

1931 年，赛兆祥在庐山去世，葬在山上。

赛珍珠在中国生活了近 40 年，把镇江称为"中国故乡"，徐志摩、梅兰芳、胡适、林语堂、老舍等人都曾是她家的座上客。

她的长篇小说《大地》（*The Good Earth*）描写中国农民生活，这部小说获得普利策小说奖和诺贝尔文学奖。中美之间经历过抗美援朝、越南战争等,但是美国人对中国人民的良好印象没有改变,这不得不归功于赛珍珠对中国的杰出贡献。

赛珍珠翻译《水浒传》,是把这部巨著推向世界的第一人。

1942年,赛珍珠夫妇创办"东西方联合会"(East and West Association),致力于文化交流。1949年,美国因为收养政策歧视亚裔和混血裔儿童,赛珍珠创立了国际化的收养机构"欢迎回家"(Welcome House),在后来的50年中,这个机构帮助了5000多名儿童。1964年她成立"赛珍珠基金会"(Pearl S. Buck Foundation),帮助不符合收养条件的儿童。

(2)钟爱华(Nelson Bell,又名钟仁溥,1894—1973)

钟爱华,为美南长老会的传教医生,他擅长棒球,不过放弃名利双收的棒球职业,选择学医,因为这样他可以行医宣教。

1916年22岁时他到达中国,在江苏北部仁慈医院服务了25年,1941年回国。该医院创建于19世纪90年代初期,现为淮安第二人民医院。

中国抗日期间,他与家人不顾美国政府的警告,自愿留下服务,为名副其实的"热爱中华"。

苏北农村最流行的疾病是黄热病,死亡率很高。钟爱华取得美国德州一位富商的大力支持,这位商人慷慨解囊,捐献昂贵的特效药,挽救了不少患者,使他们顺利战胜病魔。

20世纪30年代一位名叫闻声的牧师在江苏遇害,九年后被害牧师的一对双胞胎儿子大学毕业后来中国服务,弟弟学的是医学,在仁慈医院和钟爱华一起工作,这是"要爱你的敌人"的见证。

回国后,他创办报纸继续宣教,维护信仰。

(3)葛培理牧师(William Franklin Graham 或 Billy Graham,1918—2018)

葛培理是美国当代著名的基督教福音布道家,于2018年正月初六去世,享年99岁。他在盖洛普20世纪名人列表中排名第7。

葛培理是钟爱华医生的二女婿，妻子钟路得（Ruth Bell，1920—2007）在江苏淮安出生长大。葛培理牧师和妻子在台湾东部的大理石工厂，为岳父母订制两块墓碑。葛培理说："他们是深爱中国者，所以其墓碑也应该来自中国。"

1966年，夫妻两人建立葛培理夫妇儿童健康中心。

自杜鲁门总统以来，葛培理先后与11位总统交流，并担任艾森豪威尔之后的每一位美国总统的精神顾问。

葛培理的天真、正直和诚实影响总统。葛培理和总统们一起探讨永恒、罪恶、死亡等精神领域问题，他能够让总统们感到安全。

有一次，约翰逊总统请求葛培理陪他乘飞机去开会，原因是当时天气恶劣，约翰逊担心飞机会掉下来。1967年，尼克松总统在母亲的葬礼上，晕倒在葛培理的怀里。2004年，里根总统去世时，妻子南茜第一个通知的家庭成员之外的人是葛培理。20多年里，每年夏天，老布什夫妇都邀请葛培理夫妇到他们位于美国东北部缅因州海边的家去做客。

长子葛法兰（William Franklin Graham Ⅲ，1952—　），和父亲一样，是一名牧师。次子葛纳德（Ned Graham），现在领导东门国际事工（East Gates Ministries International），在中国赞助印制圣经、建造教堂，其中最大的一所能容纳4000人，位于江苏淮安。葛纳德的妻子葛郭瑞玉则是曾国藩的玄孙女。

（四）19世纪末20世纪初中国的教会学校

外国传教士在中国传教经历了各种曲折历程，创办教会学校是一个有效的传教途径。

1875年之前的半个多世纪里，中国教会学校发展缓慢。

1875年学校发展突飞猛进，年底在中国境内的基督教学校约有350所，学生约6000人。到1899年的20多年里，教会学校已发展到1776所，有学生3万多人。1918年，中国共有教会学校13000多所，学生超过35万人。这些早期的基督教学校大多是小学。

在华传教士的人数从1905年的3833人增至1920年的6204人，信徒人数从17万多人增加到近45万人。

学校经过合并发展成为大学，招生人数逐年增加。到1910年时，教会大学的人数为1000人，1920年达到1600多人。

1888年，美国美以美会教会在南京创办汇文书院，后与其他教会学校合并，发展为南京金陵大学。1889年，美以美会在北京创办崇内怀理书院，后改名汇文大学。该院于1916年与其他两所教会学校合并，改名为北京大学，后又定名为燕京大学，第一任校长是司徒雷登。按照美国的评估，这两所大学的教育质量在当时中国的所有教会大学中位列前两名。

截止到20世纪初期，西方国家到中国创办了近20所基督教教会大学，分别是燕京大学（Yenching University）、辅仁大学（Fu Jen Catholic University）、北京协和医学院（Peking Union Medical College，PUMC）、齐鲁大学（Shantung Christian University，cheeloo）、金陵大学（University of Nanking）、金陵女子文理学院（Ginling College）、东吴大学（Soochow University）、圣约翰大学（St. John's University）、震旦大学（Aurora University）、沪江大学（University of Shanghai）、之江大学（Hangchou Christian College）、福建协和大学（Fukien Christian University）、华南女子大学（Hwa Nan College）、岭南大学（Lingnan University）、华中大学（Huachung University）、湘雅医学院（Xiangya School of Medicine）、华西协和大学（West China Union University）等。

每所大学都为中国的教育发挥了巨大作用，培养了大量人才，也都有自己的特色，这些学校起点高、采用西方教育模式，美国英国等教授、学者亲自任教管理。比如，中国首个全英语授课的大学圣约翰大学培养了施肇基（1877—1958，外交家）、顾维钧（1888—1985，外交家）、刘鸿生（1888—1956，实业家）、宋子文（1894—1971，政治家）、邹韬奋（1895—1944，记者）、林语堂（1895—1976，作家）、荣毅仁（1916—2005，实业家）、贝聿铭（1917— ，设计师）、张爱玲（1920—1995，作家）等著名人士（按照出生日期排列）。本文以燕京大学、齐鲁大学、金陵女子文理学院、北京协和医学院为例。

1. 燕京大学（Yenching University）

该大学于1916年由美国及英国基督教的4个教会联合在北京开办，是近代中国规模最大、质量最好、环境最美的大学，闻名海内外。

（1）燕京大学的贡献

燕大法学院和普林斯顿大学协作，不仅得到经济援助，还可以互换教师；文学院与哈佛大学协作，成立哈佛燕京学社，致力于汉学研究；其他的学院与纽约协和神学院、哥伦比亚大学等都有联系。到1930年，燕大已成为中国学术水平最高的教会大学。

（2）首任校长司徒雷登

美国人司徒雷登（John Leighton Stuart，1876—1962）任首任校长，后任驻华大使。

司徒雷登的父亲是美南长老会的牧师，在中国传教达半个世纪，葬在杭州。司徒雷登生于杭州，11岁回美国学习，大学毕业后，于1904年回到中国传教，是继父亲后的第二代牧师。1908年，司徒雷登应邀出任金陵神学院希腊文教授。1910年，他任南京教会委员会主席。辛亥革命时，他兼任美联社驻南京特约记者。

1919年，他任燕大第一位校长，任校长一职达27年，一直到1946年他任美国驻华大使，在燕京大学的时间几乎是他精彩人生三分之一的时间。

司徒雷登办学的宗旨是保存中国最优秀的文化遗产，以西方的价值观来改造中国社会。

1919—1952年燕京大学在中国持续了33年，注册的学生近万名，培养出了57名两院院士，还有许多外交人士。"二战"期间中国驻世界各地的新闻特派员，90%是燕大新闻系的毕业生。燕大也诞生了中国最早的社会学系。据说邓小平第一次访美，外交团的14人中有7人是燕京大学的毕业生。

费孝通（社会学家，享年95岁）、雷洁琼（社会学家、法学家，享年106岁)、冰心（作家、翻译家，享年99岁）、侯仁之（历史地理专家，享年102岁）等都是燕大的学生。

1) **筹集资金**：司徒返回美国十几次募捐了250万美元。

司徒雷登争取到了美国铝业大王霍尔近200万美元的捐款，于1927年，燕京大学与哈佛大学合作创办了著名的哈佛燕京学社，建立哈佛燕京图书馆，致力于汉学研究及中美文化交流，吸引并培养了大量的汉学家。

查尔斯·马丁·霍尔（1863—1914）为发明家、铝业大王。一生有200多个专利，因发明电解铝的方法而闻名。然而，1914年，年仅51岁的霍尔因肾衰竭去世，孑然一身，没有后代，留下大约价值1100万美元的遗产。他遗言要把遗产的三分之一用于捐助亚洲的教育，原因有很多。一说是由于与他合住的两名中国学生对他比较友善；一说是纪念在义和团运动中遇难的牧师；一说是因为在中国传教的姐姐埃米莉·霍尔和姐夫马丁·斯廷森。霍尔出身于一个虔诚的基督教家庭，姐姐和姐夫在山西通过9年的努力，先后建立了太谷和汾州两个传教站。哈佛大学资金筹委会早在1924年5月就向霍尔遗产董事会提交了方案。

2) **建设新校**：着手选择新校址，并四处募捐，为了选择新校址，他或步行，或骑毛驴转遍了北京。看好地址后，远赴西安，找到主人、陕西省的军事长官（督军）、北洋军阀皖系段祺瑞的干将陈树藩。司徒雷登善于交际沟通，他不仅让陈以六万大洋的低价把地盘让出来，而且还把其中的三分之一款项设立了奖学金。

3) **聘任大师**：不惜重金聘请中外著名学者来燕大任教，著名教授比比皆是，通过大师提升燕大的知名度和学术水平。教授月薪360大洋，校长500大洋，他拿教授工资［民国初期鲁迅在北京师范大学的月薪是300大洋；一般工人工资是5—10个大洋；蔡锷将军（云南总督）月薪是65个大洋；毛泽东做北大图书管理员月薪是5个大洋］。他是一位谦卑善良的基督徒，他提倡学术自由，注重师生交流，对学生和蔼可亲，对教职员热情温暖。司徒雷登请来的教授有真才实学就行，不问政治倾向，不问宗教信仰，不问学术流派。

冰心毕业于燕大，也曾在那里任教，她评价司徒雷登说："你添了一个孩子，害一场病，过一次生日，死一个亲人，第一封短简是他寄的，第一盆鲜花是他送的，第一个欢迎微笑，第一句真挚的慰语，都是从他而来的。"司徒雷登帮过很多进步学生，好几个学生是坐着他的车子去了解放区。

1931年"九一八"事变后，司徒甚至亲自带领学生游行，高呼抗日。

1933年，司徒被总统罗斯福召见，听取他对中国时局的意见。

1941年，燕大被日军占领，1941年太平洋战争爆发，他被日军关押在潍坊的乐道院，直到1945年8月获释（一说，关押在北京）。

1946—1949年，他任美国驻中国大使。

1949年8月他回到美国，离开生活了50年的中国。1949年底患脑血栓，半身不遂和失语。50年代，他被麦卡锡主义者骚扰。

1926年司徒的妻子就去世了，当年司徒50岁，他没有再娶。儿子在美国当牧师，也无法照顾他。因为长期在中国工作，回美国后司徒雷登没有养老金，仅靠慈善机构的600多美元的退休金生活。

司徒的晚年多亏了傅泾波和家人的照顾。傅泾波（1900—1988）为北京人，在燕大上学，司徒雷登给他洗礼让他皈依基督教。司徒先生任驻华大使时，傅泾波是他的私人顾问。司徒雷登在《在华五十年》一书中写道："傅泾波之于我，就像我的儿子、同伴、秘书和联络官。"

司徒雷登去世前的遗愿一是将周恩来送他的一只明代彩绘花瓶送还中国；二是将他的骨灰安葬在燕大的校园内，与妻子为邻。

傅泾波于1988年在美国去世，临终前嘱托儿子一定把司徒先生的骨灰送归故里，傅家两代人的心愿就是把司徒的骨灰安葬在大陆。

2008年，司徒雷登逝世后的第46年，其夙愿终于实现，他的骨灰安葬于杭州。这是他的出生之地，也是父母热爱、长眠之地。在他的墓碑上，只用中英文对照写着"司徒雷登，1876—1962，燕京大学首任校长"。

司徒雷登为中国做出了巨大贡献,得到闻一多的高度评价。1946年7月爱国人士李公朴被害后的追悼会上,闻一多发表演讲,在回家的路上他也被枪杀。在这最后一次讲演中,闻一多谈及司徒雷登:"司徒雷登是中国人民的朋友,是教育家,他生长在中国,受的美国教育。他住在中国的时间比住在美国的时间长,他就如一个中国的留学生一样,从前在北平时,也常见面。他是一位和蔼可亲的学者,是真正知道中国人民的要求的,这不是说司徒雷登有三头六臂,能替中国人民解决一切,而是说美国人民的舆论抬头,美国才有这转变。"

(3) 燕大的其他教授

燕大的教授有许多来自美国,在教学管理一线任职几十年。例如,夏仁德(Randolph C. Sailer, 1898—1981)美国心理学家,燕京大学教授,中国人民的忠诚朋友,一直支持和同情中国人民的革命斗争。他于20世纪20年代初来到中国,在燕京大学执教20多年,回美国后任美中人民友好协会的主要负责人。

2. 齐鲁大学(Cheeloo University)

齐鲁大学与燕京大学位列前两位,有"南齐北燕"的美誉。

(1) 历史沿革

齐鲁大学是由美、英、加拿大的14个基督教教会组织联合开办。

1864年,狄考文在登州创办"蒙养学堂",1872年该学堂正式定名为"文会馆"。登州文会馆是中国境内第一所现代高等教育机构(参见:狄考文)。1875年,英国浸礼会将传教基地从烟台迁到青州。1884年,在青州创办了广德书院(Tsingchow Boy's Boarding School)。后来,文会馆与广德学堂合并,取两个校名的头一个字,起名为"广文学堂"(Shantung Protestant University)。

1890年,美国长老会在济南设立教会医院,附设医道学堂。1906年青州医道学堂并入,称为济南共合医道学堂。

1904年,广文学堂校址迁至潍县的乐道院,与青州的神学堂、济南的共合医道学堂,分别成为文、理、神学、医学四科,四个学科分布在三个地点实施教学管理。

1917年，潍县广文学堂、青州共合神道学堂迁到济南，并入共合医道学堂。同年，金陵大学的医科和汉口"大同医学"两校师生，也并入济南共合医道学堂。

学校筹款建筑校舍，创办新校，正式定名为齐鲁大学。

1937年，日军入侵，学校搬到四川华西。太平洋战争爆发后，外籍教师被关押在潍县乐道院。

（2）早期大学校长与教授

1）校长柏尔根（Paul D. Bergen，1860—1915）

柏尔根，美国大学毕业。1903—1913年，他任齐鲁大学校长。

2）校长卜道成（Joseph Percy Bruce，1861—1934）

卜道成，英国传教士，1908年在济南购地545亩，1916—1919年任齐鲁大学校长（这算是首任）。回英国后，1929—1931年他任伦敦东方研究学院的主管（governor of the School of Oriental Studies in London）。

3）聂会东（James Boyd Neal，1855—1925）

聂会东，美国传教医师。1907年齐鲁大学医学院成立，聂会东为首任院长。

1919年任齐鲁大学校长，1922年因病回国。

4）巴慕德（Harold Balme，1878—1953）

巴慕德，英国牧师，学习医学，1906年他到达太原从事医学传教。1913年任齐鲁大学外科教授，后来为医学院的系主任。1921—1927年他任齐鲁大学校长。

5）教授老舍（1899—1966）

老舍，1930年，老舍先生到齐鲁大学文学院任院长。

3. 南京金陵女子文理学院（今南京师范大学随园校区）

该校是近代著名的女子教会大学，1915年开学。第一任校长是德本康夫人。

万事开头难，开始创业大都非常艰辛，困难重重。当时师资紧缺，只有6名教师；生源紧张，学生数量少，年龄偏大。受传统女子地位低下的影响，那个年代女子上大学还是很有局限性的。第一期招收了11名学生，最后完成学业毕业的只有5人；第二期招收了20人，最后毕业的只有8人。到1920年，该大学已经有学生70名，教师16名，其中5名中国人。从1919年到1951年，毕业人数为999人，誉称"999朵玫瑰"。

当时中国许多高校崇尚西学，但"金女大"注重中国传统文化理念。在教学方面，具有浓厚的宗教色彩，实行严格的管理制度。

（1）德本康夫人（Mrs. Laurence Thurston，1875—1958）

德本康夫人，生于美国康涅狄格州的哈特福德郡（Hartford, Connecticut）。父亲是虔诚的清教徒。她13岁受洗入教。大学里她热衷于天文学。

1906—1911年，她被派到湖南长沙的湘雅医学院教书，并协助医务工作，然后回国。

1913年，她再次被派到南京，她既要学习中文，从事教学，又要参加女子大学的筹建。她被任命为校长后，租借李鸿章花园为校址。

大学的校训是"厚生"（Abundant Life），德本康夫人诠释说："厚生"就是在各方面发展顺利，达到至善至美的程度。

她教过《圣经》、天文、大学代数、三角、几何等课程，还负责学校人事、财务等工作，甚至指挥合唱团，所以她被称为"事事通"（Jack of all trades）。

德本康夫人干了13年校长后，1928年主动辞职，可以说是让位。自己以顾问、兼职教师、建筑监督人的身份继续为大学服务。在辞职演说中她说："大学应该保持高水平的教育，提高社会效率，促进精神发展与最高人格。"[①] 1943年，她返回美国。

（2）吴贻芳校长（1893—1985）

吴贻芳，接任德本康夫人的校长是吴贻芳，她时年35岁，是金陵

---

① 《德本康夫人》，http://www.baike.com。

女子大学首届毕业生（中国第一届女大学生）、留美获博士学位后回国。1943年3月，吴贻芳组织"中国六教授团"到美国宣传抗日，争取支持，总统罗斯福盛赞她为"智慧女神"。1945年，吴贻芳出席联合国成立大会，是在《联合国宪章》上签字的第一位女性。1946年，宋美龄建议她出任教育部部长，被她拒绝。1951年，她担任江苏省教育厅厅长。1956年，被选为江苏省副省长，分管教育、文化、科技、卫生、体育。1981年，以88岁高龄当选江苏省副省长。令人敬佩的是她终身未婚，享年92岁。

（3）华群教授（Minnie Vautrin，1886—1941，明尼·魏特琳）

还有一位值得提及的是美籍教授明尼·魏特琳，汉语名字为"华群"，她被南京难民称作"华小姐"。

华群家境贫穷，通过打工完成学业。1912年毕业于伊利诺伊大学，毕业后，她到中国传教。

1916年"金女大"成立时，她担任教育系主任。

1919—1922年，德本康夫人回美国募捐期间，她任代理校长，后来为教务主任。

1937年日军占领南京期间，大部分教职员工已经搬走。她留在南京，竭尽全力保护难民，把学校改为收容所，12月短短的四天时间里，收容难民8000名，1938年初，达到10000多人。华群让她们用锅底灰摸脸、剃光头。她亲自站在校门口，以美国学校的名义，阻止日本士兵进入学校，保护女子不受日军蹂躏，保护了上万名中国妇孺难民。

她写有《魏特琳日记》，揭露日军暴行。

长期的精神压力和劳累给她带来巨大的精神刺激。1940年她因精神失常返回美国。1941年5月，在寓所用煤气自杀。

她安葬在老家的公共墓地，墓碑上刻着"金陵永生"四个汉字，也可以理解为"永生金陵"。她的临终遗言是："如果有来世，我还要为中国人民服务。"

令人敬佩的是她为了教育，为了信念，终身未婚。

4. 北京协和医学院（Peking Union Medical College, PUMC）

1906年，英美五六个教会联合创办了协和医学堂，Union"联合"，被译成"协和"。

1913年，洛克菲勒基金会正式成立。随后，基金会专门对中国问题进行了讨论，决定在中国投资发展医学教育。

1914年，洛克菲勒派出考察团，重点考察中国的医学教育现状。该考察团走访了中国十几个城市和几十家医院，完成了一份《中国的医学》报告。这份报告，至今还是西方人写成的中国医学教育的主要史料。报告强调了在中国创办高水平医学教育机构的重要性，并为未来医学机构的发展制定了许多具体方针。

1915年，基金会收购了医学堂。

（五）"世界平民教育运动之父"晏阳初

晏阳初（1890—1990），四川人，享年100岁。中国平民教育家和乡村建设家，被誉为"世界平民教育运动之父"。

1913年，他就读于香港圣保罗书院（香港大学前身），深受基督教影响。后转到美国耶鲁大学，主修政治经济。1919年入普林斯顿大学研究院，攻历史学，获硕士学位。

大学毕业后，他于1920年回国，献身平民教育。1923—1949年担任中华平民教育促进会总会总干事。

他的一生改变了上亿贫苦民众的命运，与陶行知先生并称"南陶北晏"。一些研究者认为，毛泽东受到晏阳初的影响，认识到要以简单、务实和经济的方式深入民间。

晏阳初提出"四大教育"，即文艺、生计、卫生和公民教育。主张在农村实现政治、教育、经济、自卫、卫生和礼俗"六大整体建设"，达到强国救国的目的。

当时中国有4亿人口，80%是文盲。

他是历史上第一个使美国国会通过拨款条款的外籍人士。抗日胜利后，他游说美国总统杜鲁门和国会议员，给中国乡村教育运动提供资助,最终国会通过了名为《晏阳初条款》的法案,法案规定将"四亿二千万对华经济援助总额中须拨付不少于5%、不多于10%的额度,用于中国农村的建设与复兴",也就是不多于4200万美元的乡村教育经费。

1950年,他离开台湾到达美国。20世纪50年代以后,晏阳初协助菲律宾、泰国、危地马拉、哥伦比亚及加纳等国建立乡村改造促进会。

1985年获准回到中国,他受到了邓颖超的接见。1987年他再次回国。

晏阳初说"三C"影响了他的一生,也就是孔子(Confucius)、基督(Christ)和苦力(Coolies),也就是说儒家思想、基督榜样以及民间疾苦,这三者是他奋斗的动力源泉。

(六)美国的公司与中国的关系

美国一独立就及时加强与中国的联系,最初主要是商业贸易关系。从20世纪初期开始,美国就认为中国应该是太平洋地区最重要的盟国。

美国第31任总统胡佛(1874—1964)早年到过中国。

1898年胡佛24岁时,作为美国公司的"白领"职员被派往河北唐山开滦煤矿。他会说不错的中文,汉语名字是胡华。

大学里他学的是地质专业,当时的洋务派需要这样的人才。

乱世出英雄,发财趁国难。八国联军侵华时,一位德国人借口开滦煤矿的矿产不保,需要置于他们名下才能保护好。煤矿老板无奈只好认可,这样煤矿轻而易举地变更到胡佛的名下(估计是胡佛和那位德国人设计的圈套)。胡佛实际上成了总经理,不久把股份卖给比利时人,赚得了自己人生中的第一桶金,成为百万富翁。

三 "二战"期间的中美交流

(一)官方层面的中美交流

"二战"期间,为了共同抗击法西斯,美国、中国等团结一致,结为战略上的伙伴关系。罗斯福总统1942年对儿子高度评价了中国的作用,他说假如中国被打败,日本就有更多的精力和兵力攻打澳大利亚、印度,会一直打到中东。

中国在太平洋区域抗击日军侵略功不可没，当然如果没有美国的参与，中国的抗日还需持续一段时间，打赢日本是肯定的，不过受罪受害的是中国的老百姓。因为日本蓄谋已久，早在1934年，日本就成功进行了人工碰撞原子核的实验。1941年5月，日本内阁集中了50多位科学家研制原子弹。1942年底，日本获知美国原子弹研制有了突破性进展，随后东条英机下令加快研制原子弹。731部队已经在中国人身上进行了试验，其恶行已给中国人带来巨大的痛苦和灾难。由此看来，如果没有美国的支援，中国极有可能会成为日本核武器的试验场，我国人民将会陷入深渊。

1. 美国对中国抗日的援助

抗战八年，美国给中国的援助有10亿美元。从1941年5月至战争结束，美国援华的租借物资及劳务总计约为8.46亿美元，其中，枪炮、弹药、飞机、坦克、车辆、船舰及各种军用装备价值为5.17亿美元，其余为工农业商品和各类劳务开支。

战争依靠的是物资，古话说兵马未动，粮草先行。现代化的战争需要飞机坦克等高端武器，当时日本把中国的企业轰炸并占领了不少，95%的工业、中国沿海几乎所有的港口，先后落入日本的手中。日本控制了港口，相当于控制了经济命脉，不仅可以摧毁中国的国防工业，还可以控制国际援助的海上通道。

国外援华物资进不来，中国决定立即修建滇缅公路，中国克服技术工人缺乏、劳动力缺乏等困难，还要在崇山峻岭中修路，最麻烦的是跨过怒江、澜沧江建造钢索桥。水流湍急轮船不能通过，只好让水性好的带着绳子游过去，然后把钢索拉过去，共建了三座桥，代价是牺牲了两三千人。然而，后来日本控制了滇缅公路。

基于这种形势，美国对中国的支持就更加关键。

（1）让公民了解真相。美国政府组织拍摄了日本空袭上海的纪录片，播出之后，美国公民对日本感到反感和愤怒。1939年6月，同情中国的美国人占74%，同情日本者仅占2%。鉴于美国公民的反日情绪高涨，美国政府决定对日本实施禁运。

（2）对日本实施禁运。在给中国援助之前，美国先对日本实行禁运。1940年，美国全面禁止对日出口废钢铁、铜等与制造军火有关的金属。1941年7月，美国冻结日本在美的资产。8月，美国对日本全面禁运石油。

（3）购买中国白银，支持中国抗日。清政府一直用白银为流通货币，白银退出流通领域后，中国的白银过剩，中国想销售白银换取外汇，以购买作战物资。一年多一点的时间，美国六次购买中国白银，总值为1.38亿美元，更难得的是购买价要高于市场价。这类似于你缺钱时把贵重的首饰卖掉一样。

（4）输送紧缺物资。中国后方所需各种作战和民用物资大都需要进口。汽油、柴油、煤油、橡胶、汽车配件100%需要进口，钢材的95%，药品、棉纱、白糖、纸张的90%，武器弹药的80%，靠美国供给。

（5）空运物资进入中国。1942年，美国开辟驼峰航线，500多架运输机日夜兼程，每天运输200吨战争物资。后来每月达到8万吨，每天运输近3000吨。从1942年5月到1945年9月美国的运输机共运送部队32000人，运送物资140万吨，共损失飞机468架，牺牲和失踪飞行员、机组人员达1579人。[①]

（6）修建中印公路。1942年12月，美国帮助中国修筑中印公路。美国工兵6000多人，开着推土机、碎石机等先进的机械设备开山伐木，修筑公路。在环境恶劣的森林中，许多人献出了宝贵的生命。蒋介石命名该公路为"史迪威公路"。

（7）铺设输油管道。美国帮助中国铺设印度到昆明全长3000公里的输油管道，是当时世界第一长的输油管道。

（8）援助高精武器。1941年，美国宣布无条件地全面援助英国、中国等国家。中国以优厚的价格购买了100架美国飞机（因为英国有优先

---

① 《抗战中的美国援华》，http://tieba.baidu.com/p/2105995636?traceid=。

购买权,美国劝服英国,先卖给中国)。6月,第一批110名飞行员和150名机械师等地勤人员组成的美国支援队前往中国。8月,飞虎队成立。

(9) 投放原子弹。最后,美国给日本广岛和长崎投放了两颗原子弹,日本才宣布投降。

2. 美国观察组到延安

1941年12月7日,日军偷袭珍珠港后,美国正式对日宣战。

援助国民党的同时,美政府也向共产党及其军队提供某些帮助。1944年,总统罗斯福派一个军事和政治观察组到延安等地(又称"迪克西使团",Dixie Division),目的是搜集日本的情报,并加强同共产党的联络。

1944年7月22日和8月7日,美观察组分两批到达延安。为了迎接美军观察组,晋冀鲁豫边区决定在山西省的长宁村修建一个临时机场,以便美军飞机起落,这个机场是非常普通的黄土跑道,没有指挥塔和导航灯,也没有地勤人员。起落都以临时点燃火堆来导航。八路军某团的将士长期驻守长宁村负责机场的安全。这是八路军在抗日根据地唯一的一个空战基地。

美国观察组与中共的关系非常密切,主要体现在以下几个方面。

(1) 共产党密切配合、积极支援美军行动

1944年10月,美军20架飞机从中国西南起飞轰炸日军在太原的机场等。其中,有一架B-29轰炸机被击中,坠落在平顺县,11名机组人员跳伞。八路军及时地把他们护送到长宁机场,他们乘机飞往延安。

当时,日军已从潞城出发,要抢抓美军飞行员。民兵队长、村支书正在县里开会,他们跑步赶了50里提前到达村里,组织人员施救。

另外有一次,美军B-26战斗机在黎城县失事坠毁,一名飞行员牺牲,军民翻山越岭找到遗体,洗净后用布裹好,送到长宁,同生还的飞行员一起被送上飞机,飞赴延安。

(2) 共产党老百姓视美军胜过自己家人

美军飞行员每次降落休息都住在老百姓家中。最好的房间,最好的

生活用品，最可口的拉面，提供给美军飞行员。

（3）共产党军队令美国人信服

1945年春节前夕，在左权县麻田镇，邓小平接待了美军观察组成员惠特尔赛上尉一行。太行军民坚定的抗战决心、为抗日付出的巨大牺牲、取得的非凡成就都给美军人员留下了深刻的印象。

（4）观察组成员为抗日牺牲

1945年，惠特尔赛到太行山根据地，和一名中国摄影记者访问某村镇时，遭遇敌人，不幸壮烈牺牲。朱德把美军观察组在延安使用的食堂命名为"惠特尔赛纪念堂"。

3. 中国共产党借用美国观察组专机成功运送高级将领

由于中国共产党的威信，美军观察组的明智之士也对共产党做出了关键性的贡献，这就是1945年中央领导借用美军专机道格拉斯运货机成功运输20名高级将领、中共重要领导，将我党20名领导人紧急送到前线，以反击国民党军队对抗日根据地的进犯，可以说改变了中国的历史。

日本投降后，蒋介石一边调兵遣将，一边假装谈判，争取内战时间，企图消灭中国共产党。1945年8月，蒋介石连续3次电邀毛泽东到重庆谈判。而那时，东北、华北和华东等地正面临敌人受降、接管的问题。蒋介石不准八路军新四军去，而借助美国的飞机积极抢占各大城市和交通要点。

毛泽东知道重庆谈判不会很顺利，要求各地军队一定坚决保卫这些战略区。毛泽东决心针锋相对，划分战略区，然而从1943年下半年起，重要干部和将领大都在延安参加整风学习和中共七大。

李达多次发报告急，阎锡山已经派4个主力师侵犯晋冀鲁豫解放区。

但从延安到太行山区八路军总部近800公里，需要两个月的行程。困难有黄河天险、黄土高原、晋南沟壑、国民党的封锁线。

叶剑英和杨尚昆大胆设想，计划利用美国飞机，但是非常冒险。毛泽东认为这个办法可以考虑。

1945年8月24日晚，朱德的英文秘书黄华与包瑞德上校联系，开始是试探性的，想让他派一架运输机，没想到观察组负责人毫不犹豫地答应了。

当晚，秘密通知相关人员，不准带参谋和警卫员，行动的头一天晚上，不准其他同志送行，以免走漏风声、夜长梦多。得到通知的人员包括：刘伯承、邓小平、薄一波、陈毅、林彪、滕代远、张际春、陈赓、萧劲光、杨得志、邓华、陈锡联、陈再道、李天佑、宋时轮、王近山、聂鹤亭、江华、傅秋涛、邓克明共20位，25日上午9时他们到达延安东关机场。

登机前他们合影留念，陈毅诙谐地说："要是我们摔下来了，将来就用这张照片开追悼会吧！"

那架飞机是货运机，主要是为观察组运送物品的。门已关不严实，起飞时需要靠人力推动来启动发动机。座位也是简陋的铁架子。优点是比较安全，只要有块较大的平地就可以降落。

乘坐飞机的每位将领都配备降落伞及武器。黄华担任了这次飞行的翻译。途中飞机突然升高，大家有些紧张。他和飞行员交流，得知这是为了避开日本的高射炮，随即打消了大家的顾虑。

4个多小时后，飞机到达目的地长宁机场上空。30多名八路军战士持枪警戒，凝视着天空，发现飞机后，点燃3个柴草堆，飞机平安落地。

毛泽东知道他们平安到达后，决定飞赴重庆，与蒋介石展开谈判。

运送成功，万事大吉。解放战争时期，由于这些将领的突出贡献，新中国才得以解放。刘伯承任晋冀鲁豫野战军司令员；邓小平任晋冀鲁豫野战军、中原野战军、第二野战军政委，晋冀鲁豫中央局书记，中原局、华东局第一书记。其他各位都是解放战争时期的功臣。

一年后，长宁机场飞机跑道由百姓恢复耕田，这个太行山深处的长宁机场完成了神圣的历史使命。

还有一次，1945年9月9日，一架C-46美军飞机准备从延安返程。党中央趁机与美军观察组商量,让聂荣臻、萧克、罗瑞卿、刘澜涛、郑维山等将领搭乘飞机,去晋东北的临时机场。接机人员在跑道两端铺上宽幅白布,摆成两个英文字母V,尖端指向跑道。在跑道边上点燃一堆火,指引飞机安全降落。这些指挥员到达目的地后,迅速采取行动,将主力整编为9个纵队。

4. 中国共产党的老朋友

(1) 白修德(Theodore White,1915—1986)

白修德,美国著名记者,中国共产党的老朋友。他热爱中国,给自己起了个中国名字:白修德。

他生于波士顿,犹太人。17岁时,父亲因心脏病去世。他凭借自己的努力,获得了哈佛大学奖学金,考入大学,成为著名汉学家费正清的学生。

抗日战争时,他任美国《时代》周刊驻重庆记者,撰写了大量报道,访问延安后写出影响巨大的名著《中国的惊雷》(Thunder out of China)。

1942—1943年,河南发生了罕见的大饥荒,1000万人流离失所,至少300万人死亡。白修德深入难民区域进行采访,然后他拜见了蒋介石,如实陈述所见所闻,促使国民政府进一步采取措施,拯救了无数难民。他想方设法把文章发表在《时代》周刊上,在美国引起了轰动。白修德给亨利·鲁斯写道:"这个国家正在我的眼前死去。"[1]

宋美龄正在美国访问,她与亨利·鲁斯是老朋友,强烈要求鲁斯将白修德解职。不过,鲁斯没有接受宋美龄的要求。

和白修德立场不同,鲁斯支持国民党。1945年日本战败,蒋介石第三次登上《时代》周刊封面。这成为白修德与鲁斯决裂的导火索,他离开了《时代》。

20世纪50年代初,美国麦卡锡主义盛行,白修德被认定是亲共分

---

[1] 《白修德》,https://baike.so.com/doc/1467462-1551610.html。

子，于是他被迫离开美国到法国巴黎住了三四年，女儿和儿子都出生在巴黎。1953年，他们回到美国。

妻子、女儿、儿子、儿媳都在哈佛大学毕业，他告诉儿子，除了梦想，永远也不要忘记3个D，Drill，训练；Drive，动力；Drudgery，苦役。

1960年，白修德跟踪报道约翰·肯尼迪竞选总统，因此获得1962年普利策新闻奖。从此，他以报道总统竞选闻名，丛书《总统的诞生》仍是许多高中和大学新闻专业的必读教材。

（2）谢伟思（John S. Service，1909—1999）

谢伟思，抗日战争时期的美国外交官，他支持中国共产党。

他生于成都。父亲是美国传教士，于1905年到成都创办基督教青年会。

谢伟思在美国接受中学、大学教育，1933年毕业于加利福尼亚大学。同年返华，在美国驻上海等地的领事馆任职，后来任驻华大使馆三秘和二秘，中缅印战区美军司令部政治顾问。

1944年夏，美国副总统华莱士访华，谢伟思提出，美国应给予中国共产党的军队以援助，与其合作，同时改革蒋介石国民党政府。在华莱士、美国驻华大使克拉伦斯·高斯、参谋长史迪威的努力下，蒋介石被迫同意美方去延安考察。

从战局来看，日军在整个豫湘桂发动规模空前的"一号作战"，东线的国民党军队溃败千里无法挽回颓废的局势，这也迫使史迪威考虑与延安谋求军事合作。

"美国军事观察小组"进驻延安，小组进行了有价值的工作。观察组收集天气信息，帮助援救坠落的美国飞机，并尽其所能收集日本情报。成员还不时在八路军的护送下，到日军封锁线后方，撰写军事状况、社会形势、医疗条件的报告。

观察组成员包括驻华使馆武官包瑞德、二秘戴维新、三秘谢伟思。中共中央非常重视，把这当作国际统一战线对待，是外交工作的开始。后来，包瑞德在报告中说："八路军给予美国陆军的衷心合作和实际协助几乎是尽善尽美的。"

谢伟思住了3个多月，与毛泽东的谈话多达50余次，并及时传达给美国政府，然而这些资料在档案室里被束之高阁，尘封了24年。

1944年9月，美国外交官、总统私人代表赫尔利（Hurley）访华，在重庆与中共代表谈判。11月他到达延安，与毛泽东进行了四次会谈，主旨是国共合作。蒋介石要共产党军队接受政府改组，然后承认共产党的合法地位。毛泽东提出改组国民政府，组建联合国民政府。

周恩来等陪同赫尔利到重庆后，蒋介石不接受中共建议，仍然想一党独裁。

最终美国扶蒋反共，后来谢伟思受到排挤。1945年6月，他因《亚美》杂志案被捕受审，9月被宣告无罪。后任驻日美军司令部政治顾问等职。

20世纪50年代初受到麦卡锡主义的迫害，谢伟思失去外交官的职位。1957年，经过五六年的官司，谢伟思胜诉，外交官身份恢复。

50岁后，他获得了硕士学位，继续攻读博士学位，不过没有拿到博士学位。

他曾担任美中人民友好协会旧金山分会名誉会长，积极参与中美人民的交流活动。1971年，他再次回到阔别了近30年的中国，周恩来亲自接见。他在中国访问了两个多月，回国后，他著文演讲，向美国人介绍中国，支持尼克松访华、努力实现中美关系正常化。

之后的十年时间里，谢伟思先后5次访华。1975年，谢伟思再次访华，历时3个月，他敦促美国政府放弃"两个中国"和"一中一台"的幻想。

他自小就对中国古代文化产生了浓厚兴趣，自称四川人，对四川的感情长久不衰，与朱德、陈毅、聂荣臻等以老乡相称，与中国感情深厚。

谢伟思著有《亚美论集：中美关系史上若干问题》等。

2013年，越南裔美国人Andrew Lam撰写的小说《中国的两个儿子》,两个儿子分别指的是在中国生于牧师家庭的美国人 David Parker,和游击队领导 Lin Yuen,他多次执行危险任务,保护毛泽东主席。小说中也描述了谢伟思。

冯小刚执导的电影《1942》给观众留下了深刻的印象,让后人进一步了解了1942年发生的故事。电影中,外国记者如实的报道、无私的奉献令人钦佩。1942年11月,谢伟思也在河南,应该说他的观察比白修德的报道更加可靠。

(3) 埃德加·斯诺（Edgar Snow, 1905—1972）

埃德加·斯诺,美国记者,1928年来到中国。1933—1935年,斯诺兼任燕京大学新闻系讲师。1936年7月到延安,他是第一个采访中国共产党的西方记者。

他撰写的《红星照耀中国》(又名《西行漫记》),是有史以来第一部介绍中国革命的著作。

新中国成立后,斯诺三次来华访问。1970年访华时,他和毛泽东会谈了近5个小时。

他与夫人受到麦卡锡主义的迫害,离开美国到达瑞士。他因病逝世,依其遗嘱,他的部分骨灰葬于燕京大学(北京大学)未名湖畔,另一半送回美国,安葬在故乡的哈德孙河畔。

他逝世的那一周,美国总统尼克松访华,但是斯诺没有看到中美关系正常化。

(4) 艾格尼丝·史沫特莱（Agnes Smedley, 1892—1950）

史沫特莱,美国著名记者、作家和社会活动家。1928年底来到中国,工作了12年。她的《中国红军在前进》《中国人民的命运》等专著向世界宣传了中国的革命斗争,成为不朽之作。

1937年7月,史沫特莱提出加入中国共产党,但被拒绝了,她伤痛不已。当时,她是八路军随军记者。

她说服日内瓦国际红十字会供应中国军队部分急需药品。

她受麦卡锡主义的迫害,于1949年流亡英国,第二年因手术失败去世。

1951年逝世一周年时,她的骨灰安葬于北京八宝山公墓,朱德亲自题写碑文。

(5) 安娜·路易丝·斯特朗(Anna Louise Strong, 1885—1970)

斯特朗,美国左派作家、记者。最出名的是对共产主义运动在苏联及中国的报道。

1925年,她第一次来到中国,报道省港大罢工。1955年,她被驱逐出境。1958年72岁时,她第6次到中国,定居北京。在北京逝世,安葬在八宝山,郭沫若题写碑文。

以上三位都是中国共产党的亲密朋友,被称为"3S",名字都带着"S"。1985年6月我国发行了一套《中国人民之友》纪念邮票。画面上的艾格尼丝·史沫特莱紧闭双唇、高扬着头,表现出执着勇敢、坚毅刚强的性格;她侧转头颅,略带几分不屑,表现出她饱经磨难、敢于直视现实、蔑视反动势力的傲骨。

埃德加·斯诺凝视、深思地注视着前方,紧闭双唇,表现得很果断、干练,揭示了记者为真理献身的精神。

(6) 伊斯雷尔·爱泼斯坦(Israel Epstein, 1915—2005)

爱泼斯坦,又名艾培,生于波兰,自幼随父母定居中国。1937年任美联社记者。在抗日战争中,他做了大量采访和通讯报道工作,向世界报道中国共产党领导人、解放区人民的英勇斗争。1945年,他在美国出版《中国未完成的革命》一书,后来被译成多国文字。

1951年,应宋庆龄之邀他回到中国,1957年加入中国国籍,定居中国,1964年加入中国共产党。

(7) 马海德(1910—1988)

马海德,美国人,获得日内瓦医科大学医学博士学位。1933年他来到上海,1936年到达延安,是第一位到延安的外国医生,是毛泽东的保健医生。他是最早加入中国共产党的外国人(1937年就入党了),也是最早加入新中国国籍的外国人。

马海德曾任我国卫生部顾问，从事对性病和麻风病的防治和研究工作。2009年被授予新中国成立以来感动中国人物。

回民姓马的人很多。他与回民的接触中，建立了深厚的感情。决定自己也姓马。妻子周苏菲是中国人，大家庭有十几口子。

马海德生前的愿望，是把他骨灰的三分之一葬在北京，三分之一撒在延安，另外三分之一带到美国，安葬在家族墓地。亲人友人在美国举行了一个由数百人参加的安葬仪式，中国卫生部部长、中国驻美大使和美国政要与各界人士参加了仪式。

（8）哈里森·福尔曼（Harrison Forman，1904—1978）

福尔曼，中国人民不能忘记的朋友，美国合众社、伦敦泰晤士报的记者。

大学专业是东方哲学。

1944年夏，他冲破重重阻碍，到达延安及华北抗日根据地进行采访，向全世界真实报道陕甘宁边区、英勇抗日的八路军，著有轰动中外的《红色中国报道》（*Report from Red China*，后来被译为《北行漫记》），该著作被誉为斯诺所著《西行漫记》的姊妹篇。他把拍摄的照片编辑出版了《西行漫影》画册。

（9）柯弗兰（Virginius Frank Cole，1907—1980）

柯弗兰，生于美国弗吉尼亚州。1926年获得哲学学士学位，他是马克思经济学家。

美国政府把他列入黑名单，说他是苏联间谍（在英文网站中没有找到他的相关介绍）。

20世纪50年代在美国盛行麦卡锡主义的时候，他来到中国工作。与爱德乐（Sol Adler）共事，爱德乐在英国出生，后来加入美国国籍，也是经济学家。

1976年12月，他在《人民日报》上发表文章《毛主席是当代最伟大的马克思主义者》。他高度赞扬毛泽东的著作、文章、思想、讲话。毛主席制定了革命的外交路线和政策，中国既没有屈服于美帝国主义，也没有屈服于苏联社会帝国主义。毛主席所说"我们的朋友遍天下"。

（10）爱德乐（Solomon Adler，1909—1994）

爱德乐，他生于英国，20世纪30年代来中国工作，1940年加入美国国籍。1950年，因麦卡锡主义迫害，他从财政部辞职，到英国剑桥大学教学，20世纪60年代初到达中国，他翻译毛泽东著作，直到去世。

（11）约瑟夫·史迪威（Joseph Stilwell，1883—1946）

史迪威来华任中国战区参谋长、中缅印战区美军司令（蒋介石为总司令，史迪威为参谋长）。2015年9月，史迪威荣获中国人民抗日战争胜利七十周年纪念章。

1904年，他毕业于西点军校，担任过美国驻华大使馆武官。珍珠港事件之后，美国参战，史迪威晋升为中将，并被派到中国，后被晋升为四星上将。

他同情中国共产党，促成迪克西使团到达延安。

他坦诚直接，是陆军指挥官，不是外交家，陈纳德评价他"性格粗犷、勇猛无比"。他与蒋介石观点不一，蒋介石多次要求罗斯福总统召回他，总统没有采纳。最终无奈于1944年10月他被罗斯福总统召回，《时代周刊》批评罗斯福，说这种做法消极地支持了不受欢迎的政权（国民党）。

周恩来赞扬他是"最优秀的战士"。

（12）包瑞德（David Dave Barrett，1892—1977）

他是到延安的迪克西使团的领队，曾任使馆武官史迪威的助理。

包瑞德具有语言天赋，他的汉语非常流利，且是带儿化音的"京腔"。

包瑞德所乘的第一架飞机降落在山西长宁机场时，左侧机轮在跑道上陷在了一个突然出现的旧墓坑里，导致飞机左倾，螺旋桨触地折断飞出，插进了驾驶舱里，多亏了驾驶员俯身关电钮才躲过了一劫。

他发现八路军条件简陋，但力量雄厚，士气高涨。包瑞德在报告中高度赞扬八路军的合作与协助。

欢迎观察组成员举行的第一次宴会上，没有食物，也没有饮料，只是一些讲话和童声演唱，后来他们观看了大量的样板戏。

包瑞德应我党要求提出了一些意见，他认为抗大的军事训练课程太少，读《解放日报》之类的政治课内容太多。

20世纪50年代麦卡锡主义盛行，包瑞德因此失去了晋升准将的机会。

不过，他的后半期仿佛不太像中国的朋友。

国共内战期间，包瑞德支持国民党。20世纪50年代初，包瑞德仍负责反共谍报网工作。

1950年，国庆阅兵前，身穿军装的包瑞德站在原美国驻北平总领事馆的门口，进行拍摄。中方马上报告给总指挥聂荣臻，聂帅又上报给毛泽东主席。毛泽东说，让他当个义务宣传员吧。9月30日，包瑞德还到天安门广场上去拍摄了一些照片。

他暗中指使间谍企图在国庆大典一周内时炮轰天安门，刺杀毛泽东、周恩来等中共领导人，暗杀计划以失败告终。

（13）欧文·拉铁摩尔（Owen Lattimore，1900—1989）

拉铁摩尔，美国著名汉学家、蒙古学家，蒋介石的政治顾问。

1922年，他获美国社科奖金，到中国旅游，著有《中国的亚洲内陆边疆》一书。

1941年，他任蒋介石的私人政治顾问，第二年因观点不一致被迫回国。

1944年，他曾建议美方施加压力迫使蒋政府调整与中共的关系。

20世纪50年代，他受到麦卡锡主义的迫害。

当然还有许多其他国家的援华人员，比如大家熟知的诺尔曼·白求恩（1890—1939），是加拿大著名胸外科医生，因感染而牺牲，享年49岁。毛泽东撰写文章"纪念白求恩"。

柯棣华（1910—1942），为印度援华医疗队医生，积劳成疾，32岁故于中国。

汉斯·希伯（Hans. Shippe，1897—1941），德国记者，通晓英、德、俄、波兰和中国五国文字。1925年他来到中国，1938年春到延安，后来又到了山东沂蒙山。写出了通讯《在日寇占领区的旅行》《八路军在山东》等长篇报道。他是第一个穿上八路军军装的欧洲人，后来在沂南费县的一次战斗中不幸中弹牺牲，时年44岁。

2014年，我国民政部公布第一批在抗日战争中为国捐躯的300名著名抗日英雄名录，白求恩、柯棣华、汉斯·希伯名列其中，还有一位美籍飞行教官罗伯特·肖特（1904—1932），为第一个在与日军战斗中捐躯的美国飞行员。

路易·艾黎（Louis Eli，1897—1987），新西兰人，抗日期间他担任行政院工业合作技术专家、教育家、作家，1939年至1941年三次来到延安，为发展解放区的经济出谋划策。

他在北京逝世，享年90岁。被称为"中国的十大国际友人"之一。

（二）民间层面的中美交流

"二战"期间，众多的牧师、传教士及外籍教师为安置难民、救死扶伤等，做了大量的工作。

1. 南京的传教士

除了上面提及的金陵女子学院的教师，还有一位令人敬佩的美国人是约翰·马吉。

（1）约翰·马吉（John Magee，1884—1953）

他生于美国宾州匹兹堡市（Pittsburgh）。哥哥是飞行员，国会议员。

马吉毕业于耶鲁大学，然后到麻省神学院学习。

1912—1940年，他在南京传教。在中国期间，与英国籍传教士结婚，育有4个儿子。

南京大屠杀期间，马吉牧师担任国际红十字会南京委员会主席（Nanking Committee of the International Red Cross Organization）以及南京安全区国际委员会委员。

马吉拍摄了日军屠杀中国人的纪录片，长达几百分钟。出于政治目的，有些人想购买这些原始胶片，他没有答应。他说自己要在合适的时间免费给予合适的人。1946年，马吉在远东国际军事法庭上作证，揭露日军在南京大屠杀的恶行。

2002年,他儿子大卫把这些胶片免费赠予南京博物馆。共有四个胶卷,105分钟。马吉传教的教堂目前是十二中学的图书馆,2000年8月被命名为约翰·马吉图书馆。

他的事迹被拍摄成电影《南京,别哭》(Don't Cry, Nanking)。

(2) 欧内斯特·福斯特(Earnest Foster, 1896—1986)

1917年,福斯特毕业于普林斯顿大学,在巴尔的摩某小学担任校长助理。1920年,作为传教士前往扬州的美汉中学任教。后来调到南京,担任红十字会南京委员会的秘书。

南京大屠杀期间,他和马吉一起,积极保护难民。他用文字、图片记录了日军滥杀无辜的暴行。

2. 潍坊的乐道院

潍县的"乐道院",是昌潍地区(现潍坊市)集教会、教育和医疗于一体的服务中心,成为北美长老会的山东总部。抗日战争期间,乐道院成为避难所,也成为集中营。

1937年,烟台、青岛沦陷,那里外国侨民前来潍县"乐道院"避难。

1941年珍珠港事件爆发,美英正式对日宣战。美国政府把旧金山等地的6万多日本人集中到洛杉矶附近指定地区,限制自由以免他们为日本提供情报。同样,从1941年年底开始,日本把盟国所有在华的牧师、教师、商人等全部强行收管。

潍坊的乐道院成为集中营,为中国境内最大的"集中营",关押长江以北的美英等国侨民,最多时关押侨民1500多人,包括327名儿童(后因交换战俘释放了500人)。他们分别来自美、英等15个国家,其中以欧美人士居多。

集中营里有不少知名人士:

(1) 雷震远(Raymond J. de Jaegher, 1905—1980)

雷震远,比利时传教士,曾任蒋介石顾问。姊妹五人,身为老大。父亲38岁时就去世了,可想而知作为长子的他肩头的重担有多重。

"一战"期间,母亲带领他们居住在伦敦,经历了战火的洗礼。

15岁的时候,雷震远遇到了神父雷鸣远。后来,他到河北传教。抗日爆发后,任代理县长。在潍县关押两年后被释放,仍在华北传教,后来去了美国。

著作《内在的敌人》记录了他在河北的生活以及集中营的经历。

(2) 李爱锐(Eric Henry Liddell,1902—1945,埃里克·利迪尔)

李爱锐,英国人,生于中国天津,中文名李爱锐、李达。

李爱锐曾于1924年巴黎奥运会上摘得400米短跑金牌,并打破了世界纪录。

有一次重要比赛安排在周日,他拒绝参加比赛,因为周日是到教堂做礼拜的时间。一位朋友把另一场不是在周日的比赛资格让给了他,他打破了纪录。

大学毕业后,他放弃优厚待遇,返回天津任教。

他被关押在潍坊集中营时,他任孩子们的英语教师,对教学工作有很强的事业心和责任感,在集中营内非常恶劣的条件下,仍尽其所能为孩子们授课。

他拒绝了首相丘吉尔的特别照顾,将离开集中营的名额让给了一位怀孕的妇女。

因饥寒交迫和操劳过度,他在抗战胜利前不久去世,离日本投降只有175天。尽管天气寒冷,几乎所有的人都参加了他的葬礼。

以他为原型拍摄了电影《终极胜利》(The Last Race),电影讲述了他和友人在集中营中战胜日本敌人的故事;1982年,电影《火的战车》(又名:烈火战车)获得第54届奥斯卡金像奖四项金奖,人物原型也是李爱锐。

(3) 恒安石(Arthur William Hummel,1920—2001)

他生于山西省汾阳县,父亲恒慕义是传教士,在中国传教多年,也是位汉学家,担任美国国会图书馆东方部主任,是国会图书馆中文文献资料的创始人。

8岁时，他随父亲回到美国。

二十几岁的时候，他感到迷惘，从大学退学。父母决定重返中国为国会图书馆买书，让他先行一步，于是他到北京辅仁大学教英语。

抗日期间，他被关押在潍坊的乐道院。1944年6月，他在地方抗日部队的帮助下成功越狱（另外一位是狄兰）。

抗战胜利后，他在北京参加联合国善后救济总署的工作，1949年回美国。然后，完成大学学业获得硕士学位。后任多国的外交官、大使。

尼克松访华期间，他任基辛格的助手，见证了中美关系的开端。

里根任总统期间，1981—1985年他任美国驻中国大使。1982年，他与邓小平会晤，针对台湾问题及对台"武售"方面达成公报。

另有多名牧师、大学教授、医生等高级知识分子被关押在潍县，包括：80多岁的戴存仁牧师、华北神学院院长赫士、燕大校长司徒雷登、燕大理学院院长韦尔选及夫人、燕大文学系主任谢迪克博士、英语系主任桑美德女士、哲学系主任博晨博士、化学系主任窦维廉夫妇、音乐系主任范天祥教授、齐鲁大学教务长戴维斯、美国花旗银行董事长夫人沙德拉·司马雷、青岛大英烟草公司经理韦伯等。

近三年半的时间里，有40名侨民死于集中营内，主要由于精神和肉体的折磨，又缺乏医药救治，营养不良。

当地华人利用各种机会给缺乏食品的侨民提供帮助，从某些窗口传递食品，或者漫过高墙把用纸包好的食物扔到里面去，包括窝窝头、地瓜、土豆甚至还有煮熟的鸡蛋之类的食品。

3. 媒体大亨鲁斯

销量最大的杂志《时代》周刊和《生活》的老板是亨利·鲁斯（Henry Luce，1898—1967），他生于山东烟台市。父亲是基督教传教士，亨利幼年在烟台读书。1920年毕业于耶鲁大学，为骷髅会成员。

因为中国情结，鲁斯的媒体亲近中国，其他的美国媒体对中国也非常友好。比如当时鲁斯坚决反日，支持美中联盟。其刊物曾大力支持蒋介石。

1938年1月,蒋介石、宋美龄两人同时成为《时代》周刊上的"年度风云人物";1941年6月,国民党上将陈诚领导了重庆抵御日本的野蛮轰炸,成为《时代》封面人物。

四 "二战"后尼克松访华前的中美交流

"二战"结束后,美国调停失败,中国内战爆发。

1945年年底,美国总统特使马歇尔到中国协调国共关系。1946年,美苏关系恶化,美国政府一方面调停,一方面支持国民党。抗战胜利后到1946年10月,美国援助中国近8亿美元。

1946年7月,马歇尔将军主导对国民党政府进行军事禁运,从7月29日开始,到1947年5月26日。其间,美国对华的援助,包括农业生产、医药卫生、营养食品、纺织用品、运输工具等物资,国共双方都会获得,然而国民党政府的份额大。

虽然美国政府支援蒋介石国民党政府,但是不得人心的国民党最终以失败而告终。新中国成立后,中美官方关系断绝,直到1972年尼克松总统访华。

1. 外国人离开中国

20世纪50年代初期,在中国的外国人大多选择离开或者被迫离开中国。1951年1月,国内100家左右和外国有联系的文化、福利和宗教组织受到调查,其成员被编出名录,活动受到监督。

中国和国外交流中断,几乎隔绝了。例如,"文革"期间,拥有3000多张床位、专门接待外国人居住的友谊宾馆,只住了三十几个人。

有一些外国专家留在了中国,有些较早就加入了中国共产党。然而,当时对中外联系有严格的要求。中国官员如果在办公室之外的地方因私会见外国专家,必须向单位事先要请示,事后也要报告。

2. 中国派出留学生到苏联东欧学习

建国初期,中国派出的留学生主要是到苏联和东欧社会主义国家学习。到苏联的留学生居多,有200名。

捷克斯洛伐克互换10名。捷克给中国提供50名公费名额，我国派出80名，40名由我国提供费用，40名由捷克资助；波兰互换10名。

我国最早选派的25名大学生去波、捷、匈、罗、保5国，每个国家5名，1950年8月，这25名学生成为新中国派出的第一批留学生。（他们于1953年夏完成学业回国，主要在外交战线工作，有5位担任了我国驻外大使）

因为特殊关系，各国派政府官员和青年组织的负责人到边境迎接。

留学期间不能谈恋爱。在国内有男女朋友的主动断了关系，可见当时学习的劲头和拳拳之心，不过于今天看有些不可思议。

他们在各国的学习环境非常好，如，波兰华沙大学东方语系主任是波兰著名的汉学家雅布翁斯基，与中国感情很深，后来两次到中国访问，病逝在中国。

1950年年底到1951年上半年，东欧5国也先后选派了留学生来中国学习。中国政府为他们也做了良好的安排和照顾。

3. 麦卡锡主义（McCarthyism）在美国盛行

1950—1954年麦卡锡主义在美国盛行，源自反共反民主的参议员麦卡锡，他诽谤、迫害共产党和民主进步人士，因此麦卡锡主义成为政治迫害的同义词。

在美国国内，成千上万的华裔和亚裔被看作"间谍"，遭到非法传讯，禁止寄钱给中国的亲人，还有不少人被指责"同情共产党"而受监禁、被驱逐。"忠诚调查"期间，共有2000多万美国人受到了不同程度的审查。

从另一方面也可以看出当时形势的严峻，美国共产党员的人数从1944年的8万人急剧下降到了1956年的2万人，到1962年下降到8500人，到1974年时，只剩下2000多人。[①]

麦卡锡首先向国防部部长马歇尔开炮，无端指责和谩骂中，1951年

[①] 《美国FBI"中国通"成替罪羊 曾预言国民党失败》，http：//news.163.com/05/1229/10/264PHKUB00011246.html。

冬天，马歇尔不得不主动辞职。美国司法部以"偷窃政府绝密文件"的罪名逮捕了谢伟思、费正清、时任国务卿艾奇逊等人。谢伟思被捕后，延安《解放日报》发表社论，将这一事件看作"中美关系的分水岭"。

左翼作家白劳德、史沫特莱等75位作家的书籍被当作禁书。据估计，被禁止的书籍有近200万册。连一本介绍苏联芭蕾舞的书也因为提到了"苏联"而被麦卡锡主义分子烧毁。

麦卡锡主义致使我国物理学家钱学森一家回国。钱学森受到了联邦调查局的传讯，他的私人信件多次被拆，电话被窃听，不能继续从事喷气推进研究。回国时美国不允许他带回任何研究资料，连一些私人物品都没有带回中国。

因麦卡锡主义在中国问题上的发难，导致艾森豪威尔、肯尼迪和约翰逊几届政府一直采取非常僵硬的对华政策。

1954年，美国开始抗议声讨麦卡锡主义，12月1日，国会参议院通过决议，对麦卡锡进行谴责。1957年，麦卡锡因肝炎去世，享年48岁。

4. 美国国务卿杜勒斯敌对中国

到首都华盛顿转机时，笔者发现机场名字是杜勒斯国际机场，上网一查才知道他是美国国务卿约翰·福斯特·杜勒斯（John Foster Dulles，1888—1959）。

杜勒斯65岁时任国务卿，于1953—1959年任职。1951年，他任中央情报局局长，冷战初期为美国外交政策的主要制定者。

他是许多大公司和银行的董事，与洛克菲勒财团有着密切的联系。杜勒斯的经历和现任国务卿雷克斯·蒂勒森非常相似（已被免职），都是大财团要人。

杜勒斯是共和党人，一贯敌视社会主义国家和民族解放运动，不承认中国、排斥中国在联合国的合法地位、对中国实行封锁禁运，力挺"两个中国"。直接参与组织1950年对朝鲜的侵略战争，他是1957年美国侵略中东的"艾森豪威尔主义"的主谋者之一，1958年7月武装干涉黎巴嫩。

1954年的日内瓦会议旨在解决朝鲜问题。会议召开前，作为国务卿的他下令给美国代表团，禁止任何人同中国代表团成员握手。虽然英国外交大臣艾登尽量协调，但是杜勒斯拒绝同周恩来握手。周恩来也做了规定：第一，我们不主动和美国人握手；第二，如果他们主动来握手，礼尚往来，我们不要拒绝。

杜勒斯下令代表团禁止握手，这是事实，但是杜撰出了几个故事，一是周恩来总理主动和他握手，杜勒斯扭头就走；二是握手后杜勒斯用手帕擦手装入口袋，这都是不实的故事。

不管怎么说当时中美关系紧张。有故事说，一位美国记者主动与周恩来总理握手，然后掏出手帕擦拭，装进口袋，口中念念有词，怎么能和他握手呢？当时，周恩来总理也掏出手帕，然后扔进垃圾桶，说这个手帕脏的再也不能用了。

杜勒斯说，对社会主义国家，不宜硬打，而是采取"和平演变"的办法，让他们"自取灭亡"。

杜勒斯的反华情绪很强，在日内瓦谈判时，中方认为美国根本不想真正谈判。40多天的谈判，杜勒斯待了一周就回国了，把谈判任务交给副国务卿史密斯。

美国将领布莱德雷将军认为朝鲜战争是美国在错误的时间，错误的地点，同错误的对手打了一场错误的战争。但是，美国的统治集团仍执行敌视中国的政策，致使中美关系僵化对立，气氛凝重。

而史密斯曾在非正式的场合主动与周恩来的翻译接近，主动找周恩来攀谈，态度友好，只是没有握手。他微笑着对周恩来说："你们在这次会上发挥了很大作用。我们希望不管朝鲜也好，越南也好，都能恢复和平。"

五　20世纪尼克松总统访华及以后的中美交流

1. 尼克松总统访华前后

（1）尼克松访华

1971年，基辛格代表美国总统首次主动和中国国家领导人周恩来总理握手。

美国首先伸出橄榄枝,选定巴基斯坦,因为它和中国美国都是朋友。1971年7月初,基辛格首先大张旗鼓地访问巴基斯坦,然后声称闹肚子,媒体公布他去北部疗养。车队浩浩荡荡去了北部,但是基辛格没在车上。7号,中国四人在北京南苑机场乘坐巴基斯坦总统安排的专机到巴基斯坦机场亲自接基辛格。

1971年7月9日,基辛格秘密访华。

1972年2月21日,尼克松总统乘坐的专机飞抵北京,这是新中国成立后,美国国旗首次在北京上空飘起。

尼克松下飞机时,周恩来总理意味深长地说:"你的手伸过了世界上最辽阔的海洋,我们25年没有交流了!"①

尼克松访华时,不仅善意地提起20世纪50年代的杜勒斯,而且非常友善地和中国领导人主动握手言和。尼克松总统访华后,美国的歌曲、音乐、电影、产品等再次进入中国。

(2)中国美国互派联络处主任

当时称呼联络处,因为美国与中国还没有设立大使馆。毛泽东主席任命驻法国大使黄镇任联络处主任,开玩笑问他说是升了还是降了,毛主席意味深长地说:联络处比大使馆还大使馆。可见中国领导人对联络处主任这一职务高度重视。美国派出的是外交地位最高的来华。

1)中国驻美国联络处的首任主任

中国驻美国联络处的首任主任是黄镇(1909—1989),被誉为"将军大使",任职从1973年到1977年。

1973年5月29日黄镇等到达美国。当天下午,基辛格接见了黄镇。黄镇提出中方想拜访一些人,基辛格说你们可以访问除了核武器试验场外的任何地方,可见美国政府对中国的支持和信赖。

第二天,尼克松总统接见了他们。后来,总统用专机接他们去洛杉

---

① 《1972:跨过最辽阔海洋的握手》,http://news.sina.com.cn/c/2008-12-31/104316955989.shtml。

矶南部的"西部白宫",即尼克松的故乡。

尼克松夫人帕特说:如果在太平洋上架一座桥,美中两国人民不就联系起来了吗?

1974年初,黄镇等到哈佛大学访问。黎赫白从波士顿飞到首都华盛顿陪同联络处人员到哈佛。

2)美国驻中国联络处主任

1973年5月至1979年3月间,美国在中国设立联络处(相当于后来的大使馆),共有四位美国联络处主任在中国任职。

①戴维·布鲁斯(David K. E. Bruce,1898—1977)

布鲁斯,1973—1974年任主任。当时是美国地位最高的外交官,曾任美国驻法国、西德和英国大使。

因为美国对中国的代表非常热情,提高规格,周恩来也认真热情地接待布鲁斯。

布鲁斯上任后的两个月里,他拜见了外交部有关领导,国家体委主任,中国科学院院长等主要官员,接见美、中的访问团。

布鲁斯是一位高水平的外交家,多次赞美中美的友谊,在美国已出现"中国热",两国的利益是紧密相连的。

因为驻美工作人员的安全问题由海军陆战队负责,陆战队员在美国新馆成立时,公开身穿军装出席,引起中国的反感,中国要驱逐他们。1973年基辛格访华时亲自向周恩来总理求情,这些人才免遭驱逐。但周恩来总理提出三个条件:第一,对外不能以海军陆战队的名义,要尊重中国主权;第二,不能在公共场合穿军装;第三,不能带武器到使馆外。

②乔治·布什(George H. W. Bush,1924—)

乔治·布什,1974—1975年任主任,曾任美国驻联合国代表,后任美国总统。他与妻子芭芭拉骑自行车到天安门等地的亲民形象深受喜欢。

2009年9月,休斯敦地区华侨华人把"2009年杰出中国之友奖"授予老布什夫妇,表彰他们30多年来为促进中美关系的发展所做出的杰出贡献。

③托马斯·盖茨（Thomas S. Gates, Jr., 1906—1983）

盖茨，1976—1977 年任联络处主任，曾任国防部部长。

④伦纳德·伍德科克（Leonard F. Woodcock, 1911—2001）

伍德科克，1977—1979 年任联络处主任，是最后一任；中美建交后，他为美国驻中国第一任大使（1979—1981）。

他为实现中美两国关系正常化发挥了关键作用，比如，1978 年他发表演讲，他说，美国以台湾代表中国"显然是荒谬可笑的"。他是美国工会领导人，善于和中国领导人对话沟通。

1978 年，他在中国登记结婚，时年 67 岁，妻子 Sharon 小他 20 岁，是大使馆里的一名护士。之前伍德科克和妻子分居已经 15 年，他回美国离婚后，回到中国结婚。外交部部长黄华等赠送礼品。

美国国务卿奥尔布莱特高度评价了伍德科克，说他是历届总统的忠实顾问，他为中美两国的友谊做出了巨大贡献。

2. 中美正式建交

1978 年 7 月 5 日，中美建交谈判开始，谈判进行得非常艰苦。1978 年 12 月 16 日，中美两国发表建交公报。

1979 年 1 月 1 日，中美两国正式建交，结束了 30 年的对峙，官方互访、贸易合作、留学生逐年增多。

3. 邓小平等领导人访美

1979 年 1 月 29 日，国务院副总理邓小平应卡特总统邀请访美。

邓小平离开北京的时间是大年初一，北京非常寒冷，上海能见度很低，飞机不能马上起飞。当年邓小平 75 岁高龄，可见中国改革开放的决心。为什么要经停上海呢？当时中美还没有通航，美国派出两名领港人员提前一天到达上海虹桥机场等候，专机先到上海，由他们领航。

访美期间，他受到了超规格待遇。他友好并坚持原则，积极寻找中美的共同点。

卡特总统在肯尼迪艺术中心邀请邓小平观看演出，从加州请来职业篮球队员表演篮球，在舞台上表演篮球球技这在美国还是首次。最后一个节目是约 200 名美国小学生用中文合唱《我爱北京天安门》。

邓小平参观福特汽车厂，该厂每小时能生产 50 辆轿车，而当时中国的汽车年产量约是 1.3 万辆，一个公司用 11 天就能完成中国一年的产量，美国的工业实力给人留下了深刻的印象。

中美建交后，双方领导人互访次数增加，增强了两国人民的合作交流。

美国对邓小平评价很高。从 1976 年 1 月到 1997 年去世为止，邓小平共有 8 次成为《时代》周刊的封面人物，特别值得一提的是，邓小平两次被评为该刊的"年度风云人物"，即 1978 年和 1985 年。能够两次当选该刊"年度风云人物"的，只有丘吉尔、艾森豪威尔等少数几位世界领导人。

老布什总统是中国的老朋友了，他说：我认为美中双边关系是最重要的关系，特别是在和平与稳定方面。(I consider the US—China bilateral relationship the most important relationship, particularly with respect to peace and stability.)

随后的国家领导人互访越来越多。1997 年 10 月，国家主席江泽民应克林顿总统邀请访美。2002 年 10 月，江泽民主席应（小）布什总统邀请访美。

2006 年 4 月，胡锦涛主席应（小）布什总统的邀请访美。2011 年 1 月，胡锦涛应奥巴马邀请访美，这是他第二次访美，其间，他第一次访问海外的孔子学院，可见其重视中国文化传播的重要性。

4. 中国扩大开放范围

1980 年，我国的外国专家局恢复，其主要职能是引进外教进行外语教学。

20 世纪 80 年代中期前，外国人在北京的活动范围仅限于"40 里圈"，就是以天安门广场为中心、方圆 40 华里的范围。1985 年，《外国人入境出境管理法》颁布，中国 244 个地区正式对外国人开放。2005 年，中国对外国人开放的县市已经增加到 2650 个，全国只有不到 8%

的地区未对外开放。①

5. 访华的美国人增多

公司老板、摄影师、记者等陆续来到中国。

（1）马丁

1978年，作为美国可口可乐公司的总裁，马丁第一次踏上中国的土地。可口可乐成为中国第一家外资企业。其间也遇到一些困难，我们不得不佩服公司的政治敏感度、经营的策略和魄力。公司抓住机会，使其广告登上中央电视台，再一次打开了中国的销售市场。1984年手握可乐瓶的中国人登上了《时代》周刊封面。

可口可乐诞生于1886年，1927年进入中国，20世纪40年代末中国是可口可乐海外的最大市场，1949年离开中国市场。

（2）瑞克·格尔

1979年，美国作家瑞克·格尔（Rick Gore）说："我们被淹没了。"（We were overwhelmed.），宁夏中卫市的数千人涌上街头，冒雨欢迎三十年来的第一位美国访客，标语上写着"全世界无产者联合起来"，但是意识形态不再阻碍人们的好奇心。

《国家地理》杂志摄影师布鲁斯·戴尔（Bruce Dale）曾经十次到访中国，向世界介绍中国。他和作家瑞克一起于1979年来到中国，在《国家地理》杂志上发表过2000多张照片，建有网站www.brucedale.com，刊登着他的作品。1989年获得美国白宫摄影师称号。

丽江等古城悠久的历史文化，阳朔等山清水秀的田园风光，西递宏村等古典建筑与古村落群，等等，早已成为外国人喜欢的旅游景点，国外游客络绎不绝。

另外，还有其他国家的人来到中国，以威廉为例。

威廉·林赛（William Lindesay，1956— ），早已无数次走过长城沿线。此外，他还成立了长城保护组织，号召大家捡拾长城上的垃圾，

---

① 《华漂》，http://www.baike.com/wiki/%E5%8D%8E%E6%BC%82。

成为保护长城的著名外籍人士。

威廉·林赛，英国人，毕业于利物浦大学，主修地理和地质。1987年，带着儿时的梦想，他不远万里来到中国，沿长城从嘉峪关徒步走到山海关，历时160多天。他结识了中国籍的妻子，并让他最终留在了中国。他们育有两个可爱的儿子。他自称"洋红军"，着手保护长城。

中国政府授予他外国专家友谊奖；他受到朱镕基总理的接见。2006年7月，英国女王伊丽莎白二世在白金汉宫授予他"帝国勋章"，以表彰他长期致力于长城的保护以及在英中文化交流方面所做的贡献与取得的成绩。

六　中美汉学交流与研究

美国的许多大学，比如耶鲁大学、哈佛大学、哥伦比亚大学等是较早进行汉学研究的大学，有一大批汉学家，他们的研究对于中美、中西文化交流与传播具有重大的意义。

美国的大学聘请欧洲的汉学家到大学长期任教或短期访学，他们的到来，为美国汉学的发展注入了新鲜血液，增强了发展动力，极大地推动了美国的汉学研究。

1. 耶鲁大学

耶鲁大学的汉语研究始于卫三畏（见前）。

1876年卫三畏从中国回国，他在中国生活了30多年，是美国的第一个汉学家，他在耶鲁大学开设汉学课程，不过选课人数非常可怜。

2. 哈佛大学

（1）戈鲲化（1838—1882）

1879年，哈佛大学聘请中国官员戈鲲化开设中文课，学生只有5人，这是中国向西方大学第一次派出教师，教授汉语并传授中国文化，他是登上哈佛讲台的中国第一人，是中美文化交流的第一人。

他不仅仅教授汉语语言，更是努力传播中国文化。他选择中国诗歌，特别是民族化的诗歌，这些诗歌融合了民族精神。他在各种场合利用各种机会通过诗歌传播民族文化。

他编写了中文教材《华质英文》，收录了自己创作的15首诗歌，中英文对照，用英语解释词语句子以及典故，这样他不仅使汉语教学更加生动，而且更容易让美国人了解中国文化。这本教材被哈佛大学称作"有史以来最早的一本中国人用中英文编写的介绍中国文化尤其是中国诗词的教材"。

他到哈佛大学是由萧德推荐的。1877年，萧德（Francis P. Knight）在中国生活了15年，他是美国驻营口的领事。他写信给哈佛大学校长查尔斯·W. 埃利奥特（Charles·W. Eliot），提议募集一笔钱，从中国聘请教师在哈佛开展中文讲座。

1882年戈鲲化病逝，哈佛大学的中文课也被迫停止。当年正是《排华法案》公布实施的第一年，华人受到前所未有的排挤。学习汉语自然不受欢迎，几十年之后，汉语教学得以恢复。

（2）赵元任（1892—1982）

赵元任是中国语言学的创始人，被称为汉语言学之父。

1910年，赵元任是清华留美班学生，公派出国，在70名公派生中排名第二，就读于康奈尔大学主修数学，选修物理、音乐，然后获得哈佛大学哲学博士。

他从事教育52年，先后任教于康乃尔大学（1919）、清华大学（1920）、哈佛大学（1921）、清华大学（1925）、夏威夷大学（1938）、耶鲁大学（1939）、哈佛大学（1941）、密歇根大学、加州大学柏克莱校区（1947—1962），并拥有美国国籍。

1922年赵元任到哈佛执教，恢复汉语教学。

"二战"期间，哈佛大学开办了日语班、汉语班，教美国士兵。中文班由赵元任负责，叫"美国陆军特殊训练班"（Army Specialized Training Program，ASTP）。

他在哈佛大学、麻省理工学院找了一些会普通话的中国留学生做助手辅导教学，其中一位叫黄培云，成为他的二女婿。因为在美国教授外国人汉语，黄培云和妻子回国后在特殊的年代都受到了审查，因为这是"重大历史问题"。

在清华教学期间，赵元任教的课程非常广博，令人惊讶，不仅有数学、物理学，且有中国音韵学、普通语言学、中国现代方言，还有中国乐谱乐调和西洋音乐欣赏等，可以说是文理兼通、中西合璧。他与梁启超、王国维、陈寅恪三人被称为清华的"四大导师"。

1973年，中美关系刚刚起步，赵元任夫妇与外孙女和女婿回国探亲，受到周恩来总理的亲切接见。1981年，他应中国语言研究所的邀请，和长女、女婿、四女再次回国探亲，受到邓小平的热情接见，并接受了北京大学授予的名誉教授称号。

赵元任的妻子杨步伟，是东京帝国大学医科博士，也是中国第一个留美的医学女博士。育有4个女儿，四朵金花都是著名大学的教授，只有次女在中国工作。

长女赵如兰（1922—2013）是哈佛大学第一位华裔教授。她获得哈佛女校拉德克利夫学院（Radcliffe）西方音乐史学士、硕士学位。91岁时，在波士顿市剑桥区逝世。如兰母亲的小名叫兰仙，她出生时床头有一大瓶蝴蝶花（Iris），父母给她起名如兰，意思是像兰花一样美、像妈妈一样好。丈夫卞学鐄（1919—2009），是麻省理工学院终身教授，美国工程科学院院士，美国科学院院士。1943年赴美在麻省理工学习，1945年参加美国海军陆战队，休假期间和赵如兰结婚。1948年获得麻省理工的航空博士学位。享年90岁。

次女赵新那（1923—　），著名化学家，哈佛大学拉德克利夫学院毕业。她于1946年回国。她说自己有三件事没有听父母的，一是结婚，二是回国，三是放弃美国国籍。取名新那，新的China，寓意新中国。日本入侵前，"支那"是中国自豪的代称。丈夫黄培云（1917—2012），中国工程院院士、中南大学教授。在美国留学期间两人认识，结婚，1946年一起回国。享年95岁。

三女赵来思（1929—　），康奈尔大学教授，文学大家。加州大学伯克利校区毕业，专业是数学，但其主要爱好在写作。给她取名时，赵元任和助理竟搬出汉语音节表，发现汉语拼音里的 Len、sei 两个音节没有对应的汉字，就决定给女儿取名叫 Lensey。Len 的反切音是"莱痕"，sei 的反切音是"思媚"，连起来就是莱痕思媚（反切就是组合两个字，一个字的声母和另一个字的韵母组合起来）。而且"莱"是赵元任母亲名字中的一个字，因此，这个名字的含义是希望她具有祖母的思想与美貌，不过这个名字太长太怪，后来傅斯年建议为"来思"，但英文名 Lensey 还保留。丈夫是波冈维作（Isaac Namioka），华盛顿大学数学教授。

四女赵小中（1931— ），麻省理工学院教授，天体物理学家。她出生时，父母让她的三姐赵来思给她起名，两岁的来思看着墙上的对联，只认识"小"和"中"，因此她的名字就是：小中，没有特殊的含义或讲究。婚姻方面没有相关资料，据说不太美满。

（3）博晨光（Lucius Chapin Porter，1880—1958）

博晨光，其父母是传教士，他生于天津。返回美国接受高等教育，毕业后又回中国，从事教育事业将近 41 年之久，为燕京大学的发展、中美文化交流做出了巨大贡献。

他曾任燕京大学哲学系教授兼系主任，同事有张东荪（1887—1972）、梅贻宝（1900—1997）、高名凯（1911—1965）等。

博晨光和冯友兰合作将《庄子》等古代文献译成英文。

博晨光建造了北大的地标博雅塔，由他的叔父捐资而建，当初是大学的最高建筑物，可以俯视鸟瞰北大风景，与未名湖是天作之合，湖塔交融，富有诗意和哲理，"博雅"成为北大学子的骄傲。当年主要目的是供水之塔，然而设计超俗，借鉴佛塔的造型，将实用与美观巧妙地融为一体，目前有彩灯照耀，更显豪华典雅之姿。

哈佛燕京学社是由哈佛大学和燕京大学于 1928 年合作成立，为了进一步进行研究，中美双方互派学者，是中国大学与美国大学交流的典范。哈佛燕京学者项目每年资助亚洲地区近 20 位学者赴哈佛大学进行访问研究。

哈佛燕京学社的首任社长是叶理绥，他于 1934—1956 年任社长，他们都是著名的学者，之后多人先后担任社长，赖肖尔于 1956—1963 年任社长，裴泽于 1963—1976 年任社长，克雷格于 1976—1987 年任社长，韩南于 1987—1996 年任社长，杜维明于 1996—2008 年任社长，裴宜理（女）于 2009 年继任社长至今。

（4）叶理绥（Serge Elisseeff, 1889—1975）

叶理绥，法国籍俄国人，汉学家，美国哈佛燕京学社首任社长（1934—1956），任期 26 年，是哈佛燕京学社至今任期最长的社长。

他是法国巴黎学派的汉学家伯希和的得意门生，精通日、法、英、德、俄五种语言，并可以阅读汉语古籍。

（5）赖肖尔（Edwin Oldfather Reischauer, 1910—1990）

赖肖尔，父亲是美国的传教士，在日本传教，赖肖尔生于日本，去世于美国加州。

1931 年他获得学士学位，1932 年获得哈佛大学硕士学位，后来获得哈佛大学哲学博士学位，导师是叶理绥。

他在哈佛大学度过了绝大部分教学生涯，1956—1963 年任哈佛燕京学社第二任社长。1961 年总统肯尼迪提命他为美国驻日本大使，他很大程度地改变了美日之间的认识。

他力主改善美国与中国的关系，1968 年他受命于总统约翰逊制定《对华政策备忘录》。

他与费正清合著有《东亚文明：传统与变革》《中国：传统与变革》。

（6）裴泽（John Pelzel）

关于裴泽的介绍较少（又译为：佩尔泽尔）。

哈佛大学教授，研读东亚文化等。他于 1963—1976 年任哈佛燕京学社的社长，任职 13 年。

（7）阿尔伯特·克雷格（Albert M. Craig, 1927— ）

克雷格，哈佛燕京学社社长，任职时间从 1976—1987 年，长达 11 年。1959 年获得哈佛大学博士学位。

代表著作有《明治维新时期的长州》、《东亚文明：传统与变革》（与费正清、赖世和合著）、《世界文明的遗产》、《哈佛日本文明简史》等。

（8）韩南（Patrick Hanan，1927—　）

韩南，他生于新西兰，在英国大学获得博士学位，到美国大学任教，是美国最有成就的研究中国古典小说的专家之一。韩南于1987—1996年任哈佛燕京学社社长。

1957年，他读博士三年级时来华，他是那时较少的几个能作为博士候选人到中国进修的欧美学生之一，加深了他对中国文化的理解。

1963—1968年，他在美国斯坦福大学任教。后到哈佛大学任教，从事研究。

1973年，他出版了第一本专著《中国短篇小说研究》（The Chinese Short Story）。

（9）杜维明（1940—　）

杜维明，生于昆明，现代新儒家学派代表人物。

1961年他毕业于台湾东海大学，第二年获得哈佛燕京学社奖学金到美国深造，1968年获得哈佛大学博士学位。

他在普林斯顿大学、加州大学伯克利校区任教，1981年始任哈佛大学中国历史和哲学教授。1988年为美国人文社会科学院院士。

他于1996—2008年任哈佛燕京学社社长，共计12年。

（10）裴宜理（Elizabeth Perry，1948—　）

裴宜理，生于上海。1978年，她获得密歇根大学政治学博士学位。她于2009年开始任哈佛燕京学社社长。获得世界中国学贡献奖（第三届，2015年）。

她先后在密歇根大学、亚利桑那大学、加州大学伯克利分校、哈佛大学等高校任教。

她的研究方向是中国近代的农民问题、中国工人运动、中国社会和政治、美国的中国问题等领域。

（11）费正清（John King Fairbank，1907—1991）

费正清，美国汉学家，哈佛大学终身教授，历史学家，美国最负盛名的中国问题研究家，"头号中国通"，致力于中国问题研究长达 50 年。

父亲是牧师，母亲为妇女权利四处奔波。

1932 年，他听从老师苏慧廉的建议到清华大学学习汉语，任讲师。其间，认识梁思成、林徽因，费正清和妻子费慰梅的中文名字是梁思成夫妇给起的。正清：正直清廉，又跟英文 John King 谐音。

费正清著作等身，学富五车。1948 年，他出版《美国与中国》（*The United States and China*）一书。

（12）史华慈（Benjamin I. Schwartz，1916—1999）

史华慈，生于波士顿，犹太人。获得哈佛大学教育学院硕士学位。师从费正清，获得哈佛博士学位。

1975 年起，在哈佛大学任教。

（13）孔飞力（Philip Alden Kuhn，1933—2016）

孔飞力，出生于英国。毕业于哈佛大学。美国著名汉学家、东亚文明与语言系主任。获得首届世界中国学贡献奖（2011 年）。

师从费正清、史华慈，曾任哈佛大学费正清研究中心主任。

研究特长以晚清以来的中国社会史、政治史著称。从 20 世纪 70 年代中期开始，孔飞力转向海外华人移民史研究。

（14）傅高义（Ezra F. Vogel，1930— ）

傅高义，社会学家，汉学研究学者，精通中文和日文。他被认为是美国唯一一位对中日两国都精通的学者。他是哈佛大学费正清东亚中心继费正清之后的第二任主任。

2012 年，傅高义花费 10 年时间创作的巨著《邓小平时代》（*Deng Xiaoping and the Transformation of China*），又译：《邓小平与中国的变革》，获得多伦多大学莱昂内尔·盖尔伯奖（Lionel Gelber Prize）。

2013 年获得世界中国学贡献奖（第二届），他用流利的汉语发表获奖感言："半个世纪以来，我致力于了解中国与提高西方群众对中国的了解。"

（15）蓝普顿（David Lampton，1946—　）

蓝普顿，约翰·霍普金斯大学高级国际研究学院中国研究系主任。蓝普顿被视为继费正清之后，美国第二代中国问题专家领袖。

他获得世界中国学贡献奖（第三届，2015）。

（16）宇文所安（Stephen Owen，1946—　）

宇文所安，著名的汉学家。笔者在德州农工大学访学时，听了他两次课。他认为，文学传统就好像神话里的宝盒。你把其中宝藏给予越多的人，你就会同时拥有更多别人的宝藏。但是，假如你想把这个宝盒锁起来，它就只是一个空盒。

妻子田晓菲（宇文秋水，1971—　），13岁就进入北京大学读英美文学专业，27岁获得哈佛大学比较文学博士学位。两人为知音，她说，如果说有点差异的话，宇文所安喜欢唐朝，自己喜欢南朝。

3. 哥伦比亚大学

（1）丁龙讲座（DeanLung）

丁龙讲座是哥伦比亚大学的首个汉文讲座。

讲课人并不是丁龙。他是山东人，大字不识，19世纪他到美国。他给美国人卡本迪将军当用人。将军脾气暴躁，经常辞退人。然而一次他家遭遇大火，丁龙不请自到，来帮助他，没有什么原因，就是因为孔子之道，卡氏深受感动。不过丁龙祖祖辈辈没有会写字的，在死前，他告知卡氏，自己没有亲人，希望把财富再还给主人。卡氏非常敬重丁龙，卡氏独立捐资给哥大以研究汉学。

丁龙的事迹感动了慈禧太后，她捐献5000册图书给哥大，李鸿章、驻美公使伍廷芳也纷纷捐赠。卡氏坚持用丁龙的名字命名讲座。

（2）欧洲的汉学家

哥伦比亚大学当时的师资力量比较薄弱，大学和博物馆等研究机构着手在欧洲等发达国家（比如德国）招聘东方学者和汉学家，以促进发展美国的汉学研究。

在哥大任教的老师中，最重要的是夏德和劳费。还有许多欧洲汉学家短期到哥大讲学，比如伯希和（1926）、苏慧廉（1928）、戴闻达（1929—1946年6次到访）等。

1）夏德（Fredrich Hirth, 1845—1927）

夏德，德国汉学家。1870年来华，在厦门海关任职，在华27年。曾任慕尼黑大学教授。

1902年应聘为美国哥伦比亚大学首任汉学教授，从教5年，是哥大第一位汉学教授。1918年夏"一战"结束后回国，笔耕不辍。

2）劳费（Berthold Laufer, 1874—1934）

劳费，又译劳费尔、罗佛劳费。汉学家和中国问题专家。他不仅能读中文而且能说中文，这在当时是很少的，还懂满、日、藏文以及其他许多亚洲语言。夏德去世后，他成为美国最重要的汉学家。

他生于德国，24岁到达美国，为美国自然历史博物馆的探查队员。

他曾两次到中国进行考察。第二次1901—1904年，他到中国就一些文化和历史问题进行探索和寻求文献文物。劳费尔为博物馆搜集了大批汉代陶器和玉器。

1904—1906年，他在博物馆的人种学部担任助手、担任讲师。从1906年开始在纽约市的哥伦比亚大学任教，约三年时间。1908年他离开纽约，前往芝加哥，担任菲尔德自然历史博物馆的助理馆长。1915年他担任人类学馆的馆长。

很可惜的是，1934年，他跳楼自杀，是汉学界的一大损失。原因不详，身边的工作人员推测说，他工作态度十分认真严谨，达到吹毛求疵的地步，对别人或一些问题苛刻，很容易被人误解，人际关系受到影响，另外一些收藏者、年轻学者登门拜访，妨碍了他集中精力从事研究，给繁忙的工作带来了压力，他因焦虑而自杀。

3）保罗·伯希和（Paul Pelliot, 1878—1945）

伯希和，法国汉学家、探险家。

1908年，他到敦煌石窟探险，购买了大批文物。有人评价说：如果没有伯希和，汉学将成为孤儿。

4）苏慧廉（William E. Soothill，1861—1945）

苏慧廉，英国汉学家，教育家。

他把《新约》翻译成温州话；编写了便于外国人学习中文的《四千常用汉字学生袖珍字典》。后任牛津大学汉学教授。苏慧廉不仅自己学习中国音乐，还建议直接用中国乐曲为唱诗班伴奏，他本人曾将《茉莉花》的歌词改为《圣经至宝》。

他把《论语》翻译成英文，其版本为牛津大学最认可的经典翻译，再印了30多版。

20世纪20年代以后，中国所有高级的知识分子访问牛津大学都是由苏慧廉接待，如蔡元培、胡适等。

1929年，苏慧廉接受费正清为自己的门徒，把他培养成著名的汉学家。

5）戴闻达（Jan J. L. Duyvendak，1889—1954）

戴闻达，荷兰汉学家。1912年，他来华在荷兰使馆工作，1918年回国后，任大学汉学研究所教授。

1929—1946年，他6次到哥伦比亚大学进行短期访问，给师生讲座。

4. 当代研究中美关系的专家及为华贡献者

（1）戴博（Robert Daly，1962—　）

给大家介绍一下1986年来华的美国人戴博。

戴博先生，2013年至今是美国伍德罗·威尔逊中心基辛格中美关系研究所主任。曾在美国驻华大使馆工作（1986—1991），到康奈尔大学教授中文两年，其间应好友姜文的邀请，参加了《北京人在纽约》的拍摄。在随后的9年中，他在多个中国电视节目中担任主持人，演员，美国之音、CNN、中国等媒体的评论员。2000年与2001年，戴博还出任了美国与中国共同举办的中美住房合作项目的主任。后任中美文化研究中心美方主任（2001—2007），在美国马里兰大学美华中心任教

(2007—2013)。中美文化研究中心是由康奈尔大学、南京大学和美国约翰·霍普金斯大学共同创办。

戴博妻子杨强伟为中国人,与三名子女生活在马里兰州。

马里兰大学美华中心是美国前驻华大使李洁明先生(James Liley, 1928—2009)于20世纪90年代末创立的,主要负责马里兰大学与中国的合作关系,并给中国各个阶层的领导人开办研修班。

下面是戴博的一些说法,看看外国人的观点和立场,是有益的。不管怎样,我们兼听则明,仔细琢磨琢磨外国人的说法,对于我们的发展和认识没有坏处,他们的话语值得深思:

1)中俄关系:"我觉得中国和俄罗斯越互相欣赏,他们越自我孤立。你现在俱乐部的会员,是古巴、朝鲜、巴基斯坦、老挝,俄罗斯是不是你俱乐部的会员不太清楚,这是你想要的俱乐部吗?这个不需要问我,这是问中国的一个问题。你想要加入哪个俱乐部归根到底不是美国怎么看,而是你中国想变为一个什么样的中国。"[①]

我认为,中国的发展不能依赖与某几个国家的关系,应该是与全世界各国的关系。朋友要广,不能有局限性。和美国的良好关系是中国发展的前提和保障。

2)美国人和中国人的差别:"中国大概现在每十年有新的一代人出现。他们的思维不同,他们的价值观也不同。美国不一样,美国非常稳定。我是跟我爷爷一起长大的,我的爷爷是19世纪出生的,我有两个孩子是21世纪出生的。如果我爷爷可以复活,跟我的这两个孩子见面,他们不会有代沟问题。他们的价值观、他们的语言都一样。美国很保守,美国很稳定。美国的乱都是表面上的乱,其实不乱,稳定。中国人的适应能力比美国人强多了。所以中国的发展速度我觉得全世界都应该佩服的。中国经济减速,我认为不是大问题,我不同意中国经济和政治崩溃论,中国走一步是一步,摸着石头过河,

---

① 戴博:《重要的是中国想成为怎样的国家》,http://bbs.gxsd.com.cn/forum.php? mod = viewthread&ordertype = 2&tid = 969730。

还会继续发展。"①

我认为，中国的经济发展的确取得了巨大成就，然而配套设施没有跟上也是一个问题。美国人的保守是基于家庭、社会等综合教育的结果，比如父母给孩子读书，2016年，77%美国父母在孩子1岁以前，就开始为孩子读书，比2014年前提高了4个百分点。

3）中国的软实力："中国现在的软实力总体来讲，最起码在发达国家，可以说是个负数。中国老提软实力，实际上北京对发展软实力的兴趣不是很大，它不肯为了吸引别的国家而调整它的政策或者风格，它的意思是别的国家应该接受中国，可是软实力是吸引力、是说服力，所以到现在为止，中国的软实力几乎是个负数。"②

我认为，我国的软实力尚需进一步完善和提高，许多方面还有差距，比如电影文化的吸引力还不行；世界工厂的地位已经确立，创新能力的培养还有差距；国民素质需要进一步提高。

2018年3月13日报道，中国将组建新的文化和旅游部，目的是统筹文化事业、文化产业发展和旅游资源开发，提高我国的文化软实力，以增强文化自信。

（2）杜大卫（David Tool，1942—　）

杜大卫，美国人，曾任美国陆军上校、美国南加州大学教授。

1991—1993年，他在兰州大学任教；2001年至今，他在北京任教居住。

他是"问我计划"（Ask Me Proposal）创办者，主要解答外国人的问题，在2008年奥运会期间发挥重大作用。

他自愿担任公共场所英语标牌的纠正任务，被北京人喻为"英文警察"。如：不要疲劳驾驶（Don't Drive Tiredly），改成美国用法：Don't Drive When Tired；"保护环境从我做起"的英语"Protect circumstance

---

① 戴博：《重要的是中国想成为怎样的国家》，http：//bbs.gxsd.com.cn/forum.php?mod=viewthread&ordertype=2&tid=969730。

② 同上。

begin with me"存在语法错误，改成动名词做主语：Protecting the environment begins with me。

他编撰了中国 40 家大型博物馆及 40 家二线场馆的解说词。

他鼓励中国学生读书。他读过两遍《红楼梦》，问学生是否看过《红楼梦》，学生说看过。又问：书还是电视剧？学生承认是电视剧。杜大卫要求他们读原著。

(3) 大山（Mark Henry Rowswell, 1965— ）

还有一位大家都熟悉的外国人叫大山，加拿大人，他的英文名字也许无人知晓。

1984 年，他就读多伦多大学，攻读中国研究，中文名字是：路世伟，跟自己的英文读音接近。他于 1988 年来华，到北京大学留学。那时的交通不便，历程艰难，从渥太华飞到纽约，然后到韩国汉城（今首尔），到香港，再坐火车到广州。

他说相声、演小品，任双语节目主持人、形象大使。2015 年推出中西结合的脱口秀节目《大山侃大山》。

大山说，1922 年，他的爷爷到中国，是外科医生，与奶奶和 3 个孩子在河南商丘教会医院行医。两个孩子因肺结核死在中国。

他说语言是关键，语言障碍克服了，可做贸易做交流，他发现两国人的共性更多，是相通的。

中美的交流日益增多，在美国的华人数量逐年增加，从 1980 年的 81 万，增加到了 2000 年的 290 万。新一代的移民或者华人后裔的就业领域有了明显的变化，主要在教育、科技、医药、工程等方面，明显出人头地。第二代、第三代移民更加美国化，从政的人数越来越多。

中美的贸易关系趋向正常，经济技术合作更加频繁，民间活动越来越多，留学移民数量逐年增加，中美关系正以崭新的面貌奔向 21 世纪新时代。

第二节　21世纪的中美关系与交流

正如习近平主席所说的中美建交近40年来，中美关系历经风雨，但始终向前，有了历史性发展。中美之间的关系是否良好非常重要，关系着世界的局势，中美关系稳定，世界就稳定，中美两国对抗，对两国和各国就是灾难。

2009—2011年洪博培（Jon Huntsman）任美国驻华大使，他说：中美关系是当今世界上最复杂也是最关键的（the most complex and vital）。

如果说奥巴马的外交政策略显柔和的话，特朗普政府的做法是强硬的对华遏制，对于中美关系的发展，我们不能乐观，也不能悲观，相信中国政府有能力处理好。

本文主要内容如下：一、中美两国关系的基本状况；二、中美民间的交流与合作；三、中美官方或半官方的互访与交流；四、中美关系之间的敏感问题；五、特朗普政府对华贸易战等限制措施及影响；六、特朗普政府对留学旅游的措施；七、特朗普政府贸易措施的推手；八、特朗普内阁人员的戏剧性变化；九、美国极右势力的增长；十、处理中美关系与交流的几个建议。

一　中美两国关系的基本状况

中美关系的基本情况是既竞争又合作。中国是最大的发展中国家，美国是最大的发达国家，两国是谁也离不开谁的利益共同体，合作共赢是两国的根本。两国或多或少存在着分歧，不过合作始终是主导地位，应构建"相互尊重、公平正义、合作共赢"的命运共同体。

1. 近年来中美战略博弈主要经历了三个阶段

第一阶段是2008年之前，是"美先我赶"：2008年是中美关系发展的重要节点，之前中国致力于改革开放，发展经济，不停地追赶美国。中国的GDP总量不断增加，1980年中国的GDP总量是美国的

1/20，1996 年是美国的 1/10，2003 年是美国的 1/5，2010 年中国超过日本，成为世界第二大经济体（2017 年美国 GDP 总量为 19.6 万亿美元，中国 13.2 万亿美元，日本 4.3 万亿美元）。①

第二阶段 2009—2013 年是"美攻我守"。美国的战略重心发生转移，逐渐离开阿富汗、伊拉克，奥巴马政府重返亚太，对华实行新一轮的"遏制"，利用中日矛盾、朝韩危机、南海争端等发起对华外交的战略攻势，采用"巧实力"（smart power）、"重返亚太"等战略手段。

第三阶段 2014—2016 年是我攻美守。中国的大国形象逐渐伟岸，"一带一路"开拓了中国外交的新局面。因为"亚投行"（AIIB）中英关系、中欧关系、中俄关系都有了新的进展。中国在世界上的影响越来越大，中国取得了重大成就，例如，2014 年胜利召开 APEC 北京峰会；2015 年国际货币基金组织（IMF）许可人民币"入篮"，也就是说人民币加入特别提款权（SDR）货币篮子；2016 年召开 G20 杭州峰会；等等；中国经济弯道超车；零售市场由十年前是美国的 1/4 发展到如今的几乎肩并肩；中国的新四大发明令世界刮目（高铁、支付宝、共享单车和网购）。

2. 交流与合作是主流

中美之间的沟通与合作是主流，分歧和矛盾是次要的。

两国的沟通日益密切，对话沟通非常频繁，两国元首与高层经常会晤协商，经常通话、通信，对话磋商机制日益成熟。中美战略经济对话是中美现有 20 多个磋商机制中级别最高的一个。

奥巴马政府将对话由部长级首次升格为内阁级，以体现高度重视。2009 年 7 月，美国财长盖特纳（Timothy Geithner）与中国国务院副总理王岐山共同主持首轮中美战略与经济对话。2013 年 7 月，在华盛顿召开的第五轮中美经济对话上，国务院副总理汪洋与美国财长雅各布

---

① 《2017 年世界各国 GDP 前十排名》，https://www.toutiao.com/i6540014382179418638/。

卢（Jack Lew）幽默地称呼中美经济关系有点像夫妻，你中有我、我中有你。

两国的经贸关系日益紧密。中美两国互为第二大贸易伙伴，2017年两国的贸易额突破5800亿美元。两国的人员往来日益频繁。2016年中美两国人员来往超过500万人次，每天平均1.4万人在中美之间往来。两国的合作领域日益广泛。

3. 真正信任与交流还有很长的路

中国的崛起，让美国极右派的敌意增强。中美关系是"握手"的关系，要达到"拥抱"关系，尚需时日。

中美关系的三大支柱是政治互信、人文交流和经贸合作。相对于军事、政治关系，中美的文化交流、经贸关系较好。中美政治关系的本质是对抗。美国历届政府对中国的基本方针没有改变，对抗多于合作，实际上是"对抗下的合作"，这种合作不可能从根本上改善中美关系，只是在利益上的共赢关系。

所谓"谁也离不开谁""你中有我，我中有你"，不过是客套的说法。美国认为，中国的崛起，虽然不是对美国的现实威胁，却必定是对美国的战略威胁，是对美国霸权的最大挑战，不甘心当"第二"的美国，始终保持自己对崛起大国的遏制策略，正如毛泽东主席的话"帝国主义亡我之心不死"。

二 中美民间的交流与合作

1. 中美之间的认可度满意度

由前国务卿奥尔布赖特等主持的"全球意见项目"调查，于2010年4月、5月间在22个国家展开，被调查人数超过2.4万。[1]

结果显示，美国人对中国好感的比例逐渐增高，有近一半的美国人持有好感，25%的美国人认为中国是伙伴，17%认为中国是敌人，52%

---

[1] http://blog.sina.com.cn/u/1745032865.

认为既不是伙伴也不是敌人。

另外，中国人对美国的好感也在攀升：2007年为34%，2008年为41%，2009年为47%，2010年为58%。

我想这个好感比例会越来越高，特朗普只是特例。

然而，美国对中国的崛起心存忧虑，40%的人认为中国经济增长是好事，47%认为是坏事。

2. 中美移民、旅游、留学人数

截止到2000年，中国出生而居住在美国的人数为119万多，到2010年人数为180万人。联合国的数据要多一些，到2014年中国出生者居住在美国的人数是220万。据不完全统计，目前在美华人已突破450万（含美籍华人）。

根据美方统计数据表明，2015年到美国的中国游客为259万人次，在美消费301亿美元，而2016年以两位数的比例上升，中国游客带来的直接就业机会是4.5万个，间接就业机会是23万个，而2016年11月美国新增非农就业人数不到20万。

美国驻华大使馆公布的《2017年门户开放报告》显示，2016—2017学年，在美国读大学的中国学生人数达到350755人，占所有国外留学生的32.5%，中国留学人数连续第八年位居榜首。2017年中国留美本科生人数连续第三年超过研究生人数。中国学生留学国外成为大势所趋，到欧洲、澳洲的也很多，"中国未来教育发展趋势浅析"数据表明，2016年我国出国留学人员总数高达54.45万人。[①]

2016年，中国学生为美国经济贡献了125.5亿美元（约合人民币840亿元），2015年为114.3亿美元。

中国也成为美国学生赴亚洲留学的热门国家。2015—2016学年有近12000名美国留学生在中国学习。

2015年到中国旅游的外国游客，以韩国为最多444.44万人，其次

---

① http://news.sina.com.cn/c/2017-11-14/doc-ifynrsrf4848874.shtml.

是日本约 250 万人，美国是 208 万人。

3. 中美各种社会团体的交往

中美间的民间交往越来越频繁，许多美国人乐于学习汉语，向华人示好。奥巴马总统在白宫欢迎宴上首先用中文向中国的出访团问好，展现对中国的尊重。脸书（Facebook）创始人扎克伯格在西雅图举行的中美互联网峰会上，用中文和习近平主席交流。

各种团体的交流已经形成规范。中国文化国际合作创新联盟（China Cultural International Cooperative and Innovation Alliance）是由几十家在文化建设、交流与创新领域有影响力的社团、企业、高校及科研机构组成的非营利组织。联盟的宗旨是联合外交家、经济文化专家、非物质文化遗产传承人、国医国学带头人，积极开展民间对外文化交流活动，通过"走出去、请进来"的方式，实现中国文化国际双向交流与合作，实现共同发展。它与美国华尔街国际文化传媒集团（U.S. Wall Street International Media Group Inc.）合作推出各种交流活动。

中国传统经典文化与美国进行密切交流与合作。比如，2015 年，中国儒家交响乐唱响联合国总部。2016 年中美国际武术交流大会在杭州举行，美国某市市长及夫人一行 21 人，与中国的 42 支武术队进行了交流。

2017 年 5 月，由北京大学中美人文交流基地、清华·卡内基全球政策研究中心、清华大学中美关系研究中心等主办的第七届中美民间战略对话在北京、华盛顿分别举行。

三　中美官方或半官方的互访与交流

最近 30 年中美关系发展顺利。克林顿时期，中美关系被概括为"建设性战略伙伴关系"。小布什时期，中美关系的关键词是"利益相关者"。21 世纪，中美关系进入了一个崭新的时代。

美国总统任职每届是 4 年，我们是 5 年，有人用"政治时差"来说明战略侧重点的差异。下面的标题陈述主要是按照美国总统任职时间来表述的。

1. 小布什总统执政期间的交流

（1）2002年10月，江泽民主席应小布什总统的邀请对美国进行国事访问。外事活动后，布什在德州的私人牧场接见江泽民。那里被美国人称作"西部白宫"，足见美国的热情与友好。

（2）2006年4月，胡锦涛主席应小布什的邀请对美国进行国事访问。在波音公司演讲时，胡锦涛戴上员工赠送的棒球帽，给对方一个美式拥抱，赢得雷鸣般的掌声。

胡锦涛访问耶鲁大学，发表演说。主持人是耶鲁大学全球化研究中心主任、前墨西哥总统塞蒂略，提问环节时他说，"我拿到了78个问题，如果每个都问，你就走不了了"。胡主席很风趣地回答说，"如果问题多，我就不走了"。

（3）布什效应

老布什家族与中国的关系良好，2008年北京奥运会期间，全家来观看比赛，形成布什效应。

当时，小布什、搜狐董事长张朝阳、唐骏三人做了一个论坛，媒体却没有报道，原因是小布什来中国的时候，中美关系比较低迷，因为西方媒体在妖魔化中国，例如，4月CNN不实报道西藏暴力事件，美国主持人卡弗蒂言语辱华等。

北京奥运会成为历史上最成功的一届，其中一个原因与布什有关，称作布什效应。

北京奥运会邀请了200多个国家的元首来参加，希望通过奥运会改变他们对中国的看法。他们接到邀请后，和中国关系比较好的国家，如巴基斯坦、坦桑尼亚、苏丹等肯定回答要来北京，但是中国特别想请的国家几乎没有表态的。

总统小布什第一个站出来，在白宫新闻发布会上宣布说他将和家人参加奥运会。作为第一大国总统，他的态度非常关键，指引方向。布什发布消息的第二天，各个国家元首纷纷告知中国他们非常愿意接受邀请。这就是布什效应，让中国和各国的交流增强，让各国更深刻地认识中国,当然中国的接待和安排绝对让贵客心满意足。

(4) 中国的八年发展

有人写文章说小布什执政的八年是中国受益的日子。

小布什执政期间仿佛是"多难之秋",2001 年"9·11"事件,中国的态度友好,立场坚定,中美携手共同反恐。中国邀请小布什参加上海举办的 APEC 非正式峰会。此后几年,小布什忙着阿富汗、伊拉克战争,围堵中国的战略计划被迫后移。

8 年的宽松环境下,中国迅速地发展经济。通过 8 年的飞速发展,中国的 GDP 总量与德国相差无几,成为美日之后的第三或第四大经济体。2001 年中国 GDP 总量为 11 万亿元人民币,2008 年为 30 万亿元人民币,八年里增加了 173%,这主要来自出口,而美国是我国第一大出口国。

2. 奥巴马总统执政期间的交流

2011 年 1 月,胡锦涛主席第二次对美国进行国事访问。美国用最高规格安排接待,奥巴马打破惯例,在白宫举行私人晚宴,副总统拜登到机场迎接。国宴的嘉宾包括华裔名人如骆家辉、朱棣文、关丽珍、成龙、马友友等。他创造了中美关系史上的三个第一:中国国家元首第一次强调与公共外交有关的议题;第一次访问海外的孔子学院;第一次参观美国中资企业的展览。

3. 习近平与奥巴马会晤

2012 年 2 月,国家副主席习近平访问美国。习近平引用美国国父华盛顿的名言"衡量朋友真正的标准是行动,而不是言语"。他参观了艾奥瓦州的农场,该农场占地 3 万亩,有 9 个储粮仓,屯放着 6500 吨粮食。这里是 27 年前习近平主席曾经到访过的地方,让他与农业结下不解之缘。

2013 年 6 月,习近平主席同奥巴马在加州庄园举行了会晤。习近平主席把中美新型大国关系的内涵总结为三句话:一是不冲突、不对抗;二是相互尊重;三是合作共赢。他指明了新型大国关系的战略方向。

2014 年 11 月,奥巴马总统访华,习近平主席提出了推进中美新型大国关系建设的 6 个重点方向:加强高层沟通和交往,增进战略互信;

在相互尊重基础上处理两国关系；深化各领域交流合作；以建设性方式管控分歧和敏感问题；在亚太地区开展包容协作；共同应对各种地区和全球性挑战。

2015年9月，习近平主席应奥巴马邀请对美国进行正式国事访问，这是习近平主席第一次正式访问美国。国事访问的其中一个标准是鸣炮21响。

习近平主席和奥巴马会晤时，提出中美关系发展的6条重要建议：保持高层和各级别的密切交往，加强战略经济对话、人文交流等对话机制；拓展和深化经贸、军事、反恐、执法、能源、环保、基础设施建设等领域合作；密切人文交流；尊重彼此在历史文化传统、社会制度、发展道路、发展阶段上的差异；继续就亚太地区事务深化对话合作；共同应对各种挑战，充实中美关系战略内涵，为国际社会提供更多公共产品。

在去首都华盛顿之前，习近平主席先到了西雅图市。在西雅图与华人华侨见面时，他进一步提出了中美新型大国关系中4件尤其要做好的事，其中一件就是广泛培植人民友谊。习近平主席还对促进中美发展提出三点希望：积极融入美国主流社会；为中美互利合作牵线搭桥；积极主动宣介中华文化、讲好中国故事。

当时中美建立了43对友好省州，200对友好城市。

奥巴马内阁相对稳定，华裔较多，给中国的感觉良好。他们是：能源部部长朱棣文、白宫内阁秘书卢沛宁、白宫公共联络主任陈远美、国安部法律总顾问方富宇、联邦众议员吴振伟等，华人的面孔促进了中美关系，给中国人增加了亲切感。2010年10月到2011年1月，奥巴马任命皮特·劳斯为白宫幕僚长（办公厅主任），他是美国历史上首位亚裔幕僚长，其母亲是日本裔，可见奥巴马重视与亚洲的关系。

4. 习近平主席与特朗普会晤（习特会）

习近平主席应特朗普总统邀请，于2017年4月访美，在佛州特朗普私人庄园海湖庄园举行会晤。这是特朗普就任美国总统以来，中美两国元首的首次会晤。"习特会"令人振奋。

特朗普于 2017 年 11 月访华，是党的十九大胜利召开之后第一位到访的国家元首，受到了超规格的接待，中国也给他送了大礼，双方签署了 2500 多亿美元的合同。美国有约 100 多家不同的公司报名参加这次访华行程，而美国政府挑选了其中约 29 家。两国对新时代中美关系发展达成了多方面共识。会晤取得了重要丰硕的成果，给中美关系增添了华彩，为中美关系向前发展注入了决定性力量。

美国全球安全分析研究所（Institute for the Analysis of Global Security）的拉夫特（Gal Luft）把习特会比喻成"盲人相亲"，意思是中美需要更多的了解，只有深层理解才能更好地解决分歧。他认为，"美中之间的很多问题其实无解。但这些问题可以控制"。①

不过，右派的特朗普政府将中国定位于"战略竞争对手"，也就是说，特朗普政府认为中美是敌大于友的关系。中美关系的本质是竞争，美国防范或遏制中国的政策主要集中于经济和科技领域。美国要限制中国对美国的出口；要限制中国学生到美国学习科学、技术、工程和医学等专业。

习近平主席指出，我们有一千条理由把中美关系搞好，没有一条理由把中美关系搞坏。我们要厚植两国人民友谊。人民友好交往是国与国关系的源头活水。中美关系发展的基础是两国人民的相互了解和深厚友谊。

5. 习近平主席帮助美国教授圆梦

2012 年，加州大学戴维斯校区校长琳达·卡塔希致信习近平主席，感谢他为该校已故物理系教授米尔顿家属圆梦中国福州鼓岭所做的贡献，她说"这个故事最恰如其分地展示了中国人民对一个美国家庭的友善和厚谊"。她认为，民间交流是文化交流的最重要形式。

习近平主席回信说："中美人民和睦友好是两国维持良好关系的坚实基础，人文交流有助于加深两国之间的友谊和互信。"②

---

① 《美媒：习特会推手是库什纳、基辛格》，http://www.360doc.cn/article/253213_642911061.html。
② 《视觉美国：走近加州大学戴维斯分校》，http://usa.people.com.cn/n/2013/0215/c241376-20488943.html。

米尔顿（Milton Eugene Gardner，1901—1986）

米尔顿·加德纳的父亲嘉高美牧师（George Milton Gardner），于19世纪末期到福州传教。义和团运动时，米尔顿出生在美国。如果不是义和团运动，米尔顿应该出生在中国。

嘉高美在中国从事教育工作，著有《官话经济课》等书。

米尔顿于1901年1岁时到鼓岭，1911年回国。后来他成为加大的物理教授；"二战"期间，在麻省辐射实验室负责雷达方面研究。

60多年后，米尔顿不幸患失忆症，但还是经常念叨鼓岭。

1992年，习近平主席在福州工作，在报纸上看到这个美国人在寻梦的故事，他立即邀请米尔顿夫人来到鼓岭，还找到9位年届九旬的加德纳儿时的玩伴，同加德纳夫人围坐在一起畅谈。

米尔顿·加德纳对鼓岭魂牵梦萦的故事，被改编成音乐剧《啊！鼓岭》。

夏末鼓岭（Kuliang），青山妩媚，空谷传声，书人别致，雅客如流。从1895年到1907年，鼓岭别墅的数量翻了三番，达到83栋。《鼓岭乡志》记载，到1935年鼓岭最兴盛时，别墅数量达到300多栋。

还有其他牧师：

万拔文（Pakenham Walsh，W.S.）1897年来到中国，曾住在鼓岭，曾任福州三一学校校长，这所学校培养了陈景润等人，福州至今屹立着纪念他的"思万楼"。

庄才伟（Edwin Chester Jones）也曾在鼓岭居住，是福建协和大学的首位校长。他为了大学的发展殚精竭虑，立下了汗马功劳。他一生勤奋，治校有方，使协和大学成为中国高等教育的典范。

6. 赵启正谈中美交流

赵启正（1940— ）有"中国形象大使"之称，20世纪90年代因上海浦东的业绩为人称道。他担任国务院新闻办主任长达7年，并连续4次担任两会政协新闻发言人，2012年72岁时，他还回答记者提问。

2000年，他任新闻办公室主任，在首都华盛顿发表题为《中国人眼中的美国和美国人》的演讲。

他在演讲中以友好为基础，并没有具体化说出美国人或者美国是什么样子，避开了中美矛盾。从历史上，中美友谊为核心主线。合作、沟通是关键。

先谈及"美国"这个名字，两个音节，较为上口。从字面意思上可以理解为：美丽的国家；名字好，给人潜移默化地影响。

他回顾中国关系史，主要讲了友好的事件。两国间的正式交往始于1784年，美国商船"中国皇后号"到达中国广州。19世纪大多数中国人对美国人所知甚少。1872年，中国政府第一次派出少年儿童到美国留学。通过大量美国作品的译作，中国读者了解了美国文学，知道了美国民族是乐观的、务实的、坚强的，美国人具有这些优秀的性格。

清朝末年，中国人参照美国探索救国救民之路，孙中山的"三民主义"就是受到了林肯"民有、民治、民享"思想的影响。

抗日战争期间，日军切断了中缅公路，美国空军跨越喜马拉雅山，向中国提供抗日武器，美国损失了近500架飞机，有1500多名飞行员牺牲。

他回顾中国人为美国所做的贡献，如华工斗严寒为美国建铁路。

然而，"二战"后，中国内战、朝鲜战役，中美由"二战"的盟友变成了敌人，一直到尼克松访华。其间，在美国公民的护照上印着"去中国无效"。这段历史值得深思。

7. 美中文化交流促进议案

2005年5月，参议员约瑟夫·利伯曼（Joseph Lieberman，民主党）和拉马尔·亚历山大（Lamar Alexander，共和党）一起公布了"美中文化交流促进议案"。

议案要求联邦政府在2006—2011年的五个财政年度里共拨款13亿美元（相当于中国人口数量），用于加强美中文化交流，特别是美国的中文教育及与中国的留学生交换计划。

该议案分为九部分，包括商务、教育、科学、旅游、外交和文化交流等领域。其创新性地提出设立一个全新的签证类别（J-4），用于20岁以下、在美交流旅行不超过90天的中国学生。

利伯曼强调，中美之间的所有误解都能靠中美之间的接触来解决。

除了美国各高校提供的奖学金外，美国政府也将拨款支持双边交流。普遍认为，民间的交流越密切越活跃，上面就打不起来。

曾做田纳西州州长、美国教育部部长的亚历山大认为众议院的门槛是一道难关，那里的"红脖子"居多，即美国南方白人男子，由于经常在农田劳作，白皮肤被太阳晒得发红，因此用之形容保守的美国人。右派占多数的情况，很容易出现纷争混乱。

中国国家汉语对外教学办公室（汉办）已经为通过汉语考试的美国学生设立了为期一年的奖学金。中方提供了优厚的奖励政策：一年之内所有的吃、穿、教育、交通等费用全部包含在其中。

8. 美国的"十万强计划"

美国政府自2010年起实行"十万强计划"（100000 Strong Initiative），派送10万美国学生到中国学习汉语和文化，以增进两国相互了解、增强两国关系。教育是增进中美关系的最好途径。

该计划由美国政府发起，资金来自企业、社会团体或慈善家，以加深美中交流。

9. 基辛格为中美关系做出的贡献

基辛格为美国前国务卿，是中美关系的开拓者和见证者。

基辛格主导了20世纪70年代的中美关系正常化，多次访问中国，加强中美交流。特朗普访华前，专门约见基辛格，听取他的看法。

93岁的基辛格和36岁的库什纳都是犹太裔，两人促成了"习特会"。

2016年，他从中国回到美国后，参加了美中关系全国委员会主办的"两个国务卿"对话会，他和国务卿玛德琳·奥尔布赖特讨论了中美关系的历史和未来。

同年，基辛格参加"特朗普时代中美关系"研讨会，他与布鲁金斯学会约翰·桑顿中国中心主任李成博士进行了约一个小时的对话，并回答了听众的提问。

基辛格说，美国的8位总统对美中关系的处理方式都非常相似，说明美国对华政策是跨党派政策，不管哪个政党的对华关系都是美国外交重要组成部分，与中国保持良好关系有利于稳定和繁荣。同样，中国历任领导人也得出了基本相同的结论。

基辛格说，美国人与中国人不同，习惯于一个问题解决了再去处理另一个问题，说话之前也不像中国人那样深思熟虑。特朗普只处理过商业问题，把一个个问题分开处理对他可能更容易。基辛格认为，特朗普会着重于结果。

四　中美关系之间的敏感问题

由于历史的原因，中美之间存在很多分歧。特朗普首次参选演说中24次提到中国，指责中国和墨西哥令美国人民失业。

其中较大的敏感话题包括：

1. 台湾问题

台湾是中国神圣不可分割的领土。习近平主席强调指出一个中国原则是中美关系的政治基础，习近平主席在党的十九大报告中指出"我们伟大祖国的每一寸领土，都绝对不能也绝对不可能从中国分割出去"。中美关系如果要正常发展，美国要始终遵守"中美三个联合公报"，恪守一个中国原则，避免中美合作大局受到干扰。

以往美国政府的做法是嘴上说"一个中国"，却私下里支持中国台湾，但没有官方交往。而特朗普上任后，敢于触碰这个敏感的红线，他毫无顾忌，与蔡英文通话，打台湾这张牌，许多专家认为他并不是出于无知，而是故意的举动。

"台湾旅行法"于2018年1月10日在国会众议院通过，2月28日在国会参议院以无异议方式通过。核心内容是美国和中国台湾官员互访，严重违反了"一个中国"的原则。

按照美国法律，国会通过的话，如果总统既不签署，也不否决，则法案在 10 个工作日之后自动生效。总统有三个选择：签署、不签、否决。国内普遍认为，特朗普应该不会签署，而是让它自动生效，这也是一种表态，至少给他正式访华获得较好评价的一个圆满结局。

但是，特朗普选择了主动签署，没想到特朗普这么不考虑中国立场和中美关系，如此不顾及大局。该法于 2018 年 3 月 16 日开始"生效"。

特朗普的女婿、高级顾问库什纳与其他幕僚曾经建议特朗普与习近平主席通电时回到"一中"。国务卿蒂勒森访问北京与中国外长王毅会面时，使用"新型大国关系"词语（蒂勒森已被解职）。

2016 年 12 月基辛格说，特朗普时代的中美对话刚刚开始，如果把台湾问题作为关键问题，既不是合适时机，也不是有效途径。如果因为台湾问题酿成中美之间的重大危机，将会扰乱中美关系的长期架构。

南加大国际关系学院教授林丹（Daniel Lynch）发表文章，题为"打台湾牌，特朗普不必要地挑衅中国"（Playing the Taiwan Card, Trump Is Needlessly Provoking China），阐释特朗普签署该法案给美国与两岸关系带来的严重后果。[①] 特朗普和蔡英文通话后，2017 年解放军空军在台湾附近举行了 16 次军事演习，台湾将成为华盛顿与北京角力的牺牲品。

2018 年 3 月 18 日上午，高雄市市长陈菊抵达纽约，成了该案生效后第一位访美的台湾市长。中国台湾领导人蔡英文高度肯定并感谢陈菊一行。

台"国安局副局长"周美伍声称如今情势不同，若蔡英文访美，不会再发生李登辉当年的"台海危机"。（李登辉访美引发"台海危机"。大陆随即发布军事演习通告，向台湾外海试射导弹等）

台湾民众也非常担心，大国博弈，受害的是老百姓。

2. 中美贸易

中美贸易关系是中美关系的"压舱石"，合作是双方唯一正确的选择。作为世界前两大经济体，中美两国合作好了，不仅造福两国，也惠

---

① 《美学者：特朗普可能打台湾牌与中国军事冲突》，https://item.btime.com/m_9293747d6623a86c3。

及世界。

2017年7月19日,首轮中美全面经济对话在华盛顿举行。中国国务院副总理汪洋与美国财政部部长姆努钦、商务部部长罗斯共同主持。建立中美全面经济对话机制,是习近平主席同特朗普总统会晤后达成的重要成果。

中美贸易发展与合作进展顺利,中美建交的时候,双边贸易额只有25亿美元,但是到2016年中美贸易额达5196亿美元,增长了207倍;2017年中美贸易额达5800亿美元,增长了232倍。美国出口的26%的波音飞机、56%的大豆和16%的汽车都销往了中国,为美国创造了巨大的就业机会和丰厚的经济利益。2015年到2016年数据显示,美国对中国最大出口的行业分别是:飞机(132亿美元)、大豆(128亿美元)、汽车(96亿美元)、电子产品器件(84亿美元)和核反应堆及发电设备(26亿美元)。

2017年特朗普访华,达成中方投资协议2535亿美元,是最大的一笔协议,相当于中国对美国的贸易顺差数额,简单地说,中国过去一年挣的钱全部用来购买美国产品了。这样,特朗普在美国国内的影响增大。

合作主要包括以下方面:

(1)能源

能源合作达到1267亿美元,基本是全部协议额的一半。

国家能源投资集团与西弗吉尼亚州合作,对后者页岩气、电力和化工生产项目投资837亿美元,是西弗吉尼亚州有史以来吸引的最大一笔投资。

中石化等在阿拉斯加州开发液化天然气资源,投资430亿美元,能创造1.2万个岗位。

(2)飞机

中航与波音签署了300架飞机采购协议,总价370亿美元。

(3)高科技

小米、OPPO、Vivo与美国高通公司签订了120亿美元合同,进口高通的芯片。这种高科技产品,美国一直是限制出口给中国的。

（4）作业车

徐州海伦哲与美国特雷克斯公共事业设备公司签约,五年内合作生产 5000 台高空作业车,销售额约 50 亿元人民币。

（5）农产品

中国增加进口 50 亿美元的美国大豆。

京东将扩大从美国采购生鲜农产品,金额达 20 亿美元;与全球最大的生猪养殖商和猪肉加工商史密斯菲尔德签署采购协议,数额达 10 亿美元;与蒙大拿州家畜饲养者协会及克罗斯福尔牧场签订牛肉采购协议,价值 2 亿美元。

贸易额不管多大,对中美都是有益处的。对中国来说,这些钱是分期分批花,不是一下子花掉。对美国来说,出口额增大,能缩减中美贸易差距。

对外经济贸易大学教授崔凡认为,未来中美之间的竞争和合作还将从商品市场领域扩展到要素市场领域,其中,最重要的是资本、技术和人才。而后者恰恰是美国遏制中国的领域。

3. 其他领域的问题

中美有许多领域存在分歧,比如美国对朝鲜充满敌对,甚至欲以武力解决,让核问题更加棘手。中国积极斡旋,主张通过外交手段和平解决,而美国鹰派认为中国和俄罗斯是朝鲜的幕后推手。

中国的立场非常坚定明确,绝不允许半岛有战乱。美方不断部署"萨德"反导系统,严重威胁中国的安全,韩国政府为它的行为付出了惨重代价,韩国成为美国的牺牲品。中国到韩国旅游的数量呈断崖式减少,对以旅游为经济支柱的韩国经济打击巨大。汽车销量急剧下降,多家工厂因零部件供应问题而停产。韩国零售业也遭受重创,乐天玛特的部分门店被查封,集团注入 21 亿人民币也全部耗尽,最后宣布退出中国市场。三星、LG 等知名品牌在中国的销售额大幅下跌。

美国政府以武力和制裁威胁朝鲜。美国要制裁与朝鲜有关的中国企业，即所谓的"次级制裁"，中方对此绝不接受。美方这些行为严重干扰中美在朝核问题上的合作。

特朗普访华期间，中美两国为实现朝鲜无核化达成一致，表示会严格执行联合国安理会对朝鲜的制裁决议。习近平主席强调以对话和协商解决问题，特朗普强调对朝施压和制裁。

五　特朗普政府对华贸易战等限制措施及影响

为了本国利益，美国的多任总统始终坚持对中国崛起的控制和遏制。例如，1993—1994年克林顿政府暂停给中国"最惠国待遇"，1995—1996年美国制造台海危机，1999年的美军轰炸中国驻南斯拉夫大使馆，2001年的美国飞机在南海撞毁中国战机致飞行员王伟失踪，近年来美国在南海"航行自由"行动等，这些事件可以充分表明，针对中国的发展与崛起，美国对中国的遏制始终没有停止。

1. 特朗普的对外政策有三个主要特点

一是"美国优先"（America First），如果满足不了美国利益就不合作，就退出。

特朗普宁愿放弃国际责任，首先重振国内经济。特朗普的言语和行为一再向外界传递信号，他倾向于用武力而不是外交手段解决问题。其内阁大批人员辞职或被免职的主要原因是和他意见不一。

二是反全球化，特朗普认为全球化损害了美国的利益。实际上，国家利益优先与经济全球化并不矛盾。特朗普批评奥巴马及以前的民主党政府的全球化与自由贸易政策给美国带来了巨大伤害。

三是竞选承诺的政策兑现率极高，几乎达到80%以上，是1952年以来美国总统中实现承诺最高的一个。"禁穆"（限制穆斯林入境）、"修墙"（修建美墨边境墙阻止非法移民）、"废法"（废除医保法案）、"弃约"（单边退出TPP）、"退群"（退出《巴黎协定》、联合国教科文组织）、宣布耶路撒冷为以色列首都、要求北约和日韩盟友自己承担防务责任和费用等。

特朗普在竞选时，多次提到中国，美国把中国和俄罗斯作为国家安全的最大挑战。特朗普的台湾牌和贸易战的目的是遏制中国在政治上和经济上减少对俄罗斯的支持，并遏制中国的发展。

2. 特朗普政府对华贸易战的开始

2017年，美国发起了84项反倾销和反补贴调查，这一数据比此前一年增长了62%。

2018年1月20日，《华尔街日报》称特朗普政府2018年有意在贸易政策上对中国采取强硬立场。各种评论和势头逐渐应验，特朗普的单方面决定将会产生"蝴蝶效应"，影响全球。

（1）201调查

2018年1月22日，美国利用"201调查"对进口洗衣机、光伏产品增加保护性关税。前120万台进口洗衣机将征收20%的关税，一年内超过这个额度将会征收50%的关税。保护性关税会持续3年，税率将在第二、第三年相应递减。

美国对进口太阳能板征收30%的关税，其中大部分来自中国。限制光伏会对中国企业影响巨大，而美国的岗位主要是负责安装，进口减少将会导致美国人大量失业。

美国国内洗衣机价格肯定会上涨，进而增加老百姓的负担。中国洗衣机库存增加，将有利于中国老百姓，价格估计会下降。

（2）232调查

美国利用"232调查"于2018年3月1日宣布对钢铁征收25%的关税、对铝征收10%的关税。

而欧盟、阿根廷、澳大利亚、巴西、加拿大、墨西哥、韩国等出口到美国钢铝关税都得到暂时豁免，美国的目的是让他们一起对华采取措施。

3月23日，日本决定对中、韩国产部分钢铁产品征收反倾销税，最高税达到69.2%。

美国的产业工人和利益集团非常高兴，特朗普实现了竞选诺言。

美国众多依靠工业、制造业生活的中低收入中产阶级是特朗普的"铁粉",特朗普在竞选时表示要保护那些"生锈"地带。1973年,美国产钢约1.5亿吨,2015年产量为8700万吨,国际竞争、企业转型、自动化等原因导致产业工人减少、该产业凋零。钢铁依赖进口,如今美国成为世界上第一大钢铁进口国。

然而美国也有许多反对的声音,这将对相关产业带来灾难。按照2015年的数据,美国钢铁产业只维系了14万工人的就业,GDP贡献是360亿美元,而以钢铁作为原料的中下游产业共维系了650万工人的就业,GDP贡献是10000亿美元。这意味着特朗普正在为帮助14万人而向另外650万人征税。因此,一旦进口钢铁价格上升,对于中下游产业的打击将是巨大的。①

(3) 301调查

2018年3月22日针对"301调查"特朗普签署了备忘录,对中国知识产权和技术转让征税,要求有关部门对华采取限制措施。美方对中国的航空航天、通信技术、工业机器人、新能源汽车等行业加收25%的关税。

美国信息技术创新基金会发布的一份研究报告显示,特朗普政府的这一措施将会导致美国经济未来10年损失约3320亿美元。

3. 贸易战的危害

贸易战确实有着极强的危害性。从历史上看,以牙还牙的保护主义是导致了20世纪30年代的大萧条。(Trade wars can indeed be extremely damaging. Tit-for-tat trade protectionism contributed to the Depression of the 1930s.)

美国的斯姆特·霍利关税法(The Smoot Hawley Tariff Act)于1930年6月实施。该法案将2000多种进口美国商品的关税提升到历史最高水平。当时美国有1028名经济学家签署请愿书抵制该法案。该法案通

---

① 《特朗普挑动贸易战影响几何?》,https://finance.qq.com/a/20180308/012627.htm。

过后,许多国家对美国采取了报复性关税措施,使美国的进口额和出口额都骤降50%以上。

然而强硬的特朗普曾在推特中说:"贸易战是个好东西,赢得贸易战很容易。"中美贸易关系的处理原则应该是中美双方本着相互尊重和平等互利的原则进行磋商,而特朗普单方面征税,违反世贸组织的规则,开出了减少贸易逆差1000亿美元的天价条件。

凤凰网有人著文"中美贸易战可能不会爆发"[1],声称特朗普只不过是在提条件,真正的贸易战打不起来。(到截稿时,已经硝烟弥漫)

美国农民担心中国会对美国大豆和猪肉等大宗商品征收关税。2017年中国进口了价值140亿美元的大豆农产品。中国消费的大豆有1/3以上是从美国进口的。而特朗普访华团队里有两位跟农业有关的人士,一是美国大豆出口协会的主席吉姆(Jim Miller)先生和ADM公司的亚太区总裁Donald Chen先生。中美达成了1200万吨大豆的采购协议,金额为50亿美元。[阿彻·丹尼尔斯·米德兰公司(Archer Daniels Midland,ADM)是美国最大的农业公司,总部位于芝加哥市,是世界4大粮商之一。ADM已在全球除南极大陆外60多个国家建立了1100多个相关的企业或加工单位。]

中国如果后手采取措施,整个世界贸易将受影响。

特朗普的敌人不仅仅是中国,他也针对其他国家,比如,特朗普曾对宝马和大众等德国汽车制造商发出威胁,称如不在美国建厂,要征收35%的汽车关税。根据牛津经济研究院(Oxford economics)的分析,如果中美之间贸易冲突全面升级,将殃及池鱼,德国受害最深。

其他国家也可能会对中国施加压力,比如欧盟宣布,从3月7日起,对中国不锈钢无缝钢管续收五年反倾销税,最高税率接近72%。

中国的反制措施可能很多,比如,禁止进口飞机、大豆,美国将有大量失业人员;中国可能终止或者威胁终止购买美国国债,甚至直接抛

---

[1] 《中美贸易战可能不会爆发》,http://news.ifeng.com/a/20180328/57119841_0.shtml。

售美国国债，打击美国金融市场。

目前，中国对美国贸易战的反制措施相当克制。2018年3月23日中国采取的报复性关税只是在坚果、猪肉、钢管方面，而不从大豆开始。

中国决定自2018年4月2日起对自美进口的128项产品加征15%或25%的关税，这只是针对美国的232措施的反应。对水果及制品等120项加税15%，对猪肉及制品等8项加税25%。中国是克制的，并不想真正地进行贸易战。不过，中国正在研究第二批、第三批清单，比如飞机、芯片领域。

我想，如果真正贸易战打起来，大豆是后发制人的招数。

如果特朗普执意要打贸易战，去年韩国遭遇的境况就是先例。目前中国举国上下齐心协力，中国人的爱国热情空前高涨，为什么《战狼2》的票房高达近60亿人民币？《厉害了，我的国》让每一位华人看到了祖国的伟大。如此中美关系，去美国旅游肯定会取消或搁置。各个企业也会采取各种措施对抗美国的蛮横行为。当然，中国政府的立场最为关键，凝聚的中国人，团结的中华民族能够应对一切。

大家知道，菲律宾曾对抗中国，中菲关系进入低谷，贸易受到极大影响。而2016年菲律宾总统访华，中菲关系缓和，中菲贸易恢复。菲政府于2017年8月针对中国团体游客、商人等实施落地签政策。2017年，中国到菲律宾的游客达到96.8万人次，超过美国人数。

打贸易战对中美和其他各国都没有好处，贸易战不仅有损中美人民的利益，而且影响其他国家人民的利益，它带来的冲击将是全球性的。不管是世界各国还是我们两个国家，都承受不起中美为敌所要付出的代价。

六　特朗普政府对留学旅游的措施

美国的高等教育非常优秀，也非常贵，每年外国留学生给美国带去500亿美元，其中1/3是中国留学生支出的。2011—2017年，中国连续7年成为美国最大的留学生来源国。特朗普上台后，留学生人数减少3%左右。

1. 限制签证

美国计划制定新政策限制签证，以防止外国人（尤其是中国人）来美国学习科学、工程、数学等知识，防止他们盗窃美国的知识产权。

2. 撤销 OPT 签证

以前，持 F-1 签证的全日制学生毕业后可以在美国工作 12 个月，即 OPT 签证（Optional Practical Training），部分专业的 OPT 时间甚至能延长到 29 个月。

而特朗普认为，这一政策其实是变相的工作，他要废除它。特朗普如果撤销 OPT，意味着留美学生毕业后一年内找不到工作，不得不离开美国。

3. 收紧工作签证

特朗普倾向于通过收紧 H-1B 签证政策来保护美国公民的工作岗位。也就是说，留学机会不变，但是毕业后留美工作的机会可能会减少。

4. 限制外国人进入

美国最高法院于 2017 年 12 月 4 日宣布通过特朗普政府针对 8 个国家的旅行禁令，禁止或限制这些国家的公民进入美国，他们是伊朗、利比亚、叙利亚、也门、索马里、乍得，禁止朝鲜公民及委内瑞拉部分官员入境美国。

这一政策暂时让旅行的人数减少，美国可能会损失 46 亿美元的收入，减少 4 万个工作岗位。根据联合国世界观光组织（UNWTO）的统计，2016 年的旅游人数到法国的是第一，为 8260 万，第二是到美国的，为 7560 万游客，第三是到西班牙的，为 7530 万。而 2017 到西班牙的人数超过美国，西班牙成为第二。

东部的纽约市是游客必去之地，据纽约市旅游数据显示，在 2010—2015 年，到纽约旅行的外国游客人数持续增长，从 980 万增加到了 1230 万。该机构预测，2017 年外国游客将比 2016 年的 1270 万减少 30 万，而在特朗普当选前，预计纽约将增加 40 万外国游客。

特朗普的禁令让许多外国游客遇到麻烦，有的在机场被阻拦。上诉法院曾抗拒执行特朗普禁令。

特朗普退出国际贸易协议等言论也会给外国游客造成负面影响，2016—2018年，到美国的外国游客每年可能减少630万。

七　特朗普政府贸易措施的推手

美国政府对华贸易战的三个铁杆推动者是特朗普、罗斯和莱特希泽，或者说是四个，加上彼得·纳瓦罗。

特朗普政府是为了捍卫美国工人、农民、农场主的利益及商业活动。特朗普说："我和习近平主席有着很好的关系，但不管怎样，习主席属于中国，而我得为美国说话。"

美国经济学家史蒂芬·罗奇（Stephen Roach）认为，美国对华贸易赤字问题的根源不在中国，而在于美国国内的低储蓄率，在未来几年赤字可能还会扩大。

标普全球集团总裁、CEO道格拉斯·彼得森（Douglas Peterson）认为，对于中美贸易的不平衡问题，特朗普政府应该寻求通过与中国谈判的方式解决，而不是蛮干。

1. 威尔伯·罗斯（Wilbur Ross, 1937—　）

罗斯，现任美国商务部部长，投资家，有"破产重组之王"之称。至2011年9月，罗斯个人财富为21亿美元。

罗斯曾拯救了匹兹堡地区的七家钢铁公司免于破产。匹兹堡，很早就建立了完整的钢铁生产线，然而20世纪70年代它逐渐丧失了钢铁帝国的地位。

铁锈地带的产业工人是特朗普的基础票仓，因此他对钢铁、铝征收高额关税，是为了保护美国的产业。

2003年罗斯收购了美国第二大钢铁企业伯利恒公司，保住了580名工人的工作。接着他与钢铁工人联合会一起去华府敦促美国政府向中国钢铁施加进口限额，钢价随之上涨。他也从中获利，数额可观。

罗斯和很多对华贸易鹰派还不同，他对中国没有战略性的恨意，一些贸易鹰派常指责罗斯总是随随便便就遵从于中国，指责他妥协性的合作姿态。他曾在浙江合资创办了纺织厂，曾捐款汶川地震灾后重建。他收藏了200多件中国艺术品，家里摆放明代青花瓷，纽约总部门口安放着一对清代的看门狗雕像。

2017年中美经贸谈判期间，他取得了重大成绩，本以为特朗普会高兴，没想到特朗普认为他对中国还不够粗暴，签字仪式被迫取消。

特朗普不会高度信任罗斯，也不会将它解职因为两人的历史渊源。20世纪90年代初，特朗普欠下30亿美元的债务，债权人纷纷上门想夺取特朗普赌场的控制权。当时罗斯也是债权人之一，作为谈判的代表，他认为最好是让特朗普继续掌管赌场业务，最终，他说服了其他债权人，帮助特朗普保住了赌场控制权。因此，特朗普对罗斯拥有最坚定的信任。

2. 罗伯特·莱特希泽（Robert Lighthizer，1947— ）

莱特希泽是美国贸易代表，是谈判最为出色的专家之一。早在里根政府时期，他就已经担任美国贸易代表副代理，促成了20多个双边贸易协定，被誉为"钢铁老兵""美国贸易沙皇"，他的姓名前冠以"对华强硬派"（China critic）的称号。

他获得法律博士学位。

和特朗普一样，莱特希泽多次指责中国实施"不正当"的贸易竞争。

当今美国政坛对华强硬是一种自然而然的姿态，是政治倒向。贸易代表这一职位从来就不缺在操作、角色、信仰等方面都合适的人选，时势造英雄，莱特希泽正是在这样的形势下从幕后走上台前。

莱特希泽一向以强硬著称。1983年，他与苏联谈判出口美国小麦，毫无进展时，莱特希泽强硬地表明不再谈判。不久，苏联人妥协。

他与日本人谈判钢铁贸易时，他故意漫不经心地把谈判清单折成纸飞机，甩向了对面的日本官员，让后者愤怒不已。

他擅长谈判，知道如何树立自身权威、拉大旗、做虎皮，如他故意展示给谈判国家看他和总统里根亲密无间的照片以示其强势，也会不时地聊一些黄段子，使大家放松而被其诱拐提供机会。

他在内心深处认同里根政府对于贸易问题的强势态度，笃信美国的权力和市场。后来他任律师，律师经历让他坚信贸易世界是黑白分明的二元对立关系，其他国家占了便宜，美国的利益一定受损。

在对华贸易问题上，自班农远离权力中心后，他是最为强硬的一个。

他与特朗普之前没有任何交情，但仍然被高度信任，可见两人是多么的相似。另外，他在佛州棕榈滩的高档公寓与特朗普的很近，可见他们在家庭选址上的品位也完全相同。

3. 彼得·纳瓦罗（Peter Navarro）

纳瓦罗，任国家贸易委员会主任，为"反全球化旗手"，纳瓦罗和莱特希泽在很多贸易理念上完全一致，态度强硬。

他获得哈佛经济学博士学位。曾是加州大学尔湾分校的经济学教授，特朗普竞选期间任顾问。

他的著作是对付中国的最好教材，曾著有《卧虎：中国的军国主义对世界意味着什么》、《致命中国：中共赤龙对人类社会的危害》、《即将到来的中国战争》（The Coming China Wars）等。他敦促美国尽其所能，遏制中国前进的步伐，宣称美国必须用经济对抗中国，同时用战争威胁中国。《致命中国：美国是如何失去其制造业基础的》被拍成纪录片，宣传封面是一把绑着人民币的匕首插在美国上。

他提出了许多荒唐的看法，比如他把中国的城市化视为一项蓄意的政策，目的是获得廉价劳动力。他提出剥夺中国在安理会的否决权。

八 特朗普内阁人员的戏剧性变化

大家普遍感觉特朗普不按常规出牌，其政策具有很大的不确定性。

从个人角度讲，特朗普是善变的双子座，对下属的关注和爱也是短暂的。从白宫内部的派系讲，白宫有三大派系：一是纽约派，主要是他的家人，女儿伊万卡、女婿库什纳。第二股势力是建制派，主要是白宫幕僚长普利巴斯等（已被解职）。第三股势力则是斯蒂夫·班农的民粹派（已被解职）。

特朗普内阁的24位主要成员已经离职近半，他任命的政府要员经常被开除或者辞职，令人感觉非常不稳定。特朗普政府第一年的"决策官员"更换比例较前五任美国总统都高，达到34%，其前任奥巴马为9%，最高的里根政府也只是17%。①

下面按照他们被解职的时间给大家列一下，有些是秘书，也列在其中。

1. 迈克尔·弗林（Michael Flynn）

2016年11月18日，特朗普任命迈克尔·弗林为国家安全事务助理，弗林曾在奥巴马第一任期内任国防情报局局长。

2018年2月辞职，因他和俄罗斯驻美大使的通话而被调查，他没有如实地和副总统彭斯汇报而让其被动，失去特朗普的信任。

2. 詹姆斯·科米（James Comey）

科米，任联邦调查局局长。特朗普称赞科米在希拉里邮件门调查中显示出的公正与勇气。特朗普宣誓就职第二天就在白宫接见科米。第七天两人吃饭，特朗普要求科米对自己要忠诚，而且他要求不调查弗林。

科米选择自己的职业道德，公布内幕，2017年5月9日被解职。

3. 肖恩·斯派塞（Sean Spicer）

斯派塞，任白宫发言人，在职183天，后来代理白宫联络办公室主任。特朗普后悔任命他，也指责幕僚长普利巴斯推荐他。他的第一场新闻发布会上，就指责记者，且将矛头指向南海。他说，美国将阻止中国占领任何位于南海国际海域的岛礁。

特朗普没有提拔他为通讯主任，而是用了斯卡拉穆奇。他于2017年7月21日辞职。

4. 莱恩斯·普利巴斯（Reince Priebus）

普利巴斯，特朗普的第一任白宫幕僚长，属于建制派，特朗普指责他把自己亲信斯派塞安插进白宫。

白宫幕僚长也就是白宫办公厅主任，常被称为"华盛顿第二最具权力的人"。

---

① 《麦克马斯特走人！特朗普请博尔顿出任国安助理震动朝野》，http://www.sohu.com/a/226271900_114731。

普利巴斯不想让斯卡拉穆奇进入白宫，而斯卡拉穆奇是伊万卡、库什纳所喜欢的，建制派和纽约派权利争斗。2017年7月28日他被炒。

凯利接任了普利巴斯，上任后直接开掉了斯卡拉穆奇。

5. 安东尼·斯卡拉穆奇（Anthony Scaramucci）

斯卡拉穆奇，曾任通讯主任，任职仅仅10天。他赢得特朗普信任，空降任职白宫通讯主任，不过他与记者通电话，粗话脏词被公开。7月31日离职。

安东尼在达沃斯经济论坛上表示，如果中美开打贸易战，中国将付出更高代价。

他和第二任妻子于2014年结婚，2017年7月21日他上任时妻子提出离婚，7月24日孩子早产，4天后他才赶到医院。许多美国人认为这个人是"极品"，其中讽刺意味可想而知。离婚原因是安东尼对工作的执着而忽视了家庭。

赔了夫人又失去了职位，是否是他想要的结果？

6. 史蒂夫·班农（Steve Bannon，1953—　）

曾任特朗普总统的首席战略专家和高级顾问。

他毕业于哈佛商学院，曾在海军服役，高盛投资银行的雇员，好莱坞制作人，在电影中颂扬右翼阵营的里根政府和茶党运动。

2012年，他任极右派媒体布赖特巴特新闻网（Breitbart News）的执行主席。

2016年8月，他担任特朗普竞选团队的首席执行官，为特朗普竞选成功立下了汗马功劳。总统大选第二场辩论中，邀请多名声称被前总统克林顿（Bill Clinton）性侵的女性到现场，就是班农的主意。克林顿是希拉里的丈夫。

他是极右派，为民粹主义者，也就是反对贵族、精英掌控政府，宣扬白人至上、反犹太、反女权、反同性恋。彭博称他为"美国最危险的政治人物"。

2017年4月5日，班农就任白宫首席战略师。

2017 年 8 月 18 日，白宫发言人桑德斯宣布班农离职。

7. 霍普·希克斯（Hope Hicks, 1988— ）

希克斯，竞选时她任新闻秘书，后来是通讯联络主任，是特朗普"最亲密的"助手。2018 年 2 月 28 日希克斯突然宣布辞去白宫通讯联络办公室主任。在国会大厦，就通俄调查时，她接受众议院情报委员会的闭门问询，长达 9 个小时。

8. 拉斐尔

拉斐尔，在希克斯离职前一天，白宫通讯联络办公室副主任拉斐尔也宣布即将离职。

9. 罗伯·波特（Rob Porter）

2018 年 3 月 7 日，特朗普的高级助手、白宫秘书罗伯·波特辞职，两位前妻指控他家暴。据说，波特和希克斯是恋人关系。特朗普感到非常遗憾，对波特大加赞赏，而公众对白宫人员没有通过安全审查就任职表示疑问和担忧。

10. 大卫·索伦森

2018 年 3 月 10 日，白宫负责撰写演讲稿的大卫·索伦森辞职，原因是家暴。

11. 雷克斯·蒂勒森（Rex Tillerson）

任国务卿。蒂勒森在厕所时，被白宫幕僚长凯利告知要被解雇。2018 年 3 月 13 日，特朗普解除其职务。蒂勒森看到推特才知道自己被解职，特朗普根本不会提前跟他打招呼，可见两人分歧多么严重。

蒂勒森与特朗普两人的观点一直不一致。

（1）中东立场不一致

在中东一些问题上，蒂勒森跟奥巴马相似，主张和俄罗斯商谈解决问题。他成为沙特阿拉伯、以色列的眼中钉。沙特阿拉伯购买了 540 亿美元的军火。

（2）朝核问题上不一致

蒂勒森主张通过外交途径解决朝核问题，特朗普认为和朝鲜谈判是浪费时间。蒂勒森刚宣布与朝鲜建立直接联系，就被特朗普在推特上讽刺，特朗普威胁说要彻底"摧毁"朝鲜政权。

(3) 两人媒体互怼

蒂勒森骂特朗普是白痴。特朗普说，那是假新闻，但如果他真这么说了，我俩可以比比智商。美国总统直接发声否定国务卿的主张，并通过媒体与国务卿互讽，这是很少见的。

总之，蒂勒森的主张几乎条条和特朗普相反。特朗普推崇"不可预测"，蒂勒森要保持外交政策的稳定性；特朗普看重下属忠心，蒂勒森强调个人"正直"。

12. 高德斯坦（Steve Goldstein）

高德斯坦，任副国务卿。蒂勒森被解职后，高德斯坦发表了几个推特，含有支持蒂勒森的意味，几个小时后他也被解职。

蒂勒森发表演讲，感谢全国人民，没有提到特朗普。高德斯坦感谢蒂勒森和特朗普，先突出蒂勒森。

13. 加里·科恩（Gary Cohn, 1960—　）

科恩，白宫经济委员会主任，已辞职。曾任高盛投资银行（Goldman Sachs）总裁，在高盛任职25年。

他是犹太人，从小被诊断有"读写障碍"。

大学毕业后他在某公司任销售员。一次科恩去纽约出差，尾随一位银行家从世贸大楼出来，提出与他拼车一起去拉瓜迪亚机场。其间科恩得到了银行家的电话号码，几周后获得了一份华尔街的工作。（故事很像电影《当幸福来敲门》中的黑人男主角 Chris Gardner）

CNN 称，从2009年至今，他在高盛已经赚了1.23亿美元；如果科恩离开高盛将拿到5850万美元的退休奖金。

从特朗普当选到2017年2月中旬，高盛的股价累计上涨了37%。因为特朗普内阁和高盛关系密切，例如，高盛前合伙人史蒂芬·姆努钦（Steven Mnuchin）成为美国财长，他在高盛工作了17年，父亲也是高盛的合伙人。

2018年3月24日拉里·库德洛（Larry Kudlow，1947— ）接受特朗普的任命成为新任经济委员会主任。

拉里有两个关键点最为特朗普看重：直言不讳的辩才，对特朗普坚决的忠诚。他曾在里根政府任职，著作中提到肯尼迪和里根都通过减税促进经济发展。他不同于对华强硬派彼得·纳瓦罗，拉里曾是自由贸易的支持者，并不支持关税。拉里是犹太人，可以说智慧超群。

14. 赫伯特·雷蒙德·麦克马斯特（Herbert Raymond McMaster，1962— ）

美国国家安全事务助理。因为他是现役军人，特朗普的提名需要参议院投票。他在参议院以86∶10通过，没有任何共和党议员投反对票。

然而2018年3月24日他被解雇，不过他比蒂勒森的感觉要好些，特朗普还表扬过他。其职位由前美国常驻联合国代表约翰·博尔顿接替。

15. 约翰·凯利（John Kelly）

凯利，第二任白宫幕僚长，2017年7月开始上任。国土安全部前部长，美国海军陆战队上将。

儿子罗伯特·凯利于2010年在阿富汗阵亡。

对非法移民他持强硬的态度。2016年他曾警告国会警惕美墨边境上的走私路线，警惕恐怖主义分子从这里入境制造灾难事件。

凯利不满伊万卡访问韩国，把库什纳的安全级别降级，也就是接触机密资料的权限降低。特朗普曾希望凯利把伊万卡和库什纳挤出或弄出白宫。特朗普觉得库什纳已经变得像是负债（liability）。

知情人透露3月底特朗普将解雇凯利，将不再雇用幕僚长。（假消息）

九 美国极右势力的增长

当今美国政坛，极右的鹰派对华态度非常强硬。

1. 大财团参政

占领华尔街运动的左派被财团和政府镇压下去，但右派的茶党反对政府过多干预经济，其主张和大财团的主张不谋而合。茶党在财团和媒体的支持下，影响与日俱增，被共和党接纳成为重要政治力量，共和党在茶党推动下不断向极右方向转型发展。

茶党的金主首先是科赫兄弟，其次是特朗普总统。

石油巨头大卫·科赫兄弟也是极右翼保守主义最重要的代表人物，其公司每年收入高达1000亿美元，查尔斯·科赫和大卫·科赫兄弟俩各自的财富是每年440亿美元。

科赫兄弟的父亲弗雷德·科赫也是石油寡头，是极右组织"约翰·柏奇会"的组织者之一，该组织有明显的法西斯主义倾向，甚至对墨索里尼表示崇敬。

科赫兄弟在政治上的代言人是彭斯，他是茶党主要领袖，是特朗普的竞选伙伴，当选美国副总统。

2. 垄断寡头的内阁

2016年11月，《石英》杂志指出特朗普内阁首批17个成员的个人财富高达95亿美元，超过了美国1/3家庭财富的总和。著名网站Politico估计内阁成员财富超过350亿美元。2017年4月，白宫公布各高官的财政状况，彭博新闻社计算出内阁及高官资产总值约在120亿美元。

另外，这些富豪控制的财富总额更是不计其数。

美国财长史蒂文·姆努钦出身金融巨头高盛集团，他在高盛任职长达17年，个人资产超过3亿美元。

总统监管政策顾问卡尔·瑟雷安·伊坎（Carl Celian Icahn, 1936— ），82岁，净资产已达到140亿美元，为特朗普竞选提供超百万美元的政治献金。

十　处理中美关系与交流的几个建议

1. 习近平主席给我们提出了许多很好的建议。

(1) "中美两国应该相互理解，相互尊重，聚同化异，和而不同。"[①]

[①] 《习近平怎么看中美关系》，http：//www.dangjian.cn/djw2016sy/djw2016sytt/201704/t20170407_4166416.shtml。

理解是前提，没有理解和信任，任何事情都是无源之水。中美的不同和差异较多，关键是寻找共同点，目的是要共同解决问题，而不能被问题牵着鼻子走。片面强调双方的差异性和竞争性，可能导致中美战略冲突的恶果。

（2）"中美两国完全可以成为很好的合作伙伴。只要双方坚持这个最大公约数，中美关系发展就有正确方向。"①

（3）"双方要坚持不冲突不对抗、相互尊重、合作共赢的原则，坚定不移推进中美新型大国关系建设。"

（4）"多栽花、少栽刺，排除干扰，避免猜忌和对抗。"

（5）"建立中美新型大国关系需要双方一点一滴的实践和积累。"

（6）"双方要为两国各界交往搭建更多平台、提供更多便利，让中美友好薪火相传、生生不息。"

（7）"人民友好交往是国与国关系的源头活水。中美关系发展的基础是两国人民相互了解和友谊。"

2. 共同致力于构建相互尊重、公平正义、合作共赢的新型国际关系，构建人类命运共同体

随着中国大国形象的壮大，参与国家事务的能力越来越强。中国提出的人类命运共同体与美国的单边退出形成鲜明的对比。

而美国的一些政客，把中国的建设性建议搁置一边，根本不予考虑，总是以自己傲慢的姿态打击遏制中国的发展。

例如，2018年3月23日，联合国人权理事会以压倒性优势通过了中国提出的"在人权领域促进合作共赢"决议。这一届理事会成员共有29个国家，28票赞成，1票反对，反对者是美国。

外交部发言人华春莹说："美方有些人一贯是无知和傲慢的。"

南京大学朱锋教授说："……如果简单回顾从冷战结束到现在的中美关系的历史轨迹，就会发现类似的美国对中国的指责、施压、挑事和

---

① 《习近平怎么看中美关系》，http://www.dangjian.cn/djw2016sy/djw2016sytt/201704/t20170407_4166416.shtml。

制衡,从来没有间断过。"①

补充:人权理事会历史资料

2006 年第六十届联合国大会通过设立 47 个席位的人权理事会。投票结果是 170 票赞成、4 票反对、3 票弃权。投反对票的国家是美国、以色列、马绍尔群岛和帕劳;委内瑞拉、伊朗和白俄罗斯在表决中弃权。

2016 年 10 月,中国等 14 个国家当选联合国人权理事会成员(任期为 2017—2019 年)。中国以 180 票当选(当选成员须获得联大 191 个成员国的半数以上支持,即至少 96 票)。其他国家还有突尼斯、南非、卢旺达、埃及;日本、伊拉克、沙特阿拉伯;匈牙利、克罗地亚;古巴、巴西、美国;英国。

2017 年 10 月新选举出了 15 个人权理事会成员:安哥拉、刚果(金)、尼日利亚、塞内加尔;阿富汗、尼泊尔、巴基斯坦、卡塔尔;斯洛伐克、乌克兰;智利、墨西哥、秘鲁;西班牙、澳大利亚(尼日利亚和卡塔尔为连任)。

3. 建立中美互信,特别是建立中美军事互信

信任和了解是沟通的关键,许多美国人对中国不太了解。从政治层面,许多右派分子敌对中国,更不想去了解中国。外交部发言人傅莹说,美国候选人对中国不太了解,了解的都是中国的老故事。

影响中美军事关系的障碍包括:美国关于中国军力报告中所提的中国"威胁论",美国对南海和东海的军力侦查,对台武器出售等。

4. 提高认识,摆脱"修昔底德陷阱"迷信

古希腊历史学家修昔底德认为,当一个崛起的大国与既有的霸主竞争时,双方面临的危险多数以战争告终。

这是中国威胁论的源头,美国政界特别是右派不能动辄把自身的问题归咎于他方,应采取客观理性的态度,多做换位思考、相互适应。

---

① 《2018 中美关系可能破裂? 美媒给出的最大变量是啥》,http://war.163.com/18/0122/09/D8OBJLT6000181KN.html。

5. 对于中美关系，我们不能太乐观，也不能太悲观

美国以老大居功自傲已经多年，它给其他国家出口商品，仿佛自豪地说你那里造不出来；它进口他国产品，仿佛是说自己给生产方提供恩赐，这是帝国霸权的体现。一旦损害了美国的利益，它会马上反应。从特朗普政府可以看出，大财团、垄断阶层控制着政治，绑架着美国，因此，对于中美关系我们不能乐观，也不能悲观。

2018年，中国的改革开放进入第40个年头，中国取得了重大发展，中美贸易成效显著。中美之间既有合作，也有分歧；即使在合作中，也会有视角、方式、方法的差异。因此，中美关系需要设定一个长期目标，以克服各种眼前的波折起伏。

我们应抓住机遇，求同存异，化解中美贸易摩擦，在开放中扩大中美深入的合作。

第三节　从导师奥利弗教授看美国人

2017年11月23日是美国的感恩节，笔者给导师劳伦斯·奥利弗（昵称：拉里）写了封信，想必他也在等待我的问候。八年来，我们一直保持着联系，与拉里的友谊，不仅让我获得了宝贵的知识，丰富了我的人生，而且让他更多地了解了中国，了解了潍坊。

本文主要讲述拉里和访问学者的故事，他乐于助人、珍视中美友谊、认真敬业、原则性强、互邀做客、积极接纳访问学者，为两所高校的关系和友谊做出了重大贡献。

一　拉里总是满脸笑容，乐于助人

我的导师拉里是美国德克萨斯州农工大学英语系教授，他从事美国文学特别是非洲裔文学研究，也曾兼任人文学院副院长、经济系主任。2017年68岁，刚刚退休。

首次见面他让我有了家的感觉。刚到美国，我没有电话，只好直接

去他办公室,让秘书告知他。他西装革履,精神矍铄,满面笑容,和我在网站上看到的他差别很大。他领我逛校园去书店,讲自己的家庭,然后到了英语系,介绍秘书、认识主任。他的笑给我留下了深刻的印象,让我之前的紧张荡然无存。

请我吃饭后,他给了我一本汤婷婷的《女斗士》,还有一本厚厚的《美国文学》。最后,约定好见面的时间以讨论作品。

同时,他总是尽可能多地让我参与各种活动,聚餐饮酒、听报告、看演出、球赛等,让我更好地了解美国文化。他非常平易近人,总是微笑着耐心聆听。他把好多朋友介绍给我,让我更好地认识美国人。拉里的笑,在酒吧比平常更是开朗。

一次,他邀请我参加经济系举办的野餐活动。他要来接我,我觉得方向相反,就没有让他来。他回邮件表扬说我很体贴很周到。后来我发现那天是周日,我以为没有校车,只好步行去。时而进商店看看,时而停停歇歇,也曾进入了墓园,总共走了近五个小时。

到了那里,他介绍笔者认识了许多朋友,还有很多中国学生。美国学生在玩沙滩排球,许多中国学生围着华裔甘教授,问这问那,如饥似渴。

然而,一说起我的名字,拉里就自愧不懂汉语。也许,到现在他只知我的姓,不知我的名。他不会发"志章"这个音,老是用降调,我怎么听都像是"智障",我索性让他叫我"陈"。

二 拉里非常珍视中美朋友间的友谊

在他的办公室挂着第一位访问学者王教授赠送的年画。我捎带给他一幅字画,题字是"霜叶红于二月花",也是王教授请人为他画的。他非常高兴,马上打电话让朋友 Ben 教授来看。(Ben 来过中国多次,是研究历史文化的,后来任院长)

然后,他开车拉我去了一家装裱店。如果按照画的尺寸,需要订制框架。当时我建议他或者说是说服他用成品框架就行了。这种成品一百美元,订制的会更贵。后来,他约我一起去取画,因我在听课就没有去。我去他家做客时，他拿了出来，一直还没有打开包装，他想挂在宽敞明亮的新办公室里。我想我还得给他参谋策划，否则他幸福地不知挂在哪里好。

受他的影响，我喜欢带着杨家埠的年画、风筝、剪纸等，送给新朋友，并介绍中国的传统文化，让美国人更多更好地了解中国。

三　拉里认真敬业、原则性强、准时及时，又真诚坦然

与拉里交流文学时，我先陈述我的理解和看法，然后他再表达他的观点，赞扬我的同时，他也指出我的不足，我受益匪浅。

买票是原则。一次聚餐时，一位女士说周末有冰球比赛。导师问我是否看过冰球赛，我说没有，于是他邀请我去看球。

一张门票8美元，导师、弟弟布鲁斯和我三人花费24美元，导师买票。检票的恰恰是那天一起吃饭的女士。我们仅仅看了一刻钟，出来后我问他，检票的是朋友，为什么还要买票？导师笑笑没有回答我。后来我上网站查找，那位检票者是拉里的下属，按照我的思维，这更不用买票。这就是美国，买票是必须的。

他从不迟到。有一次拉里开会，他让秘书在门上留了张便条，说稍晚过来。其实他就晚了几分钟，我实在佩服他的为人。

我给拉里发邮件，一会儿就能收到回音。受他的影响，我也经常看邮件，不像在国内时，好几天也不看邮箱。有一次，近中午我发现他的来信，改变了约会时间，我赶忙回信。我已经来不及回住所吃饭，于是在学校某角落匆匆忙忙吃了点饼干，然后进洗手间洗漱，出来时刚好遇到他。如果我没有查看邮件，就失去了一次交流学习的机会。

他非常坦诚，和他交流不能客气"虚伪"。他和我一起去书店，问我要不要咖啡，我谢绝了。他边喝咖啡边给我推荐著作，而没喝咖啡的我觉得有些郁闷"折本"，中国式的客气真是没有必要。

对他来说，我们请老师吃饭学生付账的做法是不合适的。第一次我们吃饭他付费，第二次我付费，这是我们俩的AA制。开始导师因忙碌

忘记了该谁付钱，问我，我毫不客气地说应该是你了。如果我假客气，他可就不客气了。20美元对我来说是一百多人民币呀！对他来说，九牛一毛。从此，两人轮流付费，一直到我回国前，最后一次他请我吃牛排，为我送行。

四　互相邀请家中做客，极大地增进了友谊

我邀请导师到我住所的前一天，我先到市场买好了肉菜。我本打算炖上一锅土豆牛肉，我想德州牛肉太便宜，他又是属牛的，结果可能是他嘴上说好但并不一定真心喜欢。于是，我想用白菜炖豆腐招待他。

不过，那天导师有事没有来，过了几天才来。我费了好大劲儿，努力把白菜豆腐做成极品。开始我没有吃，主要让他和布鲁斯吃，他们赞叹不已，我也陶醉在幸福之中。随后我吃了一点，发现豆腐有酸味。我以为美国的豆腐就是那个味道，也没敢说。后来又买了一次豆腐，发现那次的豆腐的确是坏了。我担心他们闹肚子，忐忑不安地过了好多天，发现他们俩什么事儿都没有，我只好安慰自己说美国人的胃好。

2009年圣诞节，拉里邀请我去他家过节。那天正好是导师的儿子克里和女友也去了。导师当了一回"大爷"，不用做饭，但是吃完饭后，他亲自洗刷，碗盘叮当，地位骤降，他笑着说各司其职。

饭后，拉里坐在摇椅上，悠然自得，他和狗很亲热；克里和女友坐在大沙发上，交流很亲热；我和布鲁斯坐一边，没有太多的亲热。壁炉烈火熊熊，温馨和谐，圣诞树灯光闪烁，导师笑容满面，狗也高兴地来回走动。我们享受着巧克力冷饮的美味，我看着狗盯着我，那虔诚的眼神会让人坚信什么是一生一世、生死不离。

拉里喜欢创作油画，壁炉上方挂着他的杰作，还有一幅藏在卧室，他高兴地拿出来给我们看。我开玩笑地说他到了中国，我们外语学院就请不动他了，直接被艺术系请走了。他大笑说在介绍他的时候，应说"这位是美国知名、资深、泰斗艺术家拉里"。

再次去导师家时，是他60岁的生日，我和朋友带着水饺，布鲁斯

买了蛋糕。他很高兴，像个孩子似的，吃水饺、吹蜡烛、切蛋糕。

八年前，他不懂中国茶，经过多位访学教授的指点，如今他已经非常熟悉如何泡茶，而且非常喜欢中国茶。以茶会友，事半功倍。

五　拉里积极接纳中国访问学者，努力创建友好关系

他极力为我校做点实实在在的事情，建立真正的友好关系，给教师学生互访留学提供机会。

我在那里时，他很高兴地接纳了我推荐的教授去访学，他骄傲地说又多了一位中国朋友。他称呼我是中国驻美国非官方大使，而且愿意继续和我交流合作，也绝对接受我推荐的老师去访学。回国后，我推荐的多位不同高校的教师都得到了他的邀请，从未拒绝，他们回国后都取得了卓著的成绩。

两年前，我再次去美国，有意让潍坊的文学作品落户图书馆。我把著作的题目翻译成英文，整理了一个清单。在导师的陪同下，我把20多本书赠送给了英语系，他又联系了大学的埃文斯图书馆，我们一起去赠书。回国后，我收到了部门负责人西蒙娜给我发来的感谢信。

美国的多位教授给我留下了深刻印象，既学识渊博又热情友好。如雷诺教授背着双肩包去课堂；诗人泰勒拖着拉杆箱装着资料去上课。

导师拉里和我的故事难以讲完。山大邀请他来，然而他因担任评委未能来访。2017年下半年他计划来华，却因故取消。但愿他来中国，来潍坊，也祝福所有的恩师身体健康，再次致以真挚的感恩之情！拉里，我们都在等着你！

第四节　潍坊文艺作品落户美国德州农工大学

人贵在交流。与美国朋友的交流，既能增加感情，增强互信，让笔者获得宝贵的知识，又能让美国朋友了解潍坊，了解潍坊文化，为今后进一步的交流做好铺垫，这更是人生的财富。

2009年前笔者访学美国八个半月。导师称笔者"非官方大使",这称号不是徒有虚名。想当年,小礼品遍地开花:杨家埠的年画、风筝、剪纸,逢人便送。当然,笔者遇到的朋友,是经人介绍的。如果在马路上像发传单一样发年画,是很难收到良好效果的。一、笔者不可能救济美国。二、车行路上,无法交流,送了也白送。故,所送之人都是认识的朋友。

2015年1月笔者再次到达美国,有意让潍坊的文学作品落户大学的图书馆。潍坊友人每人两件作品,或著作或书画,我把作品的题目翻译成英文,整理成一个清单,排名先后不分高低长幼,我们是一个团队,是一个整体,是潍坊文艺界的代表,当然特别强调的是莫言故乡文学艺术好友的作品。

本来想拜见前总统老布什,把字画送给他。2009年,我在大学听过他多次演讲,也多次参观总统图书馆。想当年,我国外交部门送给他和夫人芭芭拉自行车,他们对中国也有深厚的感情。我给他写了一封信,附上当年我在校园和芭芭拉的合影,以及昌乐杨先生写的诗歌"西江月——赠美国前总统布什"(中英文对照,见本节后)。2015年他已是91岁高龄,居住在休斯敦,种种原因,我未能如愿。而图书馆又不能存放书画,我就把书画作品赠送给了教授等,这些书画对他们来说是非常好的礼物,他们很高兴收藏,是双方友谊的体现。

赠送的书中,特别把寒亭作协主席胡海波的一篇文章"文学真善美《齐鲁文学》刊首语"译为英语,打印好以夹页的方式粘贴在他的著作中。

我的导师拉里最是高兴,一是,我去了,故友重逢。五年里,我们交流不断。山大邀请他来做短期的客座教授,然而他在大学担任评委未能来访。这次我去看他,他自然高兴。二是,我去期间,他第二次结婚,多年的单身和恋爱后,他终于喜结良缘、终成正果。遗憾的是,我恰巧去了纽约等市。不过他详细地和我家人讲述了他的婚礼过程,通过网上链接分享了他们的照片。五年前,我们两个单身,谈文学、听报告、看比赛、喝啤酒……让我身历其境地体验了美国文化。三是，当他看到我的成绩和潍坊朋友的作品时，最是高兴。五年前，他不懂中国茶，而如今他已经非常熟悉如何泡茶，而且非常喜欢茶。对于汉语一窍不通而且治学严谨的他，一定猜想出这些书画和著作的深奥和神奇，看到如此厚厚的一摞著作时，他的惊异是可以想象的，不惊喜才怪呢！

当年他六十有六，已经接纳宇、章、玲、祥、芹等五人，明年接纳韩，认真和善的拉里给我们五位留下了深刻的印象。作为英语专业教师，要想真正和美国教授合作，或者得到人家的认可，实属不易。对陌生人的访学申请，百封信也许有九十封是谢绝的，原因多种，笔者个人认为汉语文化与英语文化的合作存在较多的困难。

首先，在导师的陪同下，我把近 20 本书赠送给了英语系，主任热情接待，放在了系图书馆，供师生阅读研究。

随后，我自己去大学的图书馆埃文斯（Evans）探路。拐来拐去终于找到图书馆的管理办公室，工作人员热情接待，不过她推荐我去另外一个图书馆。我感到有些困难，有些沮丧。大家知道，农工大学的图书馆至少有三个，藏书非常多，而且一本书只有一本，也就是孤本。因此，能进入他们图书馆，特别是最大的图书馆埃文斯，实属不易。

跟导师一次就餐时，我谈起我去大学图书馆的经历。他提及他的一个朋友在那工作，饭后他联系了图书馆的朋友，我们一起去了，只可惜那里的朋友有事不在，也就没有捐赠出去。

事后，拉里在百忙之中，帮忙联系了大学的埃文斯图书馆，也就是第一次拒绝我的那家图书馆。其间我们多次邮件交流，预约见面时间。那天我们准时到达，部门负责人 Simona 更是热情，一是五年前我在那里生活过，这次属于故地重游，二是导师领着我，我带着潍坊名人的大作。

我跟她说这些作品来自莫言故乡、风筝都的文学爱好者，她赞赏地看着我。然后她拿出便签，按照我提供的英文详单，一本一本地标注。

后来，她给我在美国的住处和潍坊学院发来了感谢信，内容如下：

兹证明德州农工大学图书馆收到以下材料，感谢您捐赠了 11 期

《文学纵横》、1 期《浥河文化》，还有八本专著，分别是：

①黄旭升《大海也有翅膀》（The Sea Also Has Wings）；②胡海波《心海拾贝》（Colorful Conch from the Heart）；③邓华《乐道院兴衰史》（The Rise and Fall of the Christian Nursing Home）；④李学富《五月的回声》（Echo from May）；⑤王子荣《生命树》（Life Tree）；⑥王子荣《零度寻找》（Zero Degree Search）；⑦秋水惟兰《奇山轶事》（Anecdotes in Amazing Mountain）；⑧陈志章《美国文化管窥》（A Look at American Culture）。

对于这些礼物，我们没有给予任何服务或者物品。

非常感谢您的礼物。

Simona Tabacaru

文学作品落户图书馆，离不开书画作品的功劳。玉石先生的荷花深受导师拉里的喜欢，树江先生的"龙腾虎跃、风云际会"珍藏在图书馆负责人 Simona 的办公室，在明先生的"翰墨凝香"赠送给了我的恩师简尼特（Janet），她已经近七十岁了，仍然坚持在教学第一线，令人敬佩。在明先生的另一幅作品由美国友人 Roy 收藏，"至远者非天涯而在人心，至久者非天地而在真情，至善者非雄才而在贤达，至交者非钱财而在神往"。这幅作品意义深刻，当然给他们解释清楚，费了我不少脑细胞。

本次活动，进一步增加了双方的了解，我期盼明年再次拜访美国友人，也希望双方进一步的合作与交流。

附录 1

父子两代总统，嫡孙又将竞选，本已环球第一家，世界刮目相看。

促进中美友谊，曾挑大使重担，北京市民记忆犹新，骑车天安门前。

（西江月　赠美国前总统布什，中国平民杨方昌）

River Moon

To Bush by Chinese citizen Yang Fangchang

Two generations are presidents
Grandson will campaign again
The first family on the earth
They knock the socks off the world

Promoted Sino-Chinese friendship
Once as the ambassador in China
Remain fresh in Beijing's memory
Cycling on the Tian'anmen

附录2

胡海波的"文学真善美"摘要：

文如其人，人品决定作品。

文学，作为人类心灵工程师精心研制的，有其无可替代的作用于人的思想，使之产生导向性，从而，指导人的行为的精神产物，注定要有其自身的艺术特质、行为规范。

文学的真善美，是文学生存和发展的动力源泉。

文学作品的"真"，并非要作者照搬生活中的"实际真实"，他应该基于现实，高于现实，把几个和多个普遍性中的典型挖掘、有机结合起来，才有更大的普遍性；反映人的共性的同时，展现其鲜明的艺术特点，深刻揭示生活的本质和历史规律。

一部不朽的作品，要有自己的艺术灵魂，即要有符合时代的主流价值观。

文学的"美"，就是要在"真"和"善"统一的基础上，满足人们对美的追求和需要，给人精神上的愉悦。

第五节　古黟楹联中的传统文化与对外传播

中国文化外宣是提高中国形象和地位的重要因素，而优秀传统文化是必不可少的一部分。安徽黟县的西递和宏村属于世界文化遗产，其完好保存了古村落的布局、建筑以及三雕艺术作品，而其楹联更蕴含优秀的传统文化。本文收集梳理了部分楹联，主张在对外宣传时侧重中国的传统文化。

黟县（音：一）位于安徽南部，历史悠久，古风幽幽。西递、宏村的楹联是祖传家训，美学意义和文学意境强，其主要内容有以下几个方面。

一　推崇儒学、重视读书的楹联

1. 周公泰伯

"复梦周公志共千秋不朽，德称泰伯愿同百世弥光。"以周公为榜样，振兴国力，国泰民安，继承泰伯的德行，世世代代光宗耀祖。

周公，是孔子最崇敬的古代圣人，儒学的奠基人。公元前1100年，西周初杰出的政治家、军事家、思想家、教育家。

周公是周文王的第四个儿子。周文王行善积德，在位50年。周文王有10个儿子，为同母所生：长子伯邑考，被纣王杀死。（一说，早卒）次子姬发，即后来的周武王。三子管叔、四子姬旦（周公）、五子蔡叔等。

周公自幼笃行仁孝，帮助二哥（周武王）伐纣，周军4.5万，商纣王70万，双方实力悬殊，然而纣王不得人心兵败。

武王死时，儿子周成王继承王位，不过他年岁还小，国家的重担落到周公身上，他摄政共计七年。

其间，周公率兵经过3年的艰苦作战平定叛乱，征服了东方诸国50多个，疆土到达海边；迁都到洛阳，建制了71个封国，把武王的15个兄弟和16个功臣，安排到封国去做诸侯；还制定了系列的礼仪制度，为君臣父子兄弟等"五伦"的雏形，完善了嫡长子继承法和井田制，巩固了周朝的政权与统治，为周族八百年的统治奠定了基础。

泰伯，即吴太伯，姬姓，周代诸侯国吴国的第一代君主，东吴文化的宗祖。

泰伯的德行在于让出王位。周文王的父亲季历排行老三，有两个兄长泰伯和仲雍。泰伯知道父亲想把王位给季历时，就和二弟逃往外地，不继承君位。

当然周武王没有忘祖，灭商后，派人找到仲雍（周武王的二爷爷）的后人，正式册封为吴国君主。

2. 五伦六经

"事业从五伦做起，文章本六经得来。"要成就大业，需遵循五伦的规范，读书就得读经典的著作"六经"。五伦，指的是君臣、父子、兄弟、夫妻、朋友，行为准则分别是"忠、孝、悌、忍、善"。悌（音"替"），亲如兄弟。"六经"指的是诗、书、礼（仪）、乐、易、春秋。《乐经》已经失传，只有"五经"。

"传家礼教惇三物，华国文章本六经。"礼教要推崇三件祭祀物品，要读的经典美文就是"六经"。惇（dun，一声），推崇。三物即三牲，祭祀用的物品，大三牲是牛、羊、猪，小三牲是鸡、鱼、鸭、猪。

"惟孝惟忠聪听祖考彝训，克勤克俭先知稼穑艰难。"要做到孝顺父母，忠于国君，认真地听取先祖的训告忠言，要勤劳节俭，播种收获都是很辛苦的事，粒粒皆辛苦。祖考：已经去世的祖父母。稼穑：播种、收获。

3. 孝弟（悌）与读书

"敦孝悌此乐何极，嚼诗书其味无穷。"敦：（dun，一声）诚朴宽厚地做事。孝顺长辈与兄弟姐妹和睦相处，是多么快乐的事！学习咀嚼诗书的要义，其味无穷！

类似的楹联还有："万世家风惟孝弟，百年事业在诗书"；"孝弟传家根本，读书经世文章"；"礼义廉耻，孝弟忠信"；"诗书执礼，孝弟力田";"几百年人家无非积善,第一等好事只是读书"。

当然,随着西递、宏村人口的增多,土地资源紧张,他们优化产业结构,部分人改为经商,也就有了"读书好营商好效好便好,创业难守成难知难不难"的楹联。

二 传授做人、处事、励志的楹联

1. 心胸豁达、虚怀若谷

"快乐每从辛苦得,便宜多自吃亏来。"此联被称作"西递第一联",寓意深刻,写法独特,巧妙地在关键的文字上增减笔画,耐人寻味。"辛"字多了一横,寓意是"用更多的辛苦去换得快乐"。"多"字少了一点,"亏"字多了一点。寓意是"多吃点亏可以占大便宜"。类似的一副是"能受苦方为志士,肯吃亏不是痴人"。

"忠厚留有余地步,和平养无限天机。"忠诚厚道能留出足够的处事空间,平和淡定,心平气和能颐养无限生机。

"谦人上人抑我益我,有酒吃酒读诗学诗。"对别人要谦让,别人说你不好,贬低你,实际上是好事,对自己有好处。该吃就吃,该喝就喝,不断学习诗书,提高修养。

"世事让三分天宽地阔,心田存一点子种孙耕。"不管做什么事,都要让人几分,这样自己的空间就大了。心地宽广,子孙就能得到祖上的恩泽,也就能衣食富足。

"雨入花心自成甘苦,水收器内各显方圆。"雨水进入花心,是甜是苦,在于花的味道。水到了容器里,是方是圆,在于容器的形状。要心胸豁达,能屈能伸。

2. 勤俭持家、积德行善

"二字箴言惟勤惟俭,两条正路曰读曰耕。"勤劳和节俭是至理名言,两个字"勤俭"真经哲理,成功的两条路无非就是读书或者耕种。类似的是"传家无别法非耕即读,裕后有良方惟俭与勤"。

"惜食惜衣非为惜财缘惜福,求名求利但须求己莫求人。"珍惜爱惜粮食、衣服，这不是爱财，而是珍惜这份福气。要想求得名誉和利益，不要乞求别人给你，靠自己努力，克勤克俭，吃苦耐劳，方能成功。

"齑粥余风宜承先志，诗书世业重冀后人。"齑（ji，一声），咸菜，比喻生活艰苦。重冀：重望、重托。秉承祖辈传统，移风易俗克勤克俭，世世代代读书学习，教育子孙，重托后人。

类似的还有："善为玉宝一生用，心作良田百世耕""欲高门第须为善，要好儿孙必读书"。

3. 人无完人，不断进取

"过如秋草芟难尽，学似春冰积不高。"过：过错。芟（音 ji，四声），除草。一个人的错误就像秋天的蓬草，很难清除干净，学习就像春天的冰，是堆积不高的，要不断地积累，天天学习时时读书，不能一口气吃成胖子。

三　描绘田园风光，惬意生活的楹联

"一溪烟水明如画，十亩桑田谁并耕。"袅袅炊烟升起的地方，小桥流水人家，山清水秀如画，桑田连绵，其乐无穷的农耕生活，是读书耕种的理想境界。

"千树梨花百壶酒，一庄水竹数房书。"梨花盛开的地方，把酒畅谈，百斟不醉，竹林密布，读书作诗，学富五车，雅趣无穷。

"仰熙丹崖俯澡绿水，左当风谷右临云溪。"抬头看到日光照耀红色的峭壁，俯身沐浴着绿色的江水。山谷小溪，潺潺流水，白云笼罩，诗意生活。

还有："皓月当空若镜临水，春雨润木自叶流根""客去茶香留舌本，睡余书味在胸中"。

这些珍贵的楹联寓意丰富，不过真正读懂它们还是有一定的困难，原因主要有三点。

1. 游客不了解楹联中的用典

如果对典故不熟悉，就难以理解了。比如，"瑞应三槐华堂日丽，芳联五桂棣室风和"。这家人有三个儿子五个女儿。三槐：周朝官府外面，有三颗槐树，三公上朝前，先面对槐树，"三槐"指的是登科及第，达官贵人。五桂，指五个人登科，折桂是"考中"的意思。希望儿子登科，女儿嫁给蟾宫折桂的人。

"陶公容膝乐天命，刘子作铭惟德馨。"陶公指南朝的陶渊明；刘子指唐代刘禹锡。"作铭"，指其所作《陋室铭》。

"北海琴尊合古欢，南山雨露含新泽。"北海，指的是李邕（音yong，一声），唐代书法家。唐玄宗时，李邕任北海太守，因此被称为李北海。李北海的琴和酒合乎古人的欢喜。南山：终南山，陕西境内。终南山的雨露给人带来新的恩惠，令人洗心革面、心旷神怡。

2. 游客不认识楹联中的古体字

我们习惯于简化字，对于繁体字非常陌生，例如，"扫地焚香得清福，麤茶澹饭足平安"。麤，同"粗"；澹，同"淡"。

"琴心妙清远，穀性多温纯。"穀（gu，三声），"谷"的繁体字。

3. 游客的时间匆匆，对楹联不感兴趣

众多的游客在导游的带领下，匆匆忙忙奔向下一个"景点"，对楹联类细微的东西无暇顾及。

作为文化遗产，对外宣传时，要全面健康，我认为对外宣传要注重中国传统文化的经典。这些经典是中国文化的源头，是精髓，是提高中国形象的关键，也是复兴"中国梦"的基础。随着孔子学院在国外的普及，在注重语言学习的同时，要加强中国传统经典文化的传播。因此，作为译者要不断地学习经典，要读懂汉语原文，把握核心，才能正确地翻译，传达要旨。

参考文献

一　中文专著

［1］冰心：《我的文学生涯》，《冰心全集》第3卷，海峡文艺出版社2012年版。

［2］陈独秀：《基督教与中国人》，《陈独秀著作选》（2），上海人民出版社1993年版。

［3］陈翰笙：《华工出国史料汇编》，中华书局1985年版。

［4］陈依范：《美国华人史》，世界知识出版社1987年版。

［5］费正清：《美国与中国》，商务印书馆1987年版。

［6］顾长生：《传教士与近代中国》，上海人民出版社1981年版。

［7］顾卫民：《中国天主教编年史》，上海世纪出版集团、上海书店出版社2003年版。

［8］黄嘉谟：《中美关系史料（光绪朝）》，"中央研究院"近代史研究所1988年版。

［9］刘发清、胡贯中：《出使美日秘国日记》，黄山书社1988年版。

［10］罗光：《天主教在华传教史集》，光启出版社、征祥出版社、香港公教真理学会1967年版。

［11］［意］罗明坚：《天主圣教实录》，载天主教东传文献续编册二，台湾学生书局1966年版。

[12] 罗新璋编：《翻译论集》，商务印书馆1984年版。

[13] 潘君名：《苏州楹联选赏（图文本）》，古昊轩出版社2012年版。

[14] 沈己尧：《海外排华百年史》，中国社会科学出版社1985年版。

[15] 王彦威、王亮：《清季外交史料》，鼎文书局1978年版。

[16] 王扬宗：《傅兰雅与近代中国的科学启蒙》，科学出版社2000年版。

[17] 杨国标等：《美国华侨史》，广东高等教育出版社1989年版。

[18] 赵庆源：《中国天主教教区划分及其首长接替年表》，闻道出版社1980年版。

[19] 郑海麟：《黄遵宪与近代中国》，生活·读书·新知三联书店社1988年版。

[20] 郑曦原：《帝国的回忆》，生活·读书·新知三联书店2001年版。

[21] 中共中央党史研究室：《中国共产党历史》，中共党史出版社2002年版。

[22] 朱士嘉：《美国迫害华工史料》，中华书局1958年版。

二 译著

[23]《美国对华政策文件选编》，阎广耀、方生选译，人民出版社1990年版。

[24] 乔治·马斯登：《认识美国基要派与福音派》，宋继杰译，中央编译出版社2004年版。

三 期刊

[25] 陈登：《明末王门后学与天主教的传播》，《湖南大学学报》（社会科学版）2003年3期。

[26] 杜剑雄：《中国山水楹联英译初探》，硕士学位论文，苏州大学，2008年。

[27] 冯春凤：《美国宗教与政治关系现状》，《世界宗教研究》2000年第9期。

[28] 何思兵：《旗昌洋行与19世纪美国对广州贸易》，《学术研究》2005年第6期。

[29] 李跃江：《论明清之际天主教与中国文化的冲突》，《世界宗教冲突》1997年第3期。

[30] 梁建：《郑藻如与中美华工问题交涉》，《五邑大学学报》（社会科学版）2009年第5期。

[31] 刘光耀：《基督教在现当代中国文学中的形象及其变迁》，《襄樊学院学报》2007年第1期。

[32] 刘晖：《清末京官俸制改革探析》，《河南科技学院学报》2010年第3期。

[33] 罗伟虹：《从宗教比较看基督教在中国的发展特点》，《基督宗教研究》2001年第10期。

[34] 马晓英：《晚明天主教与佛教的冲突及影响》，《世界宗教研究》2002年第12期。

[35] 汤开建、吴宇：《明末天主教徒韩霖与〈守圉全书〉》，《晋阳学刊》2005年第3期。

[36] 王俊才：《论利玛窦等传教士的知识传教及其西学带来的影响》，《河北师范大学学报》（哲学社会科学版）2006年第1期。

[37] 熊月之：《晚清西学东渐史概论》，《上海社会科学院学术季刊》1995年第1期。

[38] 余五洲：《论清朝前期对天主教的接纳与排斥》，《知识经济》2008年第5期。

[39] 张先清：《清前期天主教在华传播特点分析》，《世界宗教研究》2006年第9期。

[40] 张妍平：《万历至康熙年间的山西天主教》，硕士学位论文，山西师范大学，2009年。

[41] Alexander Saxton, *The Indispensable Enemy*, University of California Press, Berkeley Los Angeles, 1975.

[42] Davids, J., *American Diplomatic and Public Papers*: *the United States and China* (1861—1893), Delaware: Scholarly Resource Inc., 1979.

[43] John K. Fairbank, *Trade and Diplomacy on the China Coast*, Cambridge, Mass.: Harvard University Press, 1953.

[44] Roy T. Wortman, *Denver's Anti-Chinese Riot*, 1880, http://legacy.historycolorado.org/sites/default/files/files/Researchers/Colorado Magazine_ v42n4_ Fall 1965.pdf.

[45] 新东方司明霞博客, http://blog.sina.com.cn/s/blog_ 64a8d9680100kn48.html。

[46] 中国留美幼童联络网, http://www.cemconnections.org。

后　记

不同文化都有差异，中国和美国作为世界两个最大的国家，一个是最大的发展中国家，一个是最大的发达国家，他们的文化存在差异是必然的，不过求同存异、和而不同是我们在两种或多种不同文化中进行对话沟通的前提和目标。

我们应努力研究中西、中美文化交流的历史，从中总结文化传播的经验，认真吸取曾经的教训，才能更好地对外传播中国文化，讲好中国故事。

在撰写过程中，我主要有以下几点感受供大家参考。

1. 资料有限

中西交流离不开西方的传教士，他们博学多才，有的终身生活在中国，然而许多传教士的资料非常有限。比如，在"西学东渐"章节，尽我所能找出西方传教士在华的做法，通过较多的例子，希望读者看到他们的贡献，同时，学习他们传播文化的经验，吸取他们的教训，这对我们对外交流、文化传播具有很好的指导意义。

清政府第一批留美幼童120人，他们的个人资料较少，我从一个英文网站中查找到他们的信息，通过仔细阅读英文，了解他们的故事，寻找他们的亮点。

2. 闭关就落后，落后就挨打

康熙皇帝的做法值得借鉴，而后来继任皇帝反对西方传教士，特别是闭关锁国政策实施后，仅仅允许广州对外贸易，导致了行业垄断和财富集中，导致了严重腐败。

对外贸易和对外交流才能富国强兵，才能提高国民视野和综合素质。

3. 弱国无外交

华工在美国的打拼为美国做出了巨大贡献，然而他们被排挤、被驱逐、被屠杀，令人震撼、令人义愤填膺，《排华法案》竟然长达61年，而颁布法案之前的十多年里，在美的华人就受到各种刁难，从个人角度和国家层面都值得深思，弱国无外交。

而留美幼童在美国接受的教育恰恰是清政府所急需和必须的，然而他们还未完成大学学业就被全部召回，只有两人大学毕业（詹天佑、欧阳庚）。实在是令人气愤，看看日本当年出国留学的情况，为清政府保守派的做法感到汗颜，我常感如鲠在喉。

4. 华裔越来越受人尊重

有很多华裔为中国及中国人摇旗呐喊，他们的抗争和奉献应铭刻史册，希望有更多学者挖掘出更多的史实和人物，推广他们的事迹。当代的华裔越来越自豪，越来越团结，进入社会服务和政界的人数也逐年增加，而且这些第二代、第三代华裔在美国政界非常出色，更好地树立了华人形象。

中国进入新时代，国家的强盛为每一位远在他乡的华人提供最坚强的后盾。

5. 不能忘记外国人所做的贡献

19世纪中后期开始，清教徒创办的中小学和大学以及他们的办学理念也值得深挖学习。

抗日战争期间，美国的许多记者、军人成为中国共产党的好朋友，20世纪50年代他们受到麦卡锡主义的迫害，我们不能忘记他们的贡献。

6. 多研究外国专家的看法，培养思辨能力

多看看听听西方汉学家、中美（中西）关系学者的看法，因为他们的思维方式超脱，他们的立场观点摆脱了我们固有的、身在其中的

环境影响，不管他们的说法多么尖锐，都是值得借鉴的，忠言逆耳利于行。

我们要积极培养独立思考、辩证思维的能力，摆脱旧的思维习惯，看问题不能以偏概全，要理性思维，不能盲目排他，也不能崇洋媚外。

7. 加强官方和民间交流

官方外交和民间外交应密切配合，中国经济实力的强大应与文化软实力的强大同步发展，习近平主席给我们指明了方向，给世界提供了中国模式，我们要不断拓展国际视野，注重民间交往，以崭新的姿态走向世界。

8. 加强对话，相互尊重，合作共赢

习近平主席提出了许多建设性独特的战略方针，例如，双方要坚持不冲突不对抗、相互尊重、合作共赢的原则，坚定不移地推进中美新型大国的关系建设。

清末闭关锁国导致列强入侵，国力更加虚弱。而后来中美断交也给中国的发展带来了巨大的障碍。改革开放近40年，中国发展迅速，国力逐渐强大，一如既往地改革开放是我国的战略方针。而特朗普新政府给中国施加压力，令世界忧虑。不管出现什么困难，协商对话解决中美问题是大势所趋。

特朗普政府对华增收关税，中国一直较为克制，不过从2018年4月2日，中国采取措施，对从美国进口的128项产品加征15%或25%的关税，是对美国政府的回应。

9. 充满自信，树立形象，展望未来

作为大国，我国时时刻刻积极参与国际事务，承担应尽的义务和责任。作为中国公民，对外宣传时，要全面健康，充满自信，立足中国传统文化经典，树立优秀的中国形象，不卑不亢，诚实守信，赢得尊重，这是复兴伟大"中国梦"的基础。

文化犹如大海般广大，鉴于自己的知识的贫乏，对一些事件和人物的看法较多地带有个人观点，有较多的不足，望广大专业人士给予指正。

文化启迪部分，只是以大学生T恤衫、纸币硬币为例，管中窥豹，抛砖引玉，形形色色的美国文化难以详述。

感谢中国社会科学出版社的几位编辑，她们兢兢业业、一丝不苟，让我非常敬佩，去年我撰写《美国社会隐性教育研究》时，已经深受启发和教育，给我的工作带来了极大的帮助和指导。

最后一句话，感谢爱人给我的莫大精神鼓励与生活照顾，没有她的时刻伴随、悉心呵护，我很难顺利完成书稿。

中华民族的伟大复兴指日可待，每一位中国人、华人、华侨要充满自信，立足优秀的中国经典文化，以积极进取的面貌、勇于创新的精神、全力奉献的行为加强与西方的交流与合作，不断吸取先进经验，乐观满怀地走向灿烂的未来。